Kohlhammer

Ethik – Grundlagen und Handlungsfelder

Band 19

Christof Mandry / Gwendolin Wanderer (Hrsg.)

Narrative Ethik in der Klinikseelsorge

Ethische und theologische Analysen und Diskussionen von Fallerzählungen

Verlag W. Kohlhammer

1. Auflage 2023

Alle Rechte vorbehalten
© W. Kohlhammer GmbH, Stuttgart
Gesamtherstellung: W. Kohlhammer GmbH, Stuttgart

Print:
ISBN 978-3-17-042472-2

E-Book-Format:
pdf: 978-3-17-042473-9

Für den Inhalt abgedruckter oder verlinkter Websites ist ausschließlich der jeweilige Betreiber verantwortlich. Die W. Kohlhammer GmbH hat keinen Einfluss auf die verknüpften Seiten und übernimmt hierfür keinerlei Haftung.
 Dieses Werk einschließlich aller seiner Teile ist urheberrechtlich geschützt. Jede Verwendung außerhalb der engen Grenzen des Urheberrechts ist ohne Zustimmung des Verlags unzulässig und strafbar. Das gilt insbesondere für Vervielfältigungen, Übersetzungen, Mikroverfilmungen und für die Einspeicherung und Verarbeitung in elektronischen Systemen.

Inhaltsverzeichnis

Vorwort 9

1. Narrative Ethik und Klinikseelsorge – zur Einleitung 11

2. Schwangerschaftsabbrüche nach medizinischer Indikation 37
   Thematische Einleitung (Christof Mandry) 37
   Schwangerschaftsabbruch in der 32. Woche 47
       Kommentar: Ethische Anforderungen an die ärztliche Beratung
       (Sigrid Graumann) 51
   Schwangerschaftsabbruch nach Herzfehlerdiagnose beim Fötus 54
       Kommentar I: Kommentar aus der Perspektive der klinischen Ethikberatung
       (Katja Weiske) 57
       Kommentar II: Kommentar aus professionsethischer Sicht
       (Andreas Lob-Hüdepohl) 62

3. Stellvertretende Entscheidungen in der Kinder- und
   Jugendmedizin 65
   Thematische Einleitung (Gwendolin Wanderer) 65
   Therapieentscheidung in der Neonatologie bei prekärer Situation
   der Mutter 73
       Kommentar I: Anerkennungsprobleme einer Mutter mit Fluchthintergrund
       (Hille Haker) 76
       Kommentar II: Wie kann die Mutter angesichts ihrer sozialen Situation
       unterstützt werden? (Martina Wanner) 80
   Ein Kind mit akuter lymphatischer Leukämie 85
       Kommentar: Wenn Kommunikation nicht gelingt (Julia Inthorn) 88
   Der auf der Blume verweilende Schmetterling 90
       Kommentar: Zur Bedeutung der Spiritualität in Therapieentscheidung
       und Begleitung (Simon Peng-Keller) 93

4. Verantwortungsvoll handeln in der Psychiatrie ... 97

Thematische Einleitung (Gwendolin Wanderer) ... 97

Einweisung einer bipolaren Patientin in manischer Episode ... 107
    Kommentar I: Handeln zwischen Vertrauensbildung und Übergriffigkeit
    (Heike Knögel) ... 109
    Kommentar II: Zur Rechtfertigung der Unterbringung
    (Gwendolin Wanderer) ... 112

Fixierung einer Patientin mit akuter Psychose ... 116
    Kommentar I: Der Betroffenenperspektive Raum geben
    (Jona Carlet, Jakov Gather) ... 119
    Kommentar II: Seelsorge im Spannungsfeld gegensätzlicher Ansprüche
    (Thorsten Moos) ... 122

In die Psychiatrie gekommen, um zu sterben ... 125
    Kommentar I: Das Problem der Angst vor Abhängigkeit
    (Helen Kohlen) ... 128
    Kommentar II: Abwägen zwischen Wohl und Wunsch bei Depression
    (Esther Braun, Anna Lisa Westermair) ... 135

5. Schwierige Therapieentscheidungen ... 139

Thematische Einleitung (Christof Mandry) ... 139

Behandlungsentscheidung im Lichte der Lebenssituation ... 148
    Kommentar: Entscheidungsfindung unterstützen – eine Aufgabe für die
    klinische Ethik(-beratung) (Gerald Neitzke) ... 153

Herr B. und die bunten Luftballons ... 159
    Kommentar: Die Frage nach dem „guten Leben" im Bild der 1.000 Luftballons
    (Hille Haker) ... 163

Bluttransfusion bei einer Zeugin Jehovas? ... 167
    Kommentar: Uneindeutige Willensartikulation oder
    unsichere religiöse Identität? (Christof Mandry) ... 169

Inhaltsverzeichnis

6. Entscheidungen am Ende des Lebens ... 173
Thematische Einleitung (Gwendolin Wanderer) ... 173

Odyssee eines Patienten mit Gehirntumor ... 181
    Kommentar I: Eine Tragödie in drei Akten (Christof Mandry) ... 186
    Kommentar II: Die ethische Pflicht zur Klarheit
    (Harald Braun, Gwendolin Wanderer) ... 191

Ablehnung einer Gehirnoperation bei Aneurysma ... 195
    Kommentar: Das ärztliche Aufklärungsgespräch und der Umgang
    mit Non-Compliance (Monika Bobbert) ... 199

Sterben auf Station ... 205
    Kommentar: Wenn Abwägungsprozesse misslingen (Timo Sauer) ... 207

Weiterbehandlung oder Therapiebegrenzung? ... 210
    Kommentar: Wenn Behandlungsprozesse angebracht sind, aber nicht
    erfolgen (Monika Bobbert) ... 213

7. Organisationsethik ... 221
Thematische Einleitung (Christof Mandry) ... 221

Zwischen chirurgischer Station und Psychiatrie ... 229
    Kommentar I: Defizite auf vielen Ebenen – (ein) sozialethischer Kommentar
    (Markus Zimmermann) ... 232
    Kommentar II: Multiperspektivische advokatorische Seelsorge
    (Heike Knögel) ... 235

Ethische Fragen zwischen Akutklinik, Rehabilitation und
Pflegeeinrichtung ... 238
    Kommentar I: Überforderte PatientInnen in einem komplexen System
    (Claudia Bozzaro) ... 240
    Kommentar II: Wenn keine Lösung zu passen scheint (Julia Inthorn) ... 242

Das Posey-Bett auf dem Flur der geriatrischen Abteilung ... 245
    Kommentar I: Freiheitsentziehende Maßnahmen in organisationsethischer
    Perspektive (Johannes Pantel) ... 247
    Kommentar II: Die Klinikseelsorge in der organisationsethischen Rolle
    (Christof Mandry) ... 252

Im Nebel von Patientenwille und Mitleid 256
    Kommentar I: Behandlungsfehler aus Organisationsmängeln?
    (Gwendolin Wanderer) 260
    Kommentar II: Was haben Seelsorgende mit dem Nebel von Frau D. zu tun? –
    Organisationsethische Perspektiven
    (Thomas Schmidt, Andreas Heller, Hans Bartosch) 265

Verzeichnis der AutorInnen 271

Vorwort

Am Zustandekommen dieses Buches haben viele Menschen mitgewirkt. Zunächst und vor allem die vielen Klinikseelsorgerinnen und Klinikseelsorger, die an unseren Zertifizierungskursen „Medizinethik in der Klinikseelsorge" an der Goethe-Universität Frankfurt am Main teilgenommen haben. Sie haben in die Kursbegegnungen viel von ihrer Erfahrung und ihrem theologischen und pastoralen Wissen eingebracht und damit diese Kurse bereichert. Dafür möchten wir an dieser Stelle erneut herzlich danken. Die Idee zu diesem Buch ist uns angesichts der vielen sehr unterschiedlichen Fallerzählungen gekommen, die alle Kursteilnehmenden formuliert und zur Diskussion gestellt haben. Wir hatten den Eindruck, dass diese Erzählungen so viel Material für die ethische, theologische, pastorale und soziale Reflexion enthalten, dass es für viele Kontexte in Fort- und Weiterbildung oder für die persönliche Auseinandersetzung zusammengestellt werden sollte. Über die Buchkonzeption konnten wir uns in Chicago mit Prof.in Dr. Hille Haker und weiteren Mitgliedern der internationalen Arbeitsgruppe Medical Ethics in Health Care Chaplaincy austauschen. Für die dabei erhaltenen Anregungen danken wir herzlich.

Wir sind allen Seelsorgerinnen und Seelsorgern dankbar, die ihre Fallerzählungen in dieses Buch eingebracht haben, die sie dafür nochmals überarbeitet und sorgfältig anonymisiert haben. Herzlich danken wir auch den Fachpersonen aus Medizinethik, theologischer und philosophischer Ethik sowie aus der Pastoraltheologie, die sich auf das Format dieses Buches eingelassen und die Kommentare zu den Fallerzählungen verfasst haben. Uns war es wichtig, in den Buchbeiträgen möglichst durchgehend gender-sensible Ausdrücke zu verwenden und gleichzeitig die Lesbarkeit sowie stilistische Eigenheiten zu berücksichtigen. Wir nehmen daher eine gewisse Varianz in Kauf. Menschen mit nicht-binären Genderidentitäten sind immer mitgemeint.

Beim Lektorat konnten wir uns wieder einmal auf die Sorgfalt von Beate Müller verlassen. Das Layout hat mit großem Einsatz und viel Geduld Roman Rogg erstellt. Beide haben uns auch bei der Redaktion sowie zuletzt bei der Schlusskorrektur unterstützt. Dafür danken wir sehr herzlich. Schließlich gilt unser Dank Dr. Sebastian Weigert und Daniel Wünsch vom Kohlhammer Verlag für die gute Zusammenarbeit.

Christof Mandry, Gwendolin Wanderer

1. Narrative Ethik und Klinikseelsorge – zur Einleitung

Christof Mandry, Gwendolin Wanderer

Dieses Buch greift die im Rahmen unserer Weiterbildungskurse zur Ethik in der Klinikseelsorge immer wieder aufkommende Frage auf, wie denn die narrative Ethik in der Praxis eingesetzt werden könne. Angesichts der vielschichtigen philosophischen, theologischen und literaturwissenschaftlichen Grundlagen dieses ethischen Ansatzes ist diese Frage gar nicht so einfach zu beantworten. Geht man etwa vom Setting der Klinischen Ethikberatung und seinem zeitlichen und medizinischen Entscheidungsdruck aus, so scheint es naheliegend, solche Ethikansätze und -prozeduren zu wählen, die in drängenden Situationen rasche Orientierung bieten und sich gut operationalisieren lassen. Zu diesen Anforderungen scheint die narrative Ethik etwas quer zu stehen. Gleichwohl bietet sie einen Zugang zu ethischen Fragen gerade in jener Perspektive, aus der oftmals Klinikseelsorgende und weitere Sorge- und Begleitungsprofessionen sich mit ihnen konfrontiert sehen. Für die Klinikseelsorge steht nämlich eine Perspektive im Vordergrund, die im medizinischen und pflegerischen Vorgehen eher im Hintergrund steht, nämlich die Wahrnehmung und Begleitung der existentiellen Auseinandersetzung der PatientInnen mit ihrem individuellen Erleben des Krankseins, mit der Auseinandersetzung über den persönlichen Lebensentwurf sowie mit der häufig nicht komplikationslosen Kommunikation zwischen PatientIn, Behandlungsteam und Angehörigen. Hier sind oftmals ethische Dimensionen impliziert, etwa wenn Verständnisschwierigkeiten zwischen PatientIn und Fachpersonen auftreten, oder ethische Problemstellungen tauchen unvermittelt auf, etwa wenn der mutmaßliche Wille eines/einer nicht mehr einwilligungsfähigen PatientIn bestimmt werden muss. Inwiefern der Zugang der narrativen Ethik für die große Bandbreite konkreter medizinethischer Fragen – direkt am Krankenbett oder im Kontext klinischer Ethikberatung – fruchtbar gemacht werden kann und wie Seelsorgepersonen damit im Rahmen ihrer Tätigkeit umgehen können, soll dieses Buch erläutern und mit Hilfe von kommentierten Fallerzählungen illustrieren.

Der Kontext: Klinische Ethikberatung
Klinische Ethikberatung leistet einen Beitrag zur Qualitätsverbesserung in der Versorgung von kranken und pflegebedürftigen Menschen, und Strukturen Klinischer Ethikberatung werden in Krankenhäusern vermehrt implementiert. Während deutschlandweit im Jahre 2007 jedes siebte Krankenhaus eine Ethikberatungsstruktur eingerichtet hatte, legten Schätzungen in 2015 nahe, dass mindestens in jedem vierten Krankenhaus Ethikstrukturen vorhanden waren (vgl. z.B. Dörries/Hespe-Jungesblut 2007; Schochow u.a. 2014; Schochow u.a. 2015; Dörries u.a. 2015).[1] Ein Antrieb für diese Entwicklung ist die Erfahrung, dass es für die Bearbeitung der vielfältigen moralischen Konflikte im Krankenhaus hilfreich ist, wenn dafür entsprechende Institutionen und ethische Expertise zur Verfügung stehen; ein anderer, dass Ethikberatung auch bei der Zertifizierung von Gesundheitseinrichtungen verstärkt als Qualitätskriterium nachgefragt wird. Nicht zuletzt ist es zur Implementierung von Strukturen Klinischer Ethikberatung förderlich, wenn dies gesetzlich gefordert ist, wie etwa im Hessischen Krankenhausgesetz seit 2011 (vgl. Schochow u.a. 2014, 2183). Innerhalb der Klinischen Ethikberatung sind unterschiedliche Institutionsformen zu unterscheiden. *Klinische Ethikberatung* wird als Überbegriff für „alle Aktivitäten von Ethik in Einrichtungen des Gesundheitswesens" (Neitzke 2009, 37) verwendet. Das *Ethikkomitee* ist wohl am häufigsten anzutreffen. Es hat die Aufgabe, Leitlinienarbeit zu leisten und Fortbildungen wie auch *Ethik-Fallberatungen*[2] anzubieten. Letztere dienen „der Unterstützung in schwierigen Entscheidungs- bzw. Behandlungssituationen" (Vorstand der Akademie für Ethik in der Medizin 2010, 151) und können von allen an der Beratung der Fallsituation Beteiligten angefragt werden. Es kann dabei grundsätzlich zwischen Einzelberatungen (etwa bei individueller Gewissensnot) und gemeinsamen Fallbesprechungen, aber auch zwischen retrospektiven, prospektiven und präventiven Ethik-Fallberatungen unterschieden werden (vgl. ebd.). Weitere etablierte Ethikberatungsstrukturen sind der *Ethikkonsiliardienst* oder auch offene Modelle wie der *Runde Tisch Ethik*, das *Ethikforum*, das *Ethik-Café* oder der *Ethik-Salon* mit einem Angebot zum gemeinsamen themenbezogenen Austausch. Das Angebot der *Fallbezogenen Stationsrunde* dient einem Austausch über ethischen Problemsituationen, die auf einer Station regelmäßig auftreten (vgl. Neitzke 2009).

Das grundsätzliche Vorhandensein von Einrichtungen Klinischer Ethikberatung bedeutet allerdings noch nicht, dass das Angebot von Ethik-Fallberatungen auch wirklich angefragt wird. Immer wieder wird kritisch angemerkt, dass diese

---

[1] Die empirischen Studien richten sich in der Regel auf die Implementierung von Ethikstrukturen im Krankenhaus. Entsprechende Studien zur Verbreitung und Akzeptanz von Strukturen der Ethikberatungen in Pflegeeinrichtungen in Deutschland sind bislang noch ein Desiderat.

[2] Zur Abgrenzung der Ethik-Fallberatung (auch ethische Fallbesprechung) vom Ethikkonsil, der Ethikvisite und anderen Formen, vgl. Neitzke 2009, 44f.

von VertreterInnen der Heilberufe selbst am allerbesten, also ohne das Hinzuziehen von EthikberaterInnen, geleistet werden können. Damit wird allerdings übersehen, so Jox, dass die meisten qualifizierten EthikberaterInnen ohnehin VertreterInnen der Gesundheitsberufe sind und es sich bei der Ethikberatung nicht um eine eigenständige Disziplin oder Profession handelt. Ethikberatung sei vielmehr nach dem Modell einer „eine Spezialisierung analog der Palliative Care" zu verstehen, „die allerdings neben den klassischen Gesundheitsprofessionen auch etwa Seelsorgern und Philosophen" (Jox 2014, 87) offenstehe. Sowohl die beständige Qualitätssicherung wie auch die Weiterentwicklung der Strukturen Klinischer Ethikberatung werden empfohlen, um eine nachhaltige Implementierung und Akzeptanz der Angebote zu erreichen (vgl. Dörries u.a. 2015, 252; Ranisch u.a. 2021). Diese Überlegungen verdeutlichen, wie wichtig es ist, dass plausibel wird, dass die Angebote Klinischer Ethikberatung und dabei besonders das Format der Ethik-Fallberatung für die klinischen Akteure Entlastung zu bringen vermögen.

Während Ethikkomitees in den USA bereits Anfang der 1990er Jahre flächendeckend eingeführt wurden, wurde eine derartige Empfehlung in Deutschland erst 1997 für die Krankenhäuser in kirchlicher Trägerschaft ausgesprochen (vgl. Neitzke 2009). Wesentliche Motive dafür waren Fragen der Ressourcenallokation sowie die intensivmedizinischen und medizintechnischen Entwicklungen, die zu einem enormen Zuwachs an medizinischen Maßnahmen zur Lebensverlängerung führten. Damit kamen ethische Legitimationsfragen neuen Ausmaßes in der klinischen Praxis an: Darf man alles machen, was medizinisch möglich ist? Bis wann ist die Fortsetzung lebensverlängernder Maßnahmen sinnvoll? Entspricht dies überhaupt dem Patientenwillen? Hinzu traten gravierende Verantwortungsfragen bei der medizinischen Forschung am Menschen, seitdem bekannt wurde, welches Leid und welche Schädigungen Forschungsprogramme verursacht haben, die ohne Wissen und Zustimmung der ProbandInnen durchgeführt wurden. Aus diesem Problemfeld erwuchs die Notwendigkeit, aber auch die Motivation zur Gründung und Etablierung von Ethikkommissionen der Landesärzteverbände und an Universitätskliniken. Hand in Hand damit ging die Entwicklung medizinethischer und klinisch-ethischer Theorien und Beratungskonzepte, von denen viele heute weit verbreitet sind

Pluralität der medizinethischen Ansätze
In der Medizinethik spielen eine Menge an Argumenten und ethischen Theorien eine Rolle. Beispielsweise wird häufig argumentativ auf die Menschenwürde verwiesen oder es werden Grund- und Menschenrechte angeführt – etwa, wenn Gleichbehandlung oder Nichtdiskriminierung von PatientInnen eingefordert werden. Neben solchen grundsätzlichen („deontologischen") Argumenten spielen außerdem güter- und folgenorientierte Überlegungen eine große Rolle: Was bedeutet es für eine Patientin oder einen Patienten, weiterhin zuhause leben zu können, bestimmte Mobilitätsgrade wieder oder nicht mehr zu erlangen, sich

auf eine (vielleicht dauerhafte) Medikamententherapie oder einen (möglicherweise riskanten) operativen Eingriff einzulassen? Gerade bei Folgenabschätzungen („konsequentialistischen" Argumenten) ist es sehr wichtig zu erwägen, wie wahrscheinlich und wie schwerwiegend mögliche positive oder negative Entwicklungen eintreten können und wen sie betreffen werden. Schließlich gibt es auch haltungs- oder tugendethische Argumente, die sich darum drehen, was die jeweiligen Handlungen oder Entscheidungen für das Selbstverständnis und das Selbstbild der betroffenen Person bedeuten – kann etwa ein Arzt oder eine Ärztin es mit ihrem persönlichen Ethos vereinbaren, wenn ein/eine PatientIn eine Behandlungsoption favorisiert, die aus ärztlicher Sicht nicht angezeigt ist? Alle diese unterschiedlichen ethischen Argumentationsweisen haben anspruchsvolle philosophische Grundlagen, von denen her ihre Reichweite und ihre Grenzen erörtert und begründet werden können. In der Praxis der ethischen Fallberatung im Krankenhaus ist es in der Regel weder möglich noch sinnvoll, ganz grundlegend anzusetzen und metaethische Positionierungen zu diskutieren. Daher haben sich verschiedene ethische Modelle etabliert, die eine praxisnahe, aber dennoch gründliche und verantwortliche ethische Analyse und Beurteilung von medizinischen und pflegerischen Entscheidungskonflikten ermöglichen sollen.

Prinzipienethik
Sehr weit verbreitet und in vielen ethischen Ausbildungsgängen etabliert ist die Prinzipienethik der beiden amerikanischen Ethiker Tom Beauchamp und James Childress.[3] Beauchamp und Childress haben ihre Prinzipien ausdrücklich als „mittlere Prinzipien" entworfen, d.h. sie sind einerseits allgemein gehalten, damit sie auf die Vielzahl der medizinischen Situationen und Konstellationen appliziert werden können, und sie sind andererseits durch ihre relative Praxisnähe unabhängig von philosophischen oder weltanschaulichen Begründungstheorien. In einem pluralistischen Kontext, in dem ein Konsens über fundamentale Begründungsfragen nicht zu erwarten ist, sollten sie daher dennoch orientierend wirken können, so die beiden Autoren. Zu den Vorzügen der Prinzipienethik gehört sicherlich, dass ihre vier Prinzipien eingängig und didaktisch geeignet sind und dass sie sich für eine Operationalisierung eignen, die als Arbeitsweise im Klinikkontext vertraut ist. Dennoch ist die Prinzipienethik keineswegs unangefochten, und es gibt eine Anzahl weiterer Ansätze, die sich als Alternative oder komplementär zur Prinzipienethik verstehen. Die vier Prinzipien der Medizinethik nach Beauchamp/Childress lauten: Respekt vor Autonomie (respect for autonomy), Nicht-Schaden (non-maleficence), Wohltun (benefi-

---

[3] Beauchamp, Tom/Childress, James F.: *Principles of Biomedical Ethics*, Cambridge/Mass. Zuerst 1979 erschienen, haben die beiden Autoren das Buch für weitere Auflagen vielfach überarbeitet. Die aktuelle achte Auflage ist 2019 erschienen.

cience) und Gerechtigkeit (justice). Als „mittlere Prinzipien" dienen sie dazu, gewissermaßen praktisch einleuchtende ethische Gesichtspunkte („Prima-facie-Pflichten") anwendungsnah zusammenzuführen. Den beiden Autoren zufolge besteht keine Hierarchie zwischen den Prinzipien; es kann aber kaum bezweifelt werden, dass „Respekt vor Autonomie" in der Rezeption der Prinzipienethik – unterstützt von weiteren Faktoren – eine Schlüsselstellung einnimmt. Beim nun folgenden näheren Betrachten der vier Prinzipien ist außerdem zu beachten, dass Beauchamp und Childress ihre Prinzipienethik als eine Berufsethik für die ärztliche Profession formuliert haben und es daher notwendig ist, den Blick für die jeweiligen ethischen Verantwortlichkeiten der weiteren Berufe und Funktionen im Krankenhausbetrieb zu weiten.

Respekt vor Autonomie – das Recht von PatientInnen auf Selbstbestimmung
Mit dem Grundsatz des Respekts vor der Autonomie der PatientInnen ist das anti-paternalistische Anliegen der modernen Medizinethik verbunden (vgl. Maio 2017, 158f.; Simon 2022). Der Würde der Personen und ihrem Status als Träger von Menschen- und Bürgerrechten entsprechend muss auch im medizinischen Betrieb darauf geachtet werden, dass PatientInnen nicht bloß Empfänger (also „Objekte") medizinischen und pflegerischen Handelns sind, sondern dabei stets ihre Subjekt-Position gewahrt bleibt. Mit der Würde hängt eng der Anspruch auf Selbstbestimmung zusammen: Jede Person darf grundsätzlich frei über sich, ihr Leben und ihre leibliche Integrität verfügen. Daraus folgt, dass jedes ärztliche und pflegerische Handeln an der Person nur mit ihrer Zustimmung erfolgen kann. Außerdem kann das Ziel des jeweiligen medizinischen Handelns – nämlich das Wohl des/der PatientIn zu schützen und zu verbessern – nur erreicht werden, wenn die PatientIn an der Bestimmung dessen beteiligt ist, worin jeweils ihr Wohl besteht. Denn ob eine medizinisch mögliche und sinnvolle Behandlung auch aus der Perspektive der PatientIn gut und sinnvoll erscheint, kann nur er/sie jeweils einsehen und mitteilen. Der Respekt vor der Autonomie der PatientIn besteht also darin, ihre Selbstbestimmung zu achten. Entsprechend ist ein professionelles Handeln durch ÄrztInnen und Pflegende an PatientInnen ethisch nur dann legitim, wenn diese dem zustimmen. Der Patientenautonomie entspricht also das klinisch-ethische Instrument der informierten Einwilligung (informed consent) – der/die PatientIn muss einer Behandlung zustimmen, damit diese legitim ist, und hat daher Anspruch auf die für diese Zustimmung erforderliche vollständige, rechtzeitige und verständliche Information durch den/die behandelnde ÄrztIn. Die zentrale Stellung der Patientenautonomie drückt sich auch darin aus, dass sie nicht nur ein ethisches, sondern auch ein rechtliches Prinzip darstellt. Grundrechtlich leitet sich die Patientenautonomie aus Artikel 1, Absatz 1 (Menschenwürde) sowie aus Artikel 2, Absatz 1 (freie Entfaltung der Persönlichkeit) GG her; der medizinrechtliche Grundsatz der informierten Einwilligung ist in § 630d BGB normiert.

In der Alltagspraxis im Krankenhaus ist Patientenselbstbestimmung freilich mit einer ganzen Reihe an Herausforderungen und Problemen verbunden, die daher auch im Ethikkomitee sowie generell bei Ethikberatungen eine große Rolle spielen. So ist es etwa eine stetige Herausforderung im Klinikalltag, die Information der PatientInnen über alle jene Zusammenhänge sicherzustellen, die sie verstehen müssen, um über ihre eigene medizinische Situation im Klaren zu sein und eine Entscheidungsbasis für das weitere Vorgehen zu haben. Medizinische Sachverhalte sind oftmals nicht leicht zu verstehen, und Sprach-, Bildungs- und kulturelle Hürden können das Verständnis zusätzlich erschweren. ÄrztInnen müssen sich Zeit nehmen, um Sachverhalte – manchmal auch mehrmals – zu erläutern, und Zeit geben, um die Informationen zu verarbeiten. Sie müssen kommunikative Kompetenzen entwickeln, um belastende Informationen angemessen mitzuteilen. Bei manchen PatientInnen kann das Verständnis durch eine ganze Reihe krankheitsbedingter Faktoren erschwert sein. Hinzu kommt, dass nicht nur das Verständnis, sondern auch die Urteilsfähigkeit der/des PatientIn situativ oder dauerhaft eingeschränkt oder gar nicht vorhanden sein kann, so dass die Einwilligungsfähigkeit in Frage steht oder fehlt. Dies kann etwa bei PatientInnen mit psychischer oder dementieller Erkrankung der Fall sein oder wenn PatientInnen unfall- oder krankheitsbezogen nicht ansprechbar sind (vgl. Deutscher Ethikrat 2015). Um solchen Situationen der Einwilligungsunfähigkeit vorzugreifen, besteht die Möglichkeit, eine Vorausverfügung (Patientenverfügung) abzufassen, die festhält, welche Behandlungen in welchen Situationen vorgenommen oder unterlassen werden sollen. Diese Vorausverfügungen sind für das Behandlungspersonal bindend (§ 1827 BGB). Wenn im Falle der Einwilligungsunfähigkeit keine Patientenverfügung vorliegt oder sie nicht klar auf die aktuelle Situation zu passen scheint, muss mit Hilfe von Angehörigen oder nahestehenden bzw. bevollmächtigten Personen der mutmaßliche Wille der PatientIn ermittelt werden. In Krankheitssituationen kann es also sehr kompliziert sein, der Autonomie des/der PatientIn Geltung zu verschaffen, da es immer Unsicherheiten gibt, was die Person wollte (als sie die Patientenverfügung abfasste) oder was sie wollen würde (wenn es keine gibt oder die Patientenverfügung unklar ist).[4] Der Grundsatz „Respekt vor der Autonomie" ist also einerseits ethisch und rechtlich von grundlegender Bedeutung und ethisch wie institutionell fest verankert, andererseits wirft seine konkrete Verwirklichung im Alltag einer arbeitsteiligen, verdichteten und an effizienten Arbeitsabläufen ausgerichteten (Intensiv-)Medizin nicht wenige Probleme auf.

---

[4] Patientenverfügungen sollten daher „gut gemacht" sein, was kaum ohne ärztliche Beratung geht, oder, wie das Konzept des Advance Care Planning es vorsieht, nicht als einmaliger Akt, sondern als ein kontinuierlicher Prozess mit einschlägiger Beratung und regelmäßiger Aktualisierung verstanden werden, vgl. Coors/Jox/in der Schmitten 2015.

Nicht-Schaden
Das zweite Prinzip der Prinzipienethik nach Beauchamp/Childress trägt mit der Forderung, Schaden zu vermeiden, der Tatsache Rechnung, dass ÄrztInnen – und das gilt sicherlich ebenfalls für weitere Krankenhausprofessionen – gegenüber den PatientInnen in einer Machtposition sind. Die Medizin und die Akteure in Medizin und Pflege sind durch ihren Wissensvorsprung und durch ihre institutionelle Stellung grundsätzlich in der Lage, den PatientInnen Schaden zuzufügen – und sei es allein durch Unachtsamkeit, Vernachlässigung oder Irrtum. Hinzu kommt, dass auch sachgerechtes ärztliches Handeln oftmals mit einem mehr oder weniger schwerwiegenden Eingriff in den menschlichen Körper verbunden ist und daher potenziell die physische und psychische Integrität des Patienten und der Patientin schädigen kann. Kranke Menschen sind schließlich durch ihre Verletzung oder Krankheit und ihr Angewiesensein auf medizinische Hilfe in einer verletzlichen Lage. Der Grundsatz des Nicht-Schadens formuliert daher eine negative Pflicht: Ärzte und Ärztinnen sollen zunächst zusehen, dass sie die PatientInnen nicht aktiv schädigen, und sodann so agieren, dass sie eine weitere Schädigung der PatientIn verhindern bzw. Schaden abwenden.

Wohltun
Das Nicht-Schadens-Prinzip ist damit gewissermaßen das Gegenstück zum Prinzip des Wohltuns, welches die aktive Verpflichtung formuliert, das Wohl des/der PatientIn durch professionelles Handeln zu fördern. Erst mit diesem Grundsatz ist eigentlich das medizinische Handlungsfeld eröffnet, da kranke Menschen ja in die Klinik kommen, damit ÄrztInnen aktiv werden, nämlich ihnen in ihrer medizinischen Bedürftigkeit beistehen, und ärztlicherseits fußt das medizinische Ethos grundsätzlich darauf, nicht (primär) etwas zu unterlassen, sondern spezifische Hilfe zu leisten: Krankheit zu heilen und Leiden zu lindern. Es liegt in der fachlichen Verantwortung des Behandlungsteams zu erörtern, wie das Wohl der/der PatientIn am besten zu fördern ist. Maßgeblich ist hierbei „weniger das aktuelle Wohlbefinden, sondern vielmehr das längerfristige Wohlergehen" des/der PatientIn, und es geht beim Wohltun-Prinzip um das medizinisch erreichbare Patientenwohl (Marckmann 2022, 25). Erst wenn die Perspektiven der einzelnen Prinzipien zusammengeführt werden, muss abgeglichen werden, ob das medizinisch Mögliche auch von dem/der PatientIn gewollt wird.

Gerechtigkeit
Das Prinzip der Gerechtigkeit geht über die bisher eingenommene Perspektive des individuellen Verhältnisses zwischen Behandlungsteam und PatientIn hinaus und nimmt weitere Personenkreise in den Blick. Erhält nicht nur diese PatientIn, was sie benötigt, sondern ebenso die anderen PatientInnen auf der Station oder in der Klinik? Es kann PatientInnen geben, die in besonderer Weise Ressourcen binden, etwa Zeit und Aufmerksamkeit, aber auch therapeutische Maß-

nahmen und Apparate, die anderen dann nicht zur Verfügung stehen. Gerechtigkeitsfragen gehen schließlich über die unmittelbar Tätigen hinaus und weiten sich zu Fragen der Systemgerechtigkeit, etwa ob Mittel im Gesundheitswesen gerecht verteilt sind, ob die Arbeitsbelastung, die Entlohnung und die beruflichen Chancen fair geregelt sind usw. Wiewohl solche Themen durchaus Einfluss auf die konkreten Behandlungsfälle haben können, stellt sich doch die Frage, ob Gerechtigkeitsfragen im individuellen Behandlungsverhältnis bearbeitet werden können und sollen. Sicherlich sind sie viel eher als Organisations- und Systemfragen aufzufassen und müssen an die entsprechenden Stellen adressiert (und politisch eingefordert) werden. Dennoch sind Gerechtigkeitsfragen auch im individuellen Verhältnis zwischen Behandlungsteam und PatientIn nicht völlig abwesend. So formulieren etwa die Fragen nach Gleichbehandlung und Nichtdiskriminierung eine Gerechtigkeitsthematik aus: Wird diese individuelle Patientin bzw. dieser Patient fair behandelt, erhält er/sie die gleiche Behandlung, die andere auch erhalten oder erhalten würden? Oder bleibt die Behandlung dahinter zurück, etwa, weil er/sie fremd oder absonderlich erscheint, sich störend oder unangenehm verhält oder ein „schwieriger Patient" ist?

In einer ethischen Falldiskussion müssen die unterschiedlichen Aspekte, die die vier Prinzipien zu erschließen helfen, zusammengeführt werden: Was entspricht dem Patientenwillen? Kann der/die PatientIn dies selbst äußern, liegt eine aussagekräftige Vorausverfügung vor oder muss der mutmaßliche Wille mittels Dritter erschlossen werden? Welches Tun oder Unterlassen schädigt den/die PatientIn oder hält ein Schädigungsrisiko für den/die PatientIn bereit? Welches Wohl kann aus medizinischer Sicht erreicht werden? Wie verhalten sich in der Abwägung Nutzen (Patientenwohl) und Nachteile (Schädigung bzw. Risiken) zueinander? Welche Gerechtigkeitsaspekte sind berührt, schränkt etwa die anvisierte Behandlung Dritte in nicht gerechtfertigter Weise ein? Dabei muss auch erörtert werden, welcher Aspekt oder welche Aspekte konkret jeweils gewichtiger erscheinen als andere – der Ansatz der Prinzipienethik lässt das offen, aber stellt der jeweiligen Beratung (idealerweise in einem multiprofessionellen Kontext wie im Ethikkomitee) dafür einen Rahmen bereit.

Neben der Prinzipienethik gibt es, wie bereits erwähnt, weitere Ethikansätze, die komplementär zur Prinzipienethik im Kontext der Medizin- und Pflegeethik Anwendung finden. Zu nennen sind hier insbesondere der Ansatz der Care-Ethik wie auch solche der hermeneutischen oder narrativen Ethik. Sie haben jeweils unterschiedliche theoretische Ausgangspunkte und verfolgen unterschiedliche Stoßrichtungen, so dass es wichtig ist, im Blick zu haben, welcher medizinethische Ansatz wofür hilfreich ist. In Bezug auf die Prinzipienethik wurde deutlich, dass sie insbesondere für die Analyse von ethisch relevanten Problemaspekten und für die Strukturierung von Entscheidungsfragen, etwa im Rahmen von ethischer Fallberatung, Orientierung bietet. Die Care-Ethik wurde besonders in der Pflegeethik rezipiert und für diese weiter ausgearbeitet. Dies bedeutet jedoch nicht, dass es sich dabei um einen ethischen Ansatz allein für

Pflegekräfte handelt. Die Care-Ethik beansprucht vielmehr, einen eigenständigen ethischen Zugang zu formulieren, der für alle AkteurInnen im Gesundheitswesen bereichernd ist. Die Seelsorge, so legt es die Studie von Moos u.a. (2016) nahe, weist im Umgang mit PatientInnen, Angehörigen und Klinikmitarbeitenden Haltungen auf, die Parallelen zu Ansätzen der Care-Ethik zeigen (vgl. ebd., 110), so dass es naheliegt, sie im Folgenden vorzustellen.

Care-Ethik
Der Care-Ethik-Ansatz wurde im Kontext feministischer Ethik entwickelt. Care-Ethik greift die Überlegung auf, dass Sorge-Arbeit ein insbesondere weiblich konnotierter Tätigkeitsbereich ist und sich weniger an abstrakten Prinzipien wie der Gerechtigkeit ausrichtet, dafür aber die Konstellationen der Sorge-Beziehung in den Blick nimmt. Alle Menschen bedürfen in ihrem Leben je nach Lebensphase und Gesundheitszustand mehr oder weniger der Fürsorge durch andere. Die Fürsorgebedürftigkeit ist Teil der *conditio humana*. „Während Neugeborene und Kinder grundsätzlich von einer verlässlichen Bindung und Beziehung abhängig sind, sind im Erwachsenenalter insbesondere hilfsbedürftige kranke sowie behinderte und (hoch-)betagte Menschen auf Zuwendung und kompetente Pflegepraxis angewiesen" (Kohlen 2020, 68). Allein unter der Voraussetzung der ihnen entgegengebrachten persönlichen Zuwendung können Menschen die Fähigkeit erwerben, selbstbestimmt zu handeln und eigene Bedürfnisse zu artikulieren (vgl. Conradi 2010, 98). Diese intersubjektive Grundannahme von Care als Haltung, die Ermöglichungsgrund von Freiheit und Befähigung zur Bedürfnisartikulation ist, erfährt eine Erweiterung mit dem Gedanken, dass eine Grundhaltung von Care überhaupt erst dazu befähigt, Hilfe zu leisten und Hilfe anzunehmen und sich umsorgt zu fühlen (vgl. Kohlen 2020, 69). Mit dem Aspekt der Haltung ist Care allerdings noch nicht vollständig beschrieben. Vielmehr ist sie eine *Praxis*, in der Gedanken, Handlungen und Emotionen miteinander in Verbindung stehen und auf ein bestimmtes *Ziel* gerichtet sind (vgl. ebd., 70). Dieses Ziel der Fürsorge sind der Schutz und die Förderung der menschlichen Würde. Ohne das Bemühen um einen Aufbau und eine Stärkung der Beziehung zu jenen, die abhängig sind, ist das Erreichen dieses Ziels nicht möglich. Eine rein mechanische, emotions- und beziehungslose Pflege ist zwar grundsätzlich möglich, übergeht aber, dass Fürsorge kein Zweck an sich ist. Care ist nicht nur Handlung, sondern basiert auf einer spezifischen Haltung. Joan Tronto beschreibt diesbezüglich vier Dimensionen der Sorge, nämlich 1.) die Aufmerksamkeit für das Bedürfnis nach oder den Bedarf an Fürsorge, 2.) die Bereitschaft zur Verantwortungsübernahme, 3.) die praktische Aufmerksamkeit für die Befriedigung von Bedürfnissen. Fürsorge zu erhalten bedeutet 4.), auf die erfahrene Aufmerksamkeit und Fürsorge zu reagieren (vgl. ebd., 70).

Für Pflegekräfte ist Care (auch: Caring) „der zentrale Begriff in der Selbstbeschreibung der Pflege, und das zentrale Konzept, wenn es um das Selbstverständnis der Pflegenden in Hinblick auf ihre Aufgabe geht" (ebd., 68).

Es handelt sich dabei nicht um eine Abgrenzung zu Cure, der Tätigkeit des (medizinischen) Heilens (vgl. Remmers 2016, 101). Schließlich sollte auch das ärztliche Handeln Selbstbestimmung und die Artikulation von Bedürfnissen ermöglichen und letztendlich dem Schutz und der Förderung der menschlichen Würde dienen.

Der Care-Ethik zufolge stehen beispielsweise am Lebensende nicht Entscheidungsfragen im Vordergrund, wie etwa, ob lebensverlängernde Maßnahmen beendet werden sollten oder nicht, sondern es geht vor allem darum, „dass ein Mensch die letzte Lebensphase erreicht hat und in jeder Hinsicht achtsam zu begleiten ist" (ebd., 71). Mit der Sorge-Beziehung, der Verbundenheit mit dem anderen, sind moralische Implikationen verbunden, die eine Verantwortungsübernahme einfordern. Moralische Urteile sind, so die Grundaussage von Carol Gilligan (1988), immer von situativen und relationalen Kontexten abhängig und ohne diese nicht möglich. Rein abstrakten Prinzipien, wie jenem der Gerechtigkeit, wäre Gilligan zufolge mit Skepsis zu begegnen.

Care-Ethik hält wichtige Impulse bereit, wenn sie die Bedeutung menschlicher Beziehungen betont, die in Sorge-Beziehungen von Asymmetrie gekennzeichnet sind. Wird auf die Bezogenheit des Menschen auf andere nicht geachtet, birgt dies die Gefahr, Grenzen zu übergehen, Bedürfnisse nicht wahrzunehmen und den Aufbau eines Vertrauensverhältnisses, das eine Beziehungskonstellation überhaupt erst gelingen lässt, zu verunmöglichen. Es bedarf einer Haltung der Achtsamkeit, für diese asymmetriebedingte Möglichkeit der Verletzung des anderen sensibel zu sein und diesbezüglich für die Art des eigenen Sorge-Handelns Verantwortung zu übernehmen.

Diese wird im Rahmen der Care-Ethik besonders thematisiert. Sie betont beispielsweise die Notwendigkeit, die Haltung der Achtsamkeit zu reflektieren, die die Wahrnehmung dieser Asymmetrie ermöglicht, sowie die Notwendigkeit, das Ziel der Fürsorge im Blick zu behalten, nämlich den Schutz und die Förderung der menschlichen Würde. Damit kann sie der Prinzipienethik eine weitere Dimension der ethischen Wahrnehmungs- und Reaktionsfähigkeit hinzufügen. Da Care immer unter realen Bedingungen stattfindet, kritisiert sie auch die Faktoren, die einem gelingenden Pflegehandeln entgegenstehen. Belastungen der Pflege, etwa durch die Knappheit der Ressource Zeit und durch hierarchiebedingt schwierige Kommunikation, werden von Care-Ethik identifiziert, was ebenfalls einen wichtigen Beitrag zur Klinischen Ethik in einem umfassenderen Verständnis leistet.

Klinikseelsorge und Ethik
Bevor wir darstellen, ob und inwiefern die einzelnen Ethikansätze (oder sie alle) für die Seelsorgepersonen im Krankenhaus relevant sind, ist zu überlegen, ob und inwieweit Seelsorgende überhaupt zu den AkteurInnen der Ethik im Krankenhaus zu zählen sind. Es ist klar, dass im Krankenhaus eine Vielzahl an Profes-

sionen tätig sind. Diese unterscheiden sich durch ihre Rollen- und Kompetenzprofile, womit etwa der jeweils eigene Zugang zu den PatientInnen verbunden ist, womit aber auch jeweils eigene Perspektiven auf ethische Herausforderungen im Klinikalltag einhergehen. Ethische AkteurInnen sind solche ProfessionsvertreterInnen, die in ethische Problemlagen im Kontext des Krankenhauses involviert sind und an deren Bearbeitung mitwirken beziehungsweise aus sachlichen und ethischen Gründen in diese miteinbezogen werden sollten. Somit sind auch PatientInnen und deren Angehörige ethische AkteurInnen. Für die Seelsorge als Klinikprofession kann sich die Frage stellen, inwiefern sie sich jeweils selbst explizit in der Rolle des/der MedizinethikerIn sieht. Die Einbindung der Seelsorge in die Klinikstruktur ist weniger klar als die der anderen Klinikprofessionen, die als Angestellte der Klinik tätig sind. Darüber hinaus ist das Tätigkeitsprofil offener, was dazu führt, dass Seelsorgende in besonderer Weise zur Rollenreflexion herausgefordert sind. Dies birgt Herausforderungen, aber auch Chancen, wie an Klessmanns gleichermaßen treffendem wie problematischem Bild gezeigt werden kann, demzufolge Klinikseelsorge sich „im Zwischenraum" (Klessmann 2013, 18) befindet. Problematisch ist es, weil es suggeriert, dass Seelsorge in einer Art Transitbereich festhänge und nirgendwo Wirkung entfalten könne. Gemeint ist aber, dass die Seelsorge sowohl *von außen kommend* als auch *innen seiend* ist. Seelsorgende sind durch die grundrechtlich festgeschriebene positive wie negative Religionsfreiheit „[...] in Krankenhäusern [...] zur Vornahme religiöser Handlungen zuzulassen, wobei jeder Zwang fernzuhalten ist" (Art. 140 GG). In Verbindung mit dem Recht auf freie Ausübung der Religion (Art. 4 GG) sind alle Institutionen, die Menschen beherbergen, die etwa aufgrund von Krankheit daran gehindert werden, Gottesdiensten außerhalb dieser Institutionen beizuwohnen, dazu verpflichtet, Seelsorge zu ermöglichen. Klessmann zufolge ist es eine wichtige Aufgabe, die „Spannungen und Ambivalenzen, die sich daraus ergeben, auszuhalten und kreativ fruchtbar zu machen statt sie einseitig aufzulösen" (Klessmann 2013, 18). Es wird hier eine Grenzgängerstellung beschrieben, die Beschränkungen mit sich bringt, aber auch als „Chance für kritische Anwaltschaft" wahrgenommen wird (vgl. Mandry u.a. 2019, 25). Die Herausforderung, die mit dieser Grenzgängerstellung einhergeht, ist allerdings, dass Seelsorge gefordert ist, sich selbst in der Klinikstruktur zu positionieren. Dies betrifft etwa die Frage danach, inwieweit eine Anbindung an das Behandlungsteam angeraten ist, aber auch die Frage, wie es gelingen kann, „Möglichkeiten für medizinethisches Arbeiten im Gefüge von unterschiedlichen Professionen und Entscheidungsebenen" (ebd.) zu finden. Anzumerken ist in diesem Zusammenhang – auch mit Blick auf die eingangs skizzierten Strukturen Klinischer Ethikberatung –, dass es einer Weitung des Blicks bedarf, was unter „medizinethischem Arbeiten" im Krankenhaus zu verstehen ist.

Seelsorgende sind oft in größerem Umfang medizinethische AkteurInnen, als ihnen bewusst ist. Dies liegt daran, dass der Bereich der Klinischen Ethik oft zu eng gefasst wird. Die Bearbeitung ethischer Fragestellungen hat nämlich nicht allein im Klinikethikkomitee oder in der Ethik-Fallberatung ihren Ort, wo es darum geht, ethisch begründete Handlungsentscheidungen zu treffen. Ethische Reflexion findet beispielsweise auch im Kontext der Lebensführung oder in Bezug auf die Ethikkultur in der Einrichtung statt. Ethische Abwägungen sind also nicht nur bei Entscheidungssituationen angebracht, sondern auch in deren Vorfeld und in ihrem Nachgang. Ethisch bedeutsam ist schließlich nicht allein das, was in der Ethik-Fallberatung zur Sprache kommt, sondern bereits all das, was am Krankenbett oder im Tür- und Angelgespräch oder im Gottesdienst gesprochen oder nonverbal kommuniziert wird (vgl. Moos u.a., 56).

Die Fürsorge, die mit Seelsorge assoziiert wird, gilt der gesamten Person, ihren tiefergehenden Interessen und Bedürfnissen. Die Interaktion mit den PatientInnen, den Angehörigen wie auch den Klinikmitarbeitenden und die gemeinsame Auseinandersetzung über existentielle, soziale, kulturelle und religiöse Fragen machen einen wesentlichen Teil seelsorglicher Begleitung aus. Dies geschieht vor allem in Gesprächen über die jeweiligen Erfahrungen. Diese Erfahrungen werden in Form von Erzählungen versprachlicht, die deutlich machen, welche Bedeutung sie für die jeweilige Person haben. Klinikseelsorge arbeitet dabei mit biblischen und anderen Texten, um die Betroffenen in der Auseinandersetzung mit ihren Erfahrungen zu begleiten. Diese Arbeit mit Narrativen dieser Art ist Ausgangspunkt der narrativen Ethik, die im Folgenden vorgestellt wird.

Narrative Ethik im Kontext von Medizin und Medizinethik
Welche Rolle spielt nun die narrative Ethik in der Medizin bzw. in der klinischen Ethikberatung? Neben dem ethischen Profil der narrativen Ethik muss es im Folgenden auch darum gehen, worin unseres Erachtens die besondere Nähe der Klinikseelsorge zur narrativen Ethik begründet ist und welche Chancen dieser Ansatz für die pastorale Tätigkeit im Krankenhaus bereithält.

Bei der Annäherung an narrative Ethik ist es hilfreich sich klarzumachen, dass das Erzählen in der Medizin durchaus kein Fremdkörper ist, sondern im Gegenteil mit der Medizin als praktischer Wissenschaft seit langem verbunden ist. Fallgeschichten und „Fälle" spielen in der Medizin eine wichtige Rolle – es kann ja nicht übersehen werden, dass selbst noch die reduzierten Fallvignetten, die medizinisch (und medizinethisch) diskutiert werden, rudimentäre Geschichten erzählen: Meist bestehen sie daraus, dass bestimmte Befunde und datengestützte Krankheits- und Behandlungsverläufe eines/einer anonymisierten PatientIn dargestellt werden, um zu erörtern, was bisherige medizinische Interventionen erbracht haben und wie weiter verfahren werden soll. Fallgeschichten sind eine spezielle Art und Weise, Wissen zu generieren und zu präsentieren, und haben nicht nur in der Medizin, sondern auch in anderen Wissenschaften wie Psychologie oder Rechtswissenschaft ihren angestammten Platz – einen Platz freilich, der sich im Zuge der Wissenschaftsgeschichte auch verändert (vgl. z.B. Wegmann/King 2016).

In medizinischen Fallgeschichten wird ein Zusammenhang hergestellt zwischen der Individualität einer Person (der PatientIn), den konkreten Beobachtungen an dieser Person und der Selektion und Abstraktion aus der Perspektive der Medizin bzw. ihrer jeweiligen Wissensstandards. Erzählt werden jene Beobachtungen, die als „Symptome" oder „Indikatoren" für eine „Diagnose" relevant sind, d.h. die individuellen Phänomene werden als Erscheinungen eines Allgemeinen dargestellt (vgl. Hess 2014, 34–38): Der/die PatientIn wird zum Repräsentanten einer Krankheit, also zu einem „Fall", freilich – auch das ist wichtig – ohne gänzlich als Individuum zu verschwinden, da gerade auch das Ungewöhnliche, von der Erwartung Abweichende und Absonderliche des „Falles" erzählt wird, oftmals mit knapper Referenz zu lebensgeschichtlichen Details (Alter, Beruf, Gewohnheiten, Lebensstil), die noch in der Typisierung das Individuelle erahnen lassen. Mit Meier kann man unterscheiden zwischen medizinischen Fallgeschichten und Krankengeschichten. Krankengeschichten setzen sich fragmentarisch aus den unterschiedlichen Einträgen und Vermerken vieler Hände in einer Krankenakte zusammen und erfüllen eine „Gedächtnisfunktion", um die reibungslose und ordnungsgemäße Krankenbehandlung zu gewährleisten sowie evtl. als Material für wissenschaftliche Studien zu dienen (Meier 2014, 62). Fallgeschichten befassen sich ebenfalls mit dem Krankheits- und Therapieverlauf eines/einer PatientIn, sind jedoch von einem Autor oder einer Autorin in der Retrospektive verfasst und streben eine homogene Darstellung an: Die unterschiedlichen Begebenheiten werden nicht nebeneinandergestellt, sondern in ihrer wechselseitigen Bedingtheit geordnet und in einen Ablauf gebracht, so dass ein „Plot" erkennbar wird. Der narrative Charakter ergibt sich dadurch, dass der Autor oder die Autorin die unterschiedlichen Elemente zu einer Geschichte zusammenfügt, deren Zusammenhang einerseits in der zeitlichen Struktur besteht, in der sie gebracht werden, und zum anderen, dass die AutorIn die Zeitstruktur mit der „inneren Logik" der Begebenheiten verknüpft. In der Erzählung geschehen Dinge nicht nur in einer Zeitfolge, sondern stehen auch in einer logischen Ordnung aus Kausal- und Intentionalbeziehungen. Der Sinn des Erzählens ist schließlich nicht das Bereithalten von Informationen, um die richtige Behandlung der/des konkreten PatientIn sicherzustellen, sondern das Schärfen der Wahrnehmung für mögliches künftiges Handeln. „Fallgeschichten sollen über den Einzelfall hinausweisen, sie werden nicht in der klinischen Praxis, sondern in Lehre und Forschung verwendet und meistens auch publiziert" (Meier 2014, 62f.). Die Fallerzählungen aus der Klinikseelsorge, um die es in diesem Buch geht, sind ebenfalls solche Geschichten, die etwas Besonderes erzählen, indem sie unterschiedliche Begebenheiten zu einer Geschichte formen, die aber gleichzeitig über diese Erzählung hinausweisen. Was hat dies nun mit narrativer Ethik tun?

Narrative Ethik als hermeneutische Ethik
Tatsächlich gehen ja auch die oben bereits angeführten Ansätze der Medizinethik, wie etwa die Prinzipienethik nach Beauchamp und Childress, auf Fallerzählungen ein. Wie wir gesehen haben, besteht eine Stärke der Prinzipienethik darin, ein heuristisches Raster bereitzustellen, um „Fälle" aus den Perspektiven der vier Prinzipien zu analysieren und dies anschließend in eine ethische Gesamtbeurteilung zusammenzuführen. Narrative Ethik geht insofern anders vor, als sie primär am Verstehen interessiert ist und nicht an einer Beurteilung. Dies zeichnet sie als „hermeneutische Ethik" aus. Das Verstehen richtet sich auf das Andere seiner selbst, das als Anderes verstanden werden soll. Daher versucht eine hermeneutische Ethik von einer ausgearbeiteten Heuristik abzusehen, wie sie etwa die Prinzipienethik verwendet, um das „Wilde" und zunächst Ungeordnete – und darin das Einzigartige – in den Geschichten aufzuspüren und sie nicht sofort als „Fall" nach vorgegebenen Aspekten einzuordnen. Narrative Ethik ist daher an Erzählungen interessiert, die nicht bereits auf die möglichst präzise Darstellung medizinischer Informationen reduziert, sondern an lebensweltlichem und literarischem Erzählen, in dem die Erlebnisse, Gefühle, Wünsche, Frustrationen, Widerfahrnisse, Taten, Hoffnungen, Niederlagen erzählt werden – kurz, jene Geschichten, aus denen (und sei es im Fragment) – das Leben eines Menschen aufscheint. Wer ist dieser kranke Mensch, der hier leidet und sich fragt, wie er mit seiner Krankheit leben soll? Als wer erzählt er/sie sich? Oder im Erzählen anderer: Als wen erzählen sie den anderen Menschen, wie spiegeln sich ihre Beziehung zu ihm/ihr und ihr Selbstbild in diesem Erzählen? „Die narrative Aufklärung über die Identität des kranken Menschen und die in seinen Körper eingezeichneten Spuren", so Lesch, „gibt Aufschluss über elementare Empfindungen wie Scham und Verletzlichkeit, Sehnsüchte und Empfindungen von Glück und bewegt sich somit im vornormativen Bereich, der aber für die Urteilsbildung von großer Bedeutung ist" (Lesch 2003, 186). Es wird immer perspektivisch erzählt, aus dem Blickwinkel einer bisherigen Lebensgeschichte, und die Perspektive ist von Emotionen und Wertungen durchzogen – diese zu verstehen, darum geht es hermeneutischen und narrativen Ethiken.

Was macht das Ethische an einer narrativen Ethik aus, wie geht sie vom vornormativen Verstehen zum ethischen Bewerten und Urteilen über? An dieser Stelle ist zunächst zweierlei wichtig: Erstens, es gibt nicht die eine narrative Ethik, sondern eine Vielzahl narrativer Ethiken, die sich von Anspruch und Zielsetzung her unterscheiden. Zweitens haben die meisten narrativen Ethiken nicht den Anspruch, an die Stelle einer normativ-argumentativen Ethik zu treten. Vielmehr möchten sie den ethischen Blickwinkel erweitern um Aspekte und Dimensionen, die bei anderen Ethikansätzen leicht ausgeblendet werden (vgl. Giese 2020). Die einzelnen Ansätze unterscheiden sich vor allem darin, ob das Erzählen bereits das Ethische ist bzw. die Erzählung das ethisch Entscheidende in narrativer Gestalt enthält, oder ob narrative Ethik von der Erzählung erst ihren Ausgang nimmt und ethisch relevante Aspekte eigenständig herausarbeitet und als Ergebnis ethischer Reflexion erbringt. Ebenso unterscheiden sich die Ansätze darin, ob es ihnen mehr um mündliches, alltägliches Erzählen geht oder um schriftlich formulierte, literarische Erzählungen, bei denen dann auch literaturwissenschaftliche Analysen eingesetzt werden. Freilich ist in Bezug auf diesen letzteren Punkt festzuhalten, dass „Textlichkeit" gegenwärtig wesentlich weiter verstanden wird und die einst starre Gegenüberstellung von „Literatur" und „Alltagserzählungen" nicht mehr aufrechterhalten wird. Narrative Ethiken, so kann eine erste Annäherung lauten, gehen nicht konstruktiv vor, indem sie etwa aus den ethischen Überzeugungen einer Profession (etwa der klinischen Berufe) deren geteilte moralische Einstellungen in Form mittlerer Prinzipien herausarbeiten (wie Beauchamp und Childress), und sie gehen auch nicht deduktiv vor, indem Normen aus obersten Grundsätzen abgeleitet würden (etwa aus dem kategorischen Imperativ oder aus dem Grundsatz der Nutzenmaximierung), sondern sie suchen Moralität in bestehenden Lebensformen und ihrer Sprache auf. Narrative Ethik fragt danach, wie in den Erzählungen von Menschen, aber auch den Erzählungen einer Gemeinschaft oder Kultur ethische Orientierung Gestalt gewinnt (vgl. Hofheinz 2009, 18). Diese Gestaltgewinnung ist, so grundlegende Annahmen narrativer Ethik, sprachlich verfasst, (bevorzugt, aber nicht ausschließlich) narrativ strukturiert und wird als praktische Identitätsvergewisserung von Menschen „gelesen", die in den vielfältigen Widerfahrnissen und Begegnungen ihres Lebens nach einem „guten Leben" streben. In Erzählungen gewinnt dieses Streben nach dem guten Leben insofern Gestalt, als oftmals den Erzählenden selbst erst im Augenblick des Erzählens deutlich(er) wird, was ihnen wichtig ist, was bestimmte Erfahrungen für sie bedeuten, was sie sich vom Leben noch erhoffen etc. – das sprachliche Formulieren, das sich immer an ein Gegenüber richtet, bringt kein Wissen zum Ausdruck, das dem Erzählenden bereits innerlich transparent gewesen wäre, sondern gibt ihm erst mittels der Erzählung eine – mir selbst und dem Anderen – verständliche Form.

Die Vielfalt narrativer Ethiken
Wie narrative Ethiken im Einzelnen vorgehen, ist recht unterschiedlich. Hofheinz unterscheidet etwa drei „Typen" narrativer Ethik, die er nach deren Verhältnis zur „Prinzipienethik" (gemeint ist Normenethik) bildet: narrative Ethik als „Ergänzung" zur Prinzipienethik, als „Surrogat" für Prinzipienethik oder als Dekonstruktion von Ethik (vgl. Hofheinz 2009, 31–55). Da im medizinethischen Zusammenhang (fast) nur der erste Typ Bedeutung hat, gehen wir im Folgenden auf diesen ein.

Der ergänzende Charakter der hermeneutischen Ethik wird bei Maio unmittelbar deutlich. Eine hermeneutische „Ethik des Verstehens" des Anderen soll ihm zufolge die Brücke schlagen zwischen der Prinzipienethik nach Beauchamp/Childress und der Lebenswelt, um herauszufinden, was die medizinische Behandlung für den konkreten Patienten und die konkrete Patientin wirklich, d.h. aus deren Innensicht, bedeutet (vgl. Maio 2017, 175–179). Sich in diese Innensicht hineinzufühlen und hineinzutasten, ist das Ziel der hermeneutischen Ethik, die sich deshalb keiner Kategorien und Raster bedient, sondern das Besondere und Individuelle des anderen Menschen in seiner Gesamtheit – also nicht allein als PatientIn – erfassen will. Dieses „Ganze" des anderen Menschen ist nicht über objektive Daten, sondern nur über seine Geschichte zugänglich, die dieser von sich und seinem Leben erzählt. Denn die ethische, aber vornormative Funktion der Lebensgeschichte besteht genau darin, einen Zusammenhang aus den einzelnen Episoden eines Lebens narrativ zu formen und damit Ich-Orientierung zu ermöglichen: „Wo stehe ich in meinem Leben? Wer bin ich? Was will ich?" Für Maio mündet hermeneutische Ethik letztlich in beides, sowohl in eine hermeneutisch-verstehende Einstellung des Arztes/der Ärztin, die für das Verhältnis zur PatientIn bestimmend sein soll, als auch in eine Ergänzung zur Prinzipienethik. Die Prinzipien benötigen ja die Verbindung zur Lebenswelt des Patienten, insofern eine verantwortliche medizinische Entscheidungsfindung am Guten des Patienten (Wohltun) orientiert sein muss, was nur gelingt, wenn verstanden wird, worin dieser Patient oder diese Patientin ihr Gutes erblickt (vgl. ebd., 183f.).

Anders als Maio, der von mündlichen Patientenerzählungen ausgeht, dreht sich Mieths narrative Ethik um literarische Erzählungen und Romane, aus denen er eine „Modellethik" gewinnt (Mieth 1999). Mieth geht es um den Erfahrungsbezug jeglicher Ethik, da Ethik auf das Verstehen von Lebenswirklichkeit gegründet sein muss. Narrative Ethik ist in seinem Verständnis im Wesentlichen eine Ethik der Literaturrezeption, denn im Lesen und Interpretieren von Literatur wird die „mögliche Wirklichkeit" enthüllt, die ein literarisches Werk mit Hilfe von Ästhetik und Vorstellungskraft entwirft. Die Ethik des Modells macht die Möglichkeiten sichtbar, die in der Wirklichkeit enthalten sind, und gleichzeitig deckt sie die Defekte der wirklichen Wirklichkeit auf. Der verpflichtende Charakter der Modellethik – oder besser: der Verbindlichkeitscharakter – besteht nicht darin, dass die alternativen Möglichkeiten, die das Modell freilegt, nach der Art moralischer Normen binden, sondern dass sie zum Handeln motivieren. Narrative Ethik hat folglich eine kritische Funktion, indem sie das Ungenügen der Wirklichkeit des Lesers/der Leserin erfahrbar macht – einschließlich der Beschränktheit ihrer Moral – und auf Möglichkeiten des Guten hinweist und mithin über die moralische Vorstellungskraft motivierend und inspirierend auf die Lesenden wirkt. Mieth ist es dabei wichtig zu unterstreichen, dass Ethik nicht in der Auslegung ethischer Modelle aufgeht, sondern dass diese eine ergänzende Rolle gegenüber ethischen Normen haben: „Die normative Ethik soll also durch die narrative Konstituierung sittlicher Modelle nicht aufgehoben, sondern relativiert und ergänzt werden" (Mieth 1999, 90). Dabei kommt der narrativen Ethik gewissermaßen die kreative, imaginative und motivierende Funktion zu, während Mieth der normativen Ethik vor allem eine Entlastungsfunktion zuschreibt – denn permanente ethische Kreativität hat auch etwas Überforderndes und

Normen leiten moralisch Bewährtes in praktische Handlungsorientierung über (vgl. ebd.).

An Mieth anknüpfend führt Haker die narrativ-ethische Beschäftigung mit Literatur insofern weiter, als sie sowohl herausarbeitet, dass literarische Werke „moralische Welten" entwerfen, die eine eigenständige Form der ethischen Reflexion repräsentieren, als auch, dass eine Erzählung der Leserin und dem Leser zu denken gibt und sie zur eigenen ethischen Reflexion herausfordert. Literatur ist insofern „Medium ethischer Reflexion" und „Medium für ethische Reflexion" (Haker 2009, 192; vgl. Haker 1999). Die Ethik der Erzählung ist dabei nicht identisch mit einer moralischen Lehre oder Botschaft, die am Ende der Geschichte stünde – hier würde die Erzählung entweder eine moralische Wertung nur illustrieren oder es handelte sich um einen erzählerischen Trick, mit dem ein Text den Leser und die Leserin herausfordern oder auf die Probe stellen will. Um ernst zu nehmen, dass Literatur – und wahrscheinlich in gewissem Maß jedes Erzählen – selbst eine Gestalt von Ethik ist, freilich einer nicht-diskursiven, sondern eben narrativen, ästhetischen Ethik, ist es daher wichtig, zunächst die Literatur als Literatur wahrzunehmen und folglich als einen Bruch mit der Lebenswelt. Die Erzählung hat keine direkte Botschaft zu vermitteln, sondern entfaltet ihre eigene Welt mit ihren eigenen Sprachbildern, Metaphern, Erzählfiguren und Zeitläuften, in denen sie Widersprüche, Ereignisse, Meinungen und Gefühle arrangiert und gerade eben dadurch auch moralische (und politische, ästhetische ...) Wertungen artikuliert – oder solche gerade auch vermeidet oder verweigert. Dadurch entfaltet sie eine eigene moralische Welt und bereitet damit den Lesenden das Vergnügen, sich in alternative Welten hineinzulesen. Ein Vergnügen, das bisweilen erarbeitet werden muss, denn die Orientierung in einer solchen Welt kann recht ungewohnt und anstrengend sein. Für die narrative Ethik geht es hier darum, eine Lektüre vorzunehmen, die neben den lesenden Nachvollzug auch die narrative Analyse stellt: Was und wie wird hier eigentlich erzählt? Wie verhalten sich Ausdrucksform und erzählter Plot zueinander? Wie zuverlässig ist eigentlich der Erzähler? Was gilt in dieser Welt als wahr, schön und gut, und was scheint nur so? Wenn man diesen Fragen nachgeht, kommt man der impliziten Ethik der Erzählung auf die Spur und kann sich fragen, welche moralischen Wertungen sie aufwirft, verwirft, erzählerisch beglaubigt oder in Zweifel zieht ... und so eine narrative Gestalt ethischer Reflexion entwickelt. Damit haben wir die ethische Welt der Erzählung – mit Mieth gesprochen: das „Modell" – und können uns nun fragen, inwiefern sie Möglichkeiten in unserer Lebenswelt aufdeckt, die uns bisher entgangen sind. Haker schaltet hier jedoch einen Zwischenschritt ein, der zugleich zur normativen Ethik vermittelt. Das sittliche Modell der Erzählung kann attraktiv und erstrebenswert erscheinen, aber auch zweideutig, trügerisch, doppelbödig oder schlichtweg empörend und abstoßend. Damit ruft es eine moralische Reaktion bei den Lesenden hervor, die der Reflexion bedarf und einer ethischen Reflexion konkret etwas zu denken gibt. Was an der Moral der Erzählung, am Modell ist denn so attraktiv und erstrebenswert, was ist vielleicht herausfordernd oder verwirrend? Welche Vorstellungen beinhalten normative Implikationen, die eine LeserIn vielleicht gar nicht mittragen möchte, und warum? Eine solche Reflexion, die sich dann nicht mehr der narrativen, sondern einer argumentativen Sprache bedient, ist die Aufgabe einer ethischen Interpretation der Erzählung, die schließlich auf die Lebenswelt des Lesers und der Leserin zielt. Das Ethische in der Literatur, betont Haker, ist „eine *Funktion des Ästhetischen*", und die „Geschichten in der Kunst tragen nicht den Anspruch für moralisch richtiges Handeln in sich" (Haker 2009, 194). Moralisch richtiges Handeln zu erörtern und argumentativ abzusichern ist vielmehr die Aufgabe der Ethik, und sie ist „gut beraten, sich der Literatur als einer *Quelle der Artikulation, Interpretation und Wertreflexion* zu vergewissern" (ebd.).

Klinikseelsorge und narrative Ethik
Welche Bedeutung hat narrative Ethik für die Klinikseelsorge? Wie wir oben ausgeführt haben, können Klinkseelsorgende (ebenso wie andere BerufsvertreterInnen im Krankenhaus) eine ganze Reihe unterschiedlicher ethischer Rollen einnehmen. In der Rolle als ExpertIn für klinische Ethikberatung im Ethikkomitee kann der/die KlinikseelsorgerIn sich gewiss auch der Prinzipienethik oder eines anderen Ansatzes bedienen. Dennoch denken wir, dass die narrative Ethik besondere Chancen für das ethische Profil der Klinikseelsorge bereithält. Es gehört ja zur Position der Klinikseelsorge, dass sie in die betrieblichen Abläufe des Krankenhauses gerade nicht direkt eingebunden ist und daher mehr Zeit mit jenen PatientInnen verbringen kann, die sie besonders benötigen bzw. die sie besonders anfragen. Die Kommunikation mit den PatientInnen ist zudem nicht sachzentriert, sondern personzentriert, d.h. die Klinikseelsorge vermittelt habituell, dass es um die PatientIn in ihrer personalen Ganzheit geht. Klinikseelsorgende geben daher PatientInnen die Chance, von sich, ihren Nöten, Ängsten, Freuden und Hoffnungen zu erzählen. Damit sprechen sie fast zwangsläufig von ihrer Lebensgeschichte, und in dieser Lebensgeschichte kommt zum Ausdruck, wer diese Person ist, als wen sie sich sieht und welches Leben sie für sich noch erwartet, erhofft oder auch befürchtet. Klinikseelsorgende erhalten häufig einen tiefen Einblick in die Lebensgeschichte, die Beziehungsgeschichten und die Persönlichkeit der PatientInnen, teilweise auch vermittelt oder ergänzt durch Gespräche mit den Angehörigen. Natürlich ist bei diesen Gesprächen in erster Linie die seelsorgliche Begleitung der religiösen und existenziellen Belange der PatientInnen im Blick. Gleichzeitig ist dies die Basis, von der aus Klinikseelsorgende die medizin- und versorgungsethischen Bedarfe der PatientInnen begleiten und unterstützen können. Hier kommt nun die narrative Ethik in den Fokus, die dafür eine wertvolle Zugangsweise darstellt. Klinikseelsorgende sind darauf eingestellt, mit Sprache zu arbeiten, Metaphern aufzunehmen, Gestik und Mimik zu deuten, Pausen und Auslassungen als Artikulationen zu deuten, Sprachfragmente als Teile von etwas Größerem zu verstehen. Sie sind offen dafür, Träume und Hoffnungsbilder aufzunehmen, mit Zweifeln und Verzweiflung und einer

Vielzahl weiterer Emotionen umzugehen – genau dies sind Fertigkeiten, die eine besondere Affinität zur narrativen Ethik begründen. Mit der Perspektive der narrativen Ethik können Seelsorgende die Geschichten der PatientInnen verstehen („lesen") als Versuche, aus einem Wirrwarr an Ereignissen und Widerfahrnissen eine verständliche Geschichte zu formulieren, die einen Sinn ergibt; oder die angesichts von Krankheit, Behinderung oder nahendem Lebensende gerade keinen Sinn ergibt oder jedenfalls nicht jenen, der bislang festzustehen schien. Seelsorgende können das Gegenüber sein, das benötigt wird, um einen Adressaten für einen (neuen, weiteren) Erzählversuch aufzubringen, sie können vielleicht dazu ermutigen, nach einem möglichen alternativen Erzählverlauf zu suchen. Angesichts therapeutischer Entscheidungssituationen kann es hilfreich sein, herauszufinden, was in der Lebensgeschichte der/des PatientIn feste Anker sein können, die artikulieren helfen, worin das erreichbare „Gute" in der aktuellen Situation besteht.

Zum Vorgehen narrativer Ethik in der Medizin
Narrative Ethik im Krankenhauskontext stellt eine Reihe an methodischen Vorgehensweisen bereit, die alle darauf basieren, dass die Erzählungen des/der PatientIn als narrative Werke im Kleinen zu verstehen sind. Dann macht es nämlich Sinn, sich zunächst mit dem Verstehen zu beschäftigen, was und in welcher Weise erzählt wird. Welche Gestalt gewinnt die ethische Welt des Erzählenden in seiner Lebensgeschichte? Dabei kann die Ebene der Erzählung (der „Plot") von der Ebene des Erzählens (der Form oder Gestalt) unterschieden werden. Auf der Ebene der Erzählung geht es beispielsweise um folgende Fragen: Welche Geschichte fügt sich aus welchen Elementen zusammen? Was lässt die Erzählung aus, was erscheint als wichtig oder sogar entscheidend für den/die ErzählerIn? Tauchen weitere Personen auf und welche Rollen nehmen sie in der Erzählung ein? Wie werden Brüche und Konflikte erzählt und wie werden sie gemeistert? Welche Spuren hinterlassen sie? Wie reicht die Erzählung in die Gegenwart, wird auch die Zukunft erzählt? Was treibt die Geschichte voran? Wie erscheint der Ich-Erzähler, als wer wird das erzählende Ich aus den Darstellungen erkennbar? Was sind Lebensumstände oder Umstände der aktuellen Situation, die als unabänderlich erzählt oder nicht erzählt, aber vorausgesetzt werden?

Auf der Ebene des Erzählens geht es hingegen um die Erzählweise, also um die narrative Form der Geschichte, sowie um die sprachlichen und rhetorischen Mittel, die in der Erzählung eingesetzt werden. Was für eine Art von Geschichte wird hier präsentiert: eine Erfolgsgeschichte, eine Überlebensgeschichte, ein Hin und Her aus „Irrungen und Wirrungen" oder eine Verlust- oder Niedergangsgeschichte? Hat die Geschichte einen Spannungsbogen, steuert sie auf einen Umschlagspunkt zu, liegt dieser noch in der Zukunft oder befindet er sich bereits in der Vergangenheit? Welche Metaphern und Bilder kommen zum Einsatz, welche Perspektive wird eingenommen, wird sie gewechselt? Auch Zeitsprünge, Vor- und Rückblenden können aufschlussreich für die „Konstruktion" der Geschichte sein, ebenso wie das Figurentableau, das sie enthält. Werden etwa Konstellationen von Personen entworfen und narrative Rollen zugewiesen, treten beispielsweise Widersacher oder Retter auf, gibt es Bystander? Wie spricht die Erzählung schließlich den Leser und die Leserin bzw. die Zuhörenden an? Im Erzählen erhält auch das Gegenüber eine Rolle zugewiesen, denn die Erzählung versucht mittels der sprachlichen Gestaltung auch das Verständnis, das sich beim Zuhören oder Lesen ergibt, vorzuprägen. Natürlich setzt jede Erzählung zunächst darauf, dass ihr Glauben geschenkt wird, sie appelliert also an das Vertrauen der Rezipienten. Darüber hinaus kann sie jedoch spezifischere Wirkungen erzielen wollen, etwa die Hörenden oder Lesenden zu ZeugInnen des Unerhörten zu machen, das erzählt wird, oder sie kann an ihr Mitgefühl und ihre Solidarität appellieren oder in einer anderen Weise dazu aufrufen, Position zu beziehen.

Dass Zuhörende oder Lesende sich in der Situation befinden, dass sie Position beziehen sollen, wird im lebensweltlichen Erzählen oftmals viel deutlicher empfunden als beim Lesen literarischer Werke, da das Erzählen und Zuhören in räumlicher Gegenwart erfolgt und die Erzählsituation eine Art intime Verbindung zwischen den Beteiligten knüpft. Sowohl diese Nähe als auch die Erwartung an eine Art von Antwortreaktion, die mit dem Erzählverhältnis verbunden sind, sind für die narrative Ethik von großer Bedeutung. Hier kann sie nämlich die von Haker herausgestellte Unterscheidung zwischen der Erzählung als „Medium der ethischen Reflexion" und als „Medium für ethische Reflexion" fruchtbar machen. Die oben skizzierte narrative Analyse von erzähltem Plot und erzählerischer Form sowie den sprachlichen Mitteln stellt die Basis dar, auf der eine Interpretation dessen vorgenommen werden kann, worum es erstens der erzählenden PatientIn geht und worin zweitens das medizinethische Problem besteht.

Die Interpretation der Erzählung fokussiert zunächst darauf, welche Weltsicht der/die erzählende PatientIn entwirft und welche Normen und Werte darin als zentral dargestellt werden. Welche Lebensmöglichkeiten enthält die erzählte Geschichte und welche gerade nicht? Die Seelsorgeperson kann das Verständnis, das sie aus der Erzählung von der PatientIn gewinnt, zum Ausgangspunkt nehmen, um im Gespräch weitere Klarheit über die Werte und Wünsche der PatientIn zu erhalten. Hier geht es also um die implizite Ethik der PatientIn, die im Medium der Erzählung zur Sprache kommt und situationsbezogen eine Gestalt annimmt. Die Seelsorgende wird sensibel zuhören und Gelegenheit für weiteres Erzählen geben, sie wird insbesondere auf *hidden messages* achten, auf verklausulierte Botschaften, sowie auf Widersprüche und Verengungen und diese zum Anlass für behutsames mäeutisches Nachfragen nehmen. Was wird als das „Gute" erkennbar, das der/die PatientIn für sich angesichts ihrer Krankheits- und Lebenssituation wünscht? Welche Beschränkungen und Nöte aus ihrer Lebensgeschichte reduzieren vielleicht ihren Vorstellungshorizont in einer für sie leidvollen Weise, und lässt sich im Seelsorgegespräch ein veränderter Blick auf verfügbare Lebensmöglichkeiten gewinnen? Seelsorgliche Begleitung und medizinethische Hermeneutik greifen hier ineinander. Für die medizinethische Entscheidungsfindung ist hier das vornormative Verständnis für die ganzheitliche Person des/der PatientIn zu gewinnen, das dann normativ bedeutsam wird, wenn es übersetzt wird in den Kontext einer therapiebezogenen Entscheidung und dort Einsichten darüber vermittelt, was der/die PatentIn will und worin ihre wertende Perspektive auf das Wohl besteht, das durch die medizinische Behandlung erreicht werden soll. An dieser Stelle haben wir folglich eine Komplementärfunktion der narrativen Ethik zur prinzipienangeleiteten Falldiskussion: Die narrative Ethik verhilft dazu, den Patientenwillen besser zu verstehen oder, falls es sich um frühere Erzählungen von aktuell nicht einwilligungsfähigen PatientInnen handelt, deren mutmaßlichen Willen zu ergründen. Die Klinikseelsorge unterstützt hierbei durch hermeneutische und Übersetzungsleistungen, für die sie durch ihre Nähe zur PatientIn und ihre pastorale Ausbildung befähigt ist.

Die Erzählung des/der PatientIn stellt jedoch auch ein „Medium für die ethische Reflexion" bereit, nämlich (für die ethische Reflexion) der Klinikseelsorgenden sowie aller weiteren RezipientInnen der Erzählung. Die Patientenerzählung enthält schließlich auch eine Schilderung ihrer gegenwärtigen Situation, ihrer Entscheidungsnot und dessen, was aus der Sicht der PatientIn dabei ethisch auf dem Spiel steht. Die Erzählung, so hatten wir oben ausgeführt, appelliert zudem oftmals an die HörerInnen, aktiv zu werden und im Sinne der PatientIn zu handeln. Was der PatientIn zufolge zu tun ist, kann dabei eine Bandbreite von größter Vagheit bis hin zu genauen Direktiven haben. Der narrative Appell an die HörerIn, Position zu beziehen und tätig zu werden, muss im Licht der narrativen Ethik ernst genommen werden. Er ist primär als ein Ruf in die Verantwortung zu verstehen, nämlich tatsächlich nicht unbeteiligt zu bleiben, sondern Stellung zu beziehen. Doch liegt hier erneut eine Übergangsstelle zur normativ-argumentativen Ethik: Die Seelsorgeperson muss eine eigenständige ethische Reflexion vornehmen, wie sie die Situation ethisch bewertet, worin sie ihre Verantwortung erkennt und welches Vorgehen dabei angemessen und zielführend ist. Die Erzählung gibt der ethischen Reflexion der Klinikseelsorgenden zu denken, denn ihr ethisches Überlegen findet ja gerade im Gegenüber und als Antwortreaktion auf die Erzählung statt. Sie gibt ihr die narrativ-ethische Patientenperspektive mit sowie den Auftrag, diese nicht zu übergehen und ihr gerecht zu werden. Die Seelsorgeperson muss auf dieser Basis und unter Hinzuziehen weiterer Informationen, die ihr zugänglich sind, zu einem eigenen Verständnis kommen, worin das ethische Problem der aktuellen Situation besteht und wie mit ihm umzugehen ist. Wie könnten etwa problematische Entscheidungen oder Behandlungssituationen im Klinikablauf nochmals besprochen und überdacht werden? Wie kann die Problematik in ein ethisches Konsil oder ins Ethikkomitee eingebracht werden, welche weiteren Informationen müssen beschafft und welche Fachdienste können einbezogen werden? Hier ist erneut die Übersetzung narrativ-ethischer Einsichten in argumentativ-ethische Sprache erforderlich, einmal, damit die Seelsorgenden sich selbst begrifflich klar werden in ihrer (eventuell vorläufigen) ethischen Einschätzung der Problemlage, sowie dann, um die Belange des/der PatientIn angemessen diskursiv in die ethische Diskussion der Station oder Klinik einzubringen (vgl. Mandry 2015). Zum medizinethischen Kompetenzprofil der Klinikseelsorge gehören somit sowohl narrativ-ethische als auch normativ-argumentative Kenntnisse und Fähigkeiten.

Wie man mit diesem Buch arbeiten kann
Dieses Buch enthält Erzählungen aus der Klinik sowie medizinethische und theologisch-ethische Kommentare. Es handelt sich dabei nicht um Patientengeschichten, die Patientinnen und Patienten selbst erzählen. Vielmehr haben wir Erzählungen von KlinikseelsorgerInnen gesammelt, die ihre Geschichte mit einem/einer PatientIn erzählen und in denen häufig weitere Personen wie Angehörige und das Klinikpersonal bedeutende Rollen einnehmen. Die Seelsorgenden erzählen also sowohl die Geschichte der PatientIn, so wie sie sie erfahren haben, als auch ihre eigene Geschichte mit der PatientIn. Sie erzählen folglich auch ihr eigenes Handeln als Seelsorgende und als medizinethische AkteurInnen. Sie bieten erzählerisch Deutungen ethischer Konfliktlagen im Klinikalltag an ebenso wie Deutungen ihrer eigenen Handlungsspielräume und ihres Rollenverständnisses. Beim Lesen dieser Erzählungen wird entsprechend eingestellten LeserInnen sicherlich deutlich, dass die Erzählungen der SeelsorgerInnen sowohl ein Medium von deren ethischer Reflexion sind als auch ein Medium für die ethische Reflexion der LeserInnen dieses Buches darstellen. Die thematischen Einleitungen in die Abschnitte des Buches sollen diese eigene Reflexion der LeserInnen unterstützen, indem sie ihnen einen medizinethischen Kontext zur Verfügung stellen, und die Kommentare, indem sie konkrete weitere Überlegungen anbieten. Es gibt viele Möglichkeiten, dieses Buch zu lesen und es in Bildungsprozessen einzusetzen. Wir möchten im Folgenden einige vorschlagen.

Die Fallerzählungen und Kommentare können einfach hintereinander gelesen werden. Sie regen zum Mit- und Nachdenken an: Wie würde ich kommentieren? Wo stimme ich zu, was sehe ich anders? Wenn zwei Kommentare zu einer Fallerzählung vorliegen: Wie ergänzen sich die Kommentare und was würde ich meinerseits ergänzen?

Natürlich kann man zuerst auch nur eine Fallerzählung lesen und eine eigene Kommentierung verfassen. Das geht auch gut in Gruppenarbeit oder in Einzelarbeit mit Gruppenaustausch. Es macht dann auch Sinn, zuerst eine narrative Analyse der Erzählung vorzunehmen und eine ethische Reflexion als zweiten Schritt daran anzuschließen: Was gibt die Geschichte zu denken? Welche ethischen Gesichtspunkte sind zentral, welche treten hinzu? Anschließend können die Kommentare gelesen werden – nicht als „Lösung", aber als eine weitere Perspektive, die das Nachdenken weiterführen kann.

Eine weitere Möglichkeit besteht darin zu überlegen, ob man die Geschichte auch anders erzählen kann. Etwa aus der Perspektive einer der anderen Personen, die im Plot auftauchen. Wie würde ich mich in die Erzählung hineinschreiben und wie wäre sie dann verlaufen? Hier kann es auch interessant sein, aus der Perspektive einer anderen Professionsrolle zu denken: Welche Möglichkeiten hätten in dieser Rolle bestanden, mit welchen Einschränkungen wäre umzugehen gewesen? Anschließend können wieder die Kommentare herangezogen werden: Wie wären sie auf die eigene Geschichte zu beziehen?

Schließlich können die Geschichten aus der Perspektive einer medizinischen oder pflegerischen Verantwortungsposition gelesen werden. Könnte etwas Ähnliches auch bei uns vorkommen? Dann könnte es interessant sein zu überlegen, welche Schlüsse aus den Fallgeschichten zu ziehen sind, um auf ähnliche Fälle vorbereitet zu sein. Sollten etwa bestimmte Handreichungen oder Leitlinien aufgestellt oder (wenn es sie schon gibt) eingeübt werden? Muss vielleicht erst ein kollegiales oder interprofessionelles gemeinsames Verständnis erzielt werden, wie mit bestimmten Problemen umzugehen ist? Welche Kenntnisse und Kompetenzen muss ich mir oder muss sich unsere Einrichtung erst aneignen? Sind wir institutionell gut gerüstet, etwa durch ein etabliertes und aktives Ethikkomitee oder andere Gremien und Verfahren?

Es sind sicherlich noch viele weitere Lektüren und Umgangsweisen mit den Erzählungen und Kommentaren dieses Buches möglich. Wir wünschen den Leserinnen und Lesern gute Einsichten und viele Anregungen beim Lesen und Arbeiten mit dem Buch. Wir selbst freuen uns über jede Rückmeldung, Anregung und konstruktive Kritik, die uns erreicht!

Literatur

Beauchamp, Tom/Childress, James F. (2019): *Principles of Biomedical Ethics*, 8. Auflage, Cambridge/Mass.
Conradi, Elisabeth (2001): *Take Care. Grundlagen einer Ethik der Achtsamkeit*, Frankfurt am Main.
Conradi, Elisabeth (2010): Ethik und Politik. Wie eine Ethik der Achtsamkeit mit politischer Verantwortung verbunden werden kann, in: Remmers, Hartmut/Kohlen, Helen (Hrsg.), *Bioethics, Care and Gender*, Göttingen, 91–118.
Coors, Michael/Jox, Ralf/in der Schmitten, Jürgen (Hrsg.) (2015): *Advance Care Planning. Von der Patientenverfügung zur gesundheitlichen Vorausplanung*, Stuttgart.
Deutscher Ethikrat (2015): *Demenz und Selbstbestimmung*, 2. Auflage, Berlin.
Dörries, Andrea/Hespe-Jungesblut, Katharina (2007): Die Implementierung Klinischer Ethikberatung in Deutschland, in: *Ethik in der Medizin* 19, 148–156.
Dörries, Andrea/Simon, Alfred/Marckmann, Georg (2015): Ethikberatung im Krankenhaus – Sachstand und kritischer Ausblick, in: *Ethik in der Medizin* 27, 249–253, DOI 10.1007/s00481-015-0361-9.
Giese, Jannis (2020): Narrative Ethik. Konturen eines (un-)einheitlichen Konzepts, in: Schmidt, Jochen (Hrsg.), *Erzähltes Selbst. Narrative Ethik aus theologischer und literaturwissenschaftlicher Perspektive*, Leipzig, 183–196.

Haker, Hille (1999): *Moralische Identität. Literarische Lebensgeschichten als Medium ethischer Reflexion*, Tübingen.
Haker, Hille (2009): Narrative Ethik in der Klinikseelsorge, in: dies./Bentele, Katrin/Moczynski, Walter/Wanderer, Gwendolin (Hrsg.), *Perspektiven der Medizinethik in der Klinikseelsorge*, Münster, 167–207.
Hess, Volker (2014): Observatio und Casus. Status und Funktion der medizinischen Fallgeschichte, in: Düwell, Susanne/Pethes, Nicolas (Hrsg.), *Fall - Fallgeschichte - Fallstudie. Theorie und Geschichte einer Wissensform*, Frankfurt am Main/New York, 34–59.
Hofheinz, Marco (2009): Narrative Ethik als „Typfrage". Entwicklungen und Probleme eines konturierungsbedürftigen Programmbegriffs, in: ders./Mathwig, Frank/Zeindler, Matthias (Hrsg.), *Ethik und Erzählung. Theologische und philosophische Beiträge zur narrativen Ethik*, Zürich, 11–66.
Jox, Ralf J. (2014): Ethikberatung im Gesundheitswesen: Wo stehen wir?, in: *Ethik in der Medizin* 26, 87–90, DOI 10.1007/s00481-014-0303-y.
Klessmann, Michael (2013): Einleitung: Seelsorge in der Institution „Krankenhaus", in: ders. (Hrsg.), *Handbuch der Klinikseelsorge*, Göttingen.
Kohlen, Helen (2020): Die Bedeutung der Care-Ethik für die Pflegepraxis, in: Monteverde, Settimio (Hrsg.), *Handbuch Pflegeethik. Ethisch denken und handeln in den Praxisfeldern der Pflege*, Stuttgart, 66–73.
Lesch, Walter (2003): Narrative Ansätze in der Bioethik, in: Düwell, Marcus/Steigleder, Klaus (Hrsg.), *Bioethik. Eine Einführung*, Frankfurt am Main, 184–199.
Maio, Giovanni (2017): *Mittelpunkt Mensch. Lehrbuch der Ethik in der Medizin*, 2. Auflage, Stuttgart.
Mandry, Christof (2015): Parteilichkeit und Gerechtigkeit in der theologischen Ethik, in: Bobbert, Monika (Hrsg.), *Zwischen Parteilichkeit und Gerechtigkeit. Schnittstellen von Klinikseelsorge und Medizinethik*, Münster, 227–243.
Mandry, Christof/Sperneac-Wolfer, Christian/Wanderer, Gwendolin (2019): *Klinikseelsorgerinnen und Klinikseelsorger als medizinethische Akteure. Profil und Kompetenzen. Ergebnisse einer partizipativen Interview-Studie*, Frankfurt am Main.
Marckmann, Georg (2022): Im Einzelfall ethisch gut begründet entscheiden. Das Modell der prinzipienorientierten Falldiskussion, in: ders. (Hrsg.), *Praxisbuch Ethik in der Medizin*, 2., aktualisierte und erweiterte Auflage, Berlin, 21–29.
Meier, Marietta (2014): Geschichten aus der Klinik, in: Düwell, Susanne/Pethes, Nicolas (Hrsg.), *Fall - Fallgeschichte - Fallstudie. Theorie und Geschichte einer Wissensform*, Frankfurt am Main/New York, 60–81.
Mieth, Dietmar (1999): *Moral und Erfahrung I. Grundlagen einer theologisch-ethischen Hermeneutik*, 4., überarbeitete und ergänzte Auflage, Freiburg i.Ue./Freiburg i.Br.
Moos, Thorsten/Ehm, Simone/Kliesch, Fabian/Thiesbonenkamp-Maag, Julia (2016): *Ethik in der Klinikseelsorge. Empirie, Theologie, Ausbildung*, Göttingen.
Neitzke, Gerald (2009): Formen und Strukturen Klinischer Ethikberatung, in: Vollmann, Jochen/Schildmann, Jan/Simon, Alfred (Hrsg.), *Klinische Ethik. Aktuelle Entwicklungen in Theorie und Praxis*, Frankfurt am Main/New York.
Ranisch, Robert/Riedel, Annette/Bresch, Friedemann u.a. (2021): Das Tübinger Modell der „Ethikbeauftragten der Station". Ein Pilotprojekt zum Aufbau dezentraler Strukturen der Ethikberatung an einem Universitätsklinikum, in: *Ethik in der Medizin* 33, 257–274, DOI 10.1007/s00481-021-00635-0.
Remmers, Hartmut (2010): Moral als Mantel menschlicher Versehrbarkeiten, in: ders./Kohlen, Helen (Hrsg.), *Bioethics, Care and Gender*, Göttingen, 43–64.

Remmers, Hartmut (2016): Methoden ethischer Abwägung im Praxistest. Elemente und Perspektiven einer Care-Ethik – eine Falldiskussion, in: Rauprich, Oliver/Jox, Ralf J./Marckmann, Georg (Hrsg.), *Vom Konflikt zur Lösung. Ethische Entscheidungswege in der Biomedizin*, Münster, 101–116.

Schochow, Maximilian/May, Arnd/Schnell, Darjana/Steger, Florian (2014): Wird Klinische Ethikberatung in Krankenhäusern in Deutschland implementiert?, in: *Deutsche Medizinische Wochenschrift* 139, 2178–2183.

Schochow, Maximilian/Schnell, Darjana/Steger, Florian (2015): Implementation of Clinical Ethics Consultation in German Hospitals, in: *Science and Engineering Ethics* 25, 4, 985–991, DOI: 10.1007/s11948-015-9709-2.

Simon, Alfred (2022): Patientenautonomie und informed consent, in: Marckmann, Georg (Hrsg.), *Praxisbuch Ethik in der Medizin*, 2., aktualisierte und erweiterte Auflage, Berlin, 71–78.

Vorstand der Akademie für Ethik in der Medizin (2010): Standards für Ethikberatung in Einrichtungen des Gesundheitswesens, in: *Ethik in der Medizin* 22, 149–153.

Wegmann, Thomas/King, Martina (Hrsg.) (2016): *Fallgeschichte(n) als Narrativ zwischen Literatur und Wissen*, Innsbruck.

2. Schwangerschaftsabbrüche nach medizinischer Indikation

Thematische Einleitung

Christof Mandry

Schwangerschaftsabbrüche nach medizinischer Indikation werden in Deutschland überwiegend stationär in Krankenhäusern vorgenommen. Das unterscheidet sie von den wesentlich häufigeren Schwangerschaftsabbrüchen nach Beratungsregel, die meistens ambulant in Arztpraxen bzw. OP-Zentren erfolgen. Der Statistik zufolge hat es 2021 in Deutschland 3.903 Schwangerschaftsabbrüche mit medizinischer Indikation gegeben, das entspricht einem Anteil von ca. 4 % an allen statistisch verzeichneten Schwangerschaftsabbrüchen.[1] Mit ihnen sind etliche ethische Problemstellungen verbunden, die für die medizinische und ethische Beratung sowie für die seelsorgliche Begleitung sehr herausfordernd sein können. Das Spektrum dieser ethischen Fragestellungen ist dabei auch deshalb so weit, weil unter der „medizinischen Indikation" recht unterschiedliche Konstellationen zusammengefasst werden.

Der rechtliche Rahmen
Die im Fachjargon so genannte medizinische Indikation ist sachlich gesehen ein juristisch definierter Rahmen für sowohl im engeren Sinne medizinische Problemlagen als auch für eher medizinisch-sozial und psychologisch bedingte Konfliktlagen. Sie wird definiert durch § 218a Absatz 2 StGB, demzufolge ein Schwangerschaftsabbruch dann rechtmäßig ist, wenn er „unter Berücksichtigung der gegenwärtigen und zukünftigen Lebensverhältnisse der Schwangeren nach ärztlicher Erkenntnis angezeigt ist, um eine Gefahr für das Leben oder die Gefahr einer schwerwiegenden Beeinträchtigung des körperlichen oder seelischen Gesundheitszustandes der Schwangeren abzuwenden, und die Gefahr nicht auf eine andere für sie zumutbare Weise abgewendet werden kann". Der Arzt bzw.

---

[1] Daten online verfügbar: Gesundheitsberichterstattung des Bundes, www.gbe-bund.de (Stichwort: „Schwangerschaftsabbrüche").

die Ärztin, die diese Feststellung über die Gesundheitsgefährdung der Mutter trifft, darf nach § 218b Absatz 1 StGB nicht selbst den Abbruch vornehmen. Außerdem hat die Schwangere einen Anspruch auf eine ärztliche Beratung über „die Bedeutung des Eingriffs, insbesondere über Ablauf, Folgen, Risiken, mögliche physische und psychische Auswirkungen" (§ 218c StGB), die jedoch nicht mit der Schwangerenkonfliktberatung durch eine psychosoziale Beratungsstelle nach § 219 StGB verwechselt werden darf. Es gilt ebenfalls keine zeitliche Beschränkung bis zu einer bestimmten Schwangerschaftswoche (etwa bis zur zwölften oder 22. Woche) oder eine Bedenkzeitregel zwischen Beratung und Vornahme des Abbruchs. Begründet ist dies in der Geschichte dieses Paragraphen, in dem die ältere medizinische und die „eugenische" oder „embryopathische" Begründung des Schwangerschaftsabbruchs fusioniert wurden.[2] Die Problemlage der älteren medizinischen Indikation, die voraussetzt, dass die Schwangerschaft unmittelbar die Gesundheit der Schwangeren gefährdet und daher unter Umständen ein rasches ärztliches Handeln gefordert ist, wurde bei dieser Zusammenführung um solche Problemlagen erweitert, bei denen es medizinische Erkenntnisse über eine Erkrankung oder Fehlbildung beim Fötus sind („eugenische" oder „embryopathische" Indikation), die die Frage eines Schwangerschaftsabbruchs aufkommen lassen.

Die „medizinische Indikation" fasst also drei klinische Konstellationen zusammen, die alle von der medizinisch-diagnostischen Feststellung ausgehen, dass bei einer Schwangerschaft „etwas nicht stimmt". Bei der ersten Konstellation geht mit der Schwangerschaft selbst die Gesundheitsgefährdung für die schwangere Frau einher, bei der zweiten Konstellation wird pränatal festgestellt, dass der Fötus an einer schwerwiegenden Erkrankung oder Fehlbildung leidet, die sein Überleben unwahrscheinlich macht, und bei der dritten (und häufigsten) Konstellation wird pränatal beim Fötus eine Fehlbildung, Erkrankung oder Behinderung diagnostiziert, die sein Überleben nicht einschränken. Im zweiten Fall steht die schwangere Frau somit vor der Entscheidung, ob sie sich in der Lage sieht eine Schwangerschaft fortzusetzen, die zu einer Totgeburt oder zum Versterben des Kindes kurz nach der Geburt führt, während sie beim dritten Fall klären muss, wie sie mit der Aussicht auf ein behindertes Kind umgehen kann. Offenkundig sind die ethischen Problemlagen bei den drei Konstellationen recht unterschiedlich.

---

[2] Die „eugenische" bzw. „embryopathische" Indikation wurde 2005 u.a. nach Eingaben von Behindertenvertretungen durch den Bundestag gestrichen, um dem Eindruck entgegenzutreten, dass das Vorliegen einer pränatal festgestellten Beeinträchtigung des Fötus per se einen Schwangerschaftsabbruch legitimieren würde, was als Infragestellung des Lebensrechts von Menschen mit Behinderung aufgefasst werden könnte. Die seither geltende Fassung des § 218a (2) StGB rückt demgegenüber die Belange der Schwangeren in den Vordergrund.

Gesundheitsgefährdung der Mutter infolge der Schwangerschaft
Ist mit der bestehenden Schwangerschaft eine Lebensbedrohung oder schwere gesundheitliche Beeinträchtigung der Mutter verbunden, geht es ethisch gesehen um eine Güter- und Risiken-Abwägung. Das ärztliche Handeln wird in der Regel versuchen, sowohl die Mutter als auch das Kind zu retten. Ist es etwa möglich, die Schwangerschaft unter medizinischer Begleitung so lange fortzusetzen, bis eine Frühgeburt eingeleitet werden kann oder eine Frühentbindung mittels Kaiserschnitt möglich ist? Mit welchen gesundheitlichen Risiken für die Mutter und welchen Überlebens- und Beeinträchtigungswahrscheinlichkeiten ist das für ein frühgeborenes Kind verbunden? Im Ernstfall, wenn die Schwangerschaft nur mit einer erheblichen Gefährdung für die Gesundheit oder gar das Leben der Schwangeren fortgesetzt werden kann, ist es allgemein akzeptiert, dass die Schwangerschaft legitimerweise beendet wird. Voraussetzung ist selbstverständlich auch hier, dass die Autonomie der Schwangeren respektiert wird, also auch hier nicht einfach über sie hinweg entschieden wird. Wo es um komplexe medizinische Risikoabwägungen geht, wird es sinnvoll sein, diese in interdisziplinären Teams, etwa gemeinsam zwischen Fachpersonen aus Gynäkologie, Neonatologie sowie Pflege, zu diskutieren. Die Mutter muss nicht nur als Patientin aufgeklärt und in die Entscheidungsfindung einbezogen werden (im Sinn der „informierten Einwilligung"), sondern ihr bzw. den Eltern insgesamt sollte auch eine seelsorgliche und/oder psychologische Begleitung angeboten werden. Schließlich handelt es sich um eine psychisch und existenziell belastende Situation: Die Schwangerschaft kann als eine existenzielle Konfliktsituation zwischen Mutter und Fötus empfunden werden, und nach einem Schwangerschaftsabbruch können Schuldgefühle aufgrund des Eindrucks aufkommen, es habe das Kind „geopfert" werden müssen, um Leben oder Gesundheit der Mutter zu wahren. Hier ist die sensible seelsorgliche und/oder psychologische Begleitung gefragt.

Diagnose: keine Überlebenshoffnung des Kindes
Bei der pränatalen Diagnostik (etwa mit Ultraschall) im Schwangerschaftsverlauf kann festgestellt werden, dass der Fötus schwere Entwicklungsdefizite oder Fehlbildungen aufweist, die entweder das Versterben noch während der Schwangerschaft oder während bzw. kurz nach der Geburt erwarten lassen. Ein Beispiel ist etwa die Anenzephalie des Fötus, eine schwere Fehlbildung des Neuralrohrs, die u.a. dazu führt, dass die Schädeldecke nicht geschlossen wird und große Teile des Gehirns nicht ausgebildet werden. Die Kinder versterben entweder vorgeburtlich oder überleben die Geburt nur um wenige Stunden bis wenige Tage. Die Inzidenz liegt in Europa etwa bei 4,8 auf 10.000 Geburten (vgl. Salari/Fatahi/Fatahian u.a. 2022). Die Schwangerschaft kann ohne gesundheitliches Risiko für die Mutter fortgesetzt werden, aber rechtlich besteht die Möglichkeit, die Schwangerschaft zu beenden. Die Schwangere steht ethisch gesehen vor der Überlegung, die Schwangerschaft entweder fortzusetzen und sich auf

das Versterben des Kindes und eine Totgeburt einzustellen oder auch eine Lebendgeburt ihres Kindes zu erleben, das dann jedoch nach kurzem Zeitraum versterben wird. Eine intensivmedizinische Behandlung des Kindes ist medizinisch nicht indiziert und ethisch abzulehnen, da es keine Überlebensaussicht gibt. Das alternative Vorgehen ist die Entscheidung, die Schwangerschaft nicht weiter fortzusetzen und einen Abbruch vornehmen zu lassen, der je nach Stadium der Schwangerschaft mit eigenen Belastungen verbunden ist. In jedem Fall steht die schwangere Frau bzw. steht das Paar vor einer existenziellen Belastungssituation. Sie muss bzw. beide müssen von der oftmals freudigen Erwartung auf das Kind Abschied nehmen. Es wird sehr von ihren persönlichen Wertvorstellungen, ihren individuellen Ressourcen und nicht zuletzt auch von der Art der Unterstützung ihres familiären und sozialen Umfelds abhängen, für welche Alternative sie sich entscheiden. Individuell wird es sehr unterschiedlich erlebt und verarbeitet, ob das Abbrechen der Schwangerschaft als verantwortlicher erscheint oder ob das Austragen des Kindes und sein Versterben in den Armen der Eltern der für die Betroffenen passendere und leichter zu verarbeitende Weg ist (vgl. Goll/Jaquier/Römelt 2009). Ethisch gesehen muss der Schwangeren ausreichend Zeit, Information und Begleitung angeboten werden, damit sie zu einer persönlichen Entscheidungsfindung gelangen kann; schließlich wird diese Entscheidung sie biographisch noch weiter begleiten. Die sensible medizinische, pflegerische und ethische Beratung und Begleitung sind hier entscheidend, und ihnen sollte entsprechend Zeit und Raum gegeben werden, zumal wenn kein medizinisch begründeter Entscheidungsdruck vorliegt. Auch wenn die große Mehrzahl der betroffenen Frauen sich für den Schwangerschaftsabbruch entscheidet, darf diese Vorgehensweise nicht als „normal" insinuiert oder gar quasi automatisch vorbereitet werden.

Diagnose: Kind mit Behinderung
Die Erweiterung des pränatalen Diagnoserepertoires durch genaueren Ultraschall, eine Vielzahl genetischer Untersuchungsmöglichkeiten zu früheren Zeitpunkten sowie die Einführung nicht-invasiver Erbgutuntersuchungen des Fötus (sog. NIPT, etwa „Praena-Test") und ihre Aufnahme in den Leistungskatalog der Krankenversicherung haben dazu geführt, dass tendenziell immer mehr Schwangere sich mit pränatalen Befunden ihres Kindes auseinandersetzen können, aber auch müssen. Hier geht es nun um medizinische Befunde, die ein lebensfähiges, aber krankes oder behindertes Kind erwarten lassen. Art und Schweregrad der Beeinträchtigung können dabei stark schwanken und teilweise auch erst nachgeburtlich wirklich ermessen werden. Zudem können je nach Krankheitsbild bereits pränatale oder perinatale Therapien und Operationen möglich bzw. erforderlich sein. Da die Schwangerschaft bei der Diagnose bereits vorgeschritten ist, ist ein Abbruch nach der Aspirationsmethode nicht mehr möglich. Die Geburt muss dann medikamentös eingeleitet werden, was lange dauern kann und physisch und psychisch belastend ist. Der Fötus überlebt eine

solche Frühgeburt in der Regel nicht. Es sind jedoch Fälle mit Lebendgeburten vorgekommen, so dass diese rechtlich und ethisch sehr problematische Situation nicht ausgeschlossen ist; um dies zu verhindern, wo dieses Risiko besteht, kann das ethisch besonders umstrittene pränatale Abtöten des Fötus (Fetozid) vorgenommen werden (dazu unten).

Im Fall einer unerwünschten pränatalen Diagnose geht es aus Sicht der schwangeren Frau bzw. des Paars oder der Familie darum, eine Vorstellung darüber zu gewinnen, ob entweder das Abbrechen oder das Fortsetzen der Schwangerschaft zu den eigenen Wertvorstellungen passt, und damit auch, ob man sich das Leben mit einem behinderten Kind vorstellen kann. Bei dieser Konstellation kommen auch die gesellschaftlich vorhandenen Wertungsdifferenzen mit Blick auf die Würde und die ethischen Rechte von ungeborenen Kindern und von behinderten Menschen am ehesten zur Artikulation. Der ethische Wertungskonflikt besteht hier in der unterschiedlichen Einordnung der ethischen Ansprüche eines – je nach Fall unterschiedlich weit entwickelten – ungeborenen Kindes auf Berücksichtigung. Im Fall eines Schwangerschaftsabbruchs wird das ungeborene Kind zu Tode kommen, auch wenn es rein medizinisch betrachtet lebensfähig wäre und – je nach Krankheitsbild – unter Umständen eine Lebenserwartung von vielen Jahrzehnten und die Chance zur (unterstützten) eigenständigen Teilhabe am gesellschaftlichen Leben hätte. Rechtlich gesehen kann die Schwangere den Abbruch der Schwangerschaft jederzeit verlangen, sofern bei ihr eine ärztlich nachvollziehbare Gesundheitsgefährdung aufgrund der pränatalen Diagnose festzustellen ist. Das ist etwa der Fall, wenn sie Depressionen hat oder andere psychische Beeinträchtigungen aufweist. Ethisch gesehen ist es weiterhin strittig, ob – so die eine Seite des Spektrums – das Lebensrecht von Menschen mit Behinderung auch vorgeburtlich stärker geschützt werden muss und etwa eine psychosoziale Beratungspflicht eingeführt werden sollte oder ob – so die andere Seite des Spektrums – der Perspektive der Schwangeren in jedem Fall der Vorzug zu geben ist.

Die Fragestellung wird ethisch dann noch komplexer, wenn nicht nur eine Behinderung vorliegt, sondern medizinisch behandelbare und solche Behandlung erfordernde Erkrankungen bzw. Fehlbildungen beim Fötus hinzukommen. Beispiele sind etwa Herzfehler bei Trisomie 21 (Down-Syndrom), die nach der Geburt eventuell mehrfache Herzoperationen notwendig machen, oder Spina bifida aperta (offener Rücken), die prä- oder perinatal gut behandelt werden kann, aber auch im Erfolgsfall mit Entwicklungsdefiziten des Kindes verbunden ist. Hier müssen ethisch zwei Perspektiven zusammengebracht werden: die der Mutter bzw. der Eltern, die sich und ihrer Familie die Belastungen durch die intensive medizinische Behandlung und pflegerische Betreuung des Kindes zutrauen können müssen, und die Perspektive des un- bzw. neugeborenen Kindes, für das die Therapiezielbestimmung eigenständig erörtert und verantwortet werden muss. Ethisch wie rechtlich ist das Kind nämlich nach der Geburt auf jeden Fall als eigenständiges Rechtssubjekt zu betrachten, dessen medizinische

Behandlung an seinem Wohl ausgerichtet werden muss. Auch wo eine vorgeburtliche Behandlung vorgenommen wird, muss diese sich am Wohl des Kindes orientieren. Dies bedeutet weder, dass das intensivmedizinische Maximum durchgeführt werden muss, noch, dass das Ausmaß der medizinischen Behandlung allein von den Eltern bestimmt werden oder, im Gegenteil, gar in jedem Fall gegen deren Willen festgelegt werden kann. Vielmehr sind – wie letztlich bei medizinischen Therapiezielentscheidungen generell – die wahrscheinlichen Behandlungserfolge mit den Nebenwirkungen und Belastungen verantwortlich abzuwägen. Die Wertvorstellungen der Eltern sind dabei miteinzubeziehen, da diese Abwägung in der Kindeswohlperspektive nicht rein objektiv-wertneutral geschehen kann.[3]

Angesichts der in der Bevölkerung vorhandenen und auch unter dem Klinikpersonal anzutreffenden moralischen Wertdifferenzen muss gerade bei den Fällen der rechtlich zulässigen Schwangerschaftsabbrüche nach pränataler Diagnostik mit Wertungskonflikten gerechnet werden. Die Einstellungen gehen nicht nur in der Frage auseinander, ob späte Schwangerschaftsabbrüche potenziell lebensfähiger Föten mit diagnostizierter Beeinträchtigung generell ethisch verantwortlich sind, sondern können auch differieren, wenn man dies zwar für generell vertretbar, aber nicht bei jeder Art und jedem Schweregrad für gerechtfertigt hält.[4] In der ethischen Beratung kommt es folglich zum einen darauf an, dass überhaupt genügend Zeit und Gelegenheit für eine nicht überhastete, reflektierte Entscheidung vorhanden ist und die dafür notwendigen Informationen sowie eine entsprechende sensible Begleitung angeboten werden. Zum anderen ist es auch hier wichtig, dass auch unter dem Zeitdruck klinischer Vorgänge kein medizinisches Standardvorgehen als „normal" und „richtig" oktroyiert wird, sowie dass mit der rechtlichen Zulässigkeit eines Schwangerschaftsabbruchs nicht bereits in jedem konkreten Fall auch die Frage der ethischen Verantwortbarkeit als entschieden angesehen wird. Da späte Schwangerschaftsabbrüche sowohl von der betroffenen Schwangeren bzw. dem betroffenen Paar als medizinisch und ethisch besonders belastend erlebt werden als auch das ärztliche und pflegerische Personal diese als moralisch belastend erleben kann, haben die ethische Beratung und die seelsorgliche Begleitung hier ein wichtiges und sensibles Aufgabengebiet.

Problemfall Fetozid
Wie oben bereits erwähnt, ist es nicht völlig ausgeschlossen, dass es beim Abbruch einer fortgeschrittenen Schwangerschaft entgegen der Erwartung zu einer Lebendgeburt des Fötus kommt. Medizinisch ist er dann als Frühgeburt zu

---

[3] Vgl. dazu die AWMF-Leitlinien „Prävention und Therapie der Frühgeburt" (S2k, Registernummer 015-025, Februar 2020) und „Frühgeborene an der Grenze der Lebensfähigkeit" (S2k, Registernummer 024-019, Juni 2020).
[4] Für einen Einblick in die klinische Fallpraxis vgl. Wense/Becker/Peters/Dorn 2017.

betrachten, der mit modernen intensiv-neonatologischen Mitteln ab ca. der 22. Schwangerschaftswoche am Leben erhalten werden kann. Auch rechtlich ist der unerwartet lebendgeborene Mensch wie eine Frühgeburt zu behandeln, d.h. er darf nicht unbehandelt einfach sterben gelassen werden oder gar direkt getötet werden. Als Menschenwürdesubjekt muss der geborene Mensch grundsätzlich in der Wahrnehmung seines Rechts auf Leben und körperliche Integrität respektiert werden, d.h. er hat ein Recht auf medizinische Versorgung. Ob und in welchem Umfang sowie mit welchem Therapieziel die Behandlung erfolgt, muss – wie bereits erwähnt – am jeweiligen Einzelfall entschieden werden. Abhängig vom Reifegrad des Frühgeborenen und den konkreten medizinischen Erfolgsaussichten kann auch eine palliative Behandlung angemessen sein. Freilich ist eine solche Abwägungssituation in der klinischen Praxis hier nicht eingeplant, denn der Schwangerschaftsabbruch nach pränataler Diagnostik einer genetischen oder sonstigen Beeinträchtigung intendiert gerade keine Lebendgeburt. Um sie sicher zu verhindern, wird mancherorts der Fetozid praktiziert, d.h. das gezielte medikamentöse Töten des Fötus im Mutterleib durch den Arzt oder die Ärztin.[5] Als direkte Tötungshandlung ist diese Praxis allerdings unter dem ärztlichen und pflegerischen Personal besonders umstritten, und viele lehnen die Durchführung eines Fetozids oder die Mitwirkung daran ab.

Die ethische Problematik des Fetozids besteht darin, dass die direkte Tötungsabsicht und Tötungshandlung unmittelbar erkennbar sind und sie nicht, anders als beim Versterben des unreifen Fötus im Verlauf der eingeleiteten Geburt, eher als mittelbar wahrgenommen werden. Eine direkte Tötungshandlung widerspricht jedoch dem ärztlichen Ethos, das dem Lebenserhalt verpflichtet ist. Manche Kliniken lehnen daher späte Schwangerschaftsabbrüche nach der 22. Woche generell ab, sofern die Schwangerschaft keine direkte Lebens- oder Gesundheitsgefährdung für die schwangere Frau darstellt, weil sie den Wertungswiderspruch zwischen dem lebensbeendenden Schwangerschaftsabbruch eines weit entwickelten Fötus einerseits und der Behandlungspflicht gegenüber einer gleich weit entwickelten Frühgeburt andererseits als untragbar erleben. Der Fetozid ist zudem auch rechtsethisch umstritten mit dem Argument, er sei mit dem Grundgesetz unvereinbar, da er als vorgeburtliche Tötungshandlung verhindern solle, dass ein Grundrechtssubjekt zustande kommt (vgl. Rothhaar 2021). Ein Fetozid kann aufgrund dieser Strittigkeit seitens der Schwangeren eher nicht gegenüber dem ärztlichen Personal eingefordert werden; allerdings kann auch nicht übersehen werden, dass Ärztinnen und Ärzte befürchten, sie könnten sich weitgehenden Haftungsrisiken aussetzen, wenn eine von den Eltern nicht gewünschte Lebendgeburt zustande kommt.

---

[5] Auf den sog. selektiven Fetozid im Kontext von Mehrlingsschwangerschaften (häufig nach In-vitro-Fertilisation) wird hier nicht eingegangen.

Gegenwärtig liegen in Deutschland keine AWMF-Leitlinien vor, die sich auf Fetozid im Kontext später Schwangerschaftsabbrüche (außerhalb von Mehrlingsschwangerschaften) beziehen. Eine Stellungnahme der Schweizer Nationalen Ethikkommission gibt folgende Empfehlungen: Angesichts der ethischen Problematik des Fetozids wird empfohlen, dass Kliniken generell multidisziplinär und multiprofessionell abgestützte Verfahren ausarbeiten, wie sie intern bei späten Schwangerschaftsabbrüchen vorgehen, sowie dass dieses Vorgehen ein multidisziplinäres Ethikkonsil einschließt. Zusätzlich sollten Kliniken über ein Betreuungskonzept verfügen, das die psychologische Betreuung der betroffenen Schwangeren und ihrer Angehörigen sowie – sofern ein Fetozid in der Klinik grundsätzlich durchgeführt wird – auch des involvierten Fachpersonals regelt. Je nach individueller Werthaltung sollte den Schwangeren alternativ zum Fetozid die palliativ begleitete Geburt angeboten werden: „Während für manche Frauen die zeitnahe und schnelle Durchführung eines Abbruchs mit vorherigem Fetozid die relativ beste Option sein kann, ist für andere Frauen eine palliativ begleitete Geburt mit der Möglichkeit, noch etwas Zeit mit dem Kind zu verbringen, der am ehesten gangbare Weg" (Nationale Ethikkommission im Bereich der Humanmedizin NEK 2018, 39).

Zur Rolle der Seelsorge
Für die betroffenen Eltern ist es in der Regel mit einem Schock verbunden, wenn sie eine unerwartete ungünstige Diagnose während der Schwangerschaft erhalten. In dieser existenziell verunsichernden Situation, wenn Hoffnungen und Ideale zu zerbrechen drohen, Emotionen und Zukunftsbilder verunklart sind, wenn eventuell diverse Reaktionen von Angehörigen oder aus dem sozialen Umfeld verarbeitet werden müssen, ist die psychologische und seelsorgliche Begleitung herausgefordert. Idealerweise wird sie frühzeitig mit eingebunden, d.h. sobald eine schwierige Diagnose überbracht wird. Die Seelsorgeperson begleitet die Schwangere gemeinsam mit dem ärztlichen und pflegerischen Personal auf dem Weg zur Entscheidungsfindung sowie schließlich bis zu einer eventuellen Trauerphase. Die ethischen Aspekte innerhalb der Seelsorge umfassen mindestens zwei unterschiedliche Dimensionen. Die erste betrifft die ethische Entscheidungsfindung, also die behutsame Begleitung beim Klären von Werthaltungen in einer Situation, wo viele Überzeugungen und Selbstbilder auf dem Spiel stehen können und die Schwangere bzw. das Paar mit unterschiedlichen Erwartungen konfrontiert ist. Die Seelsorge sollte sich zum Ziel setzen, eine authentische Entscheidungsfindung der Schwangeren zu ermöglichen bzw. zu erleichtern, mit der sie voraussichtlich auch nach der akuten Krisensituation gut leben kann. Die Seelsorgeperson muss dabei unter Umständen auch ihre eigenen Überzeugungen klären, die von denen der Schwangeren abweichen können, etwa was die Berücksichtigung der Perspektive des Fötus betrifft. Selbstverständlich sollte dies nicht zu einer direktiven Beratung oder einer subtilen Beeinflussung veranlassen, vielmehr muss es das Ziel sein, dass die Schwangere eine von ihr als

ethisch belastbar empfundene, valide Entscheidung findet. Wenn es zu einem Ethikkonsil in schwierigen Fällen kommt, was sehr zu empfehlen ist, sollte die Seelsorgeperson sich dabei reflektiert in diesem Sinne einbringen. Damit ist bereits die zweite Dimension angesprochen: die zeitlichen, räumlichen und prozeduralen Umstände, die erforderlich sind, um komplexe und emotional herausfordernde medizinische Informationen angemessen zu vermitteln, so dass von den Patientinnen gemeinsam mit den behandelnden Ärztinnen und Ärzten eine reflektierte Behandlungsentscheidung getroffen werden kann. In vielen Kliniken herrschen Zeit- und Personalmangel, es stehen keine geeigneten Besprechungsräume zur Verfügung, und unter Umständen motivieren diese Mangellagen dazu, die Entscheidungsprozesse in als problematisch empfundenen Situationen abzukürzen und mit ihnen so schnell wie möglich „fertig" zu werden. Es kann so zu ethisch unbefriedigenden und unter Umständen auch ungerechtfertigten Handlungsautomatismen kommen, die die Patientinnen nicht genügend einbeziehen und ihnen die Verarbeitung der Situation erheblich erschweren können. Die Seelsorge sollte sich vorausschauend dafür einsetzen, dass in der Klinik Leitfäden für den Umgang mit komplexen Entscheidungssituationen bei Schwangerschaftsabbrüchen nach medizinischer Indikation erstellt werden, dass diese implementiert, auf der Basis von Erfahrungen evaluiert und weiterentwickelt werden. Diese sollten sowohl regelmäßige als auch Ad-hoc-Ethikkonsile oder Ethikrunden einschließen. Zudem sollte ein Betreuungskonzept aufgestellt werden, das die psychologische, psychosoziale und seelsorgerliche Betreuung von schwangeren Frauen und ihren Angehörigen sowie auch des Klinikpersonals gewährleistet. Seitens der Seelsorge setzt dies voraus, dass sie ihre Rolle innerhalb eines solche Betreuungskonzepts klärt, die Zusammenarbeit mit anderen Betreuungsprofessionen organisiert und ihre seelsorglichen und ethischen Kompetenzen weiterentwickelt.

Literatur

Garten, Lars/Hude, Kerstin von der (Hrsg.) (2019): *Palliativversorgung und Trauerbegleitung in der Neonatologie*, Berlin/Heidelberg.
Goll, Harald/Jaquier, Monika/Römelt, Josef (Hrsg.) (2009): *Kinder mit Anenzephalie und ihre Familien*, Bad Heilbrunn.
Nationale Ethikkommission im Bereich der Humanmedizin NEK (2018): *Zur Praxis des Abbruchs im späteren Verlauf der Schwangerschaft – Ethische Erwägungen und Empfehlungen, Stellungnahme 30/2018*, 13.12.2018, Bern.
Rothhaar, Markus (2021): Gerechtfertigter Fetozid? Eine rechtsphilosophische Kritik von Spätabbrüchen, in: Mitscherlich-Schönherr, Olivia/Anselm, Reiner (Hrsg.), *Gelingende Geburt: Interdisziplinäre Erkundungen in umstrittenen Terrains*, Berlin/Boston, 299-316.
Salari, Nader/Fatahi, Behnaz/Fatahian, Reza u.a. (2022): Global prevalence of congenital anencephaly: a comprehensive systematic review and meta-analysis, in: *Reproductive Health* 19, Art.-Nr. 201, DOI: 10.1186/s12978-022-01509-4.

Sturm, Wilfried (2015): *"Was soll man dazu in Gottes Namen sagen?" Der seelsorgerliche Umgang mit ethischen Konfliktsituationen im Bereich der Neonatologie und seine Bedeutung für das Verhältnis von Seelsorge und Ethik*, Göttingen.

Wense, Axel von der/Becker, Wolf-Henning/Peters, Usha/Dorn, Almut (2017): Schwangerschaftsabbruch im zeitlichen Bereich der extrauterinen Lebensfähigkeit – Entscheidungsfindung im Rahmen ethischer Fallkonferenzen, in: *Zeitschrift für Geburtshilfe und Neonatologie*, 221(S 01): E1-E113, DOI: 10.1055/s-0037-1607679.

Fallerzählung: Schwangerschaftsabbruch in der 32. Woche

Eines Morgens (Ende Oktober) erhalte ich den Anruf einer Schwester aus der Frauenklinik. Eine schwangere Frau möchte gerne eine Seelsorgerin sprechen. Auf Station angekommen, gehe ich zum Stationsarbeitsplatz und frage die Schwester, die mich angerufen hat, um wen es sich handelt. Gleich erzählt sie mir, dass die Patientin, eine 37-jährige Frau in der 32. Schwangerschaftswoche (SSW), gestern bei einer Fruchtwasseruntersuchung die Diagnose Trisomie 21 für ihr Kind bekommen hat und „total fertig" sei. Der Chefarzt der Frauenklinik hat im Gespräch mit der Patientin die Möglichkeit eines Schwangerschaftsabbruchs – verbunden mit einem Fetozid – erwähnt. Da dies jedoch nicht in unserem Haus gemacht werden kann, müsste die Patientin verlegt werden. Alle Krankenschwestern sind sehr entsetzt über die Aussage des Chefarztes. Und auch ich bin irritiert und schockiert, dass eine solche Möglichkeit in der 32. SSW so schnell angeboten wird. Die Tatsache, dass die Patientin und ihr Mann gerne eine Seelsorgerin sprechen möchten, ist für mich ein Zeichen dafür, wie unsicher, verwirrt und überfordert sie in der Situation jetzt sind.

Ich hole tief Atem und betrete das Zimmer. Die Zimmergenossin ist zum Glück nicht im Raum. Die Patientin liegt im Bett, setzt sich gleich hin, als sie mich sieht. Ihr Mann sitzt auf dem Stuhl neben dem Bett. Ich stelle mich vor und beginne das Gespräch: „Sie möchten eine Seelsorgerin sprechen, was kann ich für Sie tun?" Sie beginnt zu erzählen:

Sie haben sich so sehr ein drittes Kind gewünscht. Die beiden Großen sind drei und sechs Jahre alt und sehr lebhafte und teilweise anstrengende Kinder. Sie fordern viel Zuwendung und Aufmerksamkeit, gerade von der Mutter, die gelernte Erzieherin ist und sich zu Hause um Kinder und Haushalt kümmert. Der Vater ist Beamter im Landratsamt und unterstützt seine Frau, soweit es geht. Beide wünschen sich eine große Familie mit vielen Kindern. So war die Schwangerschaft mit diesem dritten Kind eigentlich nur selbstverständlich und bis dahin auch ganz problemlos verlaufen. Bis eben zu dem Moment, als der Arzt aufgrund von vermehrtem Fruchtwasser und einer Darmauffälligkeit den Verdacht einer Trisomie äußert und zu einer Fruchtwasseruntersuchung rät. Nach der Diagnose folgt ein emotionaler Schock, vor allem bei der Patientin. Ihr Mann wirkt gefasster und eher besorgt um seine Frau als um das Ungeborene. Beide erzählen sehr offen und frei von dem, was sie bewegt. Die Möglichkeit, die Schwangerschaft abzubrechen, erscheint vordergründig als ein Anker, als Rettung, aus dieser Situation herauszukommen. Die Patientin betont immer wieder, sie könne sich nicht vorstellen, ein behindertes Kind zu haben. Bei dieser Vorstellung fühlt sie sich überfordert, hat Angst, ihren anderen beiden Kindern nicht mehr gerecht zu werden und dass die Belastung für die Familie zu groß sei. „Wie werden meine beiden Kinder damit umgehen, wenn sie einen behinderten Bruder haben? Welche Auswirkungen wird das auf ihr Leben als Kinder und auch als Erwachsene haben? Wir sind irgendwann nicht mehr da, dann müssen sich die Geschwister um ihn kümmern. Das kann ich ihnen nicht zumuten." „Was sollen wir nur tun? Die Kinder haben sich so auf ihr Geschwisterchen gefreut, haben Anteil an der Schwangerschaft genommen. Was ist, wenn dann plötzlich kein Geschwister da ist? – Aber ich kann mir ein Leben mit einem behinderten Kind einfach nicht vorstellen. Es wird unser ganzes Leben auf den Kopf stellen. Und wir haben schon so viel durchgemacht. Ich möchte einfach, dass mal etwas gut geht, dass es keine Probleme oder Schwierigkeiten gibt. Dieses Kind wird abhängig sein von uns, wird vielleicht nie ein selbstständiges Leben führen können. Was ist das dann für ein Leben – für uns und für das Kind. Ich glaube, ich kann das Kind nicht bekommen, ich möchte die Schwangerschaft beenden."

Zudem äußert sie, dass sie sich emotional von dem Kind in ihrem Bauch distanziert. Sie spricht selten von „meinem Kind", sondern eher von „dem, was da in meinem Bauch ist". Es findet eine Entfremdung von dem Kind in ihrem Bauch statt. Sie versucht, keine allzu nahe Beziehung aufzubauen, um ggf. einen Schwangerschaftsabbruch emotional zu verkraften.

Der Vater, Sohn eines türkischen Migranten und einer deutschen Katholikin (er selbst ist katholisch erzogen), wirkt sehr ruhig. Während seine Frau erzählt, wird er unruhig, versucht, auch zu Wort zu kommen. Ich lade ihn ein, am Gespräch teilzunehmen: „Wie geht es Ihnen jetzt?" Er sagt zunächst sehr klar, dass ein behindertes Kind für ihn kein Problem sei. Es sei ja schließlich sein Kind, ob mit oder ohne Behinderung. Für ihn ist die Behinderung kein Grund für einen Schwangerschaftsabbruch. Allerdings ist auch eine große Unsicherheit bei ihm zu spüren angesichts der Not, in der sich seine Frau befindet. Er sieht, wie sie leidet, wie schwer sie sich mit der Entscheidung tut, und ist sich bewusst, dass die größere Last bei seiner Frau liegen wird. Irgendwann sagt er dann: „Ganz egal, wie wir uns entscheiden, ich trage alles mit – auch, wenn du das Kind nicht haben kannst."

Während des Gesprächs versuche ich, meinen Ärger und meine Wut auf diesen Arzt in den Griff zu bekommen und mich auf die beiden in ihrer Not einzustellen und einzulassen. Nach einer Weile gelingt es mir. Ich spüre, dass sie sich von mir als Seelsorgerin eine Entscheidungshilfe, einen Rat wünschen. Und gerade das finde ich sehr, sehr schwer. Ich versuche zunächst, die Schwere und die Überforderung, solch eine Entscheidung treffen zu müssen, wahrzunehmen und zu benennen. „Sie sind in einer sehr schwierigen Situation. Nehmen Sie sich Zeit, Sie müssen nicht jetzt und hier gleich eine Entscheidung treffen", sage ich zu ihnen. „Denn die Entscheidung, die Sie treffen, wird Sie Ihr Leben lang begleiten. Damit müssen Sie leben." Ich kann die Angst, Hilflosigkeit und Überforderung nachempfinden, die aufkommen, wenn ich mir vorstelle, ein behindertes Kind zu erziehen. Gleichzeitig ist es für mich unvorstellbar, einen Fötus im Mutterleib zu töten, um die Schwangerschaft zu beenden. Auch damit tue ich mir sehr schwer. Mit dieser Spannung in mir soll ich eine Beraterin, eine Begleiterin sein? Was kann ich da raten oder abraten?

Am nächsten Tag besuche ich die beiden wieder. Wir sprechen lange miteinander. Die Patientin erzählt davon, dass sie über sich und ihre Gedanken selbst erschrocken ist. „Ich erkenne mich selbst nicht wieder. Nie im Leben hätte ich gedacht, dass ich an einen Schwangerschaftsabbruch in so einer Situation überhaupt denken könnte. Ich, die mit Kindern arbeitet, die Kinder liebt. Ich versuche, nicht so sehr an das Kind in meinem Bauch zu denken, sondern mehr an meine anderen beiden Kinder. Ich weiß einfach nicht mehr, was richtig und gut ist." Ich ermutige sie, alle Gedanken und Gefühle zuzulassen und auch auszusprechen. „Das ist wichtig, um eine Entscheidung treffen zu können." Ich ermutige sie auch, mit ihrem Kind im Bauch zu sprechen, Kontakt aufzunehmen. „Egal, wie Sie sich entscheiden, das Kind ist jetzt da, Sie sind jetzt seine Mutter." Außerdem äußere ich sehr vorsichtig, dass es heute – mehr denn je – Möglichkeiten der Förderung und Unterstützung von behinderten Kindern gibt, dass sie nicht alleine ist.

Ihr Mann teilt mittlerweile ihre Ansicht, dass es wohl besser ist – „für ihre Psyche" –, die Schwangerschaft zu beenden. Er macht sich große Sorgen um seine Frau, die an Neurodermitis leidet und bei Stress deutlich davon gekennzeichnet ist. Auch jetzt ist die Haut im Gesicht und an den Armen stark gerötet. Zu dem Druck, eine Entscheidung treffen zu müssen, kommt die Sorge um die Kinder zu Hause. Die Betreuung muss organisiert werden. Die Großeltern, zu denen das Verhältnis nicht sehr gut ist, müssen sich kümmern. Die Patientin möchte alles immer „perfekt" haben. Das geht jetzt nicht mehr. All das, um das sie sich bisher gekümmert hat, müssen jetzt andere in die Hand nehmen, die vieles anders machen. Es fällt ihr sehr schwer, ihre Kinder loszulassen und nicht die Kontrolle darüber zu haben, wie was gehandhabt wird. Ihr Mann hat sich freigenommen und ist meistens an ihrer Seite. Irgendwann einmal kommt auch zur Sprache, dass diese Diagnose nicht hundertprozentig ist, eine gewisse Fehlerquote beinhaltet und das Kind auch gesund sein könnte. Ein kleiner Funke Hoffnung. Dieser Gedanke verstärkt die Unsicherheit, ob ein Schwangerschaftsabbruch der richtige Weg ist. Je länger die Patientin im Krankenhaus ist, desto nervöser und unruhiger wird sie. Der Druck, eine Entscheidung zu treffen, nimmt spürbar zu. Dazu wächst die Sorge um die Kinder zu Hause, die sie sehr vermisst. Ihr Mann ist viel ruhiger als sie, eher in sich zurückgezogen.

Mich beschäftigt während der Begleitung der Eltern immer wieder der Gedanke, warum das Thema eines Schwangerschaftsabbruchs in der 32. SSW überhaupt angesprochen wurde. Die Eltern haben nicht danach gefragt. Zu dem Schock über die Diagnose kamen die Eltern in Gewissensnöte, eine sehr schwere Entscheidung treffen zu müssen. Sie haben gar keine Zeit, diese Nachricht erst einmal zu verdauen, sich mit der Tatsache, dass ihr Kind Trisomie 21 hat, und möglichen Konsequenzen für ihr Leben auseinanderzusetzen. Sofort wird ihnen eine „Lösung" angeboten. Wie können Eltern zu einer – für sie richtigen/guten – Entscheidung finden?

Kommentar: Ethische Anforderungen an die ärztliche Beratung

Sigrid Graumann

Späte Schwangerschaftsabbrüche nach einem auffälligen Befund einer Pränataldiagnostik sind einerseits normale, gesetzlich legitimierte medizinische Praxis. Der Abbruch der Schwangerschaft ist in einem solchen Fall nach ärztlicher Beratung und einer Wartefrist von drei Tagen erlaubt, wenn dies dem Ziel dient, „die Gefahr einer schwerwiegenden Beeinträchtigung des körperlichen und seelischen Gesundheitszustandes der Schwangeren abzuwenden, und die Gefahr nicht auf eine andere für sie zumutbare Weise abgewendet werden kann" (§ 218 a StGB). Andererseits kann ein solcher Abbruch einer meist ursprünglich erwünschten, fortgeschrittenen Schwangerschaft für alle beteiligten und betroffenen Personen eine moralisch-psychische Grenzerfahrung darstellen. Das gilt auch für die Seelsorgerin, aus deren Perspektive die Fallgeschichte geschildert wird.

Im Folgenden soll der Frage nachgegangen werden, worin die besondere ethische Qualität der geschilderten Konfliktlage besteht. Die Seelsorgerin schildert, dass nicht nur sie selbst, sondern auch alle Schwestern schockiert darüber seien, dass der Arzt die Möglichkeit eines Schwangerschaftsabbruchs, verbunden mit einem Fetozid, so rasch und ungefragt ins Spiel gebracht hat. Sie formuliert unter Bezugnahme auf einen angenommenen universalen ethischen Standpunkt („auch alle Schwestern") Zweifel, ob das Verhalten des Arztes aus ethischer Sicht richtig ist. Diese Zweifel können sich (1) auf die ethische Problematik des Schwangerschaftsabbruchs an sich, (2) auf deren Zuspitzung durch den vorgesehenen Fetozid und (3) auf die Diagnose „Down-Syndrom" als Grund für den vorgeschlagenen Schwangerschaftsabbruch beziehen.

Zu (1): In politischen und rechtlichen Kontroversen über die Legitimität des Schwangerschaftsabbruchs wird einerseits auf das Recht von Frauen, selbstbestimmt über den Abbruch einer ungewollten Schwangerschaft zu entscheiden, und andererseits auf den Schutz des Lebens von menschlichen Embryonen und Föten abgestellt (Millar 2020).

Das Selbstbestimmungsrecht der Frau ist dabei grundsätzlich unbestritten. Umstritten ist, wie Autonomie zu verstehen ist und welche Verpflichtungen gegenüber der Frau daraus folgen. Dem Oberarzt kann im vorliegenden Fall ein individualistisches, auf Wahlfreiheit reduziertes Verständnis von Autonomie zugeschrieben werden. Indem er die Möglichkeit des Schwangerschaftsabbruchs ins Gespräch bringt, eröffnet er die beiden Optionen, die Schwangerschaft fortzusetzen oder abzubrechen. Mit dem daraus resultierenden moralisch-psychischen Entscheidungskonflikt lässt er die Frau alleine. Aus den Schilderungen der Seelsorgerin dagegen wird ein relationales Verständnis von Autonomie deutlich (Mackenzie/Stoljar 2000), mit dem die sozialen und familiären Bezüge sowie die damit verbundenen Verantwortlichkeiten in der Paarbeziehung, gegenüber den Kindern und dem ungeborenen Kind einbezogen werden. Dabei klingt die Forderung an den Oberarzt durch, entweder die Frau gar nicht erst in eine solche Konfliktlage zu bringen oder sie zumindest dabei zu unterstützen, angesichts der komplexen Konfliktlage eine selbstbestimmte Entscheidung zu treffen, die sie vor sich selbst und anderen verantworten und mit der sie weiterleben kann.

Die Schutzwürdigkeit des Lebens von menschlichen Embryonen und Föten ist generell ethisch umstritten. Im Mittelpunkt der „Lebensschutz-Debatte" steht der moralische Status menschlicher Embryonen und Föten (Warren 2005). Dabei können konservative, liberale und vermittelnde Positionen unterschieden werden (Graumann 2011). Konservative Positionen sprechen jedem menschlichen Wesen von der Zeugung bis zum Tod einen vollen moralischen Status und damit ein Recht auf Leben zu, das das Recht auf Selbstbestimmung der Frau überwiegt. Liberale Positionen machen den vollen moralischen Status von Personeneigenschaften wie Rationalität und Selbstbewusstsein abhängig, die sich erst im Laufe der nachgeburtlichen Entwicklung verwirklichen. Für sie ist der Schwangerschaftsabbruch kein relevantes ethisches Problem. Vermittelnde Positionen, die sowohl der aktuellen Rechtslage als auch dem alltäglichen Moralempfinden vieler Bürgerinnen und Bürger eher entsprechen, gehen von einem zunehmenden moralischen Status im Laufe der vorgeburtlichen Entwicklung aus. Ein später Abbruch ist demnach ethisch problematischer als ein Abbruch in der Frühschwangerschaft und dementsprechend gesetzlich nur in Ausnahmefällen erlaubt. Die meisten feministischen Positionen beziehen sich auf die Schwangerschaft als einzigartige, leibliche Beziehung, ohne die das Kind nicht leben könnte. Weil eine Schwangerschaft die psychische und physische Integrität der Frau berührt, müsse ihr das Recht, über Fortsetzung oder Abbruch zu entscheiden, zugebilligt werden, auch wenn der Schwangerschaftskonflikt als moralisches Dilemma anerkannt wird.

Zu (2): In dem vorliegenden Fall ist die Schwangerschaft mit der 32. Schwangerschaftswoche (SSW) bereits weit fortgeschritten, so dass die eigenständige Lebensfähigkeit des Kindes angenommen werden muss. Heute können „Frühchen" ab der 22. SSW mit medizinischer Unterstützung überleben, ab der 24. Schwangerschaftswoche wird hierzulande regelmäßig lebenserhaltend behandelt. Wenn der Abbruch einer fortgeschrittenen Schwangerschaft beabsichtigt ist, wird eine Geburt künstlich eingeleitet. Dies dauert oft mehrere Tage, weil der Körper der Schwangeren noch nicht für die Geburt bereit ist. Bei einer Geburt in der 32. SSW ist davon auszugehen, dass das Kind lebend zur Welt kommt. Von Gesetzes wegen ist es damit als Rechtssubjekt mit gleicher Würde und gleichen

Rechten anzuerkennen. Die lebenserhaltende Behandlung wäre verpflichtend. Um diese Situation zu vermeiden, schlägt der Arzt einen Fetozid vor, das heißt die Tötung des Kindes vor der Geburtseinleitung. Auch wenn es keine gesetzliche Regelung gibt, die den Fetozid verbietet, wird er von Begleitungs- wie von Betroffenenseite zumeist als ethisch äußerst problematisch angesehen. Es handelt sich immerhin um die absichtsvolle Tötung eines eigenständig lebensfähigen menschlichen Wesens. Für die Frau ist dies psychisch ausgesprochen belastend und kann traumatische Konsequenzen haben. Viele Kliniken – offenbar auch die im vorliegenden Fall – führen daher Spätabbrüche verbunden mit einem Fetozid entweder nicht oder nur in Ausnahmesituationen durch.

Zu (3): Die Diagnose lautet im vorliegenden Fall „Down-Syndrom", was auf eine kognitive Beeinträchtigung des Kindes schließen lässt, die normalerweise nicht zuletzt aufgrund guter Förder- und Unterstützungsmöglichkeiten mit einer guten Lebensqualität verbunden ist. Daneben kann ein Down-Syndrom Organfehlbildungen mit sich bringen, die allerdings meist gut behandelbar sind. Im vorliegenden Fall wird eine Auffälligkeit des Darms angedeutet, die medizinisch weiter abgeklärt werden müsste. Die Ängste der Eltern vor dem Leben mit dem behinderten Kind beruhen ganz offensichtlich überwiegend auf verbreiteten Vorurteilen über das Leben mit Down-Syndrom, die mit einer guten Beratung relativiert werden könnten.

Fazit: Die Seelsorgerin unterstellt dem Oberarzt zurecht, unverantwortlich mit der ethischen Problematik und der psychisch-moralischen Krise der Frau umzugehen. Offenbar kann ihm auch aus juristischer Sicht eine „ärztliche Pflichtverletzung" vorgeworfen werden. Diese liegt vor, weil „die Schwangere über die Bedeutung des Eingriffs, insbesondere über Ablauf, Folgen, Risiken, mögliche physische und psychische Auswirkungen" nicht ärztlich beraten wurde (§ 218c StGB). Mit einer angemessenen und fachkundigen ärztlichen Beratung, die die Vermittlung einer unabhängigen psychosozialen Beratung sowie den Kontakt zu einer Familie, die mit einem Kind mit Down-Syndrom lebt, anbietet, wie es das Schwangerschaftskonfliktgesetz vorsieht (§ 2a SchKG), würden die Frau und ihr Partner möglicherweise einen Weg finden, sich für ihr Kind zu entscheiden. Auch wenn dies nicht erzwungen werden kann, wäre es aus ethischer Sicht sicherlich der bessere Weg. Ohne die traumatische Erfahrung eines Spätabbruchs mit Fetozid könnten die Frau und ihre Familie möglicherweise sogar seelisch unbelasteter weiterleben.

Literatur

Graumann, Sigrid (2011): Zulässigkeit später Schwangerschaftsabbrüche und Behandlungspflicht von zu früh und behindert geborenen Kindern – ein ethischer Widerspruch? In: *Ethik in der Medizin* 22, 2, 123–134.
Mackenzie, Catriona/Stoljar, Natalie (2000): *Relational Autonomy*, Oxford.
Millar, Erica (2020): *Abtreibung. Eine Bestandsaufnahme*, Bonn.
Warren, Mary Anne (2005): *Moral status. Obligations to persons and other living things*, Oxford.

Fallerzählung: Schwangerschaftsabbruch nach Herzfehlerdiagnose beim Fötus

Über die Hebamme erfahre ich von Frau T.

Frau T. ist Anfang 30, sie ist verheiratet und hat eine vierjährige Tochter. Nachdem ihr Frauenarzt eine schwere Behinderung ihres Fötus festgestellt hat, ist sie zu uns in die Klinik zu einer Abtreibung in der 16. Woche gekommen. Das Kind soll einen schweren Herzfehler gehabt haben und es wäre ohnehin höchstwahrscheinlich nach der Geburt gestorben. Das Kind musste wegen der Größe geboren werden und Frau T. bekam ein Wehenmittel, um die Geburt einzuleiten. Der Chefarzt der Station hatte der Frau erklärt, dass das Kind aufgrund der Erkrankung die Geburt nicht überstehen und daher tot zur Welt kommen würde. Die künstliche Einleitung zog sich über ein paar Tage hin, und als das Kind geboren wurde, waren der Arzt, die Hebamme und der Vater zugegen. Das Kind kam lebend zur Welt und blieb ca. eine halbe Stunde am Leben. Diese Situation war für die Mutter, aber besonders für den Vater ein großer Schock.

Die Frau liegt nach der Abtreibung auf der Gynäkologie. Über die Hebamme werde ich gebeten, die Frau zu besuchen, da es ihr nicht so gut gehe. Auch ihr Mann und die Tochter seien eventuell bei ihr. Die Stimmung sei sehr traurig. Die Familie habe zwar nicht nach einem Seelsorger gefragt, doch die Hebamme schätzt die Situation so ein, dass ein Besuch guttun würde. Als ich das Zimmer betrete, sind die Frau und der Mann allein. Es herrscht eine traurig-betretene Stimmung und ich merke, dass beide geweint haben. Auffallend in dem Gespräch ist die relativ große Klarheit der Mutter. Ihre Trauer und der Schmerz wirken irgendwie richtig, angemessen und nachvollziehbar. Sie habe ihr kleines Kind nach der Geburt im Arm gehalten und die Hebamme sei die ganze Zeit bei ihr gewesen. Das habe ihr alles sehr geholfen. Sie habe sich gut verabschieden können. Heute Morgen sei sogar ihre vierjährige Tochter mit der Hebamme zu dem Kind gegangen, auch sie habe sich von ihrem Geschwisterkind verabschiedet, das sie immer „Krümelchen" genannt hätten. Die Tochter habe ihrem kleinen Bruder sogar ein Bild geschenkt. Der Mann ist sehr still und den Tränen nahe. Gebrochen erzählt er, dass er das nicht gekonnt habe, er habe überhaupt nicht damit gerechnet, dass das Kind noch leben würde, er sei rausgegangen und habe das Kind nicht mehr anschauen können. Er habe nicht bei seiner Frau und dem Kind bleiben können, ihm sei das alles zu nahegegangen. Ich spüre hier große Schuldgefühle, kann im Gespräch ihm und der Frau aber sehr nahe sein. Die Frage, um die es hier unausgesprochen geht, lautet: Haben wir uns richtig entschieden, hätte es nicht auch andere Möglichkeiten gegeben?

Die Familie ist in der evangelischen Kirche und religiös ansprechbar. Sie ist sehr froh, dass in ein paar Wochen eine Föten-Beerdigung mit einer anderen Familie auf dem nahen Friedhof stattfinden wird. Dort lerne ich auch die Angehörigen, Schwiegereltern und Brüder des Vaters kennen. Der Schwiegervater nimmt mich zur Seite und schildert mir seine Hilflosigkeit, da er nicht weiß, wie er sich der Schwiegertochter gegenüber verhalten soll. Er selbst habe einen behinderten Sohn, und der sei heute ein „Hüne von Kerl". Auch hier spüre ich die Frage nach der richtigen Entscheidung: Haben mein Sohn und meine Schwiegertochter richtig entschieden, hätte man das Kind nicht doch austragen sollen? Wie soll ich mich jetzt ihnen gegenüber verhalten?

Das Gespräch ist in dieser Situation für mich schwierig, da kaum Zeit besteht, ich überhaupt nicht auf diese Äußerungen vorbereitet bin und an diesem Tag zum ersten Mal die Grabansprache halten werde, so dass ich selbst emotional unter Spannung stehe.

Nach der Beerdigung erfahre ich, dass die Familie weitere Betreuung, wie eine Trauergruppe, wahrnehmen will. Auch ich biete mich für weitere Gespräche an.

Da mich diese Begegnungen auch in den nächsten Tagen nicht loslassen, entscheide ich mich, das Thema „Abbruch bei Spätschwangerschaft, Aufklärung über mögliche Folgen und anschließende Betreuung" beim nächsten Ethikfrühstück (ein unbürokratischer Gesprächsaustausch) anzusprechen. Mir geht es vor allem darum, das unwohle Gefühl der Familie und ihre Auseinandersetzung mit der Schuldfrage anzusprechen. Ich will nicht den Arzt wegen eines Fehlverhaltens kritisieren.

Bei dem Gespräch sind der neue Chefarzt – er soll den „schlechten" Ruf der Gynäkologie und der Geburtsstation wieder in besseres Licht rücken –, Hebammen, die sehr autark arbeiten und eher selten die Seelsorge mit einschalten, und die Pflegedienstleitung anwesend. Nachdem ich den Fall, meine Gefühle und die aufgeworfene Schuldfrage der Angehörigen dargestellt habe, macht der Arzt deutlich, dass er voll verantwortlich und aufklärend mit den Eltern gesprochen habe. Außerdem seien vor dem Abbruch ja schon andere Gespräche mit Frauenarzt, Facharzt und pro familia gelaufen. Er sehe keine Gründe für ein anderes Verhalten. Die Hebamme berichtet noch einmal von ihrer Betreuung und der Schwere, die auch sie durchgemacht hat. Solche Situationen seien nicht alltäglich und auch für sie mit viel Nachdenklichkeit verbunden. Im anschließenden Gespräch geht es den Hebammen und Schwestern auch um das grundsätzliche Thema der Abtreibung in einem evangelischen Krankenhaus und ihre Haltung zu manchen prekären Situationen. Da es mir in diesem Gespräch nicht um Schuldzuweisungen oder Zurechtweisungen geht und die Zusammenarbeit mit Ärzten und Hebammen auf einem guten Weg ist, erwähne ich die Vorgehensweise in anderen Häusern, in denen die Frauen/Familien vor dem Abbruch unterschiedliche Gesprächsmöglichkeiten haben. Dabei sind sowohl ein Psychologe als auch ein Seelsorger mit einbezogen.

Am Ende des Gespräches habe ich den Eindruck, dass es gut war, diesen Fall noch einmal angesprochen zu haben. Es wurde deutlich, dass es neben einer medizinischen und psychologischen auch um eine religiöse Dimension bei den Patientinnen geht, dass oftmals eine ganze Großfamilie in diesen Prozess einbezogen ist und dass für diese Themen mehr Sensibilität und eine Möglichkeit des Austauschs geschaffen wurde.

Kommentar I: Kommentar aus der Perspektive der klinischen Ethikberatung

Katja Weiske

In der geschilderten Geschichte von Frau T. handelt es sich um den Fall eines Schwangerschaftskonflikts, der erst aufgrund einer medizinischen Diagnose beim Ungeborenen entstanden ist. Es ist also nicht die Schwangerschaft an sich, die die Problematik auslöst, weil sie sich ungewollt in einer Lebenssituation eingestellt hat, in der für die Schwangere das Leben mit einem (oder mit einem weiteren) Kind nicht vorstellbar ist. Viel eher wird die Fortsetzung einer zunächst erwünschten Schwangerschaft mit einem (Geschwister-)Kind plötzlich in Frage gestellt, weil während der Vorsorgeuntersuchungen ein auffälliger Befund beim Fetus gestellt wird. Es geht also um den möglichen Abbruch einer Schwangerschaft mit diesem bestimmten (von einer Fehlbildung betroffenen) Ungeborenen. Beide Möglichkeiten – Abbruch oder Fortführung der Schwangerschaft – bedeuten in diesen Fällen für die Eltern Trauer und Abschied. Abschied vom (gesunden) Kind ihrer Vorstellung, von den Lebensplänen, die mit diesem Kind verbunden waren.

Schwangerenvorsorge
Die von den Krankenkassen vorgesehene Schwangerenvorsorge enthält ein Bündel von Untersuchungen, mit dem die Gesundheit der Mutter und die Entwicklung des Kindes sinnvoll überwacht werden können, um z.B. einem Schwangerschaftsdiabetes der Mutter oder einer Nabelschnurkomplikation beim Ungeborenen rechtzeitig begegnen zu können. „Automatisch" ist damit aber auch die Möglichkeit der Früherkennung von Fehlbildungen oder Erkrankungen verbunden, die keine kurativen Optionen nach sich ziehen, sondern die – wie im vorliegenden Fall – zur Frage nach einem Abbruch der Schwangerschaft führen können.

Zu den möglichen Vorsorgeuntersuchungen zählen neben den routinemäßig durchgeführten Ultraschall- und Blutuntersuchungen auch spezielle pränataldiagnostische Methoden, durch die der Chromosomenstatus des Ungeborenen analysiert werden kann. Solche Chromosomenuntersuchungen werden Schwangeren ab einem Alter von 35 Jahren regelhaft angeboten oder wenn im Ultraschall oder im mütterlichen Blut zuvor auffällige Parameter auf eine mögliche Chromosomenfehlverteilung (z.B. Trisomie 21 oder Trisomie 18) hindeuten. Nicht selten wird eine pränatale Chromosomenuntersuchung auch aufgrund einer psychischen Indikation durchgeführt. In der Regel ergeben all diese vorgeburtlichen Untersuchungen ein für die Schwangere bzw. die Eltern beruhigendes Ergebnis. Nur in etwa 3 % der Fälle werden „schwere" Fehlbildungen oder Behinderungen diagnostiziert. Entsprechend positiv besetzt ist daher zunächst die Inanspruchnahme dieser Untersuchungen; ihr Routinecharakter verhindert häufig eine ausreichende Reflexion der Frage nach den Konsequenzen bei einem auffälligen Befund. Ein solcher trifft die Eltern dann meist völlig unvorbereitet und zwingt sie in eine Entscheidungs- und Handlungskaskade, die als traumatisch erlebt wird. Inwieweit es in einer solchen Situation gelingt, zu einer für die Eltern auch langfristig tragfähigen Entscheidung zu kommen, hängt maßgeblich von der Art der Informationsvermittlung und sonstigen Kommunikation durch die behandelnden ÄrztInnen, einem erweiterten, nicht-ärztlichen Beratungsangebot (psychosoziale Beratungsstelle) sowie der Vermeidung von Zeitdruck – sofern irgendwie möglich – ab. Basis einer ergebnisoffenen Beratung und Begleitung sollte das grundsätzliche Vertrauen in die Schwangere sein, für sich und das Ungeborene verantwortungsvolle Entscheidungen treffen zu können und zu wollen.

Konflikt
Welche Untersuchungen in der Schwangerschaft von Frau T. im Vorfeld der Diagnose einer schwerwiegenden Herzfehlbildung durchgeführt wurden und ob diese Diagnostik von der Schwangeren im Sinne eines *informed consent* wirklich gewünscht war, ist der Fallschilderung nicht zu entnehmen. Ebenso wenig ist bekannt, ob es sich um einen Herzfehler im Rahmen eines komplexen (chromosomalen) Syndroms handelt oder um eine isolierte Anomalie (die Information, das Ungeborene hätte eine „schwere Behinderung" gehabt, könnte ein Hinweis auf die erste Möglichkeit sein). Maßgeblich ist jedoch, dass die festgestellte Herzfehlbildung nach ärztlicher Aussage „höchstwahrscheinlich" nicht mit einer postnatalen Lebensperspektive vereinbar ist. Die Sicherheit von Diagnose und Prognose ist hier für den weiteren Entscheidungsprozess von großer Bedeutung. Nehmen wir die Aussagen des Arztes als (zumindest weitgehend) gesichert an, handelt es sich nicht um einen Konflikt mit der zugrundeliegenden Frage, ob man als Eltern künftig die Sorge für ein Kind mit Behinderung oder für ein chronisch krankes Kind tragen kann und will und welches Gewicht in dieser Abwägung das Lebensrecht des Ungeborenen bekommen soll. Im geschilderten Fall hat das Ungeborene eine ungefähr bis zum Zeitpunkt der Geburt limitierte Entwicklungsperspektive, herzchirurgische Interventionen scheinen weder prä- noch postnatal möglich zu sein. In solchen wohlbegründeten Fällen tritt die Fürsorge für die Schwangere in den Vordergrund mit der Frage, mit welchen weiteren Schritten ihre körperliche und psychische Gesundheit in dieser traumati-

schen Situation am wenigstens Schaden nimmt. Der Vater sollte natürlich ebenfalls in den Blick genommen werden; im besten Fall gelingt ein gemeinsam getragenes weiteres Vorgehen. Der rasche Schwangerschaftsabbruch mag aufgrund der schlechten Prognose hinsichtlich des Überlebens des Ungeborenen aus medizinischer Sicht naheliegend sein, ist aber nicht automatisch die beste Option für die Schwangere bzw. das Paar. Auch hier ist ein ergebnisoffener Beratungsprozess notwendig.

Beratungs- und Entscheidungsprozess
Im Fall von Frau T. wurden neben der gynäkologischen Beratung und Aufklärung auch Gespräche mit einem Facharzt (vermutlich ein[e] PädiaterIn für die Aufklärung über die kindliche Fehlbildung bzw. Behinderung) und einer psychosozialen Beratungsstelle (pro familia) wahrgenommen. Inwieweit sich gerade die ärztliche Beratung eher direktiv oder eher ergebnisoffen gestaltete und ob Frau T. bzw. die Eltern vielleicht den ärztlichen Rat zum „besten" Vorgehen sogar wünschten, weil sie mit der alleinigen Verantwortung für die Entscheidung überfordert waren, darüber lässt sich nur spekulieren. Es ist jedoch davon auszugehen, dass innerhalb des gesamten Beratungsprozesses die Option der Fortführung der Schwangerschaft, d.h. das Zulassen des „natürlichen Verlaufs", besprochen wurde. Für diese Möglichkeit entscheiden sich Schwangere, die das aktive Eingreifen durch einen Abbruch ablehnen bzw. für sich (auch langfristig) als belastender empfinden, als den weiteren Verlauf der Schwangerschaft mit einem mutmaßlich nicht lebensfähigen Kind anzunehmen bzw. auf sich zu nehmen. Beide Handlungsmöglichkeiten – Fortführung und Abbruch der Schwangerschaft – sind bei einem Ungeborenen ohne postnatale Lebensperspektive mit enormen Belastungen verbunden. Im ersten Fall geht das Fortschreiten der Schwangerschaft mit der Gewissheit einher, am Ende ein Kind tot oder ohne längere Lebensperspektive zur Welt bringen zu müssen (von der Außenwelt als „in guter Hoffnung" wahrgenommen, ohne dies jedoch zu sein). Im zweiten Fall muss die Schwangere/das Paar damit leben, den Zeitpunkt des Todes des Ungeborenen durch ihre Entscheidung zum Abbruch selbst bestimmt zu haben. Je nach Stadium der Schwangerschaft und individuellen medizinischen Gegebenheiten muss für den Abbruch die Geburt eingeleitet werden, vollzieht sich u.U. über einen längeren Zeitraum und ist mit Schmerzen verbunden. Um für sich abzuwägen, welche der beiden Möglichkeiten in diesem schwierigen Dilemma die „Richtigere" zu sein scheint, ist neben der Beratung ausreichend Zeit notwendig. Frau T. war in der 16. Schwangerschaftswoche, ein Zeitpunkt, in dem ein operativer Schwangerschaftsabbruch nicht mehr durchführbar ist, d.h. die Geburt eingeleitet werden muss. Es stellt sich die Frage, ob hier ein Zuwarten (von z.B. einer Woche, falls medizinisch verantwortbar) hilfreich gewesen wäre, um die Entscheidung als Paar gemeinsam überdenken zu können. Möglicherweise hätte insbesondere der Vater hiervon profitiert.

Abbruch
Hinsichtlich des Schwangerschaftsabbruchs sticht aus der Fallschilderung heraus, dass das Kind entgegen der Aussage des Chefarztes für alle Beteiligten völlig überraschend lebend zur Welt kam und erst nach ca. 30 Minuten verstarb. Vor allem für den Vater war dies ein Schock, er musste sich aus der Situation zurückziehen. Die Mutter jedoch konnte sich in Begleitung der Hebamme von ihrem Kind „gut verabschieden" und sogar die vierjährige Tochter passend einbinden. Für sie scheint die Situation rückblickend trotz der Schwere alles in allem stimmig gewesen zu sein. Ob die kurze Lebensspanne zusammen mit ihrem Kind für die Mutter nicht vielleicht sogar hilfreich war, lässt sich nicht ausschließen. Ohne Zweifel hätte die Möglichkeit, dass das Kind lebend zur Welt kommen könnte, thematisiert werden müssen, wenn sie nach ärztlicher Einschätzung denkbar gewesen wäre. Inwieweit hier ein Versäumnis vorliegt, lässt sich nicht eindeutig beurteilen. Auch ob der Vater die Situation besser verkraftet hätte, wenn das Kind tot zur Welt gekommen wäre, lässt sich nicht beantworten. Abschied, Schmerz und Trauer werden in einer solchen Situation von der Mutter und dem Vater in der Regel unterschiedlich erlebt. Die Mutter hat die körperliche Beziehung zum Ungeborenen, in ihrem Körper finden die Vorgänge von Schwangerschaft und Geburt und in diesem Fall der Schwangerschaftsabbruch statt. Wichtig ist es hier, dem Vater die Möglichkeit für den Rückzug zu geben, sowie das Gefühl, dass das nicht falsch ist, sondern eine nachvollziehbare Reaktion in einer emotional hoch belastenden Situation. Zusätzlich sollte ihm bzw. dem Paar eine adäquate psychologische Begleitung angeboten werden (was der Fallschilderung nicht zu entnehmen ist) und seelsorgerische Unterstützung, was im vorliegenden Fall gut angenommen wurde.

Über einen weiteren wichtigen Aspekt finden sich ebenfalls keine Aussagen in der Fallschilderung: inwieweit die pränatal gestellte Diagnose postnatal bestätigt wurde. Gerade durch das wider Erwarten lebend geborene Kind können Zweifel an der Diagnose bzw. der prognostizierten Lebensunfähigkeit aufkommen, was für die Eltern verständlicherweise eine weitere schwere Krise bedeuten würde. Eine entsprechende Bestätigung der Richtigkeit der Diagnose ist Voraussetzung für die weitere Verarbeitung der Entscheidung zum Schwangerschaftsabbruch und auch wichtig für das begleitende Personal, z.B. die Hebamme.

Nach dem Abbruch/Aufarbeitung im Team
Im Rahmen der weiteren Verarbeitung der Beendigung der Schwangerschaft gestalten die Eltern eine Beerdigungszeremonie für ihr Kind und suchen sich für die kommende Zeit wichtige Begleitung in Form einer Trauergruppe und seelsorgerischer Gespräche. Berührungsängste, Fragen oder Zweifel an der von den Eltern getroffenen Entscheidung innerhalb von Familie und Freundeskreis sind sicher unvermeidbar; ihnen kann am ehesten durch klare Informationen (z.B.,

dass das verstorbene Kind durch seine inoperable schwere Herzfehlbildung keine Lebensperspektive gehabt hätte) begegnet werden. Zurückgebliebene Fragen oder moralisches Unbehagen bei den Beteiligten des Krankenhaus-Teams sollten mittels einer retrospektiven Besprechung bearbeitet werden. Im geschilderten Fall geschieht dies im eher „lockeren" Format des Ethikgesprächs (auf Initiative der Seelsorgerin). Dass es in diesem Fall überhaupt ein Format für einen regelmäßigen berufsgruppenübergreifenden Austausch gibt, ist begrüßenswert, da dies alles andere als selbstverständlich im deutschen Klinikalltag ist. Denkbar wäre auch eine retrospektive Fallbesprechung unter Hinzuziehung des Klinischen Ethikkomitees und damit unter Moderation eines/einer nicht involvierten EthikberaterIn gewesen. In einer solchen retrospektiven Betrachtung können die Argumente für oder gegen die „Richtigkeit" der getroffenen Entscheidung noch einmal geprüft, die Perspektiven der verschiedenen Professionen dargelegt und Schlüsse oder Vereinbarungen für künftige ähnliche Fälle gezogen werden.

Kommentar II: Kommentar aus professionsethischer Sicht

Andreas Lob-Hüdepohl

Die Seelsorgerin steht besonders gegenüber zwei Personengruppen in professionsethischen Verbindlichkeiten: gegenüber den Eltern des kurz nach seiner Geburt gestorbenen Kindes sowie gegenüber den MitarbeiterInnen der Klinik, in der der Schwangerschaftsabbruch vorgenommen wurde. Beide Verbindlichkeiten unterscheiden sich deutlich: Den Eltern tritt sie in der ursprünglichen Rolle einer persönlichen Begleiterin in solchen Lebenskrisen gegenüber, wo Betroffene aufgrund von Verlust- oder Schulderfahrungen in ihrer „seelischen Heilsamkeit" (I. Baumgartner) oder positiven „Annahme ihrer selbst" (R. Guardini) erheblich beeinträchtigt sind. Für die Mitarbeitenden der Klinik ist sie – folgt man ihrer eigenen Falldarstellung – in erster Linie Kollegin, die im Rahmen formeller oder informeller ethischer Beratung („Ethikfrühstück") für aufgetretene Probleme sensibilisieren und in dieser Weise advokatorisch, wenn man so will, *bezeugend („testimony")* für die Belange – hier für die Trauer- und Schulderfahrungen der Eltern – eintritt.

Nach eigenem Bekunden will sie „nicht den Arzt wegen eines Fehlverhaltens kritisieren", wohl aber das „unwohle Gefühl der Familie und ihre Auseinandersetzung mit der Schuldfrage ansprechen". Wie aber, wenn beides zusammenhängt? Denn aus medizinethischer Perspektive werden erhebliche Schwachstellen offenkundig. Zwar entspricht die gewählte Methode des Schwangerschaftsabbruchs den üblichen medizinischen Standards: Ab der 12. Schwangerschaftswoche ist eine Absaugung der Leibesfrucht („Aspiration") nicht mehr möglich. Stattdessen wird medikamentös eine vorzeitige Geburt („künstlicher Abort") eingeleitet, die der Embryo bis etwa zur 20. Schwangerschaftswoche in der Regel nicht überlebt. Erst danach hätte er Überlebenschancen (und damit das Anrecht auf ärztliche Versorgung), so dass bei diesen Spätabtreibungen der Embryo vorher im Mutterleib getötet wird („Fetozid"). Und vermutlich fehlte bei dem wider Erwarten lebendgeborenen Jungen jegliche Überlebenschance, so dass eine intensivmedizinisch-neonatologische Versorgung medizinisch nicht indiziert war.

Was aber stutzig machen muss, ist die Frage, ob überhaupt eine medizinische Indikation für diesen Abbruch vorlag. Denn sie setzt eigentlich voraus, dass eine mögliche Schädigung des Embryos, eine erwartbare Beeinträchtigung des geborenen Kindes oder „eine Gefahr für das Leben oder die Gefahr einer schwerwiegenden Beeinträchtigung des körperlichen oder seelischen Gesundheitszustandes der Schwangeren" (§ 218a [2] StGB) besteht. War die Mutter tatsächlich solchen Gefahren ausgesetzt? War ihr das selbst klar? War sie über die seelischen Gefahren, die sich aus einem Abbruch regelmäßig ergeben, ebenfalls hinreichend aufgeklärt? Oder vollzog sich eine Abbruchsroutine, die stillschweigend der embryopathischen Indikation folgt – einer Indikation, die allein schon das Vorliegen einer schweren Schädigung der Leibesfrucht als ausreichende Rechtfertigung für einen Abbruch wertet, die aber nach massiven Protesten von Behindertenverbänden in den 1990er Jahren vom Bundesverfassungsgericht unmissverständlich verworfen wurde? Der Hinweis des Chefarztes, es habe ja vor dem Abbruch verschiedene Gespräche des Frauenarztes oder von *pro familia* mit der Mutter gegeben, kann nicht beruhigen und entlasten. Von einer eigenen medizinischen Indikationsstellung kann sich kein Arzt/keine Ärztin dispensieren. Das scheint auch die Seelsorgerin zu sehen, wenn sie auf die Praxis anderer Häuser verweist, in denen Mütter und Eltern in solchen Situationen – aus guten Gründen – eine deutlich umfassendere Begleitung vor und nach dem geplanten Abbruch erfahren.

Wir erfahren nicht, ob sich die Mutter – oder auch der Vater – dieses Sachverhaltes bewusst waren. Wir können nur mutmaßen, dass hier zumindest eine Quelle sichtbar wird, aus der sich die Schuldgefühle der Eltern speisen. Die Seelsorgerin könnte, wenn sie entsprechende Anhaltspunkte wahrnimmt, in ihrer Begleitung helfen, die Perspektive von Mutter und Vater auch auf diesen Sachverhalt zu erweitern. War es zu leichtfertig, die – vermutlich nur geringen – Lebenschancen des Jungen aufgrund der Befürchtungen um die eigene körperliche Versehrbarkeit oder seelische Gesundheit durch den Abbruch frühzeitig preiszugeben? Hat es wirklich keine (prä- oder postnatalen) Therapiemöglichkeiten für den diagnostizierten Herzfehler gegeben, um wenigstens die Todesgefahr abzuwenden? Wäre es für den eigenen „Seelenfrieden" nicht besser gewesen, die Schwangerschaft bis zu ihrem natürlichen Ende fortzusetzen – im Wissen um die Belastungen, die für die Mutter damit verbunden sind? Solche und ähnliche Fragen mögen die Mutter, den Vater oder auch die anderen Familienangehörigen bewegen. Den Schwiegervater scheinen sie offensichtlich sehr zu beschäftigen, wenn er die Seelsorgerin mit dem Hinweis konfrontiert, er habe selbst einen behinderten Sohn als einen „Hüne(n) von Kerl", der ja immerhin zugleich der Schwager der Mutter ist.

Die Seelsorgerin ist bei allen diesen Fragen keine Richterin und noch weniger Anklägerin, sondern maximal eine Impulsgeberin, die die Suche nach dem, was als richtige Entscheidung hätte gelten können, unterstützen kann: aufklärend, erkundend, erwägend – vielleicht sogar irritierend unterbrechend und in diesem Sinne für die Selbstorientierung der Mutter, des Vaters sowie ihrer An- und Zugehörigen, mit denen sie sich ja in kommunikativem Austausch befindet, erhellend und darin innovativ. Doch was wäre die „richtige" Entscheidung gewesen? Und wäre eine solche „richtige" Entscheidung, die sich aus einer ethischen Güterabwägung ergeben mag, auch *recht*, also situationsangemessen gewesen? Aus nüchtern-distanzierter Perspektive spricht nahezu alles dafür, wenn die Schwangerschaft unter den obwaltenden Umständen nicht vorzeitig abgebrochen worden wäre. Denn von einer ernstlichen Gefahr für Leib und Leben der Mutter ist nichts bekannt. Aber wäre es für sie zumutbar, ein Kind auszutragen, dessen rascher Tod nach der Geburt absehbar ist? Das wird nur sie selbst beantworten können. Freilich wird die Seelsorgerin – so die Mutter oder Frauen in vergleichbarer Lebenslage sie in solche höchstpersönlichen Erwägungen einbinden wollen – auf spezifische Hoffnungspotentiale hinweisen können, die sich mit dem Christlichen verbinden: die Hoffnung, dass selbst in aussichtsloser Lebenslage überraschend neue Wendungen eintreten können; vor allem aber auch die Hoffnung, dass ein jeder und eine jede von uns sich getragen wissen darf in Gottes heilsamer Nähe – vor aller Leistung, trotz aller (möglichen) Schuld. Und dieses Hoffnungspotential macht sprach- und handlungsfähig – auch und gerade in Lebenssituationen, die uns tragische Entscheidungen abnötigen.

Die Familie ist nach Einschätzung der Seelsorgerin „religiös ansprechbar". Offensichtlich besitzt die „Gottesbeziehung" bei ihr einige Bedeutung. Von daher ist es für die Seelsorgerin konsequent, ihr für die Bewältigung ihrer Trauer entsprechende Rituale wie etwa die „Föten-Beerdigung" zu erschließen. Aber ist sie auch religiös sprachfähig? Darüber ist und wird uns nichts bekannt. So wissen wir nicht, ob sie in der Trauer über ihr Schicksal, mehr noch: in der Trauer über das Schicksal ihres lebendgeborenen und doch so schnell verstorbenen Sohnes gerade mit diesem ihrem Gott hadert. Dies wäre nicht ungewöhnlich, noch weniger unverständlich oder gar verwerflich. Klage und selbst Anklage muss sich ein Gott „gefallen lassen", wenn sie sich als Allbarmherzige und Allmächtige bekannt wissen möchte. SeelsorgerInnen könnten sich in solchen und ähnlichen Fällen an den vielgeschmähten Freunden des *Hiob* orientieren. Bevor diese nämlich auf den Leidenden einreden und ihn mit seinem Gott versöhnt machen wollen, schweigen sie mit ihm – ganze sieben Tage, also eine biblische Ewigkeit lang. So gestehen sie sich ihre eigene Ratlosigkeit ein und eröffnen gleichzeitig dem Trauernden einen Raum für seine Klage. Es ist ein *beredtes* Schweigen. Ein solches beredtes Schweigen wäre – gleich der Tristesse eines Karsamstags – auszuhalten. SeelsorgerInnen sollten hier der Versuchung widerstehen, solche dichten Augenblicke zu überspringen und womöglich mit dem Gestus einer unbeirrt-triumphalistischen Heilsgewissheit wegzulächeln.

3. Stellvertretende Entscheidungen in der Kinder- und Jugendmedizin

Thematische Einleitung

Gwendolin Wanderer

Die Kinder- und Jugendmedizin umfasst das gesamte Spektrum der medizinischen Versorgung von PatientInnen von der Neonatalzeit bis zum Ende des Jugendalters.[1] Die möglichen medizinethischen Fragestellungen, die sich für den Bereich dieses Fachgebiets ergeben, sind entsprechend vielfältig. Was das Handlungsfeld der Kinder- und Jugendmedizin im Besonderen kennzeichnet, ist, dass Behandlungsentscheidungen grundsätzlich der Zustimmung der Sorgeberechtigten bedürfen, also *stellvertretend* für die noch minderjährigen PatientInnen getroffen werden.[2] Das Kind als Patient ist zwar in jedem Fall Adressat ärztlichen und pflegerischen Handelns, es ist aber nicht unbedingt – oder zumindest nicht alleiniger – Ansprechpartner für den Arzt oder die Ärztin. Das therapeutische Vorgehen ist mit den Sorgeberechtigten des Kindes – meist sind dies die Eltern – zu erörtern, da diese rechtlich die Verantwortung für die Gesundheitssorge ihres Kindes bzw. ihrer Kinder tragen. Das Arzt-Patient-Verhältnis wird zu einer triangulären Konstellation, was zur Komplexität der Behandlungsentscheidungen in der Kinder- und Jugendmedizin beiträgt. Da sich die Entscheidungsfähig-

---

[1] Die Neonatalzeit umfasst den 1.–28. Lebenstag, das Säuglingsalter umfasst den 1.–12. Lebensmonat; vom Kleinkindalter spricht man in der Zeit vom 2.– vollendetem 3. Lebensjahr, vom Kindesalter vom 4.– vollendetem 12. Lebensjahr und als Jugendlicher gilt man vom 13. bis zum vollendeten 18. Lebensjahr. Die Kinder- und Jugendpsychiatrie wie auch die Kinderchirurgie sind eigenständige Spezialisierungen. Die Perinatologie ist ein interdisziplinärer Bereich (Geburtshilfe, Neonatologie und Nachbarbereiche), der die Zeit vor, während und kurz nach der Geburt umfasst. Vgl. Deutsche Gesellschaft für Perinatale Medizin (DGPM), https://www.dgpm-online.org/gesellschaft/ueber-die-dgpm/aufgaben-und-ziele.

[2] In den anderen Kontexten der Medizin ist dies nur dann der Fall, wenn der/die PatientIn aufgrund seines/ihres gesundheitlichen Zustandes nicht einwilligungsfähig ist und keine passgenaue gesundheitliche Vorausverfügung vorliegt.

keit im Kindes- und Jugendalter in der Regel graduell steigert, sind Behandlungsentscheidungen in den frühen Entwicklungsphasen des Kindes weniger auf den Respekt vor seiner Autonomie als auf das Kindeswohl oder auch den *best interest standard* (Wiesemann 2015, 317) ausgerichtet. Was einem Betroffenen zum Wohl gereicht, ist auslegungsbedürftig. Es kann daher zu einer Divergenz unterschiedlicher Sichtweisen (etwa unter den Sorgeberechtigten, zwischen Arzt/Ärztin und Sorgeberechtigten oder auch dem Kind und den Sorgeberechtigten und/oder dem Arzt/der Ärztin) kommen. In Anbetracht der Angewiesenheit eines Kindes auf sein familiäres Umfeld sind die Sichtweisen und Interessen der Sorgeberechtigten, die in die Auslegungen zum Wohl des Kindes einfließen, zu beachten. Gleichwohl hat der Arzt/die Ärztin eine Garantenpflicht[3] zu übernehmen, wenn die Entscheidungen der Sorgeberechtigten zur Gesundheitssorge des Kindes diesem zum Schaden gereichen und einen Eingriff in die eigenen moralischen Rechte der Eltern rechtfertigen (vgl. Graumann/Gaidzik 2019, 27).

Als besonders belastend wird es, vor allem von den Eltern, erlebt, wenn bei Neugeborenen, Säuglingen, Kleinkindern, Kindern oder Jugendlichen Entscheidungen zur Therapiezieländerung, von kurativer zur palliativen Therapie, zu treffen sind – wenn das Ende des Lebens also bereits am Anfang desselben bevorsteht. Die ethischen Fallerzählungen in diesem Kapitel machen dies deutlich und werfen Fragen der Verantwortlichkeiten in dieser frühen letzten Lebensphase auf. Die ethischen Probleme, die sich durch die Dreierkonstellation (Arzt – Patient – Sorgeberechtigte) für die weiteren Themenbereiche der Kinder- und Jugendmedizin ergeben, werden im Folgenden skizziert.

Ethische Fragen im Kontext der Neonatologie
Im Kontext der Neonatologie sind insbesondere Behandlungsentscheidungen bei schwer kranken oder behindert geborenen Neu- und Frühgeborenen herausfordernd: in medizinischer, moralischer, aber auch emotionaler Hinsicht. Die Frage nach der Legitimierbarkeit medizinischer Behandlung angesichts der damit möglicherweise einhergehenden Belastungen und Schädigungen des Kindes ist hierbei zentral. Grundsätzlich gilt, dass jedes Kind „ein angeborenes Recht auf Leben" hat (UN-Kinderrechtskonvention 2010, Art. 6; vgl. u.a. Art. 2 Abs. 2 GG). Damit verbunden ist ein „Anspruch auf eine Behandlung und Betreuung, die seinen individuellen Bedürfnissen angemessen sind, unabhängig von seinen Lebens- und Überlebensaussichten" (Gesellschaft für Neonatologie und pädiatrische Intensivmedizin e.V. 2020, 3). Diese Behandlung und Betreuung bestehen, wenn weitere Maßnahmen medizinisch nicht indiziert sind und der Verzicht im

---

[3] ÄrztInnen kommt rechtlich aufgrund ihrer sogenannten Garantenstellung eine Garantenpflicht zu. Sie übernehmen qua Beruf Schutz- und Beistandspflichten. Das impliziert, dass sie dazu verpflichtet sind, ein unrechtmäßiges Unterlassen, etwa durch Entscheidungen der Sorgeberechtigten, einem Kind die gebotenen medizinischen Maßnahmen vorzuenthalten, durch Einschalten der zuständigen Gerichtsbarkeit (hier: das Familiengericht) zu verhindern.

Einvernehmen mit den Eltern ist, zumindest in einer „leidensmindernde[n] Behandlung und Zuwendung" (Bundesärztekammer 2011, A 348).

Für die medizinische Versorgung deutlich zu früh geborener Kinder ergibt sich daraus, dass zunächst zu klären ist, inwiefern die Überlebenschance und die Lebensaussichten als gut genug eingeschätzt werden können, so dass lebenserhaltende Maßnahmen eingeleitet werden sollten. Die Leitlinie „Frühgeborene an der Grenze der Lebensfähigkeit" (Gesellschaft für Neonatologie und pädiatrische Intensivmedizin e.V. 2020) gibt hier Orientierungshilfen. Gemäß den Empfehlungen ist

> „[e]ine auf Lebensverlängerung zielende Behandlung von Frühgeborenen ab 22 vollendeten Wochen und einem Gewicht über 400 g [...] vertretbar, wenn sie in entsprechend qualifizierten Perinatalzentren auf ausdrücklichen Wunsch der Eltern, nach ausführlicher interdisziplinärer Beratung, im vollen Bewusstsein der hohen Risiken und nach Aufzeigen der Möglichkeiten einer palliativen Therapie erfolgt" (GNPI 2020, 7).

Vor einem Gestationsalter von 22 Wochen (beziehungsweise 22 vollendeten Wochen und gleichzeitig einem Geburtsgewicht von unter 400 g) gilt die Durchführung lebenserhaltender Maßnahmen demnach als aussichtslos (*futile*) (vgl. ebd., 8). „Bei schweren angeborenen oder perinatal erworbenen Gesundheitsstörungen"[4] (ebd., 9) ist auch „unabhängig von Gestationsalter und Gewicht bei Geburt" (ebd.) im Konsens mit den Eltern ein palliatives Vorgehen möglich. Zu prüfen ist in diesem Zusammenhang, ob eine *medizinische Indikation* besteht. Eine medizinische Indikation ist dann gegeben, wenn ein bestimmtes Behandlungsziel, das für den Betroffenen eine Verbesserung seiner Situation darstellt, mit verhältnismäßigen Mitteln erreicht werden kann. Die Bestimmung einer medizinischen Indikation basiert auf Befunden und Prognosen (etwa in Bezug auf die Überlebenschance, die körperlichen und geistigen Entwicklungsmöglichkeiten) wie auch auf Einschätzungen in Bezug auf die zu erreichende *Lebensqualität* eines Patienten. Sie beruht somit auf objektiven Parametern, evidenzbasierten Daten und evaluativen, also Werturteile beinhaltenden Einschätzungen. In Bezug auf die Lebensqualität gibt es zwei grundlegende Auffassungen: jene, dass Lebensqualität sich „im individuellen Empfinden von Lebenszufriedenheit" (Baumann-

---

[4] Aufgrund der Unreife des frühgeborenen Kindes besteht bei invasiven medizinischen Eingriffen ein erhöhtes Schädigungsrisiko. Durch die künstliche Beatmung kann es zu Druckschädigungen wie auch zu einem Zuviel an Sauerstoff im Blut und in der Folge zu Lungenerkrankungen kommen; der im Vergleich zum Mutterleib höhere Sauerstoffgehalt in der Luft kann zu unkontrollierten Gefäßneubildungen in der Netzhaut bis hin zur Netzhautablösung führen; eine nekrotisierende Enterokolitis kann durch die Unreife des Darms auftreten, es können Herzfehler und Hirnblutungen auftreten, etc.. Die Sterblichkeitsrate von Frühgeborenen mit einem Gestationsalter von unter 28 Wochen ist vergleichsweise hoch (vgl. u.a. Göpel 2016, 668–673).

Hölzle/Gregorowius 2022, 605) äußere, und jene, die davon ausgeht, dass Lebensqualität „im Vorhandensein von durch außen zu bewertenden Bedingungen" (ebd.) besteht.[5] In Bezug auf die Durchführung einer kurativen medizinischen Maßnahme für ein Neu- oder Frühgeborenes wäre etwa zu fragen, inwieweit seine Gesundheit, seine Entwicklung und sein Wohlergehen in Zukunft durch diese erhalten oder verbessert werden können. Diese den Aspekt der Lebensqualität einbeziehenden Überlegungen werden vor allem im Zusammenhang mit den ethischen Fragen am Ende des Lebens und dabei besonders im Zusammenhang mit der ärztlichen Sterbebegleitung angestellt, die für den Bereich der Kinder- und Jugendmedizin eine ebensolche Relevanz haben wie in der Erwachsenenmedizin. So wird in den bereits zitierten Grundsätzen der Bundesärztekammer (2011) explizit auf die „Betreuung von schwerstkranken und sterbenden Kindern und Jugendlichen" eingegangen.

Festzuhalten ist, dass bei extrem Frühgeborenen, schweren angeborenen und um die Geburt herum erworbenen Schädigungen, ungünstiger oder zweifelhafter Prognose keine Pflicht zur Durchführung lebenserhaltender Maßnahmen besteht. Die Entscheidung bezüglich der Weiterführung der lebenserhaltenden Maßnahmen wird in diesen Fällen „nach sorgfältigem ärztlichen Aufklärungsgespräch unter Einbeziehung des elterlichen Werthorizonts" idealerweise im Sinne eines *shared decision makings* getroffen. Die Eltern sind gefordert, gemeinsam mit den Ärzten zu beurteilen, was in der gegebenen Situation und mit Blick auf die körperlichen und geistigen Entwicklungsmöglichkeiten im besten Interesse ihres Kindes wäre. Dies steht auch in Zusammenhang mit der Frage, inwiefern sie selbst in der Lage sein werden, langfristig für ein gegebenenfalls gesundheitlich schwer beeinträchtigtes oder behindertes Kind zu sorgen. Diese Erwägungen können für die Eltern eine Überforderung darstellen, insbesondere, wenn die verkürzte Zeit der Schwangerschaft und die schnelle Trennung von Mutter und Kind nach der Geburt den Aufbau einer Beziehung erschweren.

Ethische Fragen bei zunehmender Entscheidungsfähigkeit im Kindes- und Jugendalter
Die Herausforderung für Sorgeberechtigte, in Fragen der Gesundheitssorge stellvertretend für ihr Kind in dessen bestem Interesse zu entscheiden, dauert bis zur Volljährigkeit an. Mit zunehmender Entscheidungsfähigkeit des Kindes ist dieses stärker in Therapieentscheidungen einzubinden. Zu begründen ist dies mit der grundsätzlichen Bedeutung der Patientenautonomie für eine die Personwürde wahrende medizinische Versorgung. Mit dem u.a. im Grundgesetz verankerten Grundsatz der Unverletzlichkeit der Würde jedes Menschen (Art. 1 GG) gehen

---

[5] Unabhängig vom jeweiligen Zugang zu dem Aspekt der Lebensqualität könne dieser in unterschiedliche Dimensionen unterteilt werden: „körperliches Wohlbefinden, materielles Wohlbefinden, emotionales Wohlbefinden, soziales Wohlbefinden, produktives Wohlbefinden und gesellschaftliches Wohlbefinden" (Baumann-Hölzle/Gregorowius 2022, 605).

ein Recht auf freie Entfaltung der Persönlichkeit wie auch ein Recht auf körperliche Unversehrtheit (Art. 2 GG) einher. Für ÄrztInnen bedeutet dies eine Verpflichtung zu angemessener Aufklärung und die anschließende Einwilligung des/der PatientIn, was dem Anspruch des *informed consent* gemäß ist (Voraussetzung für eine gültige, aufgeklärte Einwilligung ist neben der angemessenen Informationsvermittlung und der Freiwilligkeit der Patientenentscheidung die Einwilligungsfähigkeit).

Über die Frage, ab wann von einer Entscheidungsfähigkeit eines Kindes oder Jugendlichen gesprochen werden kann, herrscht Uneinigkeit. Es liegen zu dieser Frage unterschiedliche Studienergebnisse vor, die eine Entscheidungsfähigkeit bereits vor Beginn der Schulzeit mit fünf Jahren für gegeben halten, während andere diese erst ab einem Alter von sechzehn Jahren zeigen (vgl. Vollmann 2003, 48f.).[6] Gemäß der UN-Kinderrechtskonvention (Art. 12) wird jedem Kind, „das fähig ist, sich eine eigene Meinung zu bilden" (ebd.), grundsätzlich das Recht zugesichert, „diese Meinung in allen das Kind berührenden Angelegenheiten frei zu äußern". Die Meinung des Kindes ist „angemessen und entsprechend seinem Alter und seiner Reife" (ebd.) zu berücksichtigen. Neben dem Alter ist demnach auch die Reife eines Kindes einzubeziehen. Manche Kinder können, beispielsweise aufgrund von langer Krankheitserfahrung, schon sehr reif für ihr Alter sein.

In einer Stellungnahme der zentralen Ethikkommission bei der Bundesärztekammer (2016) wird darauf verwiesen, dass zur Erreichung eines *informed consent* des Patienten oder der Patientin an der Grenze zur Einwilligungsfähigkeit eine assistierte Entscheidungsfindung zu fördern sei (vgl. Zentrale Ethikkommission der Bundesärztekammer 2016, A5). Eine nicht direktive, nicht persuasive (vgl. ebd., A4). Entscheidungsassistenz könne „zur Reduktion von Behandlungen gegen den natürlichen Willen des Patienten beitragen, so z.B. in der Kinder- und Jugendheilkunde [...]" (ebd., A4). Darüber hinaus wird im Kontext medizinethischer Arbeiten zur Entscheidungsfähigkeit u.a. bei Kindern und Jugendlichen vorgeschlagen, die Kriterien zur Bestimmung der Einwilligungsfähigkeit an die bei Kindern gegebenen Fähigkeiten anzupassen. Während das Urteilsvermögen, die Krankheits- und auch die Behandlungseinsicht aufgrund fehlender kognitiver Fähigkeiten (noch) nicht gegeben sein mögen, können bei Kindern dafür andere Fähigkeiten entwickelt sein, die auf eine Selbstbestimmungsfähigkeit hinweisen. Dies sind etwa die Fähigkeit „zur emotionalen Kommunikation, zur Interaktionskompetenz in zwischenmenschlichen Beziehungen und die Möglichkeit, Bedürfnisse, Wünsche und ihren Willen zum Ausdruck zu bringen"

---

[6] Alderson (2003) zufolge sind bereits Kleinkinder, insbesondere, wenn sie bereits Erfahrungen mit einer Erkrankung und deren Therapie gemacht haben, in der Lage, zu verstehen, dass Schmerzen, die mit der Behandlung einhergehen, zur langfristigen Besserung der Gesamtsituation in Kauf zu nehmen sind (vgl. hierzu besonders 36f.).

(Vollmann 2003, 55f.). Das Konzept der Einwilligungsfähigkeit wäre damit weniger ausschließend gefasst. Darüber hinaus werden familienorientierte Ansätze entwickelt, die eine Konsensorientierung und das gemeinsame Gespräch zwischen Eltern, Arzt/Ärztin und dem Kind befördern. Zugunsten des übergeordneten Wohls des Kindes ist ein Bemühen um eine gute Kommunikation, die den Kindeswillen berücksichtigt, die Elternperspektive ernst nimmt und die ärztliche Expertise einbezieht, bedeutsam (vgl. Dörries 2013, 187).

Die auf das Kindeswohl abzielenden Prinzipen des Wohltuns und Nichtschadens haben in der Kinder- und Jugendmedizin besondere Bedeutung. Aspekte des Kindeswohls sind

> „die körperliche Unversehrtheit ebenso wie das psychische, soziale und spirituelle Wohlergehen, gute familiäre Beziehungen und eine förderliche Umgebung, die es dem Kind erlaubt, seine Persönlichkeit und seine Talente zu entfalten" (Wiesemann 2015, 317).

Wiesemann zufolge ist es gerechtfertigt, einem Aspekt Vorrang vor anderen zu geben. Eine Abwägung verschiedener Aspekte des Kindeswohls gegeneinander kann komplex sein, wie etwa bei der Frage nach der Beschneidung männlicher Neugeborener. Während die Zugehörigkeit zu einer religiösen Gemeinschaft aus sozialen wie spirituellen Gründen bedeutsam sein kann, sind das körperliche Risiko und die Schmerzbelastung ebenfalls zu beachten. Rituelle Beschneidungen sind in Deutschland rechtlich nur dann zugelassen, wenn sie nach den Regeln der ärztlichen Kunst durchgeführt werden (§ 1631d BGB). Kindeswohlgefährdende Aspekte können eine subjektive, eine objektive oder auch eine zukünftige Dimension haben, die allesamt im Kontext einer ethisch verantwortbaren Entscheidungsfindung Beachtung finden sollten (vgl. Wiesemann 2015, 318).

Zu den ethischen Fragen am Ende des Lebens im Kontext der Kinder- und Jugendmedizin soll an dieser Stelle darauf verwiesen werden, dass diese Abwägungsprozesse in Bezug auf den Nutzen einer Therapie gegenüber ihrem Schaden für das Kind insbesondere für dessen Eltern emotional besonders belastend sind, ist es doch eine besondere Tragik, wenn die Kinder vor den Eltern versterben. Manchmal sind es dann die Kinder, die die Sinnlosigkeit der Therapien verspüren und diese verweigern, wie etwa eine Herztransplantation nach Jahren der Chemotherapie im Zuge einer Leukämie (vgl. Zentrale Kommission der Bundesärztekammer 2016, A).

Klinikseelsorge und narrative Ethik
Der Seelsorge kommt im Kontext der Neonatologie insbesondere die Rolle zu, über Gespräche einen Zugang zu den Erfahrungen der Sorgeberechtigten zu erhalten. Dies ist wichtig, um diese in der existentiellen Ausnahmesituation der Sorge um das Kind direkt nach der Geburt zu begleiten. Aus der Seelsorge wird in Fallerzählungen beispielsweise der Schrecken der Eltern beim ersten Anblick ihres Kindes beschrieben oder auch die Sorge um das zu früh geborene Kind.

> „Die Sorge um das Überleben des Kindes, die Angst vor bleibenden Schäden ist immens groß. Es ist ein Albtraum – nur, dass man daraus nicht erwacht. Bevor die Eltern überhaupt die Möglichkeit hatten, sich in ihre Rolle einzufinden, ihr Kind kennenzulernen, befinden sie sich auf der Neugeborenen-Intensivstation einer Universitätsklinik. Nicht sie erzählen dem Ärzteteam von ihrem Kind, sie lernen ihr Kind durch die Ärzt*innen und das Pflegepersonal kennen" (Zierer 2019, 124).

So schildert eine Seelsorgerin ihre Erfahrungen auf der Neugeborenen-Intensivstation. Für sie ergibt sich daraus die Aufgabe aller Professionen „die Rolle der Eltern zu stärken. Sie zu ermutigen, damit sie in Bindung zu ihrem Kind gehen können" (ebd.). Die Seelsorgerin interessiert sich

> „[...] für den Verlauf der Schwangerschaft, das Leben der Mütter und Väter, das Leben vor der Elternschaft, für die Gefühle, die sie bewegen. [...] Fast alle Frauen, die ihr Kind zu früh entbunden haben, verbinden diese Tatsache mit Gefühlen von Ungenügen und Schuld: ,Warum konnte ich mein Kind nicht in mir halten?'" (124f.)

Eltern stehen in einer besonderen Verantwortungs- und Fürsorgebeziehung zu ihrem Kind. Diese wird auch als verantwortliche Elternschaft beschrieben. Die Fürsorgebeziehung zum Kind kann idealerweise als „dauerhafte, bedingungslose, Leid, Krankheiten oder andere Schwierigkeiten überdauernde Beziehung" (Haker 2002, 249) beschrieben werden. Die Widerfahrnisse während der Schwangerschaft und während oder nach der Geburt können dazu führen, dass die Werthaltungen der Eltern erschüttert werden. Durch begleitende Gespräche können ihre Erfahrungen, wie jene der Kontingenz – in Bezug auf die eigene Person wie auch den Neugeborenen –, interpretiert und ethisch reflektiert werden. Der Ansatz der narrativen Ethik bietet hierfür ein hilfreiches Instrumentarium.

Seelsorgende sind darüber hinaus darin geschult, Entscheidungsprozesse in der Kinder- und Jugendmedizin nicht direktiv und nicht persuasiv zu begleiten. Sie wären prädestiniert für eine Entscheidungsassistenz für die Kinder selbst, aber auch für die Sorgeberechtigten, die um eine verlässliche Grundlage für die Entscheidungen beispielsweise in Bezug auf die Zustimmung zur Umstellung der Therapie auf eine palliative Versorgung für ihr Kind ringen. Die Seelsorge ist auch gefordert, wenn es in der Kommunikation zwischen Arzt und Eltern darum geht, eine Anerkennung für jeweils unterschiedliche Zugangsweisen zu Therapieentscheidungen zu erlangen. Hier ist eine Art Übersetzungsleistung gefordert, etwa bei unterschiedlichen Narrativen, die es jeweils zu verstehen und miteinander ins Gespräch zu bringen gilt.

Literatur

Alderson, Priscilla (2003): Die Autonomie des Kindes – über die Selbstbestimmungsfähigkeit von Kindern in der Medizin, in: Wiesemann, Claudia/Dörries, Andrea/Wolfslast, Gabriele/Simon, Alfred (Hrsg.), *Das Kind als Patient. Ethische Konflikte zwischen Kindeswohl und Kindeswille*, Frankfurt am Main, 28–47.
Baumann-Hölzle, Ruth/Gregorowius, Daniel (2022): Ethische Entscheidungsfindung in der Neonatologie. Plädoyer für einen technikorientierten Ansatz, in: Riedel, Annette/Lehmeyer, Sonja (Hrsg.), *Ethik im Gesundheitswesen*, DOI: 10.1007/978-3-662-58680-8, 601–613.
Beauchamp, Tom/Childress, James F. (2019): *Principles of Biomedical Ethics*, 8. Auflage, New York.
Bundesärztekammer (2011): Grundsätze der Bundesärztekammer zur ärztlichen Sterbebegleitung, in: *Deutsches Ärzteblatt* 108, 7, A 346–A 348.
Dörries, Andrea (2013): Zustimmung und Veto – Aspekte der Selbstbestimmung im Kindesalter, in: Wiesemann, Claudia/Simon, Alfred (Hrsg.), *Patientenautonomie – Theoretische Grundlagen, Praktische Anwendungen*, Münster, 180–189.
Gesellschaft für Neonatologie und Pädiatrische Intensivmedizin (GNPI) (2020): *Frühgeborene an der Grenze der Lebensfähigkeit, AWMF-Leitlinien-Register Nr. 024/019, Entwicklungsstufe S2k*, https://register.awmf.org/assets/guidelines/024-019l_S2k_Fr%C3%BChgeburt_Grenze_Lebensf%C3%A4higkeit_2021-01.pdf (Zugriff: 10.03.2023).
Göpel, Wolfgang (2016): Komplikationen bei Frühgeborenen, in: *Monatsschrift Kinderheilkunde* 164, 8, 668–672.
Graumann, Sigrid/Gaidzik, Peter W. (2019): Ethik – Moral – Recht, in: Garten, Lars/von der Hude, Kerstin (Hrsg.), *Palliativversorgung und Trauerbegleitung in der Neonatologie*, Berlin/Heidelberg, 17–32.
Haker, Hille (2002): *Ethik der genetischen Frühdiagnostik*, Paderborn.
Maio, Giovanni (2017): *Mittelpunkt Mensch. Lehrbuch der Ethik in der Medizin*, 2. Auflage, Stuttgart, 239–254.
Vereinte Nationen (1990): UN-Kinderrechtskonvention. Übereinkommen über die Rechte des Kindes. VN-Kinderrechtskonvention im Wortlaut mit Materialien, hrsg. v. Bundesministerium für Familie, Senioren, Frauen und Jugend, www.bmfsfj.de/resource/blob/93140/78b9572c1bffdda3345d8d393acbbfe8/uebereinkommen-ueber-die-rechte-des-kindes-data.pdf (Zugriff: 12.03.2023).
Vollmann, Jochen (2003): Konzeptionelle und methodische Fragen bei der Feststellung der Einwilligungsfähigkeit bei Kindern, in: Wiesemann, Claudia/Dörries, Andrea/Wolfslast, Gabriele/Simon, Alfred (Hrsg.), *Das Kind als Patient. Ethische Konflikte zwischen Kindeswohl und Kindeswille*, Frankfurt am Main, 48–58.
Wiesemann, Claudia (2015): Ethik in der Kinderheilkunde und Jugendmedizin, in: Marckmann, Georg (Hrsg.), *Praxisbuch Ethik in der Medizin*, Berlin, 313–326.
Zentrale Ethikkommission bei der Bundesärztekammer (2016): Entscheidungsfähigkeit und Entscheidungsassistenz in der Medizin. Stellungnahme, in: *Deutsches Ärzteblatt*, 113, 15, DOI: 10.3238/arztbl.2016.zeko_baek_StellEntscheidung2016_01.
Zierer, Claudia (2019): Seelsorge auf einer Neugeborenen-Intensivstation, in: Roser, Traugott (Hrsg.), *Handbuch der Krankenhausseelsorge*, 5. Auflage, Göttingen, 123–137.

Fallerzählung: Therapieentscheidung in der Neonatologie bei prekärer Situation der Mutter

Ein Beratungskonsil für die Intensivstation der Kinderklinik wird beim Ethikkomitee beantragt. Ein Beratungsteam, hier vertreten durch eine Ärztin und eine Seelsorgerin, befasst sich mit dem Fall eines zwei Wochen alten Kindes und sucht das Gespräch, zunächst mit dem Behandlungsteam und dann zusammen mit der betroffenen Mutter.

Der kleine Jamal, zwei Wochen zuvor geboren, kam mit einem zu großen Hirn und weiteren organischen Störungen auf die Welt und wurde seither auf der Intensivstation behandelt. In der ganzen Zeit nahm er an Körpergewicht zu, bewegte sich aber zu wenig. Am achten Tag entwickelte er eine Sepsis. Weitere Untersuchungen und die festgestellten Hormonstörungen lassen die Vermutung aufkommen, dass die Hypophyse fehlt. Während der ganzen Zeit ist sein Allgemeinzustand in einem ständigen Auf und Ab. Jamals Mutter stammt aus einem ostafrikanischen Land. Sie ist Muslima und in einer ländlichen Gegend beheimatet. Sie hat keine Schul- oder Berufsausbildung. Verheiratet ist sie mit dem Kindsvater, der ein naher Verwandter (Cousin) ist, aber nicht in Deutschland lebt. Sie selbst spricht kein Deutsch. Die äußerst bruchstückhafte Kommunikation mit den Behandelnden am Krankenbett läuft nur über eine ehrenamtliche Begleiterin, die allerdings keinen offiziellen Betreuungsauftrag hat und nur zeitweise anwesend sein kann. Zurzeit besteht ein schwebendes Asylverfahren, das wegen der Schwangerschaft ausgesetzt wurde. Ihr momentaner Status ist ein geduldetes Bleiberecht in Deutschland. Es wird vermutet, dass sie zukünftig weder eine Asylanerkennung noch ein Bleiberecht erhalten wird.

Der nahe Verwandtheitsgrad und die Merkmale der Krankheit lassen annehmen, dass es sich um eine genetisch determinierte Grunderkrankung handelt. Zur Verifizierung wären weitere umfangreiche Untersuchungen nötig.

Zunächst findet ein Beratungsgespräch mit den zwei zuständigen Ärzten und den Ethikberaterinnen statt. Die Ärzte berichten, dass trotz intensiver Behandlung sich keine wesentlichen und stabilen Verbesserungen bei Jamal eingestellt haben, was zunehmend für die vermutete genetische Erkrankung spricht. Zurzeit erhält er eine kreislaufstützende Therapie. Er ist ohne Intubation; die maschinelle Beatmung wird nur bis zu einem vertretbaren Level hinzugegeben. Über eine PEG-Sonde wird er ernährt. In den letzten beiden Tagen stabilisierte sich sein Zustand etwas.

In der Ethikberatung werden die Fragen nach dem weiterzuverfolgenden Therapieziel angesichts des Wechsels von Verbesserungen und Verschlechterungen und nach belastbaren Kriterien für eine Therapiezieländerung erörtert.

Bei weiterer, kontinuierlicher Stabilisierung des Kindes würde man es intensivtherapeutisch behandeln (müssen) mit der Perspektive, dass Jamal sein Leben lang mit hochaufwändiger Pflege versorgt werden muss. Im Herkunftsland der Mutter und vermutlich auch in ihrer Herkunftsfamilie wird keine ausreichende medizinische und pflegerische Versorgung gewährleistet sein. Inwieweit können und dürfen zukünftige soziale und wirtschaftliche Bedingungen der Familie eine Rolle für die gegenwärtigen Behandlungsentscheidungen spielen?

Würde Jamal ein zukünftiges Leben in ausreichender Fürsorge und Förderung führen können? Wie werden die behandelnden Ärzte seinem Recht auf Würde gerecht? Insbesondere im Blick auf eine mögliche Änderung des Therapieziels: Welche Beobachtungen der letzten Tage und welche Kriterien sprechen für bzw. gegen eine Palliativversorgung? Eine Entscheidung zur Palliativversorgung beinhaltet in der Regel auch eine Entscheidung zur Absetzung der parenteralen Nahrungszuführung. Die Nahrungsgabe hat für die Mutter vermutlich eine starke symbolische Aussagekraft dafür, dass ihr Kind gut und achtsam gepflegt wird. Es symbolisiert die pflegerische Sorge um das Kind und die nonverbale Botschaft der Behandler: „Wir tun für das Kind, was wir können." Sollte im Falle Jamals eine Nahrungsgabe durch die PEG-Sonde ausnahmsweise beibehalten werden? Ist aufgrund der erheblichen sprachlichen und kulturellen Verständigungsgrenzen die Absetzung der Sonde eine fatale und missverständliche Botschaft an die Mutter? Würde eine Verlängerung der zugeführten Ernährung das Leid des Kindes verlängern? Was sind die persönlichen, familiären und sozialen Konsequenzen für die Mutter bezüglich einer genetischen Ursache und inwieweit sind sie mit zu berücksichtigen?

Das Behandlungsteam entscheidet bei aller Anerkennung der prekären Lebensumstände, dass die momentane Situation der Mutter kein alleiniger Entscheidungsgrund zur Erhaltung der Maximaltherapie sein kann. Der Blick gilt primär dem Wohlergehen des Patienten/dem Kind. Das angestrebte Therapieziel lautet, sein Leiden zu lindern: Jamal sollte im Falle einer nächsten Krisis nicht mehr maximaltherapeutisch behandelt werden, dafür erscheint sein Allgemeinzustand zu instabil und eine Überlebensprognose zu vage. Solange sein Zustand im gleichen Maße stabil bleibt, wird er im bisherigen Maße intensivmedizinisch versorgt werden. Im Falle einer Verschlechterung soll eine palliative Versorgung eingeleitet werden, bei der die PEG-Sonde entgegen der sonst üblichen Verfahrensweise aber nicht entfernt wird.

Für den Verlauf des Folgegesprächs mit der Mutter werden des Weiteren einige Verfahrensfragen erörtert:

Die Rolle des Dolmetschers: Er ist ein ehrenamtlicher Mitarbeiter aus einer Flüchtlingsinitiative. Sein Status zur amtlichen Verschwiegenheit ist nicht ausreichend geklärt. In welchem Maße kann eine exakte Übersetzung gewährleistet werden, in welchem Maße ist er in Lage, die medizinischen Fachbegriffe zu übersetzen? Wie ist seine eigene, kulturell und eventuell religiös geprägte Haltung zu den ethischen Fragestellungen?

Therapieentscheidung in der Neonatologie 75

Die Notwendigkeit der sprachlichen Vereinfachungen von komplexen Zusammenhängen: Wird eine vereinfachte Darstellung der Sachverhalte der komplexen Situation gerecht?

An dem Gespräch nehmen die Mutter, ein Dolmetscher, die beiden behandelnden Ärzte, eine Pflegekraft und die beiden Ethikberaterinnen teil. Der leitende Arzt beschreibt die beobachtbaren Komplikationen und so weit als möglich erläutert er sie. Die Mutter erfährt, dass Jamal mit dem Ziel behandelt werden soll, Leiden zu lindern, dass die Behandlung aber im Falle einer Verschlechterung nicht verlängert wird. Bei der nächsten Krise ist anzuerkennen, „dass das Leben in Gottes Hand liegt und es von Gott gegeben ist". Sie versteht, dass dann keine Reanimation mehr vorgesehen ist.

Auffällig ist ihre Reaktion auf diese bedrohliche Nachricht. Zunächst weint sie eine Zeit lang; nachdem sie sich wieder etwas beruhigt hat, stellt sie Rückfragen, die sich lediglich auf den vermuteten genetisch vererbten Defekt beziehen. Sie möchte wissen:

Wie gesichert sind die genetischen Ursachen für die Krankheitssymptome? Welches Risiko besteht im Falle einer genetischen Ursache bei einer zukünftigen Schwangerschaft?

Sie bittet die Ärzte nochmals eindringlich, das Beste für Jamal zu tun, damit er doch nicht sterbe. Sie hoffe sehr darauf, dass die deutsche Klinik noch etwas für ihren Sohn tun könne. Sie zieht sich in ihrer Betroffenheit und ihrem Schmerz sehr in sich zurück. Weitere Erklärungen und Fragen erreichen sie nicht mehr. Eine Einwilligung der Mutter, Jamal weiterhin palliativmedizinisch zu versorgen, ist in diesem Moment nicht mehr möglich. Das Beratungsteam beschließt das Gespräch mit der Zusage, zunächst die Behandlung unverändert weiterlaufen zu lassen und Tag für Tag die Situation neu zu evaluieren.

Kommentar I: Anerkennungsprobleme einer Mutter mit Fluchthintergrund

Hille Haker

Kontext: Fremdheit
Auch wenn es in einer Klinik zum Alltag gehört, so ist es doch immer bedrückend und endet oft in tragischen Entscheidungen, wenn ein Kind nach der Geburt nicht ins Leben finden kann, weil es zu schwach ist, sich gegen den drohenden Tod zu stemmen. Aus eigener Erfahrung weiß ich, was dies für die Eltern bedeutet und wie furchtbar es für eine Mutter ist, die das Kind gerade erst „zur Welt gebracht" hat, wie es in der deutschen Sprache heißt. Die komplexe Übergangszeit von der Schwangerschaft zur Mutterschaft in einer Klinik zu verbringen, in der ÄrztInnen und PflegerInnen das eigene Kind behandeln und die Eltern somit am Rand stehen, wo sie ansonsten die gesamte Versorgung ihres Kindes übernehmen würden, ist für jede Frau und alle Eltern eine extreme Belastung und Herausforderung.

Jamals Mutter spricht die deutsche Sprache nicht. Vieles von dem, was mit ihrem Kind seit der Geburt geschehen ist, wird ihr, die sich ohne Schul- oder Ausbildung in Deutschland aufhält, zutiefst fremd sein. Sie ist Muslimin und gehört in Deutschland damit einer religiösen Minderheit an, die von vielen Vorurteilen in Bezug auf Paarbeziehungen und das Frauenbild geprägt ist. Das Personal und die Mutter sind auf einen Dolmetscher angewiesen. Zusammen sind dies überaus schwierige – aber sicher nicht einzigartige – Bedingungen für eine ethische Entscheidung.

Jamals Mutter hat in der Beschreibung keinen Namen, auch wenn ihre Situation relativ ausführlich erörtert wird. Der Ehemann und Vater des Kindes, der ihr Cousin ist, hält sich nicht in Deutschland auf. Sie selbst wird wegen der Schwangerschaft derzeit „geduldet"; wie dieser Status in Zukunft bewertet werden wird, ist unklar.

Laut Beschreibung ist nicht klar, ob der Dolmetscher, der zwischen dem medizinischen Personal, den EthikberaterInnen und Jamals Mutter sprachlich vermittelt, seiner Aufgabe, neutral die Situation wiederzugeben, gerecht werden kann.

Stellvertretende Entscheidung – die medizinethische Perspektive
Fallerzählungen aus dem Alltag von Ethikkonsilen haben die Funktion, ein Ereignis so zu erzählen, dass alle relevanten Fakten, die Handlungsoptionen sowie

Verfahrensfragen möglichst effektiv niedergelegt werden. Die vorliegende Fallerzählung weicht von diesem Schema insofern ab, als bereits der soziale Kontext der Mutter einen nicht geringen Raum in der Beschreibung einnimmt. Reflektierende Kommentare verfolgen den Zweck, die im „Fall" erzählten Aspekte nachzuvollziehen, die Art und Weise, wie erzählt wird, zu analysieren und zu überlegen, ob weitere Aspekte angeführt werden müssten, die in der beschriebenen und beschreibenden Perspektive Leerstellen sind.

Die medizinethischen Abwägungen bewegen sich in einem gewiss tragischen, aber dennoch auf einer Intensivstation nicht ganz außergewöhnlichen Rahmen. Laut Fallerzählung drehen sich die Fragen vor allem um die Pflichten gegenüber Jamal und die Sorge um sein Leben: Unmittelbar ist dies die Lebensfähigkeit, langfristig aber auch seine Lebensqualität bzw. sein Wohlergehen. Nicht in Frage steht die pflegende Sorge zu jedem Zeitpunkt der Behandlung, unabhängig von der Definition des Behandlungsziels. Die ÄrztInnen nehmen an, dass Jamal in der Heimat seiner Mutter nicht angemessen versorgt werden kann, ohne dies eigens zu begründen (im Fall gibt es keinerlei Prognosen, weder als Best- noch als Worst-case-Szenario).

Der Entscheidungskonflikt zwischen Intensivtherapie und Palliativbehandlung wird dahingehend „gelöst", dass in den folgenden Tagen der Zustand des Kindes genau beobachtet wird, dabei zunächst aber die PEG-Sonde weiter eingesetzt wird. Die Entscheidung der Überführung von Therapie zu palliativer Versorgung wird (noch) nicht als akutes Handlungsziel verstanden. Mit dieser aufschiebenden Lösung ist den ÄrztInnen dennoch geholfen, da nach dem Konsil alle Beteiligten wissen, wie sie in den nächsten Tagen vorgehen wollen. Die Erörterung, was für das Kindeswohl am besten ist, und die Pflicht zur Sorge bewegen sich im geläufigen Rahmen medizinischer und medizinethischer Überlegungen.

Da es sich bei der Behandlung von Jamal um eine stellvertretende Entscheidung handelt, spielt die Kommunikation mit seiner Mutter eine ebenso große Rolle wie die normativen Erwägungen, die Jamals Rechte in den Mittelpunkt stellen: Ohne die Einwilligung der Mutter ist eine Therapiezieländerung nicht zu rechtfertigen. Dies kommt im Gespräch mit der Mutter zum Tragen, in dem es um die informierte und freie Zustimmung zum Behandlungsplan geht: Der Mutter soll verständlich gemacht werden, dass ihr Kind bei allen Entscheidungen im Zentrum steht und dass auch die (mögliche) Palliativversorgung noch eine Fürsorgehandlung – eben im Sinne des Kindeswohls – sein wird, sollte der Wechsel von der Therapie zur Palliativversorgung notwendig werden. Eine explizite Zustimmung muss aufgrund des psychischen Zustands der Mutter im Verlauf des Beratungsgespräches verschoben werden. Es wird auf die Mutter kein Druck ausgeübt.

Das heißt: Sowohl auf der Behandlungsebene als auch auf der Beratungsebene erfüllen Behandlungs- und Beratungsteam die Aufgaben, die ihnen aus medizinethischer Perspektive gestellt sind.

Wahrnehmung der Mutter – die sozialethische Perspektive
Der medizinethische Zugang verdrängt jedoch den sozialen Kontext, der in diesem Fall besonders relevant ist, weil die Beurteilung zwischen medizinethischer und sozialethischer Abwägung changiert.

Im Gegensatz zu „Jamal" hat die Mutter keinen Namen, wird nur als „Muslima" bezeichnet. Ihr Herkunftsland bleibt ebenso ungenannt, wird verallgemeinernd als „ostafrikanisches Land" bezeichnet. Die am Ethikkonsil Teilnehmenden gehen davon aus, dass der Asylantrag der Frau in absehbarer Zeit abgelehnt werden wird – eine Annahme, die nicht weiter überprüft wird, aber rechtlich ungewöhnlich wäre, da die ÄrztInnen davon ausgehen, dass das Leben bzw. die Versorgung des Kindes durch eine Abschiebung gefährdet wäre. Sie wollen, dass die Mutter ihnen in ihrer medizinischen Kompetenz vertraut, aber ihre eigene Position ist von *sozialer* Ungewissheit bzw. einem Mangel an kultureller Kompetenz geprägt, was sich in Vor-Annahmen, die nicht explizit gemacht werden, niederschlägt. So werden Signalworte gesendet, die im deutschen Kontext der Migration vorurteilsbeladen sind: „Fehlende Schulbildung", Verwandtschaftsehe sowie fehlende Sprachkenntnisse zeichnen das Bild einer passiven, verletzlichen Frau, die von ihrem Mann in einem fremden Land ohne jede Kommunikationsmöglichkeit im Stich gelassen worden ist und nun die Bürde eines schwerkranken Kindes zu tragen hat. Die am Konsil Teilnehmenden reagieren überrascht auf die konkreten Fragen der Mutter, die sich um die genetischen Risiken einer zukünftigen Schwangerschaft sorgt, aber es gibt keinen Hinweis darauf, dass sie ihr eine genetische Untersuchung anbieten. Die implizite Annahme der Hilflosigkeit und Verletzlichkeit verstärkt den Eindruck, dass die Mutter keine gleichberechtigte Akteurin in der Entscheidungsfindung zum Handlungsplan ist, obwohl dieser zumindest auch von sozialen Faktoren abzuhängen scheint.

Der „Fall" macht deutlich, was häufig in Fallerzählungen überdeckt wird: Medizinethik ist nicht unabhängig von Sozialethik. Diesen größeren Rahmen, der die Prinzipien der Medizinethik übersteigt, offenzulegen und gegebenenfalls Expertise einzuholen, ist sinnvoller, als über den sozialen bzw. rechtlichen Kontext zu spekulieren.

Zusammenfassung
Medizinisch ist es richtig, zunächst die Entwicklung des Kindes abzuwarten, und medizinethisch ist es richtig, die Entscheidung der Mutter nicht zu forcieren. Ein weiteres Augenmerk muss der sozialethischen Dimension gelten: Die zukünftige Versorgung des Kindes muss abgeklärt werden und gegebenenfalls der zuständigen Ausländerbehörde mitgeteilt werden. Dies alles muss mit dem Dolmetscher (und womöglich der zweiten Begleiterin) abgesprochen werden, die damit nolens volens ebenfalls zu AkteurInnen werden. Eine Aufgabe der EthikberaterInnen ist es daher, im Gespräch mit diesen beiden AkteurInnen ihre Rolle und

(ethischen) Pflichten abzuklären: die Achtung der Rechte des Kindes in der medizinischen Behandlung sowie die Anerkennung der Mutter in ihrer moralischen Handlungs- und Urteilsfähigkeit im Hinblick auf die stellvertretende Entscheidung.

Kommentar II: Wie kann die Mutter angesichts ihrer sozialen Situation unterstützt werden?

Martina Wanner

Das Beratungskonsil der Intensivstation einer Kinderklinik ist mit dem äußerst herausfordernden Fall des kleinen Jamal konfrontiert, der mit einem zu großen Hirn und weiteren organischen Störungen zur Welt kam und dessen Überlebenschancen ungewiss sind. Auch wenn das Beratungskonsil aus gebotenen Gründen zu der Einschätzung kommt, dass das Wohlergehen Jamals in den Mittelpunkt zu rücken ist, sollen im Folgenden die Herausforderungen betrachtet werden, mit denen Jamals Mutter konfrontiert ist. Nicht selten hält das Leben vielfältige Herausforderungen für uns bereit, „es ist reich an kleineren und größeren Katastrophen, denen wir uns schutzlos ausgeliefert fühlen" (Filipp/Aymanns 2018, 25), und „es konfrontiert uns ohne Vorwarnung mit Schicksalsschlägen, denen wir oft fassungslos gegenüberstehen" (ebd.). Bei manchen Menschen scheinen sich diese Herausforderungen zu kumulieren und besonders hoch zu sein. So auch im Fall von Jamals Mutter.

Es ist davon auszugehen, dass die Lebensbedingungen in dem ostafrikanischen Land, aus dem sie stammt, desaströs sind. Hohe Arbeitslosigkeit, Armut, Hunger, sich zuspitzende klimatische Bedingungen, politisch instabile Verhältnisse, in manchen Regionen auch soziale Unruhen, Konflikte, Krieg, Terror, Verfolgung, Folter, sexuelle Gewalt, Verschleppung und Versklavung (vgl. Krueger 2018b, 469) können als Auslöser für die Flucht angenommen werden. Ebenfalls kann angenommen werden, dass die Flucht selbst eine zumindest einschneidende, wenn nicht gar traumatisierende Erfahrung für Jamals Mutter war. Wenige Erfahrungen gelten als so bedrückend wie die, die im Laufe der Flucht gemacht werden. Fluchtwege und -routen erweisen sich als zum Teil lebensbedrohlich oder gar tödlich, häufig werden Erfahrungen von organisierter Gewalt gemacht (vgl. Razum/Zeeb/Meesmann u.a. 2008, 59). Nach der Ankunft in Deutschland bedeutet Flucht Entwurzelung durch „Trennung von vertrauten Menschen, vertrauter Umgebung, Sprache, Werten, Traditionen und bekannten Gewohnheiten" (Krueger 2018a, 445). Und selbst hier hören die Herausforderungen und existenziellen Verunsicherungen nicht auf. Geflüchtete erleben in Deutschland vielfach Ausgrenzung, Diskriminierung und Rassismus. „Differenzsetzungen und falsche Generalisierungen – also das, was man in der kritischen Forschung zu Migrationsprozessen als ‚othering' bezeichnet" (Stauber/Bröse 2018, XII) – sind allgegenwärtig. Die sozialstrukturellen Gegebenheiten, die kennzeichnend für die Lage von Jamals Mutter sind, gehen mit Unterprivilegierung und Benachteiligung einher. Ihre sozioökonomischen Ressourcen sind als äußerst gering einzuschätzen. Jamals Mutter befindet sich in einem schwebenden Asylverfahren, das aufgrund der Schwangerschaft ausgesetzt wurde. Ihr Status eines geduldeten Bleiberechts in Deutschland wird – so steht zu vermuten – nicht aufrechterhalten werden. Aller Voraussicht nach wird sie wieder in ihr ostafrikanisches Heimatland zurückkehren müssen. Was wird sie dort erwarten, wenn sie zurückkehrt?

Hinzu kommt die Sorge um ihren Sohn Jamal, dessen Zustand von einem beständigen Auf und Ab geprägt ist und dessen Überlebenschancen ungewiss sind. In der Kinderklinik wird sie darauf vorbereitet, dass er sterben kann. In einem Gespräch, in dem Jamals Mutter von den behandelnden Ärzten und weiteren Beteiligten informiert wird, stellt sie noch sachliche Rückfragen zum zugrundeliegenden genetisch vererbten Defekt, weint ansonsten und zieht sich in ihrer Betroffenheit und ihrem Schmerz sehr zurück. Situationen wie diese können als Krise betrachtet werden, sie „bringen unser Leben aus dem Takt, sie werfen uns aus der [...] Bahn; sie durchkreuzen unserer Pläne" (Filipp/Aymanns 2018, 27). Krisen können in Verbindung mit traumatischen Ereignissen oder mit Erfahrungen existenzieller Bedrohung stehen, „welche die Belastbarkeit der Betroffenen zumeist übersteigen und in ihrer Dramatik zu Hilflosigkeit, Gefühlen der Ohnmacht bis hin zu einem tiefgreifenden Verlust der Handlungsorientierung führen" (Filipp/Aymanns 2018, 27). Krisen umschreiben einschneidende Geschehnisse, Wendepunkte im Geschehen mit unsicherem Ausgang (vgl. ebd., 28). Wenngleich Krisen auch eine positive Umkehr beinhalten können, sind sie doch häufig negativ besetzt: „Offenbar wird im Zustand der Krise eher eine Wendung zum Schlimmeren befürchtet oder für viel wahrscheinlicher gehalten als eine Wende zum Guten" (ebd.). Betrachtet man den Fall von Jamals Mutter, so liegen derlei Befürchtungen nicht fern. Zudem kann davon ausgegangen werden, dass der potenziell bevorstehende Verlust ihres Kindes bei Jamals Mutter zu einem Zustand antizipatorischer Trauer führt, der beginnt, noch bevor eine nahestehende Person nicht mehr lebt (vgl. Wittkoswki 2010, 198). Sicher wird ihr deutlich, dass sie Abschied nehmen muss. Vor ihr liegt die absolute und endgültige Trennung von ihrem Sohn. Sie ist damit konfrontiert, dass sie Wünsche und Pläne nicht mehr realisieren kann.

Im Umgang mit Krisen erweist sich die Art und Weise ihrer Bewältigung als zentral. Bewältigung kann verstanden werden als „Streben nach subjektiver Handlungsfähigkeit in Lebenssituationen, in denen das psychosoziale Gleichgewicht – im Zusammenspiel von Selbstwert, sozialer Anerkennung und Selbstwirksamkeit – gefährdet ist. Lebenskonstellationen werden von den Subjekten dann als kritisch erlebt, wenn die bislang verfügbaren personalen und sozialen Ressourcen für die Bewältigung nicht mehr ausreichen" (Böhnisch 2017, 25). Vier Dimensionen beeinflussen die Möglichkeiten zur Bewältigung positiv wie auch negativ (vgl. Böhnisch 2019, 101):

Ausdruck als Chance oder Verwehrung, die eigene „innere Befindlichkeit thematisieren zu können und nicht abspalten zu müssen" (ebd.): Wer keine Worte oder sonstigen Ausdrucksformen für das findet, was ihm oder ihr begegnet, kann sich nicht mitteilen. Jamals Mutter muss die Möglichkeit erhalten, über das sprechen zu können, was sie bewegt. Hier steht der womöglich bevorstehende Verlust ihres Sohnes Jamal im Mittelpunkt. Aber auch den Erfahrungen, die sie in ihrem Heimatland und auf der Flucht gemacht hat, muss Raum gegeben werden. Was passiert, wenn sie wieder dorthin zurückkehrt? Womöglich ohne ihren Sohn? Was passiert, wenn sie erneut schwanger wird? Unter Umständen könnten psychologische Beratung und Betreuung hilfreich sein. In der Klinik wird sie, weil sie der deutschen Sprache nicht mächtig ist, momentan von einem ehrenamtlichen Mitarbeiter der Flüchtlingsinitiative unterstützt. Notwendig ist der Einbezug eines professionellen Dolmetschers oder – noch besser – einer professionellen Dolmetscherin, um eine exakte Übersetzung, Verschwiegenheit und eine neutrale Haltung zu gewährleisten und um die Positionen von Jamals Mutter gut in Worte zu fassen. Ihre Anliegen müssen Gehör finden. Mit Jamals Mutter muss ehrlich und auf Augenhöhe kommuniziert werden, d.h., es darf ihr nichts verschwiegen werden. Gerade im Hinblick auf künftige Schwangerschaften scheint sie viele Fragen zu haben. Gleichzeitig muss sichergestellt werden, dass die komplizierten Sachverhalte so dargestellt werden, dass sie ihnen folgen kann.

Anerkennung als Chance oder Verwehrung, „wahrgenommen und integriert zu sein" (ebd.): Vom Beratungskonsil wird Jamals Mutter in ihrer Rolle als Mutter gesehen. Diese Rolle ist fraglos zentral. Dennoch bleibt offen, inwiefern ihre subjektive Position einbezogen wird. Wer ist Jamals Mutter? Wie lautet ihr Name? Welche Sorgen, Befürchtungen, Ängste treiben sie um? Welche Bedürfnisse, Wünsche, Hoffnungen, Träume hat sie? Spielen Schuldgefühle eine Rolle? Jamals Mutter muss als eigenständige Person wahrgenommen und gesehen werden. Auch geht es darum, Jamals Mutter und ihren Umgang mit den Herausforderungen und dem Schicksalsschlag, der fremd erscheinen mag, zu akzeptieren. Dabei bedeutet Akzeptanz kein einfaches Gutheißen, denn nicht jede Handlung oder Haltung kann ohne weiteres einfach hingenommen werden. Es geht aber darum, Jamals Mutter nicht als Person abzulehnen, auszuschließen und zu diskreditieren (vgl. ebd., 113).

Abhängigkeit als Chance oder Verwehrung, „selbstbestimmt handeln zu können" (ebd.). Sowohl während des Aufenthalts in der Klinik als auch in ihrem sonstigen Alltag ist die Situation von Jamals Mutter von großer Unsicherheit und Abhängigkeit gekennzeichnet. Ihre Handlungsoptionen sind eingeschränkt, Möglichkeiten zur Teilhabe hat sie kaum. In der Klinik steht sie – allein – einem großen Team von Expertinnen und Experten gegenüber. Sie ist darauf angewiesen, dass ihr Sohn medizinisch gut versorgt und richtig behandelt wird. Wie kann Jamals Mutter in die wichtigen zu treffenden Entscheidungen einbezogen werden? Wie könnte ihre Position gestärkt werden? Neben der bereits erwähnten Verringerung der Sprachbarriere könnten Gespräche unter vier Augen oder

der Einbezug einer Person, die advokatorisch für sie handelt, hilfreich sein. Zu denken wäre hier beispielsweise an eine Sozialarbeiterin. Der Alltag von Jamals Mutter ist geprägt von dem Wissen um ihren ungesicherten Aufenthaltsstatus. Als zentral erweist sich die Frage, wie das schwebende Asylverfahren, das sich im Moment im ungesicherten Status des geduldeten Bleiberechts befindet, in einen rechtmäßigen Aufenthalt überführt werden kann. Möglicherweise könnten doch humanitäre bzw. völkerrechtliche Gründe dafür sprechen, Jamals Mutter nicht abzuschieben. Denkbar wäre, Jamals Mutter dabei zu unterstützen, aus anderweitigen Gründen – beispielsweise „aufgrund von Integrationsleistungen" (Achterfeld 2018, 238) – nicht abgeschoben zu werden. Diese anderweitigen Gründe gewinnen zunehmend an Bedeutung und „können maßgeblich am Erhalt einer Aufenthaltserlaubnis durch die entsprechende Unterstützung" (ebd., 238) beteiligt sein. Als zentral gilt hier der Erwerb von Sprachkenntnissen. Bei der Klärung dieser Fragen benötigt Jamals Mutter (professionelle) Unterstützung, bspw. seitens der Flüchtlingsinitiative, von Sozialarbeitenden, Mitarbeitenden des Bundesamtes für Migration und Flüchtlinge (BAMF) oder u.U. von Rechtsbeiständen.

Aneignung als Erfahrung, sich „personal wie sozial erweiternd einbringen zu können" (Böhnisch 2019, 101): Jamals Mutter befindet sich allein in Deutschland – von weiteren Familienmitgliedern ist keine Rede. In dieser Situation ist es wichtig, Jamals Mutter zu stärken: „Empowerment meint die Befähigung [...], einen eigenen Beitrag zur Problemlösung erbringen und dafür auch verfügbare soziale Unterstützung [...] aktivieren zu können" (Böhnisch 2017, 307). Welche Ressourcen sind bei Jamals Mutter vorhanden? Welche sozialen Beziehungen hat sie? Dem Milieu, das einen „Kontext der Gegenseitigkeit" (Böhnisch 2019, 128) umfasst, in welchem sozialer Rückhalt und Zugehörigkeit gestärkt werden, könnte eine zentrale Stellung zukommen. Der Umgang mit schweren Krisen, mit Sterben, Tod und Trauer kann gemeinsam besser gemeistert werden. Andere Geflüchtete (Frauen?) sind möglicherweise eine Stütze für Jamals Mutter. Hilfreich könnten auch Rituale sein, die häufig sozial geteilt werden. Rituale „verleihen unvertrauten Situationen Struktur und tragen dazu bei, den Umgang mit einem belastenden Ereignis in bestimmte äußere Bahnen zu lenken und zu regulieren" (Filipp/Aymanns 2018, 142). Rituale haben häufig mit Abschiednehmen zu tun und „besitzen wichtige Funktionen für die Betroffenen und verdeutlichen ihnen, dass sie tatsächlich an einem Wendepunkt angekommen sind. [...] Nicht selten besitzen sie eine spirituelle Dimension, oder sie sind in alten Traditionen verankert" (Filipp/Aymanns 2018, 142). Um neue Perspektiven auf eine Thematik zu entwickeln, wäre an Reframing zu denken. Reframing, also ein „Umdeuten und Umrahmen des Problems" (Böhnisch 2017, 299), hilft dabei, neue Aspekte hervorzukehren oder Verborgenes zu offenbaren. Verdeckte Möglichkeiten werden in den Mittelpunkt gerückt. Jamals Mutter besitzt sicherlich schlummernde Fähigkeiten, mit ihrer Situation umzugehen und Kräfte zu aktivieren. Auch die Suche nach funktionalen Äquivalenten, also nach anderen, aber gleichwertigen Lösungen, trägt möglicherweise zur Erweiterung der Möglichkeiten zur Lebensbewältigung bei (vgl. Böhnisch 2019, 126). Funktionale Äquivalente sollen zeigen, dass destruktive Verhaltensweisen nicht notwendig sind. Im Fall von Jamals Mutter könnte der Ausdruck von Emotionen – im Gegensatz zu Verdrängung oder Verdeckung – ein Schlüssel sein, um einen neuen Umgang mit der schwierigen Situation zu finden (vgl. ebd., 127). Wichtig sind ein Bewusstsein für Diversität (vgl. Böhnisch 2017, 305) sowie Geschlechterreflexivität. Es ist davon auszugehen, dass Jamals Mutter mit Ausgrenzung, Diskriminierung und Rassismus konfrontiert ist. Hierfür gilt es sensibel zu sein.

Ob sich der Fall von Jamals Mutter zum Guten wenden wird? Bewältigung ist ein „ergebnisoffenes Geschehen: Es mag gelingen, oder es mag misslingen" (Filipp/Aymanns 2018, 33). Es wäre Jamals Mutter zu wünschen, dass sie in dieser prekären und existenziellen Krisensituation ihre subjektive Handlungsfähigkeit im Zusammenspiel von Selbstwert, sozialer Anerkennung und Selbstwirksamkeit wiedererlangen und ihre „individuelle Vorstellung von Glück und Erwartungen an das, was sie als ein gutes Leben" (ebd.) neu kalibrieren kann. Sie auf diesem Weg bestmöglich und in jeder Hinsicht zu unterstützen, ist jedoch sowohl Anforderung als auch Gebot für alle an dem Fall Beteiligten.

Literatur

Achterfeld, Susanne (2018): Aufenthaltstitel für Kinder und Familien in Deutschland und ihre Bedeutung für die Soziale Arbeit, in: Hartwig, Luise/Mennen, Gerald/Schrapper, Christian (Hrsg.), *Handbuch Soziale Arbeit mit geflüchteten Kindern und Familien*, Weinheim, 237–244.
Böhnisch, Lothar (2019): *Lebensbewältigung. Ein Konzept für die Soziale Arbeit*, 2. Auflage, Weinheim.
Böhnisch, Lothar (2017): *Sozialpädagogik der Lebensalter*, 7. Auflage, Weinheim.
Filipp, Sigrun-Heide/Aymanns, Peter (2018): *Kritische Lebensereignisse und Lebenskrisen. Vom Umgang mit den Schattenseiten des Lebens*, 2. Auflage, Stuttgart.
Krueger, Antje (2018a): Psychische Erkrankungen, in: Hartwig, Luise/Mennen, Gerald/Schrapper, Christian (Hrsg.), *Handbuch Soziale Arbeit mit geflüchteten Kindern und Familien*, Weinheim, 441–449.
Krueger, Antje (2018b): Ressourcen/Resilienz, in: Hartwig, Luise/Mennen, Gerald/Schrapper, Christian (Hrsg.), *Handbuch Soziale Arbeit mit geflüchteten Kindern und Familien*, Weinheim, 468–475.
Razum, Oliver/Zeeb, Hajo/Meesmann, Uta u.a. (2008): *Schwerpunktbericht der Gesundheitsberichterstattung des Bundes. Migration und Gesundheit*, Berlin.
Stauber, Barbara/Bröse, Johanna (2018): Tagungsbericht und Kommentar von Barbara Stauber und Johanna Bröse, in: Bröse, Johanna/Faas, Stefan/Stauber, Barbara (Hrsg.), *Flucht*, Wiesbaden, VI–XIX.
Wittkowski, Joachim (2010): Trauer – psychologisch, in: Wittwer, Héctor/Schäfer, Daniel/Frewer, Andreas (Hrsg.), *Sterben und Tod. Ein interdisziplinäres Handbuch*, Stuttgart, 197–202.

Fallerzählung: Ein Kind mit akuter lymphatischer Leukämie

Familie B. ist mit Finn seit ca. einem Jahr in Behandlung, die meiste Zeit davon stationär. Finn ist an akuter lymphatischer Leukämie (ALL) erkrankt. Nach der Verdachtsdiagnose wurde er vom Kinderarzt in die Kinderonkologie überwiesen. Als ich Familie B. kennenlerne, ist Finn drei Jahre alt und hat die zweite Transplantation nach einem Rezidiv erhalten. Die Erzieherin macht mich auf die Familie aufmerksam. Sie erzählt, dass es der Mutter nicht gut geht und ein Seelsorgegespräch vielleicht guttäte.

Die Situation auf der Station ist folgende: Die Kinder sind streng isoliert in Einzelzimmern, die durch eine Schleuse betreten werden. Der Isolationsstatus der Kinder ist anhand einer Ampel von außen gekennzeichnet. Ein Elternteil wird mit aufgenommen und schläft im Zimmer oder Vorraum. Beide Elternteile dürfen nur zur Übergabe gemeinsam im Zimmer sein. Geschwisterkinder und Großeltern dürfen nur nach vorheriger Absprache und mit Ausnahmegenehmigung zu Besuch kommen.

Die Ampel an Finns Zimmer steht auf Rot. Für den Besuch muss ich mich vollständig umziehen, d.h. Bereichskleidung, Gummischuhe, Kittel, Mundschutz und Handschuhe tragen. Nach Vorstellung und Gesprächsangebot bittet mich Frau B. herein. Das Zimmer ist abgedunkelt, da Finn schläft. Frau B. ist sehr zurückhaltend und erzählt allgemein von ihrer Situation. Sie wirkt sehr besorgt und belastet, gibt davon aber nicht viel preis. Wir verabreden einen weiteren Besuch, als Finn wach wird und ihre Hilfe braucht. In der folgenden Zeit sehen wir uns ein- bis zweimal wöchentlich. Frau B. ist in zweiter Ehe verheiratet. Aus erster Ehe gibt es einen 16-jährigen Sohn. Dieser lebt mit ihr, Finns Vater und Finn zusammen. Er hat gerade die Schule beendet und ist auf Lehrstellensuche. Finns Vater arbeitet im Drei-Schicht-System, sorgt für den großen Bruder vor Ort und kommt regelmäßig in die Klinik zu Finn. Alle 14 Tage bleibt er von Freitagabend bis Sonntagabend in der Klinik bei Finn. Dann kann die Mutter nach Hause und mit ihrem großen Sohn die anstehenden Sachen besprechen, den Garten und Behördenanträge bearbeiten.

Zum Zeitpunkt unseres Kennenlernens ist Finns Zustand kritisch-stabil. Die neuen Zellen wachsen langsam. Er hat eine massive Adenoviren-Infektion, Mukositis und die Graft-versus-Host-Erkrankung (GvHD). Da sein Immunsystem nicht in der Lage ist, dagegen anzukämpfen, bekommt er zahlreiche hochdosierte Medikamente. Bei der Begleitung der Mutter wird die hohe Belastung durch die Pflege ihres Kindes, die Trennung von Ehemann und Sohn und die Stagnierung in der Genesung deutlich. Die Mutter hinterfragt immer häufiger die Sinnhaftigkeit von Untersuchungen, besonders von invasiven Eingriffen, und den daraus resultierenden Nutzen für die Behandlung ihres Kindes. Den Eltern werden in den Visiten oder Gesprächen mit dem Stationsarzt diese Behandlungsansätze oft als alternativlos dargestellt. Die Mutter ist medizinisch vorgebildet. Beide Eltern informieren sich regelmäßig über verschiedene Quellen. Sie sind gut mit anderen betroffenen Eltern vernetzt. Wenn Frau B. die Vorschläge der BehandlerInnen hinterfragt, bekommt sie ausweichende und eher direktive – „so oder gar nicht" – Antworten. Da die Eltern trotz des kritischen Zustandes ihres Kindes die Hoffnung auf Heilung bzw. Besserung haben, stimmen sie dann meist zu.

Finn geht es oft schlecht und er baut körperlich zusehends ab. Gleichzeitig ist er mental sehr wissbegierig, fröhlich, aufgeschlossen und oft fordernd. In seinem kleinen Radius und in den schmerzfreien Intervallen ist er spielerisch sehr aktiv. Finn malt, spielt mit Lego, seinen Baggern, lässt sich vorlesen, schaut Filme. Sein Zimmer ist voller Spielsachen. Diese werden regelmäßig getauscht, damit genug Abwechslung zur Anregung da ist. Die Mutter gestaltet die Fenster und Wände immer wieder neu, um es für Finn schön zu machen.

Anfang Dezember baut Finn immer mehr ab – körperlich und mental. Im psychosozialen Team sind wir so besorgt, dass wir eine Wochenendbereitschaft für die Familie vereinbaren. Finn spricht kaum noch, liegt zusammengekrümmt im Bett und wehrt alles ab. Er ist stark abgemagert, macht die Augen kaum noch auf und wenn er spricht, sagt er, dass er nicht mehr will. Im Gespräch mit der Mutter kristallisiert sich heraus, dass sie ihren Sohn nicht sinnlos quälen will. Alle Therapieansätze haben bis jetzt nicht den gewünschten Effekt gehabt. Sie ist bereit, ihn gehen zu lassen. Allerdings möchte sie gern mit ihrem Kind nach Hause. Er soll nicht in der Klinik sterben. Die Mutter berichtet davon, dass die ÄrztInnen Gespräche vermeiden, seltener zu ihnen ins Zimmer kommen und ausweichend reagieren. Nach Absprache mit der Mutter vereinbare ich ein Gespräch mit dem Oberarzt der Station. In diesem Gespräch kann die Mutter ihre Beobachtungen, Ängste und Wünsche formulieren. Der Arzt hat nicht mit diesem Gesprächsverlauf gerechnet. Er relativiert die Beobachtungen und meint, der Zustand von Finn sei nicht aussichtslos und sie seien mit der Therapie noch nicht am Ende. Auf meine Fragen, was das konkret bedeutet und wohin die Therapie führen soll, hat er keine Antworten. Er verspricht eine Fallbesprechung im Team und einen Gesprächstermin für beide Eltern mit der Leitung der Onkologie.

Die Mutter ist sehr klar in ihrer Einstellung. Gleichzeitig war es ihr sehr wichtig, alle Entscheidungen mit ihrem Ehemann gemeinsam zu treffen. Dieser hat durch den Abstand von der Klinik noch mehr Hoffnung. Für ihn ist das Sterben seines Kindes noch nicht Thema. Das Gespräch zwischen Oberarzt, Mutter und Seelsorgerin führt zu Aufruhr im Ärzteteam. Es gibt ein Gespräch mit beiden Eltern mit der In-Aussicht-Stellung von Therapieerfolgen. Die Eltern sollen beide daraufhin untersucht werden, ob sie als Spender bzw. Spenderin von Antikörpern in Frage kommen. Dieses Verfahren ist sehr aufwendig. Die Spende und

Aufarbeitung können nur in Tübingen durchgeführt werden. Die Eltern stimmen diesem Behandlungsansatz zu.

Die Chefärztin der Onkologie bittet die Seelsorgerin zum Gespräch. Darin drückt sie ihr Unverständnis aus, über eine Therapiebeendigung nachzudenken. Sie spricht von Beratungen mit ExpertInnen über Finns Werte und dass da noch viele Optionen seien. Keine(r) dieser ExpertInnen war bei Finn im Zimmer und hat ihn angeschaut. Auf die Beschreibung meiner Beobachtungen sagt sie, dass Eltern nie fragen, wann man aufhören sollte, sondern nur sagen: Hören Sie nicht auf – tun Sie alles. Eine konkrete Frage nach der Entlassung/Beurlaubung von Finn wenigstens über Weihnachten mit intensiver Begleitung durch das Kinder Palliative Care-Team wird verneint. Finn würde nicht mal die Fahrt im Fahrstuhl nach unten überleben.

Durch die Antikörperspende wird die Adenovirus-Last etwas gesenkt, und damit verbessert sich der körperliche Zustand Finns etwas. Im neuen Jahr entwickelt Finn eine ausgeprägte Depression. Diese zeigt sich in einem vollständigen Desinteresse an allen Angeboten. Die medizinischen Werte bleiben auf einem kritischen Level stabil.

Das Team der Knochenmarktransplantation (KMT) informiert die Eltern über die bevorstehende Verlegung von Finn auf die Kinderonkologie. Das bedeutet einen Wechsel des Behandlungsteams, weniger Betreuung, da der Personalschlüssel kleiner ist, weniger Sicherheit, da die Isolierung auf dieser Station nicht so wie zuvor gewährleistet werden kann. Obwohl sich an Finns Werten nichts geändert hat, wird seine Ampel für die Verlegung auf Gelb gesetzt. Er wird in ein winziges Zimmer ohne Schleuse verlegt. Das Zimmer ist so klein, dass die Mutter nur noch ein Klappbett bekommt. Dieses muss am Tag zusammengeklappt werden, damit man an Finns Bett herankommt.

Der Kommunikationsfluss zwischen den Stationen ist schwierig. Durch die verschiedenen Standards der Stationen kommt es zu Therapieumstellungen ohne Absprache. Diese führen zu Komplikationen und zur Verschlechterung des Gesundheitszustandes von Finn. Aufgrund dieser Situation muss die Mutter neben der Pflege und psychosozialen Betreuung verstärkt die medizinische Behandlung überwachen. Das hat zur Folge, dass sie als „Störfaktor" angesehen wird. Gleichzeitig bewirkt Finns Zustand einen Abfall der Aufmerksamkeit durch die ÄrztInnen. Im Prinzip ist Finn austherapiert und die höhere Aufmerksamkeit liegt bei den „neuen Familien" oder „erfolgversprechenderen" Familien. In den Seelsorgebegegnungen ermuntere ich die Mutter immer wieder, das Gespräch mit dem Team zu suchen.

Kommentar: Wenn Kommunikation nicht gelingt

Julia Inthorn

Finn ist schwer krank. Seine Eltern kümmern sich bestmöglich um ihn, besonders seine Mutter sorgt für ihn und sein Wohlbefinden in der komplexen Situation der Isolation und in der Enge der onkologischen Station. Auch medizinisch wird alles versucht, um sein Überleben zu sichern, etwa indem auch außerhalb des eigenen Hauses nach Optionen zur Unterstützung von Finn in seiner aktuellen Situation gesucht wird. Dennoch geht es Finn auch nach den vielen Monaten, die die Falldarstellung umfasst, nicht besser. Sowohl die behandelnden ÄrztInnen als auch die Eltern wünschen sich etwas anderes für Finn. Trotz dieser grundlegenden Einigkeit der Sorge um Finns Gesundheit und sein Überleben stellt sich in der Fallbeschreibung eine Situation dar, in der Eltern und Ärzteteam nicht mehr gemeinsam an einem Strang ziehen. Die Kommunikation wird im Verlauf der Beschreibung des Falls als zunehmend schwieriger dargestellt, die Diskrepanz zwischen dem, was die Mutter gegenüber der Seelsorge zum Ausdruck bringt, und dem, was von ärztlicher Seite gesagt wird, wird immer offensichtlicher bis hin zu einer Situation, in der die Mutter nicht nur die Kommunikation zwischen sich und dem Ärzteteam, sondern auch zwischen den Stationen aktiv einfordern muss.

Hier zeigt sich die grundlegende Problematik der engen Verbindung von Ethik und Kommunikation. Behandlungsentscheidungen haben neben der fachlichen Dimension von Therapieoptionen und der Frage nach deren (evidenzbasiert eingeordneter) Wirksamkeit eine Bewertungsdimension, in der ethische Abwägungen getroffen werden (müssen). Im Fall von Finn wird etwa von der Mutter die Frage aufgeworfen, inwieweit Behandlungen Finn nutzen oder ihm eventuell auch schaden. Diese Abwägung kann jede beteiligte Person für sich treffen, wesentlich ist aber auch die Kommunikation über solche Abwägungen, denn Behandlungsentscheidungen sind am Ende gemeinsame Entscheidungen von ÄrztInnen und Eltern. Findet eine solche Abwägung nicht statt oder kann darüber nicht offen und konsensorientiert kommuniziert werden, schadet dies am Ende unter Umständen dem kleinen Patienten. In pädiatrischen Kontexten müssen sich Entscheidungen am Kindeswohl orientieren. Dabei besteht Konsens, dass Eltern einen weiten Entscheidungsspielraum haben, zu bestimmen, was im Sinne des Wohls eines Kindes ist. Die Chefärztin bringt ihre Wahrnehmung, wie Eltern in der Regel das Kindeswohl verstanden haben wollen, zum Ausdruck, wenn sie sagt, dass Eltern immer fordern würden, alles zu tun. Damit zeigt sie gleichzeitig, dass sie die Abwägung auf Seiten der Eltern nicht als solche wahrnimmt. Die Überlegungen von Finns Mutter finden damit keinen Widerhall, es gelingt keine Kommunikation darüber. Es folgen in der Falldarstellung weitere Beispiele über Kontakte in verschiedenen Personenkonstellationen, bei denen jeweils der Eindruck entsteht, dass die Kluft nur immer größer wird, dass zwar Gespräche stattgefunden haben, dadurch das kommunikative Problem aber nicht geringer wurde.

Das stete Bemühen der Seelsorgerin darum, den Gesprächsfaden nicht abreißen zu lassen, zielt darauf ab, die Kommunikation und damit den einzigen zur Verfügung stehenden Weg, den gemeinsamen Entscheidungsprozess, weiter zu gestalten, zu stärken. Es gibt für die dargestellte Konstellation keine andere Lösung als das Gespräch, allenfalls alternative Formen der Kommunikation, etwa in strukturierter Form in einem Ethikkonsil/klinisch-ethischen Fallgespräch. Unter den gegebenen Umständen bleibt offen, ob es in einer alternativen Form der Kommunikation gelingen würde, wieder in einen gemeinsamen Verständigungsprozess und damit in eine echte gemeinsame Entscheidungsfindung einzutreten.

Ethisches Abwägen ist auf Kommunikation angewiesen. Auch wenn im klinischen Alltag die Bedeutung von geteilter Entscheidungsfindung und gelingender Arzt-Patienten-Kommunikation dafür grundsätzlich bekannt und etabliert ist, gibt es immer wieder Situationen, in denen die Kommunikation und das gemeinsame Entscheiden hinter den Lehrbüchern zurückbleibt. Gelingende Kommunikation lässt sich nicht einfach herstellen oder gar erzwingen. Verschiedene Faktoren können dazu beitragen, dass Kommunikation erschwert wird. Im Fall von Finn können hier etwa die Wahrnehmung, dass die Mutter eine atypische Position einnimmt, oder auch die von ärztlicher Seite wahrgenommene Alternativlosigkeit des Therapieangebots, in dem kontinuierlich auf neu auftretende, schwere Probleme wie zunächst die Adenoviren-Infektion oder später die Depression reagiert werden muss, aus denen eine medizinische Handlungsnotwendigkeit entsteht, angeführt werden. In diesem steten Verlauf kleiner Erfolge und Rückschläge ergibt sich kein Zeitpunkt für eine eindeutige Bewertung von Finns Situation und Prognose.

Der Fall verdeutlicht, dass im Verlauf einer Behandlung nicht nur implizit, sondern explizit im gemeinsamen Gespräch Gelegenheit für gemeinsame ethischen Abwägungen geschaffen werden muss. Auf Stationen, auf denen dies nicht im Rahmen des gemeinsamen Entscheidens oder bei Ethikvisiten stattfindet, müssen diese Gelegenheiten aktiv herbeigeführt werden. Dies selbst ist eine ethische Aufgabe. Auch das Gelingen solcher Gespräche braucht Expertise und Erfahrung, damit wertschätzend mit den verschiedenen Formen von Sorge umgegangen werden kann. Die Seelsorgerin hat hierzu immer wieder Impulse gesetzt.

Fallerzählung: Der auf der Blume verweilende Schmetterling

Als Krankenhausseelsorgerin bin ich regelmäßig in der Kinderklinik unterwegs. Auf der Station mit dem Schwerpunkt Neuropädiatrie begegne ich immer wieder Familien mit ihren Kindern, die eine seltene, schwere Stoffwechselerkrankung genetischen Ursprungs haben. Manche Erkrankungen sind medikamentös relativ gut behandelbar, aber es gibt immer noch viele Erkrankungen, die die Lebenserwartung dramatisch verkürzen. Durch neue, bahnbrechende Erkenntnisse in der Forschung wird im Rahmen von Studien bei einzelnen Krankheitsbildern, wenn diese noch nicht zu weit vorangeschritten sind, eine Behandlung angeboten, die ein Voranschreiten der Erkrankung verlangsamen kann. In Akutsituationen kommt es wieder zu langen Klinikaufenthalten, bis die Medikamentierung angepasst werden kann.

Ich komme auf Station und höre von einer Familie, deren sechsjährige Tochter als Notfall während eines Urlaubsaufenthaltes in unserer Region eingeliefert worden ist. Näheres ist mir nicht bekannt. Ich stelle mich bei meinem Rundgang der Tochter und der Mutter, die als Begleitperson mit ihr aufgenommen worden ist, vor. Die Mutter freut sich sichtlich, mit jemandem sprechen zu können angesichts der Dramatik der letzten Tage. Die Familie mit insgesamt vier Kindern hatte schöne Urlaubstage, und nun sei es ihrer an einer seltenen Stoffwechselerkrankung erkrankten Tochter plötzlich dramatisch schlechter gegangen, so dass ein Transport per Hubschrauber in die Klinik nötig geworden sei. Der Rest der Familie sei weiterhin am Urlaubsort, ihr Mann komme aber immer wieder zu Besuch. Die Mutter fühlt sich in der Klinik gut aufgehoben, auch wenn zugleich Trauer mitschwingt, dass aufgrund des starken Fortschritts der Erkrankung bei ihrer Tochter eine Teilnahme an den Studien ausgeschlossen wurde, wie bei einem früheren, geplanten Aufenthalt der Familie mitgeteilt worden ist. Anfangs finden unsere Gespräche im Zimmer statt, aber aufgrund des schönen Wetters verlagern sich diese zunehmend auf die Terrasse der Station.

Für den Vater ist dieser Aufenthalt Anlass, doch noch einmal nach weiteren Therapieansätzen zu fragen und mit dem medizinischen Personal auszuloten, ob auch jenseits der Studie seiner Tochter durchgreifender geholfen werden könnte. Oder bleibt wirklich nur noch eine palliativ orientierte Behandlung? Es kommt in einigen Momenten eine vorwurfsvolle Stimmung auf. Die Mutter ist vor allem darauf bedacht, dass es aktuell ihrer Tochter wieder besser geht, was in diesem Fall heißt, dass die kräftezehrenden Unruhezustände ihrer Tochter, verbunden mit Schmerzen und Atemnot, eingedämmt werden. Diese Unruhe ist nicht nur für die Patientin selbst hochgradig belastend, sondern auch für die Mutter und das ganze Familiensystem. Den schmerzlichen Gedanken, dass der gesundheitliche Zustand ihres Kindes durch dieses Notfallgeschehen sich wieder weiter verschlechtert hat, mag die Mutter nur in kurzen Momenten zulassen. Es erscheint der Mutter kaum möglich, ihre Tochter für einige Minuten anderen Menschen anzuvertrauen, was sie an die Grenzen ihrer Belastbarkeit bringt. In unseren ersten Gesprächen geht es daher um die Frage, wie es der Mutter gelingen kann, besser für sich zu sorgen, um weiterhin die Pflege ihrer Tochter leisten zu können wie auch für die anderen Kinder da zu sein. Ich erlebe an ihr das häufig vorkommende Empfinden, dass ausschließlich die Mutter weiß, was für ihr schwerstbehindertes Kind gut und hilfreich ist. Schrittweise nähern wir uns der Frage, was Vertrauen für sie selbst heißen könnte.

Die Mutter ist katholisch erzogen worden. Sie erzählt mir von ihrer Kindheit, in der die Marienverehrung eine große Rolle gespielt hat. Darüber hinaus ist ihr im Laufe der Zeit die Engelslehre ein wichtiger Halt und Wegweiser geworden. Sie zeigt mir verschiedene Karten, die die Bedeutung der unterschiedlichen Engel erklären und Hinweise geben, wann welcher Engel für das eigene Leben bedeutsam sein kann, unter anderem die Karte des Engels Raphael, der nach esoterischer Auffassung für beschützendes und heilendes Eingreifen in bedrohlichen Situationen steht. Wichtig ist ihr auch die Karte des Engels Leila, der die weibliche Kraft symbolisiert. Als christliche Seelsorgerin signalisiere ich, dass mir diese Karten fremd sind, aber ich sehe, wie sehr sie dieser Mutter Kraftquelle sind, wie auch viele kleine Naturphänomene, die sie als Zeichen für ihren persönlichen Weg ausdeutet. Diese Wertschätzung ihrer mir eigentlich fremden Spiritualität ist ihr sehr wichtig, da sie von ihrem Mann eher darin belächelt und nicht ernst genommen wird, was sie als schwierig erlebt.

Im Folgenden kommt es dazu, dass ich einige Male mit dem kleinen Mädchen spiele, mit ihr singe und ihre Blicke auf schöne Blätter oder andere Naturphänomene lenke. Das Mädchen ist allermeist in diesen Zeiten recht entspannt. Die Mutter nutzt diese Zeit zum Durchatmen und Besorgen kleiner Geschenke für ihre anderen Kinder.

Im Verlauf der Behandlung rückt zugleich immer mehr die Frage in den Vordergrund, ob jetzt der Zeitpunkt für einen bewussten Wechsel zu einem palliativen Vorgehen gekommen ist. Neben der Frage nach der Gabe eines anderen Medikamentes geht es insbesondere um die eventuelle Zustimmung zu einer DNR-Order (do not resuscitate). Das prägt im Weiteren unsere Gespräche.

Um zu einer tragfähigen Entscheidung für den weiteren Lebensweg ihrer Tochter zu kommen, ringt die Mutter um wegweisende Momente, die sie besonders in Naturphänomenen findet, die sich in diesen Tagen in der Klinik ereignen. Ein länger auf einer Blume verweilender Schmetterling mit seiner Farbenvielfalt ist für die Mutter ein Zeichen, dass es ihrer Tochter bald wieder bessergehen wird. Ich nehme diese Beobachtung auf und wir sprechen darüber, dass das Symbol „Schmetterling" auch als Zeichen für die Auferstehung (Anm.: im christlichen Glauben) verstanden wird. Ohne dass wir es explizit aussprechen, schwingt die Frage des Sterbens und der Auferstehung in „einer anderen Welt" mit. Während unseres Gespräches blitzt ein Sonnenstrahl auf, den die Mutter als Wink des Himmels interpretiert. In der darauffolgenden Sequenz reden wir über die Engel als Boten Gottes und himmlische Kräfte, die die Tochter tragen und umgeben.

Zwei Tage später erzählt mir die Mutter nahezu euphorisch, dass sie bei der Betrachtung des an der Terrasse stehenden Baums eine besondere Form der Baumrinde erkannt habe, die für den weiteren Lebensweg ihrer Tochter stehe. Ich frage sie nach der Bedeutung für sie und sie erzählt mir schweren Herzens, dass sie sich inzwischen vorstellen könne, als ersten Schritt mit ihrer Tochter eine Zeit lang in ein wohnortnahes Kinderhospiz zu gehen, um die Medikamente gegen die Schmerzen dort noch einmal besser einstellen zu lassen. Für die Mutter wird dieser innere Entscheidungsweg untermauert durch ihre Beobachtung einer immer wiederkehrenden Biene, die der Tochter trotz deren Herumschlagens mit den Armen nicht gefährlich geworden sei. Die Mutter kann daraus die Entscheidung ableiten, der Gabe eines bestimmten Medikamentes zuzustimmen, das für eine palliative Behandlung steht.

Bei unserer letzten Begegnung sprechen wir noch einmal darüber, wie hilfreich die Einbindung in ein Netzwerk sein wird, wie es seitens des Kinderhospizes angedacht ist. Das Momentum „Vertrauen" wird noch einmal thematisiert. Unser Gespräch endet mit einem Segen für die Tochter und die Mutter. Der Vater kommt auf anderem Weg zu derselben Entscheidung: Er sucht vorwiegend das Gespräch mit dem ärztlichen Personal und wägt die medizinische Prognose sowie Schaden und Nutzen ab. Dabei schiebt sich für ihn die Belastung seiner Person wie der Familie in den Vordergrund, die bei einer Reanimation seiner Tochter zu einem noch längeren Leidensweg führen würde, auch für seine geliebte Tochter. Und es schwingt bei ihm ein tiefer Schmerz mit.

Kommentar: Zur Bedeutung der Spiritualität in Therapieentscheidung und Begleitung

Simon Peng-Keller

Das Sterben ist zunehmend geprägt von medizinischen Entscheidungen (Zimmermann/Felder/Streckeisen/Tag 2019). Aufgrund neuer Therapieformen und wachsender intensivmedizinischer Möglichkeiten vermehren sich die Optionen am Lebensende und nötigen PatientInnen und ihre Angehörigen zu anspruchsvollen Entscheidungsprozessen. Geht man davon aus, dass die Unterstützung von solchen Entscheidungsprozessen eine interprofessionelle Aufgabe darstellt, stellt sich die Frage, was der spezifisch seelsorgliche Beitrag dazu sein könnte. Der vorliegende Fallbericht lässt sich als eine Antwort auf diese Frage lesen.

In ihren Vorbemerkungen beschreibt die Seelsorgerin ihre Arbeit auf der neuropädiatrischen Station. Sie bewegt sich hier in einem hochspezialisierten Umfeld, in dem mit neuen Therapieverfahren experimentiert wird. Die Verheißung, die von „bahnbrechenden Erkenntnissen" und neuen Therapiemöglichkeiten ausgeht, ist eine Quelle großer Hoffnungen und nicht weniger großer Enttäuschungen. Hier setzt der Fallbericht ein. Für das an einer seltenen Stoffwechselerkrankung leidende Mädchen stehen keine experimentellen Therapien mehr zur Verfügung. Die medizinische Verheißung ist durch das hochspezialisierte Umfeld zwar noch im Raum, doch ist sie für die Familie unzugänglich geworden. Die Eltern reagieren unterschiedlich darauf. Bei der Mutter ist Trauer wahrnehmbar, der Vater, der mit dem Behandlungsteam alternative Optionen zu verhandeln sucht, gibt sich kämpferisch. Eine Umstellung auf eine „nur" palliativ orientierte Behandlung können sich beide zu diesem Zeitpunkt noch nicht vorstellen.

Die Kontaktaufnahme geschieht auf Initiative der Seelsorgerin. Dass sich die Mutter vorbehaltlos auf das Seelsorgeangebot einlassen kann, führt die Seelsorgerin auf einen hohen Gesprächs- und Belastungsbedarf zurück. Gemäß Fallbericht ist die Mutter dankbar, wenn sie „jemandem" von der Dramatik der letzten Tage erzählen kann, es hätte also auch jemand anders sein können als die Seelsorgerin. Weil es jedoch eine Seelsorgerin ist, kommen im Verlauf der Begleitung zunehmend spirituelle Themen zur Sprache. Bemerkenswert für den Begleitprozess ist ein Ortswechsel: vom Krankenzimmer auf die Sonnenterrasse. Geschieht er auf Initiative der Seelsorgerin? Oder ist es die Mutter selbst, die ihn anregt, weil sie, wie wir erfahren, eine besondere Verbindung zur Natur pflegt?

Dass die Seelsorgerin zusammen mit der Mutter hinaus ins Freie geht und die Verbindung zur Natur stärkt, fasst zusammen, was im Folgenden genauer geschildert wird. Das seelsorgliche Vorgehen wirkt behutsam und gut auf die Bedürfnisse der Mutter abgestimmt. Die handlungsleitenden Intentionen werden zwar nicht ausdrücklich gemacht, erschließen sich jedoch aus dem beschriebenen Handeln. Gefragt habe ich mich, was die Seelsorgerin zur Frage bewegt, was Vertrauen für die Mutter selbst heißen könnte. Ist es das Ziel, Selbstsorge durch eine Exploration von persönlichen Ressourcen zu stärken? Vieles deutet darauf hin. Schrittweise kommen dabei die spirituellen Prägungen und Ressourcen der Frau ans Licht. Sie erzählt von religiösen Erfahrungen der Kindheit. Der Text lässt offen, ob es sich dabei um Erfahrungen handelt, auf die die Frau in der aktuellen Belastungssituation zurückgreifen kann. Beinhaltete die Marienverehrung, die ja vielerorts eng mit dem Frühlingsmonat Mai verbunden ist, einen sakralen Bezug zur Natur? Und ist die intensive Beziehung zu Engeln und zu Naturphänomenen eine transformierte Gestalt dessen, was sich der Frau in ihrer Kindheit erschlossen hat?

Die Spiritualität der Mutter, insbesondere ihr Umgang mit Engelskarten, ist der Seelsorgerin „eigentlich fremd". Deutet das „eigentlich" darauf hin, dass sie ihr nicht gänzlich fremd sind? Und was heißt hier fremd: Unvertraut? Befremdlich? Wie groß ist die Schnittmenge zwischen der Spiritualität der Frau und dem spirituellen Hintergrund der Seelsorgerin (über deren konfessionelle Zugehörigkeit wir nichts erfahren)? Und was bewegt die Seelsorgerin dazu, der Mutter mitzuteilen, dass ihr die Engelskarten fremd sind? Dass es in diesem Moment zu keiner Irritation kommt, deutet darauf hin, dass diese Selbstmitteilung nicht abgrenzend gemeint ist, sondern als selbstbegrenzend zu verstehen ist (im Sinne von: „Ich kenne mich da zwar nicht aus, doch bin ich dennoch offen dafür!"). Das Moment an wahrgenommener Fremdheit hindert die Seelsorgerin nicht daran, der spirituellen Praxis ihrer Gesprächspartnerin wertschätzend zu begegnen und sie darin zu bestärken, diese als Ressource für den Trauer- und Entscheidungsprozess zu nutzen. Die unterstützende und affirmative Haltung der Seelsorgerin ist umso wichtiger, als die Mutter mit ihren spirituellen Vorstellungen und Praktiken isoliert wirkt und von ihrem Mann belächelt wird.

Natürliche Erscheinungen als himmlische Winke zu betrachten und als Orientierungshilfen zu nutzen, gehört zu den spirituellen Praktiken, die in säkular geprägten Gesellschaften einen subkulturellen Charakter haben. In der christlichen Tradition, der sie keineswegs fremd sind, stehen sie unter dem Verdacht des Aberglaubens. Das Fallbeispiel zeigt auf, welche Rolle dieser subkulturellen Praxis in Entscheidungsprozessen am Lebensende zukommen kann. Am Ende sind es vier als orientierende Zeichen wahrgenommene Naturphänomene, die die Mutter in ihrem Trauerprozess bestärken und es ihr schließlich ermöglichen, sowohl der Umstellung auf ein rein palliatives Therapieschema als auch der DNR-Order zuzustimmen: ein auf einer Blume verweilender Schmetterling, ein aufblitzender Sonnenstrahl, die Form einer Baumrinde und eine wiederkehrende Biene. Die Bedeutungen, die die Mutter diesen Zeichen zumisst, werden seitens der Seelsorgerin validiert und in „symbolischer Kommunikation" (vgl. dazu Weiher 2017) vertieft. Die Mutter erhält dadurch die Gelegenheit, sich innerlich auf den Abschied von ihrer Tochter einzustellen und schließlich auch die unausweichlichen Entscheidungen in selbstbestimmter Weise zu treffen. Die Gewissheit, die ihr durch die wahrgenommenen Zeichen geschenkt wird, verändert ihre Stimmung und Ausstrahlung – die Seelsorgerin erlebt die Frau in diesem Moment als „nahezu euphorisch" –, obwohl diese Klarheit mit einer Entscheidung verbunden ist, die schweren Herzens getroffen wird.

Die letzte Begegnung mit der Seelsorgerin, bei der auch die Tochter dabei ist, rundet die Begleitung ab und verdichtet sie. Im Segen, den die Seelsorgerin spricht, wird ausdrücklich, aus welcher Kraft und in welchem Horizont diese Begleitung stand. Auch hier stellen sich nochmals Fragen: Welche Worte wählt die Seelsorgerin für dieses Segensgebet? Verwendet sie das Wort „Gott"? Spricht sie auch von den Engeln und den Zeichen, durch die sich die Frau geleitet weiß?

Kehren wir am Ende nochmals zur Frage nach dem spezifisch seelsorglichen Beitrag zur interprofessionellen Begleitung von Lebensendentscheidungen zurück. Die Fallvignette beantwortet diese Frage in exemplarischer Weise. Sie macht *erstens* darauf aufmerksam, dass spirituelle Vorstellungen und Praktiken bei Lebensendentscheidungen eine wichtige Rolle spielen *können*. Bei der Mutter trifft dies zu, beim Vater nicht. *Zweitens* veranschaulicht die Fallvignette die Schwierigkeit, in säkular geprägten Kontexten auf spirituelle Ressourcen zurückzugreifen. Mit ihren spirituellen Überzeugungen und Praktiken bewegt sich die Frau in einem subkulturellen Bereich. Ohne das Dazukommen der Seelsorgerin hätte sie vermutlich mit niemandem über ihre Suche nach spiritueller Orientierung gesprochen und wäre in ihrem Entscheidungsprozess alleine geblieben. Die latente Tabuisierung spiritueller Anliegen in säkularen Kontexten beschränkt sich nicht auf esoterische Spiritualitäten, sondern betrifft auch christliche Varianten. *Drittens* führt die Fallvignette auch vor Augen, wie die Seelsorge mit den ihr zur Verfügung stehenden Möglichkeiten – patientenzentrierte Gesprächsführung, Exploration und Validation von spirituellen Ressourcen, symbolische Kommunikation, rituelle Gestaltung, Segen usw. – Menschen, die vor Lebensendentscheidungen stehen, unterstützen kann. Exemplarisch ist *viertens* auch der ebenso selbstverständliche wie professionelle Umgang der Seelsorgerin mit der (vermutlich) transkonfessionellen Begleitkonstellation, eine Begleitsituation, die immer mehr zum Normalfall der Krankenhausseelsorge werden dürfte. Offen bleibt, inwiefern das seelsorgliche Tun im vorliegenden Beispiel auch interprofessionell eingebunden und abgestimmt ist. Wenn es um gemeinsame Aufgabenbereiche wie die Begleitung bei Lebensendentscheidungen geht, ist ein koordiniertes Vorgehen unerlässlich. Je mehr die Seelsorgerin als Mitglied von interprofessionellen Teams tätig und anerkannt ist, desto besser kann sie auch der Tabuisierung spiritueller Bedürfnisse entgegenwirken und Gesundheitsfachpersonen dafür sensibilisieren.

Literatur

Peng-Keller, Simon (2021): *Klinikseelsorge als spezialisierte Spiritual Care. Der christliche Heilungsauftrag im Horizont globaler Gesundheit*, Göttingen.

Weiher, Erhard (2017): Symbolische Kommunikation in Seelsorge und Spiritual Care, in: Peng-Keller, Simon (Hrsg.), *Bilder als Vertrauensbrücken. Die Symbolsprache Sterbender verstehen*, Berlin/Boston, 17–34.

Zimmermann, Markus/Felder, Stefan/Streckeisen, Ursula/Tag, Brigitte (2019): *Das Lebensende in der Schweiz. Individuelle und gesellschaftliche Perspektiven*, Basel, DOI: 10.24894/978-3-7965-3969-5.

4. Verantwortungsvoll handeln in der Psychiatrie

Thematische Einleitung

Gwendolin Wanderer

Die Psychiatrie ist als medizinische Disziplin und als eigener Klinikbereich mit der Prävention, Diagnostik, Therapie und Rehabilitation psychischer Krankheiten befasst. Als psychisch krank gilt, wer unter einer „klinisch signifikanten Störung der Wahrnehmung, der Emotionsregulation oder des Verhaltens [leidet], die in der Regel mit Stress oder Beeinträchtigungen in wichtigen Funktionsbereichen verbunden ist".[1] Es kann etwa die Fähigkeit zur adäquaten Einschätzung gegebener Situationen und möglicher Handlungsfolgen eingeschränkt sein. Welche Funktionsbereiche durch die jeweilige Krankheit insbesondere beeinträchtigt werden, unterscheidet sich je nach Krankheitsbild.[2] Die Einschränkung der Einwilligungsfähigkeit – zumindest phasenweise und zu einem gewissen Grad – ist über die Krankheitsbilder hinweg häufig. Dadurch werden Menschen mit psychischen Krankheiten besonders vulnerabel für Paternalismus. Mit diesem Begriff wird eine vormundschaftliche und damit asymmetrische Beziehung bezeichnet, in der das helfende und das machtmissbräuchliche Handeln nah beieinanderliegen können. Paternalismus ist keinesfalls grundsätzlich negativ zu bewerten, schließlich befinden sich Menschen von Geburt an immer wieder in asymmetrischen Beziehungskonstellationen, die auch paternalistische Entscheidungen anderer für das eigene Wohl implizieren. Im Kontext der Medizin sind

---

[1] Vgl. WHO 2022: „A mental disorder is characterized by a clinically significant disturbance in an individual's cognition, emotional regulation, or behaviour. It is usually associated with distress or impairment in important areas of functioning."

[2] Die häufigsten psychiatrischen Krankheitsbilder sind: Angststörungen, affektive Störungen (dabei vor allem unipolare Depression), Störungen durch Alkohol und Medikamentenkonsum. Weitere psychiatrisch relevante Krankheiten sind unter anderem Zwangsstörungen, Bipolare Störung, Schizophrenie, Posttraumatische Belastungsstörung, Borderline-Persönlichkeitsstörung, Anpassungsstörungen.

als paternalistische Entscheidungen jene zu verstehen, die für einwilligungsunfähige PatientInnen zu deren mutmaßlichem Wohl getroffen werden. Geschieht dies allein zur Schadensabwendung und unter größtmöglicher Einbeziehung ihrer Autonomie sowie mit Blick auf die Wiederherstellung dieser, spricht man von schwachem (vgl. Schramme 2016), andernfalls von hartem Paternalismus.

Die ethischen Herausforderungen in der Psychiatrie bestehen *erstens* in den Fragen nach dem verantwortungsvollen Handeln im Spannungsfeld zwischen Autonomie und Fürsorge und *zweitens* in der sogenannten *Doppelrolle* der Psychiatrie. Damit ist gemeint, dass die Psychiatrie nicht allein mit der Behandlung der PatientInnen, sondern auch mit dem Schutz der Gesellschaft vor jenen psychisch Kranken, die ein Gefährdungspotenzial besitzen, beauftragt ist. Dies schließt für die psychiatrischen ÄrztInnen auch eine entsprechende GutachterInnentätigkeit mit ein. In der forensischen Psychiatrie steht dieser Aspekt der Sicherung im Vordergrund. Es bestehen *drittens* Herausforderungen angesichts der begrenzten Ressourcen im Gesundheitswesen, die auch in der Psychiatrie offensichtlich werden. Herausforderungen in der Psychiatrie ergeben sich *viertens* aus deren von vielfältigen Zugängen gekennzeichneten theoretischen Grundlegung. Letztere werden insbesondere in den jeweiligen berufsethischen Reflexionen im Kontext der Psychiatrie bearbeitet (siehe dazu u.a. Radden 2015).

Die genannten ethischen Problembereiche in der Psychiatrie sind nicht unabhängig voneinander zu sehen, vielmehr können sie sich wechselseitig beeinflussen.

Das Spannungsfeld zwischen Fürsorge und dem Respekt vor der Autonomie
Ein Großteil der ethischen Fragen in der Psychiatrie ergibt sich daraus, dass die Prinzipien der Fürsorge und des Respekts vor der Autonomie zueinander in einem Spannungsverhältnis stehen können. Das Handeln, das mit dem Prinzip der Fürsorge im Sinne des PatientInnenwohls gerechtfertigt werden kann, kann dem, was der Patient oder die Patientin für sich wünscht, widersprechen. Ist dies der Fall, ist sorgfältig abzuwägen, inwiefern eine Einschränkung des PatientInnenwillens verantwortbar und damit auch ethisch rechtfertigbar ist.

Grundsätzlich gilt das Selbstbestimmungsrecht: Jede Person hat das Recht, ihr Leben nach ihrer eigenen Vorstellung zu gestalten, egal wie unvernünftig ihre Entscheidungen anderen Personen erscheinen mögen. Gleichzeitig ist es Aufgabe des Staates, das Leben und die physische und psychische Integrität seiner Bürgerinnen und Bürger zu schützen. Das Grundrecht auf Freiheit und Selbstbestimmung ist folglich auch im Kontext psychischer Krankheiten, also außerhalb wie innerhalb psychiatrischer Einrichtungen, unbedingt zu achten. Eingeschränkt werden kann dieses Grundrecht bei schwerwiegenden, strafrechtlich relevanten Sachverhalten oder wenn es bei Einwilligungsunfähigkeit aufgrund von Krankheit, Behinderung oder dem Konsum von Medikamenten oder anderen Substanzen zu Situationen kommt, in denen eine erhebliche Gefahr für das Leben des/der Betroffenen oder eine Fremdgefährdung besteht. Ist die Einwilligungsfähigkeit also durch *Einsichts-* oder *Steuerungsunfähigkeit* – das heißt durch mangelnde Fähigkeit, Art, Bedeutung und Tragweite einer Maßnahme erfassen zu können, und mangelnde Fähigkeit, den Willen nach der erlangten Einsicht bestimmen zu können – nicht gegeben, sind freiheitseinschränkende, dem nicht-autonomen Willen des oder der Betroffenen entgegenstehende Maßnahmen genehmigungspflichtig.[3]

Die Rechtsprechung reagiert damit auf die besondere Vulnerabilität psychisch kranker Menschen, Opfer von Bevormundung und Gewalt zu werden. Sie spiegelt sich verändernde Haltungen gegenüber der Anerkennung von Menschen mit psychischen Krankheiten. Diese resultieren unter anderem aus den Anstrengungen der Behindertenrechts- und der Antipsychiatriebewegung, der Psychiatrie-Enquete, der darin ihren Ausgang nehmenden Psychiatriereform sowie der UN-Behindertenrechtskonvention, die eine Spezifizierung der Allgemeinen Erklärung der Menschenrechte von 1948 darstellt.[4,5]

Mit den jüngsten Urteilen des Bundesverfassungsgerichts in Bezug auf Zwangsmaßnahmen in der Psychiatrie zeigt sich das stetige Bemühen um größtmögliche Bewahrung des Selbstbestimmungsrechts psychisch Kranker. Es bestehen hohe Anforderungen an die rechtliche Genehmigung freiheitsentziehender Maßnahmen und die Behandlung gegen den natürlichen Willen einer aufgrund von psychischer Krankheit in ihrer Entscheidungsfähigkeit eingeschränkten Person. Es ist nicht allein bei der Unterbringung eines sich selbst oder andere gefährdenden einwilligungsunfähigen psychisch kranken Menschen unverzüglich eine gerichtliche Genehmigung einzuholen. Auch alle nicht nur kurzfristigen Fixierungen lösen gemäß dem Urteil des Bundesverfassungsgerichts vom 24. Juli 2018 einen (abermaligen) richterlichen Vorbehalt aus.[6] Eine medikamentöse

---

[3] Die rechtlichen Regelungen zur zwangsweisen Unterbringung von volljährigen Personen mit psychischer Krankheit bei Selbstgefährdung finden sich im sogenannten Betreuungsrecht (§§ 1814-1881 BGB) und in den landesrechtlichen Regelungen, den Psychisch-Kranken-Gesetzen (Psych-KGs).

[4] Gleichwohl sind die Stigmatisierung und Exklusion von Menschen mit psychischer Krankheit nach wie vor ein Problem. Inwiefern also tatsächlich von einer Widerspiegelung der gesellschaftlichen Einstellung gegenüber Menschen mit psychischer Krankheit in der Rechtsprechung gesprochen werden kann und welche Antistigmatisierungsmaßnahmen wirksam sind bzw. wären, wird kontrovers diskutiert (siehe dazu z.B. Finzen 2013).

[5] Das Bemühen darum, möglichst alle Formen des Paternalismus zu vermeiden, zeigt sich etwa in dem zum 01.01.2023 in Kraft getretenen *Gesetz zur Reform des Vormundschafts- und Betreuungsrechts*. Der Begriff des *Wohls* des/der Betreuten als Handlungsziel wurde beispielsweise komplett gestrichen. Damit wurde dem in Art. 12 der UN-Behindertenrechtskonvention formulierten Anspruch eines Zugangs zur Unterstützung bei der Ausübung ihrer Rechts- und Handlungsfähigkeit einerseits und einem Schutz vor Missachtung des *Willens* und der *Präferenzen* der betreffenden Person Rechnung getragen (vgl. UN-Behindertenrechtskonvention 2006).

[6] Darüber hinaus ist nach einem Urteil des Bundesverfassungsgerichts vom 08. Juni 2021 eine Zwangsbehandlung im Maßregelvollzug nicht zulässig, wenn sie zuvor in einer gültigen Patientenverfügung abgelehnt wurde.

Zwangsbehandlung in der Psychiatrie ist darüber hinaus nur dann rechtlich zulässig, wenn die Selbst- oder Fremdgefährdung anders, also über die Unterbringung in der Psychiatrie allein, nicht abwendbar ist. Die medikamentöse Zwangsbehandlung gilt als *ultima ratio*, also als Mittel letzter Wahl. Dies wird mit der besonderen Eingriffstiefe einer psychopharmakologischen Behandlung und dem hohen Stellenwert der auch im Grundgesetz verankerten Freiheitsrechte der Person begründet (siehe Deutscher Ethikrat 2017, u.a. 196, 202). Eine medikamentöse Zwangsbehandlung führt, so die Erfahrung Betroffener, zu Traumatisierung und Vertrauensverlust, also möglicherweise zur langfristigen Ablehnung therapeutischer Maßnahmen (*non-compliance*). Auf der Seite des therapeutischen Teams kann es allerdings zu einem moralischen Unbehagen führen, wenn Kranke, denen mit den Mitteln der psychiatrischen Medizin geholfen werden könnte, lediglich *gesichert* und irgendwann wieder unbehandelt entlassen werden. Zur Ermöglichung einer informierten Einwilligung bedarf es unter Umständen einer psychopharmakologischen Intervention zur Unterbrechung etwa eines paranoiden Wahns. Wird diese Intervention richterlich nicht genehmigt, kann auch kein *informed consent* erreicht werden. Eine vermutlich wirksame Hilfe wird also durch die Betonung der Freiheitsrechte des Betroffenen erschwert bis verunmöglicht. Situationen wie diese können als *Dilemma*-Situationen bezeichnet werden, die dadurch gekennzeichnet sind, dass ein Gut sich nur unter Preisgabe eines anderen Gutes erreichen lässt oder ein Übel nur vermieden werden kann, indem ein anderes Übel akzeptiert wird. Bleiben mit psychotischer Symptomatik einhergehende psychische Krankheiten unbehandelt, kann dies gravierende Folgen haben, etwa den Abbruch sozialer Beziehungen, den wirtschaftlichen Ruin oder den gesellschaftlichen Ausschluss.

Dem Erreichen einer *Compliance* des Patienten bzw. der Patientin kommt im Kontext der Psychiatrie somit besondere Bedeutung zu. Die Behandlungsvereinbarung, ein für die Psychiatrie entwickeltes Instrument der gesundheitlichen Versorgungsplanung (*Advance Care Planning*), kann eine Beachtung des spezifischen Patientenwillens in Situationen der Nichteinwilligungsfähigkeit ermöglichen (vgl. Radenbach/Simon 2018).

Grundsätzlich ist, wie eingangs erwähnt, zu beachten, dass bei diagnostizierten psychischen Krankheiten in der Regel nicht von einer pauschalen Entscheidungsunfähigkeit auszugehen ist. So weist Schramme etwa darauf hin, dass zwischen einer *instrumentellen Kompetenz* und einer *Wohlergehenskompetenz* zu unterscheiden sei. Mit der instrumentellen Kompetenz ist die Fähigkeit gemeint, die angemessenen Mittel beurteilen zu können, um einer anderen Person oder sich selbst Gutes zu tun. Mit der Wohlergehenskompetenz ist die Fähigkeit gemeint, „einzuschätzen, was Bestandteil des Wohlergehens einer Person ist" (Schramme 2016, 14). Ein Patient oder eine Patientin kann in einer Situation aufgrund von Wahnvorstellungen falsche Entscheidungen treffen, eigentlich aber sein/ihr Wohlergehen im Sinn haben (vgl. ebd.). Die Auffassung von dem, was das gute Leben für den Einzelnen bedeutet, ist, so führt Schramme weiter aus, letztlich subjektiv. Auch wenn Elemente menschlichen Wohlergehens mehrheitlich geschätzt werden, wie etwa die Gesundheit, so heißt dies aber nicht, dass diese als höchster Wert zu betrachten sei (vgl. ebd.). Gemäß der UN-Behindertenrechtskonvention ist die Assistenz zur Findung und Umsetzung von Behandlungs- und Lebensentscheidungen eine notwendige Maßnahme zur Ermöglichung eines menschenwürdigen Lebens.[7] Damit sind nun einige Orientierungspunkte für ein verantwortliches Handeln in dem herausfordernden Spannungsfeld zwischen Fürsorge und dem Respekt vor der Autonomie gesetzt – sowohl innerhalb als auch außerhalb der Psychiatrie.

Psychiatrieseelsorgende haben im Gegensatz zu psychiatrischen Ärzten keine Entscheidungen zu Zwangsmaßnahmen zu treffen und zu verantworten. Häufig sind sie aber in diesbezügliche ethische Fallbesprechungen involviert. Hierzu bedarf es einer entsprechenden Fachkompetenz, die psychiatrisches und rechtliches Wissen beinhaltet und darüber hinaus auch eine ethische Reflexionskompetenz bezüglich der Abwägungen in dem hier aufgezeichneten Spannungsfeld umfasst. Darüber hinaus ist gerade die Ermutigung der PatientInnen zur Reflexion der eigenen Vorstellungen vom guten Leben Teil der seelsorgerlichen Begleitung. Von ethischer Relevanz ist dies, da das Nachdenken über den eigenen Lebensentwurf immer auch eine Auseinandersetzung mit den eigenen Werthaltungen ist, die angesichts dessen, was dem Einzelnen widerfährt, immer wieder neu herausgefordert werden und neu bewertet werden müssen.

Die Doppelrolle der Psychiatrie
PsychiaterInnen sind in ihrer Rolle als ÄrztInnen dem Wohl ihrer PatientInnen verpflichtet: dem Schutz, der Heilung oder zumindest der Linderung von Symptomen. Es ist ihnen darüber hinaus aber auch eine weitere, ordnungspolitische Rolle zugewiesen: die des Kontrolleurs/der Kontrolleurin sozialen Verhaltens, des Schützers/der Schützerin der Gesellschaft vor jenen psychisch Kranken, die als „störend" oder sogar als „bedrohlich" empfunden werden, durch *Sicherung* derselben. Eine Einweisung in die Psychiatrie gegen den Willen der Betroffenen kann gemäß der Psychisch-Kranken-Gesetze der Bundesländer (PsychKGs) bei akuter Fremdgefährdung erfolgen, genauer: wenn „eine erhebliche Gefahr für [...] das Leben, die Gesundheit oder bedeutende Rechtsgüter Anderer besteht und

---

[7] Siehe dazu Artikel 1 der UN-Behindertenrechtskonvention: „Zweck dieses Übereinkommens ist es, den vollen und gleichberechtigten Genuss aller Menschenrechte und Grundfreiheiten durch alle Menschen mit Behinderungen zu fördern, zu schützen und zu gewährleisten und die Achtung der ihnen innewohnenden Würde zu fördern. Zu den Menschen mit Behinderungen zählen Menschen, die langfristige körperliche, seelische, geistige oder Sinnesbeeinträchtigungen haben, welche sie in Wechselwirkung mit verschiedenen Barrieren an der vollen, wirksamen und gleichberechtigten Teilhabe an der Gesellschaft hindern können" (UN-Behindertenrechtskonvention 2006, Artikel 1 – Zweck).

nicht anders abgewendet werden kann" (PsychKHG[8] § 9, Abs. 1).[9] In Bezug auf die Gefahrenabschätzung besteht ein gewisser Ermessensspielraum. Es gilt der Grundsatz der Verhältnismäßigkeit.[10] Handelt es sich bei der Fremdgefährdung lediglich etwa um „wiederholte kleine Sachbeschädigungen, verbalaggressives Verhalten gegenüber anderen, Betätigung von Feueralarm, Spucken, Werfen von Gegenständen in Richtung anderer Menschen" (DGPPN 2014, 7), ist eine Zwangsunterbringung rechtlich an und für sich nicht zulässig, kommt aber offensichtlich vor, so dass die Deutsche Gesellschaft für Psychiatrie und Psychotherapie, Psychosomatik und Nervenheilkunde (DGPPN) in ihrer Stellungnahme „Achtung der Selbstbestimmung und Anwendung von Zwang bei der Behandlung psychisch erkrankter Menschen" darauf hinweist, dass eine Unterbringung gegen den Willen der psychisch kranken Person ethisch nicht zu rechtfertigen sei. Es sei „eine fachliche und gesellschaftliche Diskussion über die zukünftige Ausgestaltung der ordnungspolitischen Funktion der Psychiatrie dringend notwendig, die auch die Frage miteinbezieht, welchen Grad von Belästigung die Gesellschaft zu akzeptieren bereit ist [...]" (ebd.).

Diese Doppelrolle, also jene des Bemühens um die Gesundheit der PatientInnen und die ordnungspolitische Rolle der Sicherung derselben zum Schutz der Gesellschaft, führt häufig zu unauflösbaren Rollenkonflikten. Die Gutachtertätigkeit psychiatrischer Ärzte zur Einschätzung der Einwilligungsfähigkeit sowie des Selbst- und Fremdgefährdungspotenzials ist hier eigens zu nennen. Die jeweils unterschiedliche Zielrichtung der ärztlichen Aufgaben, die Gutachtertätigkeit einerseits und die des Heilungsauftrags andererseits, können zu Spannungen führen.

In der Forensik sind die sich aus der Doppelrolle der Psychiatrie ergebenden ethischen Probleme besonders offensichtlich. Auf diesen spezifischen Kontext psychiatrieethischer Reflexion kann an dieser Stelle nicht näher eingegangen werden. Doch auch in den anderen Bereichen der Psychiatrie gehört die Frage danach, ab wann zur Wahrung der Interessen Dritter eine Zwangsmaßnahme rechtlich möglich und ethisch zu rechtfertigen ist, zum Alltag (vgl. Prüter-Schwarte 2018).

---

[8] Hessisches Gesetz über Hilfen bei psychischen Krankheiten (Psychisch-Kranken-Hilfe-Gesetz - PsychKHG) vom 4. Mai 2017, www.rv.hessenrecht.hessen.de/bshe/document/ jlr-PsychKGHEpIVZ.

[9] Psychische Krankheiten im Sinne dieses Gesetzes sind behandlungsbedürftige psychotische Störungen sowie andere behandlungsbedürftige psychische Störungen und Suchterkrankungen von vergleichbarer Schwere.

[10] „Je wahrscheinlicher der Eintritt einer Gefahr für schützenswerte Rechtsgüter ist, desto geringer wird der Betroffene in seinem Freiheitsrecht zu schützen sein. Je unwahrscheinlicher das Vorliegen einer Gefahr ist, desto mehr besteht in gewissen Grenzen die ‚Freiheit zur Krankheit'" (Wissenschaftliche Dienste des Deutschen Bundestags 2008, 9).

Herausforderungen angesichts der begrenzten Ressourcen im Gesundheitswesen
Die Herausforderungen angesichts der begrenzten Ressourcen im Gesundheitswesen werden auch in der Psychiatrie offensichtlich. Dies zeigt sich im knapp bemessenen Pflegeschlüssel, in reduziertem therapeutischen Angebot und beengten Räumlichkeiten. Dies hat ethisch relevante Konsequenzen, wenn ein Handeln zum PatientInnenwohl – wie etwa eine Reduktion von Zwangsmaßnahmen – strukturell bedingt nur eingeschränkt möglich ist. „Um die Patienten zu beruhigen und Zwangsmaßnahmen auf ein Minimum zu reduzieren, [bedarf] es [...] Raum, Zeit für Gespräche und ausreichend Personal" (Bühring 2014, 455).[11] Auf die Bedeutung von Zeit für Gespräche zwischen ÄrztInnen, TherapeutInnen wie Pflegenden und den PatientInnen, Bewegungs- und Rückzugsmöglichkeiten, etwa in Klinikgarten, Ruhe- oder Bewegungsraum, wird auch in der S3-Leitlinie „Verhinderung von Zwang: Prävention und Therapie aggressiven Verhaltens bei Erwachsenen" der DGPPN hingewiesen (vgl. DGPPN 2018, 72ff.). Für die Reduktion von Zwang bedarf es also auch struktureller Möglichkeiten.

Mit Blick auf das Zusammenspiel unterschiedlicher Akteure wie etwa psychiatrischer Einrichtungen, ärztlicher Notdienste und Ordnungsdienste weisen Haltaufderheide u.a. (2021) darauf hin, dass etwa ein Konzept der offenen Stationen in psychiatrischen Einrichtungen dazu führen kann, dass PsychiatriepatientInnen sich aus den Einrichtungen entfernen und sowohl die Not- als auch die Ordnungsdienste gefordert sind, diese PatientInnen wieder zurückzubringen. Dies wiederum bindet Ressourcen, die in anderen Bereichen fehlen. Was für den einen Kontext (die stationäre psychiatrische Einrichtung) im Sinne einer Ermöglichung von Patientenautonomie ethisch geboten sein mag, führt in einem anderen Kontext wiederum oftmals zu ethischen Problemlagen. Es handelt sich dabei um eine Kollision unterschiedlicher moralischer Verpflichtungen, die durch die Veränderungen im System (hier: die beispielhaft genannten Lockerungen innerhalb der Psychiatrie) eine bereits bestehende Allokationsproblematik verstärken. Werden psychiatrische PatientInnen in die Bereiche der somatischen Medizin überstellt, ergeben sich andere Problemlagen, die sich ebenfalls als Ressourcenknappheitsproblematik beschreiben lassen: Wenn psychiatrische PatientInnen auf Intensivstationen immer wieder durch das psychiatrische Personal fixiert oder medikamentös ruhiggestellt werden, bindet dies Ressourcen.[12]

---

[11] Der Beitrag von P. Bühring (2014) bietet eine knappe Zusammenfassung der Stellungnahme der DGPPN: Achtung der Selbstbestimmung und Anwendung von Zwang bei der Behandlung von psychisch erkrankten Menschen. Zitiert werden H. Walter, Professor für Psychiatrie an der Charité – Universitätsmedizin Berlin, und einer der Autoren der Stellungnahme.

[12] Haltaufderheide u.a. (2021) klassifizieren diese Problematiken als intersystemische ethische Probleme in der Psychiatrie, in Abgrenzung etwa zu den dyadischen, das direkte Arzt-Patient-Verhältnis, oder den triadischen, auch dritte Akteure wie etwa die Angehörigen betreffenden ethischen Problemen.

Deister (2017) weist darauf hin, dass es wichtig ist, die Wechselwirkungen zwischen den ökonomischen Rahmenbedingungen und den ethischen Fragestellungen in der Psychiatrie in den Blick zu nehmen. Wichtig sei es, verbindliche Qualitätskriterien für eine den psychisch kranken PatientInnen gerecht werdende Versorgung vorzubringen und den ökonomischen Interessen gegenüberzustellen, um finanzielle Fehlanreize zu verhindern. Ein Kriterium für die Bereitstellung der ökonomischen Rahmenbedingungen müsse die „möglichst gute Ergebnisqualität der psychiatrischen Versorgung bezogen sowohl auf die Krankheitssymptomatik als auch auf die Fähigkeit zur Teilhabe an gesellschaftlichen Prozessen" (ebd., 102) sein. Ein Gelingen dieses Auslotungsprozesses ist eine der ethischen Herausforderungen im Kontext der Psychiatrie.

Herausforderungen durch die vielfältigen theoretischen Zugänge zur Psychiatrie
Die Psychiatrie ist in besonderer Weise durch die Interdisziplinarität ihrer theoretischen Zugänge gekennzeichnet. So blickt beispielsweise die psychodynamische Psychiatrie anders auf die Entstehung psychischer Erkrankungen und entsprechend naheliegende Therapien als eine strikt biologisch ausgerichtete. Während die Kontroversen bezüglich der Ätiologie psychischer Störungen in der Vergangenheit recht polemisch ausgetragen wurden, scheinen sich aktuell integrative Modelle wie etwa das Bio-Psycho-Sozial-Modell der Psychiatrie durchzusetzen. Positionierungen wie jene der Anti-Psychiatrie, die zurückgehend auf Szasz (1960) psychische Krankheit als allein auf kulturellen Normierungen beruhend ansieht, haben allerdings ebenfalls eine Bedeutung in den Diskursen um eine adäquate Begleitung und Therapie psychisch kranker Menschen (oder als psychisch krank geltender Menschen). Das breite Spektrum der Auffassungen bezüglich der Ursachen und der Diagnostik psychischer Krankheiten stellt Radden zufolge auch in ethischer Hinsicht eine besondere Herausforderung insbesondere für Psychiaterinnen und Psychiater dar. Diese seien gefordert, alternative Sichtweisen im Blick zu haben, Behandlungsoptionen mit Blick auf die Werte und Überzeugungen der Patientinnen und Patienten auszuloten, ohne die eigene Integrität als psychiatrische ÄrztInnen mit Heilungs- oder Linderungsauftrag einzubüßen (vgl. Radden 2015, 36–38).

Verunsicherungen, die seitens der psychiatrischen Ärzte und Ärztinnen lange gegenüber einem seelsorgerlichen Blick auf die psychisch kranken PatientInnen bestanden, sollten inzwischen ausgeräumt sein, da sich Seelsorgende gemäß den etablierten Seelsorgekonzeptionen nicht mehr in Konkurrenz zur Ärzteschaft in der Psychiatrie sehen. Seelsorge versteht sich nicht als Therapie. Sie leistet vielmehr einen Beitrag dazu, die Krankheit in einen Sinnhorizont gelingenden Lebens zu stellen. Damit geht die Weitung des Blicks von der Therapie einer Krankheit hin zu einer Begleitung eines Menschen in seiner Handlungs- und Beziehungsfähigkeit und angesichts seiner offenen, prinzipiell unabgeschlossenen Identität. Über die Beschäftigung mit der je individuellen Lebensgeschichte begleiten Seelsorgende die PatientInnen in ihrer Auseinandersetzung mit Mehrdeutigkeiten, Fremdheitserfahrungen und Ohnmacht und leisten einen Beitrag zur „Unterstützung, Stärkung oder Wiederherstellung seelischer Widerstandskraft [...] von psychisch erkrankten Menschen und deren Angehörigen" (Sautermeister 2018, 29). Ein solches Bemühen ist, wie gezeigt wurde, in vieler Hinsicht ethisch relevant.

Literatur

Bühring, Petra (2014): Zwangsbehandlungen in der Psychiatrie. Zwang auf ein Minimum reduzieren, in: *Deutsches Ärzteblatt* 10, 755, www.aerzteblatt.de/pdf.asp?id=162789 (Zugriff: 06.03.2023).

Deister, Arno (2017): Ökonomische Rahmenbedingungen, in: Vollmann, Jochen (Hrsg.), *Ethik in der Psychiatrie. Ein Praxisbuch*, Köln, 95–103.

Deutscher Ethikrat (2017): *Hilfe durch Zwang? Professionelle Sorgebeziehungen im Spannungsfeld von Wohl und Selbstbestimmung*, Berlin.

Deutsche Gesellschaft für Psychiatrie und Psychotherapie, Psychosomatik und Nervenheilkunde e.V. [DGPPN] (2014): Achtung der Selbstbestimmung und Anwendung von Zwang bei der Behandlung psychisch erkrankter Menschen. Eine ethische Stellungnahme der DGPPN, in: *Der Nervenarzt* 11, 1–10, DOI: 10.1007/s00115-014-4202-8.

Deutsche Gesellschaft für Psychiatrie und Psychotherapie Psychosomatik und Nervenheilkunde e.V. [DGPPN] (2018): *S3-Leitlinie „Verhinderung von Zwang: Prävention und Therapie aggressiven Verhaltens bei Erwachsenen"*, AWMF-Register Nr. 038-022, https://register.awmf.org/assets/guidelines/038-022l_S3_Verhinderung-von-Zwang-Praevention-Therapie-aggressiven-Verhaltens_2018-11-abgelaufen.pdf (Zugriff: 06.03.2023).

Finzen, Asmus (2013): *Stigma psychische Krankheit. Zum Umgang mit Vorurteilen, Schuldzuweisungen und Diskriminierungen*, Köln.

Haltaufderheide, Joschka/Gather, Jakov/Juckel, Georg/Schildmann, Jan/Vollmann, Jochen (2021): Types of Ethical Problems and Expertise in Clinical Ethics Consultation in Psychiatry – Insights Form a Qualitative Empherical Ethics Study, in: *Frontiers in Psychiatry* 12, DOI: 10.3389/fpsyt.2021.558795.

Prüter-Schwarte, Christian (2018): Forensische Psychiatrie, Gutachtertätigkeit und die Frage der Verantwortbarkeit, in: Prüter-Schwarte, Christian/Gouzoulis-Mayfrank, Euphrosyne (Hrsg.), *Ethik in der psychiatrischen Praxis. Prinzipien – Werte – Tugenden*, Lengerich, 145–172.

Radden, Jennifer (2015): Unique Ethical Challenges for Psychiatric Practice, in: Sadler, John Z./van Staden, C.W./Fulford, Kenneth W.M. (Hrsg.), *Oxford Handbook of Psychiatric Ethics*, Bd. 1, Oxford, 30–44.

Radenbach, Katrin/Simon, Alfred (2018): Advance Care Planning in der Psychiatrie, in: Prüter-Schwarte, Christian/Gouzoulis-Mayfrank, Euphrosyne (Hrsg.), *Ethik in der psychiatrischen Praxis. Prinzipien – Werte – Tugenden*, Lengerich, 123–136.

Sautermeister, Jochen (2018): Irritation der Lebensführung. Existenzielle und theologisch-ethische Herausforderungen psychischer Erkrankungen, in: Sautermeister, Jochen/Skuban, Tobias (Hrsg.), *Handbuch psychiatrisches Grundwissen für die Seelsorge*, Freiburg i. Br., 17–33.

Schramme, Thomas (2016): Paternalismus, Zwang und Manipulation in der Psychiatrie, in: Juckel, Georg/Hoffmann, Knut (Hrsg.), *Ethische Entscheidungssituationen in Psychiatrie und Psychotherapie*, Lengerich, 11–27.

Szasz, Thomas (1960): *The Myth of Mental Illness*, New York.

Vereinte Nationen (2006): *UN-Behindertenrechtskonvention. Übereinkommen über die Rechte von Menschen mit Behinderungen*, www.behindertenrechtskonvention.info/uebereinkommen-ueber-die-rechte-von-menschen-mit-behinderungen-3101 (Zugriff: 06.03.2023).

Wissenschaftliche Dienste des Deutschen Bundestags (2008): *Die UN Disability Convention und deren Auswirkungen auf die Zwangsunterbringung und -behandlung nach dem PsychKG, Ausarbeitung WD 9 - 3000 - 121/08*, www.bundestag.de/resource/blob/412006/07b9868d07398f2a13d269ca0788b771/WD-9-121-08-pdf-data.pdf (Zugriff: 06.03.2023).

WHO (2022): *Mental disorders*, www.who.int/news-room/fact-sheets/detail/mental-disorders (Zugriff: 06.03.2023).

Fallerzählung: Einweisung einer bipolaren Patientin in manischer Episode

Frau L., eine 28 Jahre alte Frau, verheiratet, zwei Kinder: vier Jahre und zwei Jahre, der Mann promoviert, macht zurzeit ihr Referendariat in den Fächern Musik und Pädagogik. Die Kinder gehen in eine Kita; zusätzlich kümmert sich um sie eine Kinderfrau, damit ihr Mann auch Zeit für die Promotion hat.

Erstmalig psychiatrisch erkrankt ist Frau L. mit Anfang zwanzig. Ich kenne sie von einem vorherigen Aufenthalt auf der Station X (einer Station für affektive Erkrankungen) der Klinik. Frau L. hat eine bipolare Störung, stellenweise mit stark psychotischem Erleben. Der Antrieb der Patientin ist in der manischen Phase deutlich gesteigert, hinzu kommt ein Liebeswahn, bezogen auf dritte Personen. Ihre manisch-wahnhafte Seite kenne ich zunächst gar nicht, wohl aber ihre stark depressive. Ich treffe die Patientin im Winter 2010/11 zum ersten Mal, als sie nach einer langen Depression wieder lebendig wird, Pläne schmiedet, Verantwortung neu übernimmt und ihr Referendariat antreten will. Hier erfahre ich durch ihr Erzählen auch von ihren Manien und von der Tatsache, dass ihr Mann sie sexuell nicht ausfüllt und sie daher einen Freund hat, der ihr ganz wichtig ist. Ihr Mann wisse davon und akzeptiere das Verhältnis.

Frau L. wird entlassen; sie beginnt ihr Referendariat und kann Familie und Arbeit regeln. Ich höre einige Monate nichts von ihr. Nach knapp einem Jahr taucht Frau L. bei mir im Patienten-Café auf. Sie erzählt mir, dass sie ihre Familie verlassen hat und in einen Sänger namens Rocky S. verliebt ist. Er verstehe sie wirklich und liebe sie auch. Vor einem halben Jahr sei ihr Großvater gestorben; danach sei ihr klargeworden, dass ihr Leben zu angepasst gewesen sei. Ihre Erziehung sei zu bürgerlich und immer leistungsorientiert gewesen. Frau L. hat ihre ambulante Psychotherapie abgebrochen und ihre Medikamente vollkommen abgesetzt. Zitat: „Ich habe keine Erkrankung, ich war und bin in einer Lebenskrise." Auf meinen Vorschlag, vielleicht doch an die eher positiven Erfahrungen auf Station X anzuknüpfen, wo ihr geholfen wurde, reagiert sie ablehnend, verhalten: „Ich will auf keinen Fall auf eine der allgemein-psychiatrischen Stationen – das ist da alles ganz schlimm!"[1] Mit ihrem Einvernehmen rufe ich auf Station X an. Es gibt eine lange Warteliste. Zurzeit sei kein Platz frei, die Patientin müsse selbst noch einmal anrufen, wenn der Aufnahmearzt da sei. Ich schreibe Frau L. alles auf und gebe ihr noch ein Infoblatt einer Nachbar-Klinik mit, die ein eher psychotherapeutisches Profil hat. Frau L. zieht weiter.

---

[1] Die allgemein-psychiatrischen Stationen leisten die Pflichtversorgung in einer Region. PatientInnen aus dieser Gegend müssen von ihnen aufgenommen werden. Es handelt sich um fakultativ geschlossene Stationen, die aber tatsächlich meistens geschlossen sind.

Nach ein paar Tagen treffe ich den behandelnden Psychiater des MVZ (Medizinisches Versorgungszentrum), mit dem ich über Frau L. spreche. Der Ehemann, der seine Kinder schützen möchte, hat sich beim ihm gemeldet und um Unterstützung gebeten. Seine Frau sei nicht mehr absprachefähig; sie habe ihr Referendariat abgebrochen und tauche nur noch punktuell zuhause auf. Als Arzt stehe er vor dem Dilemma und vor der Entscheidung: Soll er eine Allianz mit dem Ehemann eingehen, zugunsten der Kinder (!), oder halte er die Beziehung zu Frau L.? Er wisse, was medizinisch kommen werde: Nach der relativ kurzen manisch-psychotischen Phase käme die lange Depressionszeit. Wo/wann müsse er eingreifen? Rein rechtlich gesehen ließen sich durch eine richterliche Verfügung eine Eilbetreuung und eine Unterbringung erwirken. Ziel aber wäre für die Patientin Frau L. die Integration beider Seiten: einerseits ihres Freiheitsdrangs und Wunsches nach Autonomie, Ausbrechen und andererseits ihrer Bindungsfähigkeit in der Familie – zu den Kindern und zum Ehemann. Hier sei auch durch ihr psychotisches Erleben – den Liebeswahn in Bezug auf den Sänger Rocky S. – keine Krankheitseinsicht gegeben. Frau L. empfände sich nicht als krank. Er habe sie angerufen; sie habe sehr ablehnend reagiert: Er unterstelle ihr das, was auch ihr (Ex-)Mann ihr immer wieder unterstelle.

In der Folgezeit spitzen sich die Ereignisse zu. Die Erkrankung von Frau L. verstärkt sich aus Sicht des Ehemannes. Er bringt die gemeinsamen Kinder bei seinen Eltern in Sicherheit. Mit der Unterstützung durch einen Freund fährt der Ehemann seine Frau im Auto zur Klinik. Frau L. weigert sich, aus dem Auto auszusteigen und in die Aufnahme mitzukommen. Die Polizei wird vom Aufnahmearzt angefordert und leistet Amtshilfe. Frau L. wird gegen ihren Willen nach PsychKG[2] für 24 Stunden untergebracht. Frau L. kommt ins Isolationszimmer. Hier beißt sie einen Pfleger, was zur Folge hat, dass sie fixiert wird. Alle seien Schweine, sagt sie – der Einzige, der sie verstehe und zu dem sie ein inniges Verhältnis habe, sei Rocky S.

Frau L. wird nun vom Richter nach Anhörung nach BGB[3] für 14 Tage untergebracht. Es erfolgt eine Medikamentenumstellung: Zaprex (macht zu dick!) wird durch ein neueres Neuroleptikum ohne diese Nebenwirkung ersetzt.

Nach 14 Tagen kann Frau L. auf die offene Station X verlegt werden. Hier ist sie freiwillig und nimmt an den Therapieangeboten teil. Auf dieser Station treffe ich Frau L. wieder. Sie kommt zu meiner wöchentlichen Gesprächsgruppe, bei der sie interessiert mitmacht. Die Ereignisse der vergangenen Wochen spricht sie bei mir nicht weiter an. Nach sechs Wochen wird Frau L. entlassen.

---

[2] Gesetz eines Bundeslandes für psychisch Kranke.
[3] Das Bürgerliche Gesetzbuch regelt u.a. nach § 1906 die Unterbringung durch das Betreuungsgericht.

Kommentar I: Handeln zwischen Vertrauensbildung und Übergriffigkeit

Heike Knögel

Angenommen die Fallschilderung würde mit der Erzählung beginnen, dass eine vor Ort bekannte Psychiatriepatientin, Frau L., in einer manisch-wahnhaften Episode keine Krankheitseinsicht hat und auch dem Rat ihres behandelnden Arztes nicht folgt. In der Folgezeit haben sich die problematischen Ereignisse so zugespitzt, dass der Ehemann im Rahmen des PsychKG eine Einweisung in die Psychiatrie erwirkt, nicht ohne Widerstände seiner Frau. Nach einer gewissen Zeit und entsprechender Behandlung verbessert sich die Compliance von Frau L. und sie kann sich interessiert auf die Therapieangebote der mittlerweile offenen Psychiatriestation einlassen. Dies wäre der ganz normale Verlauf der Unterbringung in einer Psychiatrie.

Die dargelegten, vielschichtigen Ereignisse im Vorfeld des Geschehens und die zahlreichen AkteurInnen präsentieren ein facettenreiches Bild des Verlaufs und dessen Einzigartigkeit. Damit einher geht die Forderung nach einer Präzisierung der ethischen Frage jenseits einer verallgemeinerten Unterbringungsdebatte. Geht es dem Falldarsteller – hier dem involvierten Seelsorger – um die Frage nach einer ethischen Rechtfertigung der Einweisungsmaßnahme oder um die Auseinandersetzung mit der Rolle des Seelsorgenden und seinem ethischen Handeln im Verlauf des dargestellten Falles?

Aus meiner Sicht steht nicht die singulär zu betrachtende Legitimitätsfrage, wer/wann/für wen/mit welchem Grund eine Klinikeinweisung bewirkte, im Vordergrund. Die Verschlechterung des psychischen Zustands von Frau L. und die darauffolgende Einweisung nach dem PsychKG rechtfertigen prinzipiell diese Entscheidung zur klinischen Einweisung aufgrund der eingeschränkten Selbstbestimmung zum damaligen Zeitpunkt und damit einhergehender stellvertretender Fürsorge des Umfelds. Ergänzungswürdig wäre an dieser Stelle noch die Klarstellung, wer zu welchem Zeitpunkt die Selbstbestimmungsfähigkeit der Patientin überprüft hatte (Gather/Scholten 2020, 4). Die aufeinanderfolgenden Ereignisse führen, ja verführen geradezu zur Beobachtung durch eine normative Brille, deren Fokus auf der Unterscheidung „moralisch richtig versus falsch bzw. angemessen versus unangemessen" liegt und die die AkteurInnen und deren Handlungen entsprechend einzuordnen versucht.

Mit dem Fokus auf Frau L. als Indexperson wird die Frage nach dem Grad ihrer Selbstbestimmungsfähigkeit in ihren Lebens- und Handlungsentscheidungen quasi zum durchlaufenden Fragezeichen des Falls. Es gilt abzuwägen, inwiefern und in welchem Umfang die manisch-depressiven Schwankungen ihr selbstbestimmtes und entscheidungsfähiges Tun beeinflussen. Von der Warte einer kritischen, sprich distanzierten Prozessbeobachtung ist man geneigt, Frau L.s abrupte Lebensveränderungen nicht ihrer Selbstbestimmung, sondern sofort einem krankheitsbedingten Unvermögen zuzuordnen.

Die Einlassung auf einen neuen Lebenspartner aus einer sogenannten „gewissen Szene", die Erklärung dieses Verhaltens mit einem Liebeswahn, die zurückgelassene Familie suggerieren moralisch-kritische Anfragen, die zugleich, trotz aller kritischen Einlassungen, hinter dem absoluten Recht auf Individualität und Autonomie zurückbleiben.

Der Mensch mit seiner In-sich-Geschlossenheit und Auf-sich-Bezogenheit (Autopoiese) ist nach den anthropologischen Grundzügen A. Wittrahms „niemals endgültig festzulegen" und präsentiert in seinen Lebensvollzügen somit den Ausdruck seiner Einzigartigkeit.

Gather und Scholten (2020) sprechen von sogenannten geschützten Entscheidungen, die zu respektieren sind, auch wenn sie nicht unbedingt förderlich erscheinen. „Dieser Respekt vor der Selbstbestimmung von PatientInnen gründet sich auf zwei zentrale Annahmen: (1) In einer wertepluralistischen Gesellschaft können Menschen selbst am besten beurteilen, welche Entscheidungen ihrem Wohl dienlich sind, und (2) In einer freiheitlichen Gesellschaft besitzen Menschen das Recht, persönliche Entscheidungen gemäß ihren eigenen Wertvorstellungen zu treffen, unabhängig davon, ob diese Entscheidungen ihrem Wohl zuträglich sind oder die eigenen Wertvorstellungen von anderen Menschen geteilt werden" (ebd., 2).

Die zweite Blickrichtung fokussiert auf das Beziehungsgeschehen zwischen dem Seelsorger und der Patientin. Eine gewisse gegenseitige Vertrautheit tritt zu Tage, wie die Szene im Patientencafé es eindrücklich illustriert. Der Seelsorger begibt sich durch sein sorgendes Interesse und mit seinen anteilnehmenden Gesprächen in ein wiederkehrendes Spannungsfeld von Patientenselbstbestimmung und Fürsorgepflicht. In diesem Setting übernimmt er eine empathische Zuhörerrolle wie auch die ratgebende Gesprächsleitung.

Was leitet seine Vermutung, die Patientin sei nicht krankheitseinsichtig und brauche Überzeugung, bis hin zur Übernahme von stellvertretenden Entscheidungsfindungen? Konnte und durfte er, mutmaßlich ohne das Einverständnis von Frau L., also ungefragt, das Gespräch mit dem Arzt aufnehmen und dies noch dazu in einem nicht-klinischem Begegnungssetting? Die zögerliche Reaktion des Arztes spiegelt die Grenzüberschreitung wider: Die zuvor anwaltschaftliche Seelsorgebeziehung zur Patientin wechselt zu einer Interessensvertretung für die Nöte und Belange des überforderten Ehemanns. Die jeweilige professionelle Verschwiegenheit wird aufgegeben unter dem Vorzeichen der Suche nach dem

Patientenwohl. Die Fallschilderung lässt kein eindeutiges Auftragsvotum erkennen, auch keinen Hinweis, ob ein Grad von Dringlichkeit dieses Handeln erforderlich gemacht hätte.

Eine Gesamtschau auf alle Beteiligten und deren Beziehungsgeflecht führt im dritten Blick zu sozialethischen Belangen. Zu kurzsichtig erscheint die Annahme, dass ein Mensch ein ganzes System in Bewegung oder gar ins Wanken bringt. Verändert man seinen Blick, weg von der Indexperson und hin zum Beziehungsgefüge aller Beteiligten, so lässt sich beobachten, dass Frau L., der Partner, die Familie, die Professionellen im Umfeld je unterschiedliche Bedürfnisse und Ziele haben und voneinander unterscheidbare soziale Verantwortungen übernehmen.

Die Fallerzählung endet mit der Unterbringung und mutmaßlich der damit einhergehenden Befriedung der Situation, weil es der Patientin anschließend wieder bessergeht. Frau L. spricht in der Folge die Geschehnisse nicht mehr an. Aus Scham oder Enttäuschung oder wiederum als Ausdruck der Beendigung des Vergangenen und Befreiung zu einem neuen Lebensabschnitt? Was könnte das Nicht-Kommunizieren der Vergangenheit für die Selbstbewertung der Patientin einerseits und für das Seelsorgeverhältnis andererseits bedeuten? Das offene Ende provoziert zu einigen normativen Mutmaßungen.

Ende gut, alles gut?! Für den unmittelbaren Moment im Rahmen der Genesung, der zunehmenden Selbstbestimmungsfähigkeit und der wiedererlangten Autonomie erfährt Frau L. ein Abklingen ihrer psychotischen Episode und vermutlich eine verbesserte Teilhabe am Leben im Alltag und in den Beziehungen.

Offen bleibt die persönliche Einordnung des jeweiligen Handelns der verschiedenen AkteurInnen: Sorge, Verständnis, Akzeptanz, fürsorglich-vertretende Entscheidungen. Letztlich steht die essentielle (Lebens-)Frage des Einander-Vertrauens im Mittelpunkt als Korrektiv für das Beziehungsgeflecht mit all seinen Ambivalenzen und auch Grenzüberschreitungen: „Ich handelte deswegen so, weil ich es in diesem Moment und im Blick auf dich gut meinte und in meiner Verantwortung entschied, genau so und nicht anders zu handeln!"

Ob Frau L. diese Entscheidungen und Entwicklungen gut und förderlich fand? Nur sie wird die Antwort für sich finden, die bei ihr selbst und in ihrem Umfeld eine positive Resonanz entfaltet.

Literatur

Gather, Jakov/Scholten, Matthé (2020): Ethisches Spannungsfeld – Patientenselbstbestimmung und professionelle Fürsorge, in: Riedel, Annette/Lehmeyer, Sonja (Hrsg.), *Ethik im Gesundheitswesen*, Berlin/Heidelberg, 1–10, DOI: doi.org/10.1007/978-3-662-58685-3_48-2.

Wittrahm, Andreas (1993): *Orientierung zur ganzheitlichen Altenpflege*, Bonn, 27–31.

Kommentar II: Zur Rechtfertigung der Unterbringung

Gwendolin Wanderer

In der vorliegenden Fallerzählung wird vor allem das Davor, das Drumherum und nur wenig von dem Danach einer Einweisung einer Patientin mit bipolarer Störung gegen deren geäußerten Willen in die Psychiatrie geschildert. Die Frage danach, inwiefern diese konkrete Zwangseinweisung ethisch gerechtfertigt werden kann, drängt sich im Nachgang zu dieser Fallerzählung auf. Das Unbehagen daran, den vorliegenden Fall als Erfolgsgeschichte anzusehen, soll im Folgenden formuliert und reflektiert werden.

Eine 28-jährige Mutter zweier Kinder, Frau L., die der Fallerzählung zufolge bereits seit Anfang zwanzig an einer bipolaren Störung leidet, befindet sich nach einer ein Jahr zuvor überstandenen depressiven Phase mit Klinikaufenthalt nun in einer manischen Phase. Wann diese genau eingesetzt hat, wird in der Fallerzählung nicht erwähnt. Die inzwischen überstandene depressive Phase der Patientin war dem Seelsorger (und Autor der Fallerzählung) zufolge schwer und langwierig. Er war in der Klinik dabei, als sie wieder „lebendig" wurde (ihr vorheriger, depressiver Zustand war offensichtlich nicht als „Lebendig-Sein" zu bezeichnen). In der manischen Phase folgt die Patientin ihren Impulsen und dem, was ihr in ihrer Wahnhaftigkeit – unter anderem einem Liebeswahn – plausibel erscheint: Sie verlässt ihre Familie, lässt sich ihrer eigenen Schilderung zufolge auf eine Beziehung mit einem anderen Mann ein, bricht ihr Referendariat ab und lebt damit offensichtlich den Drang danach aus, sich von dem zu befreien, was sie ihrem Empfinden nach belastet. Eine ambulante Psychotherapie hat sie zuvor abgebrochen, ihre Medikamente abgesetzt. Die Tatsache, dass sie das Patientencafé der psychiatrischen Einrichtung besucht, in der sie zuvor mit ihrer Depression Patientin war, legt nahe, dass sie in ihrer manischen Phase Begleitung sucht. Krankheitseinsicht hat sie nicht; einen weiteren Klinikaufenthalt lehnt sie für sich ab. Im Patientencafé vertraut sich Frau L. dem Seelsorger, den sie ja bereits kennt, an.

Der Seelsorger handelt fachlich adäquat, steigt nicht in die wahnhaften Schilderungen mit ein, konfrontiert Frau L. aber auch nicht mit deren Realitätsfremdheit. So wird der Wahn nicht verstärkt und gleichzeitig das Vertrauensverhältnis nicht gestört. Er hört intensiv zu und zeigt ein fürsorgliches Handeln, indem er der Patientin eine Kontaktaufnahme mit einer psychiatrischen Einrichtung empfiehlt, der Station X, in der sie im Kontext ihrer Depression einst gute Erfahrungen gemacht hat. Als der Seelsorger für sie anfragt, ob sie dort aufgenommen werden kann, protestiert sie nicht – auch wenn sie eigentlich nicht wieder in ein Krankenhaus gehen möchte. An dieser Stelle ist das Verhalten des Seelsorgers etwas paternalistisch, was Frau L. in diesem Fall aber zu tolerieren scheint. Grundsätzlich wäre eine psychiatrische Behandlung in der akut manischen Phase angezeigt; bereits nach sechs bis acht Wochen wäre eine deutliche Besserung der Symptome möglich. Gleichwohl – so führt einer der psychiatrischen Ärzte, der Frau L. bereits behandelt und mit dem deren Ehemann in der Zwischenzeit Kontakt aufgenommen hat, aus – sei es wichtig, sich zu vergegenwärtigen, dass sich Frau L. im Rahmen der Manie selbstwirksam und frei fühle und ihr im Anschluss an die Manie eine andauernde, schlimme depressive Phase bevorstehe. Eine Patientin mit Zwang an dieser als angenehm empfundenen Lebendigkeit zu hindern, sei ein gravierender Eingriff, der moralisch gut abzuwägen sei und der Patientin gegenüber gerechtfertigt werden müsse. Die Fähigkeit, sowohl ihre Bindungsfähigkeit zu ihrem Mann und ihren Kindern als auch das Ausleben ihres Freiheitsdrangs in ihr Leben zu integrieren, soll dem Psychiater zufolge das Ziel des Handelns sein.

Offensichtlich ist dies ein für den behandelnden Psychiater plausibles Modell eines gelingenden Lebens für Frau L. Dieses ist recht offen formuliert und beinhaltet zunächst die Vorstellung, dass eine Aufrechterhaltung der Beziehung zu Mann und Kindern wertvoll sei. Der Freiheitsdrang, der sich in ihren manischen Phasen Bahn zu brechen scheint, ließe sich in ihr Leben integrieren, so die Vorstellung. Dies zu bejahen oder auch nicht, fällt in den Bereich der Person, um deren Leben es geht, und in den Bereich von deren subjektiver Wohlergehenskompetenz (vgl. Schramme 2016, 14). Herauszufinden, wie man sein Leben idealerweise führen möchte, ist eine Herausforderung, insbesondere wenn einzubeziehen ist, dass die eigene Wahrnehmung phasenweise verzerrt ist, etwa durch rezidivierende depressive oder manische Krankheitsphasen. Für Frau L. scheint diese Auseinandersetzung mit der eigenen Identität und einer authentischen Lebensführung besonders bedeutsam zu sein. Wiederholt suchte und sucht sie dazu das Gespräch mit dem Seelsorger. Eine Unterstützung dieser Auseinandersetzung mit den eigenen Wertvorstellungen wäre im Sinne einer Stärkung der Patientin wichtig. Frau L. erzählt beispielsweise, wie das Versterben ihres Großvaters sie zum kritischen Nachdenken über ihren eigenen Werdegang brachte. Hier böten sich Ansatzpunkte zum gemeinsamen Gespräch darüber, was für Frau L. in ihrem Leben Bedeutung hat.[1]

---

[1] Ein solches Arbeiten an der erzählten und der erzählenden Identitätskonstruktion ist ein Anliegen der narrativen Ethik, die für den Kontext psychischer Krankheit mit den damit einhergehenden Wahrnehmungsverzerrungen eigens zu reflektieren ist (vgl. Wanderer 2022, 255–259).

Wir kommen zurück zu den Überlegungen des Psychiaters, ob er die Allianz mit dem Ehemann eingehen darf – zugunsten der Kinder – oder eher die Beziehung zu Frau L. halten soll. Für letztere Handlungsentscheidung spräche, dass eine vertrauensvolle Arzt-Patient-Beziehung die Bereitschaft der Patientin, an den Therapien mitzuwirken, begünstigen würde. Das Initiieren und Umsetzen von Zwangsmaßnahmen wäre dafür kontraproduktiv. Offensichtlich bestand auf der Seite des Ehemanns die Sorge, dass die Kinder durch das Manie-bedingte Verhalten Schaden nehmen könnten. Den behandelnden Psychiater bewog dieser Umstand letztendlich dazu, mit dem Ehemann gemeinsam die Zwangseinweisung zu planen und dann die medikamentöse Behandlung gegen den (als nicht frei eingeschätzten) Willen der Frau durchzusetzen.

Eine Zwangseinweisung auf der Basis der Psychiatriegesetzgebung der Länder (genannt PsychKG) kann nur erfolgen, wenn „erhebliche Gefahr" der psychisch Kranken für „ihr Leben, ihre Gesundheit oder das Leben, die Gesundheit oder andere bedeutende Rechtsgüter Anderer" besteht. Wir können anhand der Fallerzählung nicht beurteilen, inwiefern Frau L. tatsächlich eine *erhebliche* Gefahr für die Gesundheit oder das Leben ihrer beiden zwei und vier Jahre alten Kinder dargestellt hatte. Die Schilderung des Ehemanns wird hier ausschlaggebend gewesen sein.

Im Rahmen der anschließenden Genehmigung eines zwangsweisen zweiwöchigen Verbleibs in der Psychiatrie nach richterlicher Anhörung wird die Gefahr gesehen worden sein, dass die Betroffene „sich selbst tötet oder erheblichen gesundheitlichen Schaden zufügt", oder es wurde die Notwendigkeit einer „Abwendung eines drohenden erheblichen gesundheitlichen Schadens [...]" erkannt (§ 1831 BGB).

Aber: War die Gefahr für die Gesundheit oder das Leben der Kinder wirklich erheblich? Drohte die Gefahr eines massiven gesundheitlichen Schadens oder gar die Gefahr eines Suizids für die Patientin? Eine solche richterliche Entscheidung wie jene im vorliegenden Fall und dem darin beschriebenen Kontext ist nicht selbstverständlich. Oft sind die Hürden für die Genehmigung von Zwangsmaßnahmen zugunsten der Wahrung der Freiheitsrechte der Betroffenen besonders hoch; diese werden dann erst genehmigt, wenn das Leben des oder der psychisch Kranken tatsächlich in akuter Gefahr ist. In einer Stellungnahme der Deutschen Gesellschaft für Bipolare Störungen e.V. wird dies problematisiert. Angehörige und Behandler müssten oft taten- und fassungslos zusehen, wie Menschen in mitunter einem Jahr andauernden manischen Phasen ihr Leben zerstören. Es wird mit diesen unterschiedlichen Positionen deutlich, warum bei den ethischen Fragen im Kontext der Psychiatrie von einem *Spannungsfeld* zwischen Autonomie und Fürsorge gesprochen wird.

Inwiefern im folgenden Fall wirklich alles getan wurde, um den Einsatz von Zwangsmaßnahmen zu vermeiden, bleibt fraglich. Der Deutschen Gesellschaft für Bipolare Störungen zufolge sollte es das Ziel einer Behandlung von Menschen mit bipolarer Störung sein, bei den Betroffenen Krankheitseinsicht und langfristige Verhaltensänderungen, etwa über Frühsymptommanagement und Rezidivprophylaxe, zu erreichen. Eine Einbeziehung der Angehörigen zu fördern, sei dabei bedeutsam (vgl. Deutsche Gesellschaft für bipolare Störungen 2012). Alle Maßnahmen, die die Erkrankten dabei unterstützen, zu lernen, mit ihrer Erkrankung zu leben und unterschiedliche Bestrebungen in das eigene Leben zu integrieren, seien zu befördern. Die subjektive Perspektive der Patientinnen und Patienten mit bipolarer Störung darauf, was im Umgang mit der eigenen Erkrankung als hilfreich empfunden wurde und wird, sei für die Rechtfertigbarkeit der durchgeführten Maßnahmen bedeutsam. In der dargestellten Fallerzählung fehlt dieser retrospektive, subjektive Blick leider. Das moralische Unbehagen angesichts der Unsicherheit, ob die Zwangsunterbringung und Zwangsbehandlung von Frau L. wirklich das *Mittel letzter Wahl* waren und man nicht doch hätte anders handeln können, bleibt. Die Gedanken des Psychiaters zu den Auswirkungen der Behandlung auf die Patientin – den Abbruch der kurzen, angenehmen Phase der Manie angesichts der zu erwartenden langen Phasen des Leidens an der Depression – hatten offensichtlich keine Auswirkungen auf seine Handlungsentscheidungen. Inwieweit die Überlegungen zu den langfristigen Zielen der Behandlung zum Tragen kommen, bleibt offen.

Literatur

Deutsche Gesellschaft für Bipolare Störungen (2012): *DGSB Stellungnahme zu Zwangsmaßnahmen in der Psychiatrie*, https://dgbs.de/verein/stellungnahmen/zwangsmassnahmen (Zugriff: 15.03.2023).

Schramme, Thomas (2016): Paternalismus, Zwang und Manipulation in der Psychiatrie, in: Juckel, Georg/Hoffmann, Knut (Hrsg.), *Ethische Entscheidungssituationen in Psychiatrie und Psychotherapie*, Lengerich, 11–27.

Wanderer, Gwendolin (2022): *Depression oder Melancholie? Eine theologisch-ethische Studie zu Perspektiven aus Medizin, Sozial- und Geisteswissenschaften*, Frankfurt am Main.

Fallerzählung: Fixierung einer Patientin mit akuter Psychose

In der psychiatrischen Klinik befindet sich auf der geschützten Station die 23-jährige Patientin Frau O., eine Frau muslimischen Glaubens. Die diagnostische Zuordnung der Symptomatik dauert zum Zeitpunkt des hier beschriebenen Ereignisses noch an. Sie leidet vermutlich unter der Erstmanifestation einer paranoiden Schizophrenie, wobei zum Zeitpunkt der Einlieferung noch unklar ist, ob ihre Symptome nicht auch Anteile einer drogeninduzierten Psychose sein können, da im Laufe des Aufenthalts auch der Konsum von Cannabis, Kokain und gelegentlich auch von Amphetaminen eingeräumt wurde. In der Familienanamnese ergab sich kein Hinweis auf eine mögliche genetische Disposition. Der Verdacht auf eine Persönlichkeitsstörung könnte naheliegen, da sich an den Unterarmen der Patientin mehrere Vernarbungen, allerdings scheinbar älteren Datums, zeigen, die von selbstverletzenden Handlungen herrühren könnten. Der körperliche Allgemeinzustand der Patientin ist gut. Sie ist weder adipös noch besonders schlank. Mit einer Körpergröße von ca. 1,65 m ist sie eher klein, macht einen eher sportlichen Eindruck.

Die Station verfügt über elf Betten, wovon eines als mögliches Fixierbett ausgestattet ist und in einem Zimmer steht, das über ein Sichtfenster mit Jalousie mit einem der beiden Pflegestützpunktzimmer verbunden ist. Die Besetzung der Station ist regelgerecht, d.h. es sind immer mindestens zwei Pflegende, in der Regel drei bis vier anwesend, wovon mindestens zwei männlich und mithin körperlich in der Lage sind, bei der Notwendigkeit von Fixierungen entsprechend reagieren zu können. Bei Fixierungen wird in der Regel keine komplette Sitzwache eingerichtet. Gewöhnlich schaut das Pflegepersonal in Abständen von 15 bis 20 Minuten nach dem/der fixierten PatientIn. Es zeigt sich allerdings hin und wieder, dass die pflegerische Besetzung der Station zu knapp ist, wenn sich mehrere „schwierige" PatientInnen auf der Station befinden, die z.B. schreien oder wegen autoaggressiven Verhaltens engmaschiger Beobachtung bedürfen. Dies ist am Tag des hier beschriebenen Ereignisses der Fall. Eine weitere Patientin, die immer wieder wegen Suizidalität eingeliefert wurde, droht sich durch wiederkehrende Schläge mit dem Kopf gegen die Wand selbst zu verletzen. Bei ihr wird über eine Fixierung nachgedacht.

Frau O. zeigte sich in den vergangenen Tagen heftig agitiert. Sie geht häufig stundenlang auf den Stationsfluren und im Außenbereich auf und ab. Die Medikamenteneinnahme verweigert sie, weil sie der Überzeugung ist, man wolle sie vergiften. Entsprechend schwierig gestaltet sich damit die notwendige pharmakologische Therapie. Teilweise hat Frau O. auch das Pflegepersonal in ihre

Wahnvorstellungen eingebaut und fühlt sich von einzelnen Pflegekräften verfolgt, die sie dann auch verbal angreift. Wiederholt wurde sie in den Vortagen bereits für längere Zeiträume fixiert (5-Punkt-Fixierung, d.h. das heißt die Fesselung aller Extremitäten und um den Bauch an ein Krankenbett), nachdem sie mit Gegenständen geworfen oder fragile Türme aus Tischen und Stühlen an der Außenwand des Außenbereichs gebaut hatte, die sie besteigen wollte, um aus der Station herauszukommen. Angesichts der massiven Fremd- und Eigengefährdung wird ärztlicherseits der Entschluss gefasst, im Wiederholungsfall Fixierungsmaßnahmen zu ergreifen und nach Rücksprache mit dem/der zuständigen RichterIn – oder auch mit Bezug auf den rechtfertigenden Notstand ohne diese(n) – auch eine evtl. notwendige Zwangsmedikation einzusetzen.

Am fraglichen Tag kommt es wieder zu einem fremdaggressiven Ausbruch von Frau O. Sie hat zuvor wieder einen Pfleger verbal attackiert, der sie aber nicht beruhigen kann und deshalb seine Kollegin zu Hilfe ruft. Frau O. bewirft bei Eintreffen der zweiten Pflegekraft diese mit den auf dem Nachttisch befindlichen Gegenständen und Bettzeug. Als sie auch einen Stuhl werfen will, fassen die Pflegekräfte den Beschluss zur Fixierung und rufen über Funk die ärztliche Leitung der Station. Der Klinikseelsorger ist zufällig auf der Station und wird damit Zeuge der Situation.

Die Fixierung von Frau O. gestaltet sich sehr schwierig, da sie es immer wieder schafft, sich mit Tritten, Beißen und Sich-Winden den Händen des Personals zu entziehen. Nach einer Weile intensiven Ringens tritt sie einer Pflegekraft mit erheblicher Kraftaufwendung in den Unterleib, worauf sich der Klinikseelsorger berechtigt sieht, an der Fixierung mitzuwirken. Er fasst den linken Unterschenkel der Patientin und ermöglicht damit dem Personal, dieses Bein in die Fixierung einzubinden. Was dem behandelnden Personal allerdings als nolens volens hinzunehmendes „Tagesgeschäft" erscheint – der Anblick eines in Gurten zappelnden Menschen, der, um seine Freiheit ringend, nur noch den Kopf hin und her schlagen kann –, wird für den erstmals damit befassten Klinikseelsorger zum Bild des Jammers. Er rechtfertigt sich und sein mitwirkendes Handeln mit der Vorstellung, dass Frau O. dies aufgrund ihres wahnhaften Zustandes nicht in Gänze mitbekommen hat. Frau O. wird neben der körperlichen Fixierung noch ein Sedativum gespritzt, worauf sie sich in den Folgestunden allmählich beruhigt.

Es kommt an den Folgetagen noch zu weiteren Fixierungen von Frau O., an denen der Klinikseelsorger allerdings nicht mitwirkt. Im Laufe der Folgewoche werden die Zeiträume der Fixierung deutlich kürzer und die Abstände dazwischen deutlich länger, bis Frau O. einer Medikation mit den passenden Neuroleptika zustimmen kann. Unter der Medikation bessert sich der Zustand von Frau O. zunehmend, bis sie nach zwei Wochen auf eine offene Station verlegt und nach weiteren ca. drei Wochen in die tagesklinische Betreuung entlassen werden kann. In dieser Zeit kommt es zu eher passageren Begegnungen mit dem Klinikseelsorger ohne besonderes inhaltliches Gewicht.

Am Tag vor ihrer Entlassung jedoch, nachdem ihre vollständige Remission festgestellt worden ist, kommt sie auf den Klinikseelsorger zu und teilt diesem in ganz ruhigem Ton, aber mit deutlich spürbarer nonverbaler Aggression mit: „Sie haben bei meiner Fixierung mitgewirkt. Und das vergesse ich Ihnen nie."

Kommentar I: Der Betroffenenperspektive Raum geben

Jona Carlet, Jakov Gather

Die vorliegende Fallvignette beschreibt eine Situation in der Akutpsychiatrie, in der eine Person mit einer akuten Psychose Dritte auf einer geschlossenen psychiatrischen Station gefährdet und zur Abwehr der akuten Fremdgefährdung 5-Punkt-fixiert wird. Psychiatrischen Professionellen, die in der Akutpsychiatrie tätig sind, dürften solche Fälle aus ihrem Arbeitsalltag bekannt sein.

Freiheitsentziehende Maßnahmen, wie die hier zum Einsatz kommende mechanische Fixierung, bedürfen einer ethischen Rechtfertigung und sind nur zulässig, wenn sie geeignet, notwendig und verhältnismäßig sind, um eine erhebliche Gefährdung abzuwenden. 5-Punkt-Fixierungen stellen eine besonders einschneidende freiheitsentziehende Maßnahme dar, für die mittlerweile – abweichend von der in der Fallvignette geschilderten 15- bis 20-minütlichen pflegerischen Kontrolle – eine kontinuierliche 1:1-Betreuung als geboten angesehen wird. Rechtlich sind die Voraussetzungen für freiheitsentziehende Maßnahmen bei Personen mit psychischen Erkrankungen, die Dritte gefährden, in erster Linie in den Psychisch-Kranken-(Hilfe)-Gesetzen der Länder geregelt.

Jenseits der geschilderten und im Einzelfall sorgfältig zu prüfenden normativen Kriterien bietet die Betrachtung der vorliegenden Fallvignette eine Reihe an Denkanstößen, die für ein ethisch begründetes und personenzentriertes Handeln in der psychiatrischen Praxis hilfreich sein können. Fallvignetten erzählen über konkrete Menschen in konkreten Situationen. Was und wie wir über diese erzählen, formt die Art und Weise, wie wir die beschriebene Situation wahrnehmen und bewerten und wie wir in der Zukunft in vergleichbaren Situationen handeln.

Unsere Analyse der Fallvignette möchte aufzeigen, dass wir hierbei durch – oftmals implizite – stereotype Annahmen, zum Beispiel im Hinblick auf Geschlecht, Körper, Religion und Gesundheit, beeinflusst sein können. Die daraus folgenden Überlegungen sollen den LeserInnen einen über eine enge klinisch-ethische Perspektive hinausgehenden Blick auf die Gestaltung der Fallvignette und der geschilderten Situation bieten und darlegen, welche ethischen Anfragen und ggf. Handlungsempfehlungen an bzw. für die AkteurInnen sich daraus ableiten lassen.

Frau O. ist eine junge Frau. Sie ist muslimischen Glaubens. Welches Bild entsteht an dieser Stelle in unserem Kopf? In welchen sozialen Strukturen lebt Frau O.? Arbeitet sie oder macht sie eine Ausbildung? Wie verbringt sie ihren Tag, wenn sie nicht in einer Psychiatrie ist? Wie beschreiben nahestehende Personen oder sie selbst ihren Charakter? Was zeichnet Frau O. aus?

Wir fragen uns zunächst, welche Relevanz die Konfession für die Fallvignette hat. Handelt es sich lediglich um eine Faktenangabe oder hat die Religiosität der Patientin eine weitere Bedeutung? Wir wissen nicht, ob Frau O. sich mit dem muslimischen Glauben identifiziert, ob Religion eine Bedeutung für sie und ihre Wertvorstellungen hat. Die Angabe der Konfession wirft für uns mehr Fragen als Antworten auf: Wäre anders gehandelt worden, wenn es sich um eine Person hinduistischen oder christlichen Glaubens handeln würde? Zu welchem Zweck wird die Konfession angeführt, wenn die Fallvignette keine weiteren Inhalte zu Religion oder Spiritualität thematisiert?

Anstatt von Frau O.s Biografie und Persönlichkeit zu berichten, was uns helfen würde, Frau O. als Person besser kennenzulernen, wird in der Fallvignette detailliert auf Frau O.s Körper eingegangen: „Der körperliche Allgemeinzustand der Patientin ist gut. Sie ist weder adipös noch besonders schlank. Mit einer Körpergröße von ca. 1,65 m ist sie eher klein, macht aber einen eher sportlichen Eindruck", heißt es in der Beschreibung. Zudem wird darauf verwiesen, dass an Frau O.s Unterarmen mehrere Vernarbungen älteren Datums zu sehen seien. Dabei gilt es zu beachten, dass die Beschreibung von Frau O.s Körper im engen Zusammenhang mit ihrem Geschlecht zu denken ist. Stereotype von Weiblichkeit werden hierbei in Kontrast zu Bildern starker Männlichkeit gestellt, die zum Beispiel in den an der Fixierung beteiligten männlichen Personen repräsentiert werden. Wäre anders berichtet worden, wenn es sich bei der von der Fixierung betroffenen Person um eine männliche Person gehandelt hätte?

Nachdem durch die Beschreibung von Frau O. zunächst der Eindruck einer eher unscheinbaren, fast schon durchschnittlichen Person entsteht, verändert sich dieser im Verlauf der Fallvignette. Frau O. wird zur „massiven" Gefahr für andere. Sie wird als „heftig agitiert" und sich vehement zur Wehr setzend beschrieben. Dabei entwickelt sie solche Kräfte, dass die Pflegekräfte nicht in der Lage sind, die Fixierung rasch und komplikationslos auszuführen. An dieser Stelle greift der Klinikseelsorger in das Geschehen ein und hält den linken Unterschenkel der Patientin fest, um die Fixierung zu ermöglichen.

Eine konstruktive Kommunikation mit Frau O. scheint laut der Fallvignette nicht möglich zu sein. Frau O. wird verbal ausfällig gegenüber dem Personal und lässt sich nicht beruhigen. Im Rahmen ihrer Wahnvorstellungen erlebt sie das Personal teilweise als Bedrohung. Sie wirft mit Gegenständen. Auf diese Weise wird das Bild einer fremd gewordenen und gefährlichen Person gezeichnet, mit der man nicht sprechen kann. Wie Frau O. ihre Situation selbst erlebt, wird – bis auf die knappen Hinweise auf ihren Vergiftungs- und Beeinträchtigungswahn – nicht berichtet. Der Text führt uns so immer weiter weg von Frau O. als Person und hin zu etwas, das wir nicht verstehen (können). Wir nähern uns diesem als fremd Konstituierten von außen: der Art, wie der Körper ist, und was wir im Verhalten beobachten können. Frau O. selbst bleibt stumm. Es entsteht eine Distanz zwischen der jungen Frau O., die am Anfang genannt wird, und der psychisch schwer erkrankten, wahnhaften und fremdgefährdenden Frau O., die fixiert werden muss. Durch derartige Darstellungen wird Frau O. als Objekt konstituiert. Aber was denkt und fühlt Frau O. als Subjekt in diesen Momenten? Äußert sie oder bittet sie um etwas?

Die beschriebene Distanzierung und Entfremdung von Frau O. als Subjekt klingt auch in der geschilderten Rechtfertigung des Klinikseelsorgers an, der mit seiner Mitwirkung an der Fixierung zu hadern scheint und diese nicht als „nolens volens hinzunehmendes Tagesgeschäft" akzeptieren möchte. Dabei klingt ein moralisches Unbehagen an, welches in der Konfrontation mit der Durchführung der Zwangsmaßnahme erfahrbar wird. Der Klinikseelsorger rechtfertigt seine Mitwirkung an der Fixierung damit, dass „Frau O. dies aufgrund ihres wahnhaften Zustandes nicht in Gänze mitbekommen" habe.

Frau O.s Reaktion gegenüber dem Klinikseelsorger einige Wochen nach der Fixierung hebt diese Rechtfertigung jedoch wieder auf: „Sie haben bei *meiner* [Hervorhebung durch die Autoren] Fixierung mitgewirkt. Und das vergesse ich Ihnen nie." Während Frau O. über weite Teile der Fallvignette als ein entfremdetes Objekt konstituiert wurde, welches Dinge tut, ohne diese „in Gänze mitzubekommen", und welches an „5 Punkten" fixiert werden muss, ermächtigt sie sich im Verlauf der Situation und der Erlebnisse, welche ihr als Person und als Subjekt widerfahren sind. Ihre abschließende Aussage konfrontiert den Klinikseelsorger, aber auch alle anderen beteiligten psychiatrischen Professionellen und uns als Lesende mit einer zentralen Botschaft: Im Zentrum jeder Zwangsmaßnahme steht ein Subjekt, eine wahrnehmende Person, deren Perspektive im klinischen Alltag oft verloren geht.

Wie kann es gelingen, diese subjektive Perspektive der Betroffenen wieder stärker in den Fokus zu rücken, auch und gerade nach herausfordernden klinischen Situationen, in denen eine Zwangsmaßnahme durchgeführt worden ist? Eine konkrete Möglichkeit hierzu stellt eine Nachbesprechung der durchgeführten Zwangsmaßnahme dar, bei der psychiatrische Professionelle – und im konkret vorliegenden Fall durchaus auch der Klinikseelsorger als an der Fixierung beteiligte Person – auf die von der Maßnahme betroffene Person zugehen und gemeinsam mit dieser erörtern, wie die Situation erlebt wurde und welche Gründe für die Durchführung der Maßnahme ausschlaggebend waren. Eine solche Nachbesprechung kann außerdem genutzt werden, um Präferenzen der Betroffenen für ähnlich gelagerte Krisensituationen in der Zukunft festzulegen und beispielsweise geeignete individuelle Deeskalationsstrategien und präferierte medizinische oder sichernde Maßnahmen in einer Behandlungsvereinbarung festzuhalten. Und schließlich können in einem persönlichen Gespräch auch die „seelischen Narben", die durch eine Zwangsmaßnahme wie eine Fixierung entstehen können und – anders als die in der Fallvignette geschilderten Narben an den Unterarmen von Frau O. – nicht von außen sichtbar sind, aufgedeckt und therapeutisch adressiert werden.

Kommentar II: Seelsorge im Spannungsfeld gegensätzlicher Ansprüche

Thorsten Moos

Der beschriebene Fall berührt Grundfragen der Klinikseelsorge und ihrer Rolle im Kontext der Klinik. Während andere klinische Professionen hierarchisch und funktional eindeutig in (Ver-)Weisungsverhältnisse der Organisation Klinik eingebunden sind, ist die Rolle der Seelsorge durch Offenheit und Unbestimmtheit charakterisiert. Im Raum steht eine Vielzahl von Rollenzuschreibungen, zwischen denen Seelsorge flexibel wechseln kann, die aber auch potentiell im Konflikt stehen. Die Situation, mit der der Seelsorger hier zufällig konfrontiert wird, enthält mindestens potentiell mehrere solcher Rollenerwartungen:

(1.) *Angehöriger des Teams:* Der Seelsorger gehört zu denjenigen, die professionell in der Klinik unterwegs sind. Er wird Zeuge einer Situation, in der zwei Pflegende in erhebliche Schwierigkeiten kommen. Er springt ihnen bei und leistet damit gleichermaßen kollegialen Beistand. Insofern er das allerdings offenkundig unaufgefordert und jedenfalls unautorisiert tut, tritt er damit zugleich aus dem Zusammenhang der professionell Handelnden heraus. Die (erwünschte?) Nähe und die Distanz der Seelsorge zu den übrigen klinischen Professionen werden in dieser Szene in geradezu tragischer Weise deutlich. Aus empirischen Studien ist bekannt, dass die Zugehörigkeit der Seelsorge zum Team der Klinik insbesondere im Bereich der Psychiatrie als prekär empfunden wird (Wanderer 2009).

(2.) *Anwalt der PatientInnen:* Auch wenn eine moderne Klinikseelsorge sich in der Regel als Seelsorge im Krankenhaus insgesamt begreift (Roser 2019), stehen zumeist Begegnungen mit PatientInnen im Vordergrund des Seelsorgealltags. Das Gespräch mit ihnen, die Einfühlung in ihre Situation und gegebenenfalls auch die Einbringung ihrer Perspektive in klinische Prozesse (etwa in eine ethische Fallbesprechung) sind wesentliche Elemente der Seelsorgerolle. Inwieweit daraus auch eine dezidiert positionelle Anwaltschaft für die Belange von PatientInnen erwächst, ist umstritten. Implizit ist diese Erwartung jedenfalls im abschließenden Vorwurf der Patientin präsent: *Sie sind nicht auf meiner Seite gestanden.*

(3.) *Geistlicher in der Klinik:* Seelsorge ist keine rein klinische Profession, sondern steht Michael Klessmann zufolge im „Zwischenraum" zwischen Kirche und Klinik. Daraus erhält sie ihre eigene Charakteristik und Freiheit (Klessmann 2003). Aus der Zugehörigkeit der Seelsorge zum kirchlichen Raum ergibt sich die

Rollenerwartung, in klassischer Formulierung: *sine vi sed verbo*, ohne Gewalt, nur mit dem Wort tätig zu sein. Im Gegensatz dazu findet sich der Seelsorger hier in eine Gewalthandlung verwickelt, womit er die Grenzen seiner Rolle als Geistlicher fundamental überschreitet. Der religiöse Aspekt steht darüber hinaus potentiell in Verbindung mit anderen identitätsrelevanten Aspekten: Möglicherweise verschärft sich dieser Aspekt durch die unterschiedliche Religionszugehörigkeit, und die Patientin hat das Handeln des Seelsorgers als Gewaltakt eines männlichen Vertreters der weißen, christlichen Dominanzgesellschaft gegenüber ihr, einer Muslimin, erlebt.

(4.) *Kritische Öffentlichkeit*: Im beschriebenen Fall geht es um die Fixierung einer Patientin in der Psychiatrie aus Gründen der Fremdgefährdung. Der Seelsorger sieht sich also insbesondere mit der polizeilichen Funktion der Psychiatrie konfrontiert. Diese bietet im Einzelnen schwierige ethische Probleme; in grundlegenderer Weise ist sie Gegenstand der Psychiatriekritik seit den 1960er Jahren, die zwar nicht zur DNA der klassischen Seelsorgebewegung gehört, mit ihr aber durchaus Berührungspunkte hat. Inwieweit dieser Kontext für den Seelsorger konkret eine Rolle spielt, ist der Fallvignette nicht zu entnehmen; jedenfalls spiegelt sie aber das Erschrecken des Seelsorgers über ein in der Psychiatrie nicht unübliches Geschehen.

(5.) *Begrenzte Professionalität*: Die Fallvignette enthält die im medizinischen Kontext ungebräuchliche Beschreibung, die Patientin habe für den Klinikseelsorger im Moment der Fixierung ein „Bild des Jammers" geboten. Wenn diese aus den eigenen Worten des Seelsorgers stammt, handelt es sich um eine vermutlich nicht zufällige biblische Anspielung. „Es jammerte ihn" ist in der Bibelübersetzung Martin Luthers der Affekt der Nächstenliebe (vgl. Lk 10,33), der die Not einer anderen Person wahrnimmt und zur unmittelbaren helfenden Zuwendung führt. Damit ist auf die ebenso zur seelsorglichen Profession gehörige Reflexion auf das Verhältnis von professioneller Distanz und elementarer menschlicher Zuwendung angespielt.

Das beschriebene Geschehen ist also mit vielfachen Spannungen belegt: der helfende Kollege, der kein Kollege ist; der Patientenanwalt, der sich gegen die Patientin wendet; der Geistliche, der Gewalt anwendet; der Professionelle, der sich unmittelbar zur menschlichen Hilfeleistung aufgefordert sieht. Indem der Seelsorger versucht, einer Rollenerwartung, dem kollegialen Beistand, zu entsprechen, kommt er in Konflikt mit den anderen Rollenerwartungen.

Wie tiefgehend dieser Konflikt ist, zeigt sich an der zwischenzeitlichen Selbstberuhigung des Seelsorgers, die Patientin habe seine Beteiligung aufgrund ihres Zustandes nicht „in Gänze" wahrnehmen können. Hier liegt – jenseits objektiv-ethischer Erwägungen, die in diesem Kommentar nicht anzustellen sind – meines Erachtens der entscheidende Hinweis auf ein Grundproblem vor: Der Seelsorger beteiligt sich an einer Handlung, für die er sich vor der Patientin *schämt*. Dieser Scham – dem Gefühl, unter dem Blick der Anderen nicht bestehen zu können – sucht er dadurch zu begegnen, dass er ihren Blick in der Erinnerung aus dem Spiel nimmt: Sie war doch im Wahn, sie hat es nicht gesehen. Die Patientin widerlegt das jedoch in der Schlussszene. Mit ihrem Vorwurf, sie werde nie vergessen, dass er mitgewirkt habe, reklamiert sie präzise dasjenige, was er ihr in der Erinnerung abgesprochen hatte, um seine Scham im Zaum zu halten: den Status eines Subjekts, vor dem man sich schämen muss, kurz: die Würde ihrer Person (insgesamt zur Ethik der Scham vgl. Huizing 2020). Das eigentliche professionsethische Problem des Falls besteht meines Erachtens also nicht darin, dass der Seelsorger sich – überwältigt von einer ihn schockierenden und von gegenläufigen Erwartungen überkodierten Situation, unautorisiert, in Überschreitung vieler Aspekte seiner beruflichen Rolle, in dem unmittelbaren Impuls, helfen zu wollen – an der Fixierung der Patientin beteiligt hat; es besteht auch noch nicht darin, dass die Patientin das als ein gegen sie gerichtetes Handeln, möglicherweise als Verletzung ihrer Solidarisierungserwartung wahrnahm. Es besteht vielmehr darin, dass der innere Legitimationsversuch des Seelsorgers nach seiner ihn selbst beschämenden Beteiligung an der Fixierung auf eine Entpersonalisierung der Patientin hinausläuft. Denn wie auch immer eine Professionsethik der Klinikseelsorge insbesondere in der Psychiatrie zu formulieren wäre: In ihrem Zentrum müsste doch stehen, dass seelsorgliches Handeln gegenüber einem/einer PatientIn unabhängig von seinem/ihrem psychischen Zustand so beschaffen sein muss, dass es ihm/ihr selbst – als Person im Vollsinn – gegenüber zu rechtfertigen sein muss.

Die Schwierigkeit, mit den genannten, potentiell konfliktären Rollenerwartungen umzugehen, die inneren Spannungen der einzelnen Rollenzuschreibungen und das Problem des Umgangs mit Rollenkonflikten weisen auf einen erheblichen Bedarf an professionsethischer Reflexion in der Seelsorge hin. Hier bestehen trotz einiger Ansätze der Kodifizierung (vgl. Rosenberger u.a. 2009) nach wie vor erhebliche Herausforderungen (vgl. Moos u.a. 2016, 293ff.). Nun bewahrt eine sorgfältig formulierte und diskursiv lebendig gehaltene Professionsethik weder vor dilemmatischen Situationen noch davor, sich im Nachhinein für eigenes Handeln zu schämen oder schuldig zu fühlen. Aber sie bietet einen Reflexionsraum für die Vor- und Nachbereitung solcher Situationen.

Literatur

Huizing, Claas (2020): *Scham und Ehre. Eine theologische Ethik*, 2. Auflage, Gütersloh.
Klessmann, Michael (2003): Seelsorge im Zwischenraum/im Möglichkeitsraum. Pastoralpsychologische De- und Rekonstruktionen, in: *Wege zum Menschen* 55, 411–426.
Moos, Thorsten u.a. (2016): *Ethik in der Klinikseelsorge. Empirie, Theologie, Ausbildung*, Gütersloh.
Rosenberger, Michael u.a. (2009): Ethik-Kodex professioneller Seelsorger, in: *Stimmen der Zeit* 7, 447–458.
Roser, Traugott (Hrsg.) (2019): *Handbuch der Krankenhausseelsorge*, 5. Auflage, Göttingen.
Wanderer, Gwendolin (2009): Ethik in der Psychiatrieseelsorge. Eine deutsche Perspektive, in: Haker, Hille u.a. (Hrsg.), *Perspektiven der Medizinethik in der Klinikseelsorge*, Berlin, 351–379.

Fallerzählung: In die Psychiatrie gekommen, um zu sterben

Ich werde auf dem Flur von einer Ärztin aus der Psychiatrie angesprochen. Es geht um folgenden Patienten: Herr E., 76 Jahre, wurde wegen einer oberflächlichen Verletzung am Handgelenk ins Krankenhaus eingeliefert. Es sieht aus, als hätte Herr E. versucht, sich durch Öffnen der Pulsader zu suizidieren. Die Schnittverletzung ist nur oberflächlich; in der Notaufnahme erklärt er sich aber einverstanden mit seiner Aufnahme auf eine psychiatrische Station. Er kommuniziert mit Ärzten und dem Pflegepersonal, ist voll orientiert, lässt sich pflegerisch versorgen, isst und trinkt, lehnt aber alle therapeutischen Maßnahmen, Untersuchungen und Medikamente, kategorisch ab.

Heikel ist die Situation deswegen, weil der Patient einen bekannten insulinpflichtigen Diabetes mellitus hat, der zu entgleisen droht. Als ich ihn auf der Station kennenlerne, liegt er im Aufenthaltsraum der Station auf dem Sofa und ist bereits leicht eingetrübt. Ich bekomme keinen Kontakt zu ihm. Gegenüber dem Oberarzt äußert er aber klar seinen Willen und sagt, er sei auf die Station gekommen, um hier an seinem entgleisenden Diabetes zu sterben.

An somatischen Erkrankungen sind eine Gangunfähigkeit, ein Vorhofflimmern, eine diabetische Polyneuropathie, eine Polymyalgie und eine Prostatahyperplasie bekannt. Psychiatrisch war Herr E. zuvor nie in Behandlung.

Herr E. hat dem Arzt berichtet, dass es seit ca. vier Wochen schlechter werde mit ihm, er vermehrt auf Pflege angewiesen sei. Diesen Zustand wolle er nicht aushalten, so wolle er nicht mehr leben.

Auf der Station lerne ich auch seine Ehefrau kennen, die mir Folgendes erzählt: Ihr Mann sei von Beruf Arzt gewesen, sie selbst war ebenfalls im medizinischen Bereich tätig. Sie leben gemeinsam in einem Haus in einer kleinen Stadt. Die beiden erwachsenen Kinder leben weiter weg. Sie erzählt, dass bei ihrem Mann schon lange ein Vorhofflimmern bekannt sei, das er aber nicht behandeln lasse. Den ebenfalls lange bekannten Diabetes mellitus hingegen schon, er habe immer Blutzucker gemessen und mit Insulin behandelt. Schmerzen habe er nie ertragen, er habe zeitlebens etwas dagegen unternommen. Herr E. war immer sehr aktiv und sportlich, Wandern und Fahrradfahren, darüber habe er auch seine Lebensqualität definiert.

Es gebe zwar keine Patientenvollmacht und keine Verfügungen, aber ihr Mann habe immer gesagt, dass er auf keinen Fall zum Pflegefall werden wolle. Das sei ihr bekannt und das könnten seine Kinder bestätigen.

Seit einiger Zeit gehe es ihrem Mann nun zunehmend schlechter, er könne immer schlechter laufen, was sich negativ auf seine Stimmung auswirke. Allerdings könne sie keine Anzeichen für kognitive Einbußen oder eine dementielle

Entwicklung erkennen. Seit ca. vier Wochen sei es ganz schlimm; er könne das Bett nicht mehr verlassen, lehne aber jede pflegerische Unterstützung, außer von ihr, ab. Sie hätten erst kürzlich für einen WC-Gang ca. fünf Stunden gebraucht, weil er es auch mit ihrer Unterstützung einfach nicht mehr schaffe. Vor ca. vier Wochen wurde er in der Notaufnahme vorstellig wegen eines Harnverhaltes und der damit verbundenen unerträglichen Schmerzen. Es wurden verschiedene Untersuchungen durchgeführt, unter anderem ein MRT. Er ließ sich behandeln, bekam einen Dauerkatheter und es wurde ein OP-Termin für den nächsten Monat vereinbart.

Die Ehefrau schildert deutlich ihre Überlastung und Ratlosigkeit, da er ihr gegenüber wohl zunehmend verbal aggressiv geworden ist. Er habe bereits mehrmals von Suizid gesprochen, weil er nicht mehr mobil sei. Wollte nichts mehr essen und trinken, was er aber nie lange durchgehalten habe. Vor zwei Tagen sei sie gegen Abend zum Einkaufen gefahren. Als sie wiedergekommen sei, habe sie ihren Mann auf seiner Bettdecke sitzend in der Küche gefunden. Um ihn herum die Küchenmesser verstreut, eines hatte er in der Hand, mit einer leichten Verletzung am Arm.

Sie interpretierte die Auffindesituation so, dass er, weil er ja nicht mehr laufen konnte, sich mit der Bettdecke die Treppe heruntergezogen hat bis in die Küche und dort versucht hat, sich mit einem Küchenmesser die Pulsadern zu öffnen, wozu ihm aber letztendlich die Entschlossenheit gefehlt hat. Da keine akute Notlage vorlag und er mit ihr nicht reden wollte, habe sie ihn erst einmal in der Küche sitzen lassen.

Nach einiger Zeit habe er sie gerufen und sich mit ihr verständigt, dass sie doch den RTW rufen könne. Er hatte eingesehen, dass er nicht mehr aus der Küche wegkommen würde, auch nicht mit ihrer Hilfe, und schon gar nicht wieder in den ersten Stock in sein Bett. In der Notaufnahme wurde er aufgrund des Suizidversuchs dann freiwillig in der Psychiatrie aufgenommen.

Sie, die Ehefrau, sei einfach nur froh, dass er stationär untergebracht sei, denn sie sei mit der häuslichen Situation völlig überfordert gewesen. Sie wisse um seinen Entschluss, hier auf der Station an seinem entgleisenden Diabetes zu sterben. Sie akzeptiere zwar seinen Willen, könne aber, als Medizinerin, nicht so ganz verstehen, warum er sich nicht mehr behandeln lassen wolle. Auch die Kinder kennen seine Einstellung, sagen aber, dass man ja an einem Diabetes nicht sterben müsse. Andererseits habe ihr Mann zu seinen Krankheiten immer seine eigene Meinung gehabt. Den Diabetes habe er beispielsweise behandelt, das Vorhofflimmern hingegen nicht. Ihr Mann sei so gar nicht gläubig, sie dagegen schon.

Für das medizinische Personal stellt sich jetzt unter massivem Zeitdruck die dringende Frage, ob Herr E. aufgrund einer depressiven Verstimmung und damit einhergehender Lebensmüdigkeit notfallmäßig zwangsbehandelt werden muss, in der Hoffnung, dass er sich stabilisiert und mit zunehmender Krankheitseinsicht in weitere therapeutische Maßnahmen einwilligt, mit dem mittelfristigen

Ziel, dass sich sein Befinden, sein Gesundheitszustand und seine Lebensqualität wieder verbessern. Oder ob man die Einwilligungsfähigkeit des Patienten so einschätzt, dass er diese Entscheidung, auf der Station an seinem entgleisenden Diabetes durch ein diabetisches Koma zu sterben, klar, bei vollem Bewusstsein und in Kenntnis seiner Situation getroffen hat und somit die Autonomie des Patienten gewahrt werden muss.

Kommentar I: Das Problem der Angst vor Abhängigkeit

Helen Kohlen

Im Folgenden werde ich die Fallgeschichte von Herrn E. rekapitulieren, auf Unklarheiten hinweisen und kritische Fragen aus einer ethischen wie auch soziologischen Perspektive formulieren. Dabei sind die Settings (Psychiatrie, zu Hause) sowie die einzelnen Akteure, d.h. ihre Aktivitäten und Zuschreibungen (ÄrztInnen, Pflegende, KlinikseelsorgerIn, Ehefrau), für den Beitrag strukturbildend. Im Anschluss an eine zusammenfassende Analyse der Fallgeschichte folgt eine sozialethische Reflexion.

Setting der Fallgeschichte: Narrativ der Klinikseelsorge in der Psychiatrie
Der Ort, an dem sich der „Fall" ereignet, ist die Psychiatrie und konkret der Flur. Dort wurde die Fallgeberin von einer Ärztin angesprochen. Es liegt nahe, dass die Ärztin den/die KlinikseelsorgerIn – ob direkt oder indirekt – um eine Empfehlung bittet, wie sie mit dem Protagonisten der Geschichte, einem 76 Jahre alten Mann, Herrn E., umgehen soll, der aktuell eine dringlich notwendige Insulingabe ablehnt. Sie schildert den aktuellen situativen Kontext. Dann besucht der/die KlinikseelsorgerIn Herrn E. und bringt die gesamte Lebenssituation des Patienten mithilfe der Perspektive seiner Ehefrau in Erfahrung.

Aufgrund einer Verletzung am Handgelenk, die auf einen Suizidversuch schließen lässt, wurde Herr E. ins Krankenhaus eingeliefert. Die Schnittverletzung ist lediglich oberflächlich und keine Indikation, stationär versorgt zu werden. Allerdings ermöglicht die Tatsache eines Suizidversuchs die Aufnahme in die Psychiatrie. Der Patient willigt ein, d.h. er widersetzt sich grundsätzlich nicht einer psychiatrischen Behandlung.

Er spricht mit den ÄrztInnen, d.h. PsychiaterInnen, sowie dem Pflegepersonal der Psychiatrie. Er verweigert weder Nahrung noch Flüssigkeit und lässt eine pflegerische Versorgung zu. Allerdings lehnt er alle therapeutischen Maßnahmen sowie Untersuchungen und die Einnahme von Medikamenten ab. Die Konsequenz ist, dass sein insulinpflichtiger Diabetes zu entgleisen droht. Beim Besuch erlebt die Seelsorgerin ihn bereits eingetrübt und kann keinen Kontakt zu ihm herstellen. Seinen Willen, dass er auf die Station gekommen sei, um an seinem entgleisten Diabetes zu sterben, hat er lediglich gegenüber dem Oberarzt geäußert.

Herr E. ist mit den professionellen AkteurInnen der Psychiatrie in Beziehung getreten, d.h. er spricht mit ihnen und lässt die Pflege zu. Seinen Sterbewunsch

Das Problem der Angst vor Abhängigkeit

äußert er allerdings nicht vor allen, sondern gegenüber dem Oberarzt, einem Mann mit einem hohen sozialen Status, und ärztlichen Kollegen. Was verspricht er sich davon? Was ist seine Intention bei dieser singulären Äußerung an einen Adressaten? Schließlich gäbe es auch die Möglichkeit, auf alles (u.a. Sprechen, Nahrung und Flüssigkeit) zu verzichten und allen gegenüber den Sterbewunsch zu äußern, um möglichst viele vom eigenen Willen zu überzeugen.

Die ärztliche Perspektive: Umgang mit den somatischen (Vor-)Erkrankungen
Bekannt ist eine Mobilitätseinschränkung aufgrund einer Gangunfähigkeit. Der Patient neigt außerdem zu Vorhofflimmern, d.h. er hat eine Herzrhythmusstörung, die selten allein somatische, sondern meist psychosomatische Ursachen hat. Er hat eine diabetische Polyneuropathie entwickelt sowie eine Polymyalgie und eine Prostatahyperplasie. Psychiatrische Vorerkrankungen sind nicht bekannt. Bisher war Herr E. in keiner psychiatrischen Behandlung. Ob er je eine psychiatrische Konsultation in Anspruch genommen hat, ist unklar. Die Frage nach einer psychiatrischen Untersuchung ist insofern bedeutsam, als sowohl Erkenntnisse über kausale Zusammenhänge zwischen der vorliegenden Diabeteserkrankung und einer Depression sowie zwischen einer Depression und dem Vorhofflimmern hilfreich für eine umfassende Behandlung sind. Entsprechend liegt ein Bedarf an Klärung vor.

Die pflegerische Perspektive: Umgang mit dem Kranksein
Es liegen keine pflegerischen Diagnosen und kein Therapieplan vor. Das Verständnis von Pflege scheint klar zu sein, wird jedoch nicht expliziert. Ist die Pflege evtl. auf körperliche Versorgung reduziert? Was lässt der Patient konkret an Pflege zu? Was wird ihm im Rahmen des Pflegeprozesses angeboten? Geht er tatsächlich auf alles ein, wenn er „Pflege" zulässt?

In der Pflege geht es um die Aktivitäten des täglichen Lebens. Sie betrifft nicht nur Essen und Trinken, sondern auch die Möglichkeiten, sich zu bewegen, sich eigenständig zu waschen und zu kleiden, die Regulation der Ausscheidung, der Körpertemperatur, die Sorge für Sicherheit und die damit verbundene Angstminderung sowie die Herstellung der Balance zwischen Aktivität, Ruhen und Schlafen. Und aus einer ethischen Perspektive lautet die Frage: Was ist in der Pflege im Wechselspiel zwischen Autonomie und Sorge gelungen, so dass er die Pflege zulässt? Pflege zuzulassen bedeutet auch die Menschen zuzulassen, die Pflege in Aktivitäten umsetzen. Wem ist warum was gelungen bzw. wer hat „Zulassung" zur Pflege von Herrn E. erhalten? Welche Konsequenzen lassen sich daraus ziehen?

Die Perspektive der Angehörigen: die Ehefrau und die Situationen zu Hause
Die Ehefrau erzählt der Klinikseelsorgerin, dass ihr Mann von Beruf Arzt gewesen und sie selbst Ärztin sei. Die Klinikseelsorgerin erfährt auch, dass sie gemeinsam in einem Haus in einer kleinen Stadt leben und die drei erwachsenen Kinder

„weiter weg" wohnen. Aus dieser Information lässt sich schlussfolgern, dass die Kinder offenbar nicht in die direkte Pflege und Begleitung ihres Vaters eingebunden sind und ihre Mutter kaum bis keine familiäre Unterstützung hat.

Die Ehefrau informiert den/die KlinikseelsorgerIn, dass das Vorhofflimmern ihres Mannes lange bekannt sei. Eine Behandlung habe er bisher nicht gewollt. Im Gegensatz dazu habe er den Diabetes mellitus mit Insulin behandelt und immer gemessen. Die Ehefrau teilt auch mit, dass er Schmerzen „nie ertragen" habe und stets etwas dagegen unternommen habe.

Der/die KlinikseelsorgerIn ergänzt aus dem Gespräch, dass Herr E. „immer sehr aktiv und sportlich [war], Bergwandern und Fahrradfahren, und darüber hat er auch seine Lebensqualität definiert".

Es bleibt unklar, warum Herr E. das Vorhofflimmern nicht behandeln lassen will. Es mag damit zu tun haben, dass er den Diabetes durch Messungen und Insulingabe selbst kontrollieren kann. Dies verschafft ihm ein gewisses Maß an Autonomie. Eine Ursachenanalyse und eine Behandlung des Vorhofflimmerns sind wesentlich komplexer, da es sich um eine Herzrhythmusstörung handelt, die häufig auch psychosomatische Ursachen hat. Diese abzuklären würde bedeuten, sich mit Fragen auseinanderzusetzen, die über die Physis hinausgehen. Herr E. vermittelt den Eindruck, dass es nicht seine Stärke ist bzw. er kein Interesse daran hat, sich u.a. über sein psychisches Wohlbefinden zu äußern. Oder hat er gerade deshalb einer Einweisung in die Psychiatrie zugestimmt, um diesem Mangel zu begegnen? Hat er erkannt, dass psychiatrisch und psychologisch etwas nicht in Ordnung ist, und hofft auf Hilfe in der Psychiatrie?

Er ist 1946 geboren und konnte somit seine Zeit als junger Mann in den 1950er und 1960er Jahren verbringen. Freiheit, gar Befreiung von konservativen Regeln und festen Bindungen kennzeichneten diese Generation. Er studierte Medizin, wurde Arzt und erlangte damit einen relativ hohen sozialökonomischen Status. Er ist also „vom Fach", kann unabhängig seinen Gesundheitszustand selbst beurteilen. Auch dies gibt ihm Freiheit und Autonomie. Seine Freizeitaktivitäten deuten auf ein Bestreben nach Mobilität durch eigene Körperkraft hin. Bergwandern und Fahrradfahren erfordern selten das Gespräch, Muße und Kreativität. Auch ist dabei, im Gegensatz z.B. zum (sportlichen) Tätigsein in einem Verein oder einer Mannschaft, selten das Zusammensein mit anderen gefordert.

Es lässt sich schlussfolgern, dass Herr E. ein relativ unabhängiges, freies und mobiles Leben geführt hat. Krank und abhängig zu sein passt überhaupt nicht in seine bisherige Lebensweise, sondern ist für ihn eher abstoßend.

Willensbekundung und jüngste Entwicklungen der Pflegesituation zu Hause
Hinsichtlich seiner Willensbekundung erklärt die Ehefrau, dass er zwar keine Patientenverfügung verfasst und keine Vorsorgevollmacht erteilt, aber immer gesagt habe, dass er „auf keinen Fall zum Pflegefall werden wolle". Sie betont, dass ihr dies bekannt sei und dies auch die Kinder bestätigen könnten. Schließlich

beschreibt die Ehefrau, dass es ihrem Mann seit einiger Zeit zunehmend schlechter gehe. Er könne immer schlechter laufen und dies habe einen negativen Effekt auf seine Stimmung. Anzeichen einer dementiellen Entwicklung könne sie allerdings nicht erkennen.

Seit vier Wochen habe er das Bett nicht mehr verlassen und lehne pflegerische Unterstützung, außer von ihr, ab. Für einen WC-Gang, bei dem er auf ihre Hilfe angewiesen sei, hätten sie ca. fünf Stunden gebraucht. Auch wurde er vor ca. vier Wochen in der Notfallaufnahme vorstellig wegen eines Harnverhaltes und der damit verbundenen starken Schmerzen. Nach verschiedenen Untersuchungen wurde ein OP-Termin vereinbart und er bekam einen Dauerkatheter.

Die Ehefrau ist die einzige Person, die ihn bisher zu Hause gepflegt hat bzw. bei der er Pflege zugelassen hat. Sie ist damit überfordert und es liegt nahe, dass sie sich nicht vorstellen kann, ihren Ehemann weiterhin zu pflegen. In der Aussage zu seiner Willensbekundung kann somit auch ihre Abwehr gegenüber dem Gedanken mitklingen, dass ihr Ehemann zum „Pflegefall" werden könnte.

Zuspitzung der Situation zu Hause
Die Ehefrau spricht auch über sich, darüber, dass sie überlastet und ratlos sei. Sie spricht aus, dass sich ihr Mann ihr gegenüber verbal zunehmend aggressiv verhalte. Mehrmals habe er von Suizid gesprochen, weil er nicht mehr mobil sei. Doch auch wenn er weder essen noch trinken wollte, habe er dies nicht lange durchgehalten.

„Vor zwei Tagen sei sie gegen Abend zum Einkaufen gefahren. Als sie wiedergekommen sei, habe sie ihren Mann auf seiner Bettdecke sitzend in der Küche gefunden. Um ihn herum die Küchenmesser verstreut, eines hatte er in der Hand, mit einer leichten Verletzung am Arm."

Nach ihrer Interpretation hat er sich mit der Bettdecke die Treppe hintergezogen und versucht, sich mit dem Küchenmesser die Pulsadern aufzuschneiden, „wozu ihm aber letztlich die Entschlossenheit gefehlt hat". Sie habe ihn erst einmal sitzen lassen, da aus ihrer Sicht keine Notlage vorlag und er nicht mit ihr sprechen wollte. Schließlich habe er sie nach einiger Zeit gerufen und „sich mit ihr verständigt", dass sie den RTW rufen könne.

Diese zugespitzte, hochgradig emotionale Situation bewältigt die Ehefrau, indem sie sich entzieht. Sie kennt ihren Ehemann und kann auch die medizinische Situation gut genug einschätzen, um auf Distanz zu gehen. Sie wartet. Er ruft sie. Ein Gespräch gibt es nicht. Die Psychiatrie scheint für beide ein Ausweg zu sein.

Die Aufnahme in der Psychiatrie
In der Notaufnahme wurde er aufgrund des Suizidversuchs freiwillig in der Psychiatrie aufgenommen.

Die Ehefrau erklärt gegenüber dem/der KlinikseelsorgerIn, dass sie „einfach nur froh [sei], dass er stationär untergebracht sei, denn sie sei mit der häuslichen

Situation völlig überfordert gewesen". Zudem wisse sie um seine Entscheidung, auf der Station an seinem entgleisten Diabetes zu sterben. Zwar würde sie seinen Willen akzeptieren, könne aber, „auch als Medizinerin, nicht so ganz verstehen, warum er sich nicht mehr behandeln lassen wolle". Auch die Kinder würden seine Haltung kennen, seien jedoch auch der Auffassung, dass man an einem Diabetes nicht sterben müsse. Schließlich habe ihr Mann stets seine eigene Meinung zur Behandlung gehabt, d.h. konkret, er wolle den Diabetes behandeln lassen und das Vorhofflimmern nicht. Am Ende des Gesprächs bemerkt sie, ihr Mann sei „so gar nicht gläubig, sie dagegen schon".

Die aktuelle Entscheidungsherausforderung des psychiatrischen Teams
In den letzten beiden Passagen der Fallgeschichte kommen der akute zeitliche Entscheidungsdruck und das Dilemma für das „medizinische Personal", d.h. das psychiatrische Team, zum Ausdruck, nämlich die Frage, ob (Option A) Herr E. aufgrund einer bisher nicht diagnostizierten depressiven Verstimmung und daraus resultierenden Lebensmüdigkeit zwangsbehandelt werden muss oder ob (Option B) seine Entscheidung, den entgleisenden Diabetes nicht aufzuhalten und damit ein Koma und letztlich den Tod in Kauf zu nehmen bzw. zu bewirken, respektiert werden muss. Option A ist mit der Hoffnung verbunden, dass sich die Stimmung von Herrn E. stabilisiert und mittelfristig seine Lebensqualität verbessert werden kann. Option B ist mit einem in Frage zu stellenden Vertrauen verbunden, dass Herr E. über die Einwilligungsfähigkeit verfügt, ihn sterben zu lassen. Während in Option A eine Befürchtung zum Ausdruck kommt, etwas übersehen, d.h. u.a. Aspekte der Diagnostik ausgelassen zu haben, und diese insgesamt von Sorge um das Leben von Herrn E. geprägt ist, liegt Option B ein radikales Verständnis von Autonomie zugrunde, nämlich, dass sein Sterbewunsch eindeutig ist auf der Grundlage seiner Ablehnung, ein „Pflegefall" werden zu können, aufgrund seines misslungenen Suizidversuchs sowie seines gegenüber dem Oberarzt geäußerten Sterbewunsches.

Zusammenfassende Problemstellung
Herr E. ist, wie seine Lebensführung zeigt, in Zeiten der Gesundheit ein Vertreter der Logik der Autonomie. „Ein Pflegefall" und abhängig von anderen zu sein, ist für ihn undenkbar, denn er konnte ein Leben in Autonomie und Freiheit führen. Das ist sein Maßstab. In der Perspektive der Sorge gehört Abhängigkeit jedoch wesentlich zum Menschsein. Im Rahme eines Sorge- und Palliative Care-Zugangs wäre es möglich, dass Herr E. sich am Lebensende auf eine umfassende psychologische, soziale, spirituelle und physische Begleitung einlässt. Allerdings spricht vieles dagegen, dass dies möglich sein könnte. Er hat in seinem bisherigen Leben weder viel Wert auf Gesellschaft/soziale Kontakte noch auf psychisches Wohlbefinden gelegt. Ob er Interesse an Spiritualität hat, ist ebenso fragwürdig. Zumindest ist er „nicht gläubig".

Aber er lässt sich in die Psychiatrie einweisen und die Frage ist offen, warum er das tut. Er muss damit rechnen, dass dort die Frage nach einer möglichen Depression gestellt wird. Das könnte sein eigentliches Bedürfnis sein und bedarf einer Abklärung. Die medizinischen Indikationen (u.a. Herzrhythmusstörungen) verpflichten dazu.

Ethische Reflexion: Autonomie und Abhängigkeit
Gibt es eine Autonomie ohne Abhängigkeit? Autonomie ist in der westlichen Welt ein hohes Gut, Abhängigkeit hingegen eher verwerflich. Das ist irritierend, denn der Mensch ist als soziales Wesen von Beziehungen abhängig. Mit der Geburt beginnt ein Leben in gegenseitiger Abhängigkeit. Wachstum und Entwicklung sind nur möglich, wenn Sorge um und mit anderen praktiziert wird. Im Verlauf des Lebens nimmt das Gestaltungsmoment, d.h. die Autonomie und Freiheit, mit unserer Abhängigkeit umzugehen, zunächst zu. Autonom können wir insbesondere dann handeln, wenn wir gesund sind, über ökonomisches, soziales und kulturelles Kapital verfügen, gut gebildet sind, und angesichts der gegebenen Strukturen ist es oft auch von Vorteil, männlich zu sein. Mit zunehmendem Alter nimmt die Autonomie wieder ab, weil uns in der Regel insbesondere die Abnahme der Leibeskraft Grenzen aufzeigt. Während Neugeborene und heranwachsende Kinder von einer verlässlichen Bindung und Beziehung abhängig sind, sind im Erwachsenenalter insbesondere hilfsbedürftige kranke sowie behinderte und (hoch-)betagte Menschen auf Zuwendung und kompetente Sorgepraxis in Pflege und Medizin angewiesen.

Die Fallgeschichte zeigt uns, wie sehr Herr E. unabhängig bleiben möchte, und dabei wird seine Ehefrau überlastet. Er baut auf die Unterstützung durch seine Ehefrau, die diese ihm wohl aufgrund ihrer eingespielten Rolle, der Zuneigung zu sowie von ihrem Mann und ihrem Pflichtgefühl bislang bietet.

Abhängigkeit besteht per se. Ein gänzlich abhängiges Leben ist damit lediglich eine Möglichkeit gelebten Lebens im Rahmen einer grundsätzlich gegebenen Situation der Abhängigkeit von Anderen (Kittay 1999). Ein erfülltes Leben zu führen heißt daher nicht, in größtmöglicher Autonomie zu leben, sondern im Rahmen des eigenen Seins als abhängiger Mensch Geborgenheit, Liebe und Freude sowie in einer Situation von Einsamkeit und Isolation, wie der des Ehepaars, aktive Hilfsangebote zu erhalten und Schutz zu erfahren.

Vulnerabilität
Wann und warum bin ich verletzlich? Abhängigkeit versetzt uns in einen Zustand der Verletzlichkeit. Wir sind verletzlich, weil wir auf die Hilfe und Unterstützung anderer angewiesen sind. Jedes Wort, jede Geste und jede Handlung meines Gegenübers können mich an meine Abhängigkeit erinnern und in meiner relativen Autonomie und Willensfreiheit schwächen. Das erzeugt Angst, insbesondere dann, wenn uns diese Situation bisher im Leben unvertraut war. Es ist deshalb wesentlich, dass ein hilfegebender Mensch die Asymmetrie, das heißt

das Ungleichgewicht an Abhängigkeit und Autonomie, bedenkt und entsprechend behutsam mit Worten, Mimik und Gestik umgeht. Im schlimmsten Fall führen asymmetrische Beziehungen zum Machtmissbrauch (Leget/Kohlen 2020; Baumann/Kohlen 2019; Kohlen 2015).

Herr E. befindet sich in einer besonders verletzlichen Situation, denn er hat bisher ein autonomes und mobiles, aktives Leben geführt. Die Notwendigkeit einer professionellen Unterstützung resultiert auch aus dem Unterstützungsbedarf für die Ehefrau, denn sie stößt als Pflege-Gebende an ihre Grenzen.

Literatur

Baumann, Manfred/Kohlen, Helen (2019): Welche Ethik braucht Palliative Care? Ein Plädoyer für eine Ethik der Sorge, in: Kreutzer, Susanne/Schwermann, Meike/Oetting-Roß, Claudia (Hrsg.), *Palliative Care aus sozial- und pflegewissenschaftlicher Perspektive*, Weinheim, 88–115.
Kittay, Eva Feder (1999): *Love's labor. Essays on Women, Equality, and Dependency*, New York.
Kohlen, Helen (2015): Plädoyer für eine Ethik der Care-Praxis, in: *Praxis Palliative Care* 28, 28–31.
Leget, Carlo/Kohlen, Helen (2020): End of Life: Care Ethical Perspectives, in: Emmerich, Natha/Mallia, Pierre/Gordjin, Bert/Pistoia, Francesca (Hrsg.), *Contemporary European Perspectives on the Ethics of End of Life Care*, Basel, 75–92.

Kommentar II: Abwägen zwischen Wohl und Wunsch bei Depression

Esther Braun, Anna Lisa Westermair

Im vorliegenden Fall besteht aus der Perspektive des Behandlungsteams ein dringlicher Konflikt zwischen dem gesundheitlichen Wohl des Patienten und seinem aktuell geäußerten Wunsch. Entweder kann eine Insulingabe unter Zwang durchgeführt werden, um ein Versterben von Herrn E. am diabetischen Koma abzuwenden, oder es kann seine Behandlungsablehnung respektiert werden.

Aufgrund des hohen Werts der Autonomie in unserer Gesellschaft haben selbstbestimmte Personen grundsätzlich ein Abwehrrecht gegenüber der Durchführung medizinischer Maßnahmen. Sollte die Behandlungsablehnung von Herrn E. selbstbestimmt sein, wäre sie daher zu respektieren und ein Versterben zuzulassen. Patienten gelten als selbstbestimmt, wenn sie frei von äußerem Zwang, ausreichend informiert und selbstbestimmungsfähig (rechtlich: einwilligungsfähig) sind (Scholten/Vollmann 2017). Wie sind diese Kriterien im Fall von Herrn E. zu beurteilen?

Für *äußeren Zwang* oder Druck in Richtung Sterben gibt es bei Herrn E. keine Hinweise.

Bezüglich *ausreichender Informiertheit* lässt der Fallbericht Fragen offen. Wodurch ist die Gehunfähigkeit bedingt? Welche Behandlungsmöglichkeiten gibt es und wie sind die Erfolgsaussichten? Welche Alternativen zur Verbesserung der Mobilität des Patienten bestehen, beispielsweise Einbau eines Treppenlifts und Versorgung mit einem Rollstuhl? Sind alle diese Möglichkeiten dem Patienten bereits unterbreitet worden? Dies erscheint besonders relevant, da Bewegung und Selbstständigkeit einen großen Stellenwert für Herrn E. zu haben scheinen und seine Sorge, fortan ein „Pflegefall" zu sein, der Hauptgrund für seine Behandlungsablehnung zu sein scheint. Die Informiertheit von Herrn E. ist also unklar.

Zur *Selbstbestimmungsfähigkeit* von Herrn E. bezüglich der Insulingabe liefert der Fallbericht widersprüchliche Hinweise. Einerseits könnte die gedrückte Stimmung eine normalpsychologische Reaktion auf seinen sich verschlechternden Gesundheitszustand sein und der Todeswunsch der selbstbestimmte Umgang damit. Für diese Sichtweise spricht, dass Herr E. laut seiner Ehefrau „immer seine eigene Meinung" zu seinen Erkrankungen gehabt habe, was die aktuelle Behandlungsablehnung als konsistent mit seinem Charakter und seinen Wertvorstellungen erscheinen lässt. Andererseits scheint es gut möglich, dass die Behandlungsablehnung Ausdruck von akuter Suizidalität im Rahmen einer bislang nicht diagnostizierten Erkrankung ist. Beispielsweise können Niedergeschlagenheit, Gereiztheit und Suizidalität Symptome einer depressiven Episode sein, was auch die Verschlechterung der Mobilität im Sinne einer schweren Antriebsstörung erklären könnte. In diesem Rahmen könnte Herr E. seine gegenwärtige und zukünftige Lebensqualität als wesentlich geringer einschätzen, als dies eigentlich seinem Wesen und seinen Werthaltungen entspräche. Auch könnte die subakut aufgetretene Gangunfähigkeit im Zusammenhang mit Eigen- und Fremdaggressivität und veränderter Stimmungslage bei leerer psychiatrischer Vorgeschichte für eine neurodegenerative Erkrankung sprechen. In diesem Fall könnten subtile neurokognitive Defizite die Fähigkeit von Herrn E. vermindern, Informationen zu verstehen, zu erinnern und zu gewichten. Der Verdacht auf relevante neuropsychologische Einschränkungen bei Herrn E. wird durch Inkonsistenzen in seinem Verhalten und seinen Angaben erhärtet. Beispielsweise berichtet er gegenüber dem Oberarzt, auf die Station gekommen zu sein, um zu sterben. Allerdings war es seine Ehefrau, welche den Rettungswagen gerufen hat, und der Arzt in der Notaufnahme, welcher die stationäre Aufnahme vorgeschlagen hat. Der Wunsch, den Herr E. nun äußert, scheint also nicht auf einer sorgfältig geplanten und gründlich durchdachten Entscheidung zu beruhen. Auch die mehrfach abgebrochenen Suizidversuche sprechen für eine Ambivalenz gegenüber dem Leben bzw. Sterben.

Aufgrund dieser Hinweise auf eine psychiatrische oder neurologische Erkrankung sowie der schwerwiegenden Konsequenzen seiner Behandlungsablehnung erscheint eine genaue Beurteilung der Informiertheit und Selbstbestimmungsfähigkeit von Herrn E. geboten. Dies ist derzeit jedoch nicht möglich, da Herr E. bereits beginnend eingetrübt ist. Somit bestehen Zweifel an der Selbstbestimmtheit der Behandlungsablehnung, die in der aktuellen Situation nicht auflösbar sind. Aufgrund des Notfallcharakters der Situation muss sich das Behandlungsteam dennoch für eine der Handlungsoptionen entscheiden. Dafür muss das Team die Frage beantworten, ob die Zweifel an der Selbstbestimmtheit schwer genug wiegen, um zunächst anzunehmen, dass Herrn E.s Behandlungsablehnung nicht selbstbestimmt ist.

Wenn angenommen wird, dass die Behandlungsablehnung nicht selbstbestimmt ist, könnte eine Insulingabe gegen den geäußerten Willen von Herrn E. gerechtfertigt werden. Zwar könnte auch argumentiert werden, dass eine stellvertretende Behandlungsentscheidung sich am mutmaßlichen Willen von Herrn E. orientieren sollte, der geäußert hat, nie ein „Pflegefall" werden zu wollen. Allerdings ist unklar, ob diese Äußerung auf seine aktuelle Situation übertragen werden kann, zu der er vermutlich nicht ausreichend informiert ist.

Sollte Herr E. jedoch tatsächlich ausreichend informiert und selbstbestimmungsfähig sein, würde er durch eine Insulingabe gegen seinen selbstbestimmten Willen in einem Leben mit für ihn inakzeptabler Qualität gehalten, wodurch ihm Schaden zugefügt würde. Allerdings würde sich die Selbstbestimmtheit seiner Behandlungsablehnung bei einer genaueren Prüfung schon bald herausstellen, woraufhin die Insulingabe zu stoppen wäre. Herrn E. würden also nur wenige Stunden bis Tage nicht gewünschtes und subjektiv nicht lebenswertes Leben zugemutet.

Wenn aber angenommen wird, dass seine Behandlungsablehnung selbstbestimmt ist, wäre ein Verzicht auf die Insulingabe und damit ein Sterbenlassen gerechtfertigt. Sollte Herr E. jedoch tatsächlich nicht ausreichend informiert und/oder nicht selbstbestimmungsfähig sein, würde ihm hierdurch wahrscheinlich erheblicher Schaden zugefügt. Herr E. könnte dann möglicherweise bestehende Behandlungsoptionen nicht in Anspruch nehmen und würde potenziell einige Lebensjahre mit guter Lebensqualität verlieren, ohne dass dies seinem selbstbestimmten Willen entspricht.

Insgesamt erscheint das Schadenspotential einer Rettung (wenige Tage unerwünschtes Leben mit subjektiv inakzeptabler Qualität) wesentlich geringer als das Schadenspotential des Sterbenlassens (schlimmstenfalls Verlust einiger Jahre mit subjektiv guter Lebensqualität). Aufgrund der bestehenden Zweifel an der Selbstbestimmtheit der Behandlungsablehnung erscheint es daher gerechtfertigt, Herrn E. gegen seinen geäußerten Willen Insulin zu verabreichen. In der gewonnenen Zeit sollte die medizinische Situation geklärt, der Patient ausführlich über Handlungsoptionen aufgeklärt und eine ausführliche Bestimmung seiner Selbstbestimmungsfähigkeit durchgeführt werden. Sollte dann deutlich werden, dass die Behandlungsablehnung des Patienten selbstbestimmt ist, wäre sie zu respektieren und mit Herrn E. und seiner Familie eine angemessene Sterbebegleitung zu planen.

Literatur

Scholten, Matthé/Vollmann, Jochen (2017): Patientenselbstbestimmung und Selbstbestimmungsfähigkeit, in: Vollmann, Jochen (Hrsg.), *Ethik in der Psychiatrie*, Köln, 26–34.

5. Schwierige Therapieentscheidungen

Thematische Einleitung

Christof Mandry

Hier geht es um Therapieentscheidungen, die deshalb schwierig sind, weil PatientInnen sich zwischen verschiedenen Therapieoptionen entscheiden müssen. Die Herausforderungen umfassen zum einen, dass PatientInnen die alternativen Behandlungswege und -methoden verstehen sowie die mit ihnen verbundenen Erfolgsaussichten, Risiken, Nebenwirkungen und Folgeerscheinungen bewerten müssen, und zum anderen, dass sie eine Vermittlung mit ihren individuellen Werthaltungen und ihrem Selbstbild vornehmen müssen. Erst wenn die Verknüpfung von beidem gelingt, wird das Ideal einer selbstbestimmten Entscheidung erreicht. Dass es im Krankenhaus vermehrt zu solchen komplexen Entscheidungssituationen kommt, hängt mit der zunehmenden Etablierung der evidenzbasierten Medizin zusammen, die es erlaubt, datenbasierte Behandlungsszenarien zu projektieren. Auch wenn alternative Behandlungsoptionen als medizinisch gleichwertig eingeschätzt werden, können sie sich hinsichtlich der Konsequenzen für das weitere Leben der PatientInnen deutlich unterscheiden. Solche Behandlungssituationen sind auch für das Klinikteam fachlich herausfordernd, da sie bereits dort eine multidisziplinäre Abklärung in einer Fallkonferenz (etwa in einem „Tumorboard") erfordern. Die Verständigung mit den jeweiligen PatientInnen kann erst auf dieser Basis erfolgen und stellt eine eigenständige kommunikative Herausforderung dar. Für diese Situationen hat sich seit einiger Zeit das Modell der „partizipativen Entscheidungsfindung" als ideale Vorgehensweise etabliert, mit der der Grundsatz der „informierten Zustimmung" weitergeführt wird. Die normative Basis liegt in der rechtlichen und ethischen Bedeutung der Patientenselbstbestimmung (Respekt vor Autonomie), die es nicht als ausreichend erscheinen lässt, dem/der PatientIn eine medizinische „Lösung" einfach mitzuteilen und die Zustimmung dazu als alternativlos darzustellen. Im Gegensatz dazu strebt das Konzept der „partizipativen Entscheidungsfindung" (PEF) – oder auch *Shared decision making* – eine Entscheidungsfindung zwischen ÄrztIn und PatientIn „auf Augenhöhe" an, indem in einem gemeinsamen Beratungsprozess sowohl medizinische Sach- als auch persönliche Wertfragen diskutiert werden, um so eine von beiden Seiten getragene Entscheidung zu erlangen. Welche ethischen Vorzüge hält PEF für schwierige Entscheidungssituationen bereit, mit welchen Herausforderungen muss auch dieses Konzept umgehen? Welche Rolle können narrative Ethik und Klinikseelsorge dabei einnehmen?

Partizipative Entscheidungsfindung - der „Goldstandard" klinischer Ethikberatung?
Das ethische Profil der PEF wird deutlich, wenn man es im Spektrum der Arzt-Patienten-Verhältnisse lokalisiert (vgl. zum Folgenden Bieber u.a. 2016, 196f.). Im paternalistischen Modell liegen die medizinischen Informationen allein in ärztlicher Hand und der Arzt/die Ärztin entscheidet über die Behandlung im besten Interesse des/der PatientIn, so, wie es sich ärztlich darstellt. Der Patientenautonomie kommt eine nachgeordnete Rolle zu, die vor allem in der vom Vertrauen zu den Fachpersonen getragenen Zustimmung besteht. Dieses gewissermaßen klassische Modell ist aus einer Vielzahl von Gründen seit längerem auf dem Rückzug, aber keineswegs aus dem Klinikalltag verschwunden. Aus ethischer Sicht wird die Eigenständigkeit der PatientInnenperspektive bei der Bestimmung des „Patientenwohls" unterbewertet. Es besteht das Risiko der Bevormundung oder gar Fremdbestimmung der PatientInnen; andererseits kann die weitgehende Entscheidungsübernahme durch den Arzt/die Ärztin von PatientInnen, die sich mit einer eigenständigen Situationsbewertung überfordert fühlen, als entlastend empfunden werden.

Im Informationsmodell schwingt das Pendel nach der anderen Seite aus. ÄrztInnen stellen den PatientInnen alle relevanten Informationen zur Verfügung, aber halten sich aus dem Prozess der Entscheidungsfindung heraus. Der/die PatientIn nimmt selbstständig die Abwägung der medizinischen Informationen mit ihren Werthaltungen vor und entscheidet dann. Damit wird ein Maximum an Patientenautonomie erreicht, allerdings mit der Tendenz, dass das Arzt-Patienten-Verhältnis sich an ein Dienstleister-Kunden-Verhältnis annähert. Ethisch kritisch gesehen werden sowohl die mögliche Überforderung von PatientInnen als auch das Ausblenden der ärztlichen Fürsorgeverantwortung für die tatsächliche situative Patientenautonomie.

Demgegenüber positioniert sich das PEF-Modell in der Mitte. Es versteht die Entscheidungsfindung als einen partnerschaftlichen Vorgang zwischen ÄrztIn und PatientIn, bei dem sie medizinische sowie behandlungsrelevante persönliche Informationen austauschen. Zudem legen beide ihre Rollen- und Behandlungspräferenzen offen. Auf dieser Basis kommt ein deliberativer Prozess zustande, der (idealerweise) in eine gemeinsam getragene Behandlungsentscheidung mündet. Die PEF gilt aus mehreren Gründen als ethisch empfehlenswertes Modell: Erstens entspricht es der Patientenautonomie in der klinischen Entscheidungssituation am besten, da bei den PatientInnen die Fähigkeit zur Selbstbestimmung nicht einfach abstrakt vorausgesetzt, sondern sie in einem unterstützenden kommunikativen Prozess „auf Augenhöhe" gestärkt wird. Zweitens werden PatientInnen nicht nur als hilfsbedürftige Menschen, sondern auch als Mitgestaltende der Therapiebeziehung angesehen und anerkannt. Und drittens fördert die PEF die Adhärenz (d.h. das Einhalten der gemeinsam von Arzt/Ärztin und PatientIn gesetzten Therapieziele) der PatientInnen im Behandlungsgeschehen (vgl. Deutscher Ethikrat 2016, 42–45).

Auch wenn die PEF heute als bevorzugtes Modell der Beziehung zwischen PatientIn und ÄrztIn angesehen wird, ist es keinesfalls so, dass sie die durchweg gelebte Praxis in den Krankenhäusern darstellt (vgl. Braun/Marstedt 2014) und in schwierigen Therapieentscheidungen flächendeckend angewendet wird. Das hat sicherlich damit zu tun, dass es nicht damit getan ist, sie wie eine Art Gesprächsführungstechnik bloß fallweise einzusetzen; vielmehr macht PEF nur im Zusammenhang mit einem Kulturwandel in der Beziehung zwischen Arzt/Ärztin und PatientIn Sinn. Umfragen zeigen zudem, dass zwar eine stabile Mehrheit der PatientInnen sich für das PEF-Modell ausspricht, aber dass ein ebenso stabiler Anteil von ca. 20 % der PatientInnen das paternalistische Modell bevorzugt (vgl. Braun/Marstedt 2014, 111–113). Dieser Befund könnte freilich nicht nur als Ausdruck einer selbstbestimmten Präferenz eines PatientInnenanteils zu werten sein, sondern auch deren geringe Selbstwirksamkeitserwartung widerspiegeln, die der Erfahrung entspricht, im Gesundheitswesen nur wenig in Entscheidungen einbezogen zu werden (vgl. Bieber u.a. 2016, 198). Zu den Erfolgsbedingungen von PEF gehört daher auch die Entwicklung einer „Organisationskultur, in der die Anbieter von Gesundheitsleistungen den Patientenwerten und -präferenzen unbedingten Vorrang einräumen und auch die Fähigkeit haben, diese den Patienten zu entlocken" (Braun/Marstedt 2014, 110).

Insofern ist es gut, dass der Bundestag 2013 die Möglichkeiten der PatientInnen zur Partizipation gestärkt hat, indem das Spektrum der ihnen zu erläuternden Informationen ausgeweitet wurde. Ins Gesetz wurden damit wesentliche PEF-Elemente aufgenommen und als Aufklärungspflichten des/der behandelnden ÄrztIn festgelegt:

> „Der Behandelnde ist verpflichtet, den Patienten über sämtliche für die Einwilligung wesentlichen Umstände aufzuklären. Dazu gehören insbesondere Art, Umfang, Durchführung, zu erwartende Folgen und Risiken der Maßnahme sowie ihre Notwendigkeit, Dringlichkeit, Eignung und Erfolgsaussichten im Hinblick auf die Diagnose oder die Therapie. Bei der Aufklärung ist auch auf Alternativen zur Maßnahme hinzuweisen, wenn mehrere medizinisch gleichermaßen indizierte und übliche Methoden zu wesentlich unterschiedlichen Belastungen, Risiken oder Heilungschancen führen können" (Patientenrechtegesetz 2013, zu § 630e BGB).

Diese Aufklärung muss zudem persönlich, mündlich, verständlich und rechtzeitig vor der Maßnahme stattfinden, sie kann also nicht etwa durch bloßes Aushändigen schriftlicher Informationen erfolgen. Der Gesetzgeber bleibt allerdings insofern hinter dem PEF-Modell zurück, als der partizipative und deliberative Aspekt des Modells nicht aufscheint, sondern vorwiegend auf den Informationsaspekt abgehoben wird.

Halten wir bis hierher fest: Der medizinische Fortschritt und insbesondere die Verbreitung der evidenzbasierten Medizin haben zur Folge, dass PatientInnen zunehmend vor Entscheidungen stehen, bei denen zwischen alternativen Therapie- bzw. Behandlungsoptionen abgewogen werden muss. Dabei müssen die damit verbundenen unterschiedlichen Nutzenerwartungen, Risiken und Erfolgsaussichten verstanden und mit den persönlichen Erwartungen, Wertvorstellungen sowie der Risikobereitschaft bzw. dem Sicherheitsbedürfnis ins Verhältnis gesetzt werden. Das PEF-Konzept sucht dem durch eine partnerschaftliche und deliberative Beteiligung der PatientInnen an der Entscheidungsfindung Rechnung zu tragen, was seitens des Klinikums erfordert, dass dafür in den Organisationsabläufen Gelegenheit und Raum vorhanden sind und dass das medizinische Personal über entsprechende kommunikative Kompetenzen verfügt. Schließlich, und darauf ist nun einzugehen, weisen diese Entscheidungserfordernisse auch den PatientInnen eine kommunikative Rolle zu, die diese ausfüllen (können) müssen.

Voraussetzungen auf PatientInnenseite für selbstbestimmte Entscheidungspartizipation
Es ist seit längerem anerkannt, dass die Patientenautonomie, die ethisch und rechtlich den PatientInnen zugesprochen werden muss, in der konkreten Praxis auch bei grundsätzlich einwilligungsfähigen Personen situativ eingeschränkt, graduell schwankend und unterstützungsbedürftig sein kann (vgl. etwa Wiesemann/Simon 2013; Becker 2019). Auch in Erzählungen von Klinikseelsorgenden wird immer wieder deutlich, dass, erstens, bei den PatientInnen in unterschiedlichem Ausmaß die Voraussetzungen gegeben sind, relevante medizinische Informationen zu verstehen und sich sowohl kognitiv wie auch emotional auf einen PEF-Kommunikationsprozess einzulassen. Zweitens kann es ihnen schwerfallen, einen konsistenten und klar artikulierbaren Willensentscheid zu formen.

Die erste Problematik liegt gewissermaßen auf der Hand, da es bereits als Alltagserfahrung gelten kann, dass medizinische Informationen für Laienpersonen schwer verständlich sein können. Umso anspruchsvoller ist es, die damit verbundenen Chancen und Risiken sowie die wahrscheinlichen Folgen für die persönliche Lebenssituation zu bewerten. Studien zeigen, dass Gesundheitskompetenz in der Bevölkerung unterschiedlich vorhanden ist. „Gesundheitskompetenz" (*health literacy*) meint „das Wissen, die Motivation und die Fähigkeiten von Menschen, relevante Gesundheitsinformationen zu finden, zu verstehen, zu beurteilen und im Alltag anzuwenden" (Bundesministerium für Gesundheit 2023). Menschen mit geringer Gesundheitskompetenz fällt es schwer, für sie relevante

Gesundheitsinformationen aufzunehmen und sich im Gesundheitswesen zurechtzufinden, was sich negativ auf ihr Gesundheits- und Krankheitsverhalten sowie ihre Inanspruchnahme des Gesundheitswesens auswirkt. Einer Studie zufolge (Schaeffer/Berens/Vogt 2017) verfügen nur 45,7 % der deutschen Bevölkerung über „exzellente" und „ausreichende" Gesundheitskompetenz. 54,3 % beurteilen hingegen ihre Gesundheitskompetenz als „eingeschränkt" („inadäquat" und „problematisch"). Dabei sind offenbar Aufgaben, die „weiterführende kognitive Kompetenzen" erfordern, wie „die Beurteilung von Gesundheitsinformationen", wann eine „zweite Meinung von einem Arzt einzuholen ist" sowie das Einschätzen der „Vor- und Nachteile von verschiedenen Behandlungsmöglichkeiten", für viele Menschen (über 40 % der Befragten) besonders problematisch (ebd., 56). Eingeschränkte Gesundheitskompetenz hängt mit soziodemografischen Faktoren zusammen. Es fallen vor allem ein niedriger sozialer Status sowie geringe allgemeine Literalität ins Gewicht, und sie ist eher bei älteren Menschen und bei Menschen mit Migrationshintergrund anzutreffen (vgl. ebd., 56–58). Damit ist geringe Gesundheitskompetenz als eine Erscheinungsform von mangelnder sozialer Teilhabe zu bewerten – geringer sozialer Status, geringe Literalität und Migrationshintergrund wirken sich in vielen Gesellschaftsbereichen und eben auch im Gesundheitswesen benachteiligend aus.[1]

Gegen geringe Literalität und gegen eingeschränkte Gesundheitskompetenz sind vielfältige Bildungsanstrengungen erforderlich, die vor allem außerhalb des einzelnen Krankenhauses zu unternehmen sind. Im Gesundheitswesen sowie in den Einrichtungen selbst sind jedoch Maßnahmen erforderlich, um einerseits Gesundheitskompetenz zu stärken sowie andererseits sich darauf einzustellen, dass PatientInnen und Angehörige mit eingeschränkter Gesundheitskompetenz anwesend sind, und sicherzustellen, dass sie angemessen behandelt und in die sie betreffenden Entscheidungsprozesse eingebunden werden. Dies macht eine „organisationale Gesundheitskompetenz" erforderlich, wie sie das Deutsche Netzwerk Gesundheitskompetenz fordert und die auf Konzepten wie Patientenorientierung, Patientenzentriertheit und Responsivität der Versorgung aufbauen kann (Schaefer/Bitzer/Dirks 2019).

Die zweite Problematik – dass es PatientInnen schwerfallen kann, zu „wissen, was sie wollen" – ist von der Fähigkeit, medizinische Informationen zu verstehen, nochmals zu unterscheiden. Die Schwierigkeit, einen Willen zu formen und zu artikulieren, hängt vielmehr damit zusammen, dass die geforderten Entscheidungen so „quer" zu den bisherigen Vorstellungen des guten Lebens des/der PatientIn liegen können, dass es nicht möglich erscheint, sich zu ihnen

---

[1] 7,5 Millionen Erwachsene (Alter 18–64 Jahre) in Deutschland gelten als „funktionale Analphabeten" und haben vielfältige Schwierigkeiten, am gesellschaftlichen Leben teilzunehmen. Geringe Literalität ist übrigens weder auf Menschen mit geringem formalen Bildungsstatus noch auf solche mit Migrationshintergrund beschränkt, vgl. Grotlüschen/Buddeberg 2019.

präferentiell zu verhalten. Die vom ÄrztInnenteam vorgestellten Behandlungsalternativen können jenseits ihrer unterschiedlichen Chancen und Risiken allesamt unattraktiv erscheinen. Aus PatientInnensicht geht es nämlich mitunter bloß um die Wahl zwischen Übeln, und diese mögen gleichermaßen – nämlich gänzlich – nicht wünschbar erscheinen. Wie sollte es dann möglich sein, die eine der anderen vorzuziehen? Hinzu kommt, dass die gesellschaftliche Erwartung an die Selbstbestimmung dahin geht, dass eine eindeutige, klare und stabile Entscheidung artikuliert wird. Es geht um eine individuelle Willensbildung, die – so die verbreitete Vorstellung – die einzelne Person dadurch zuwege bringt, dass sie äußere Informationen mit inneren Vorstellungen des guten Lebens sowie mit dem Selbstbild ins Verhältnis setzt und daraus eine Orientierung gewinnt, was sie will, d.h. was sie in der konkreten Situation anstrebt. Diesem Modell zufolge ist die Willensbildung innerlich, einer äußeren Einsicht letztlich entzogen, vor Einwirkung von außen zu schützen und als eine Äußerungsweise der Individualität des Individuums zu würdigen. Phänomenologische und hermeneutische Herangehensweisen schlagen verschiedene Korrekturen an diesem Modell vor. Sie gehen beispielsweise von der Alltagserfahrung aus, dass uns selbst in vielen Situationen oftmals nicht völlig transparent ist, was wir wollen, und wir erst im Nachhinein, also nach einer Entscheidung und nach dem Handeln, unsere opaken Entscheidungsgründe rationalisieren und in Gestalt von „Gründen" formulieren, die anderen verständlich sind. An die Stelle der innerlichen Selbsttransparenz, die in einen Entscheidungsmoment mündet, wie es das verbreitete Modell annimmt, setzt die kritische Sicht ein stärker prozesshaftes Verständnis des Willens, der sich aus einem Hin und Her zwischen dem Selbst und seinem Umfeld herausbildet. Herauszufinden, „was ich will", kann eine recht mühsame Aufklärungsarbeit erfordern, die lebensgeschichtlich unter Umständen auch unabgeschlossen bleibt – etwa, wenn ich erst Jahre später zu verstehen meine, was ich damals eigentlich wollte, als ich mich so oder so entschieden habe. Nicht wenige Lebensentscheidungen werden gefällt, weil sie situativ gefordert sind, aber ohne sich gewiss zu sein, was mit dieser Entscheidung eigentlich gewollt wird. Das Motiv der Entscheidung kann beispielsweise darin bestehen, die Entscheidungssituation möglichst rasch zu verlassen, weil die Entscheidungslast als bedrückend empfunden wird. Ohne diese Überlegungen hier weiter zu vertiefen, lässt sich aus ihnen ein veränderter Blick auf die medizinischen Entscheidungen werfen, die PatientInnen schwerfallen.

Wenn PatientInnen in der Wahrnehmung des klinischen Personals es vermeiden, sich klar zu Therapievorschlägen zu verhalten, wenn sie sich unklar äußern oder stark wechselnde Einstellungen zu erkennen geben, je nach Gesprächssituation und mit wem sie jeweils sprechen, kann dies ein Anzeichen dafür sein, dass sie die medizinischen Informationen nicht richtig verstanden haben, dies aber nicht äußern wollen – etwa aus Scham oder weil sie fürchten, ihr Nachfragen würde als störend empfunden. Es kann außerdem damit zusammenhängen, dass es ihnen schwerfällt, die ihnen eröffneten Szenarien auf sich zu beziehen und sich vorzustellen, was sie für sie konkret bedeuten. Wie wirken sich die jeweiligen Behandlungsalternativen und ihre projektierten Folgen auf die Berufstätigkeit, auf Familie und Partnerschaft aus? Werden sie mit der bisherigen Wohn- und Lebenssituation vereinbar sein? Welche Lebensgewohnheiten müssen eingeschränkt oder aufgegeben werden? Um mit den Aussichten auf ein Leben mit gesundheitlichen Einschränkungen umgehen zu können, kann der/die PatientIn sich zu tiefgreifenden Anpassungen seines/ihres Selbstbilds und seiner/ihrer Werthaltungen genötigt sehen. Dies kann sehr schmerzlich sein und Zeit, empathische Unterstützung und gezielte weitere Informationen über soziale oder pflegerische Dienste erfordern. Schließlich ist es vielen Menschen wichtig, für ihre Entscheidungen auch bei ihrem Umfeld Verständnis und Anerkennung zu finden. PatientInnen können sich bewusst oder unbewusst an den vermuteten Reaktionen ihrer Angehörigen ausrichten wollen; ebenso können sie unbewusst den Erwartungen von ÄrztInnen oder Pflegenden entsprechen wollen. Insbesondere die Haltung der Angehörigen kann entscheidend sein und es ist unter Umständen nachvollziehbar, dass PatientInnen deren Perspektiven in ihre eigene Entscheidung einzubeziehen versuchen. Schließlich können sie im Weiteren von ihrem familiären und sozialen Umfeld in neuer Weise abhängig sein und das von ihnen künftig erreichbare Ausmaß an selbstbestimmter Lebensführung wird auch vom Zutun anderer bestimmt. Wenn die Angehörigen sich ihrerseits mit der Entscheidungssituation schwertun, wenn sie widersprüchliche, ablehnende oder unklare Positionen erkennen lassen, wenn sie eher distanziert sind, fehlt den PatientInnen die notwendige affirmative Resonanz, um eine für sie selbst valide Vorstellung und Entscheidung zu finden. Dies kann als sehr belastend empfunden werden und zu Verhaltensweisen des/der PatientIn führen, die im klinischen Kontext als Entscheidungsvermeidung oder sogar als störendes Verweigern der Autonomierolle aufgefasst werden. Sich auf solche Gemengelagen einzustellen und ihnen angemessen zu begegnen, stellt eine nicht geringe Herausforderung für das Krankenhaus dar, der sowohl auf der Organisationsebene als auch durch das Ausbilden kommunikativer Kompetenzen entsprochen werden sollte. Das PEF-Modell bietet dafür eine gute konzeptionelle Grundlage, die in Arzt-Patient-Gesprächsformaten, evtl. unter Einbeziehung von Angehörigen, in der klinischen Ethikberatung und in anderen Formaten umgesetzt werden sollte.

Klinikseelsorge und narrative Ethik
Seitens der Klinikseelsorge ist zu überlegen, wie die eigene Rolle und die eigenen Möglichkeiten in diesem Kontext zu sehen sind. Es liegt nahe, die Aufgabe der Klinikseelsorge zuerst in der Begleitung bei existenzieller Not und inneren sowie eventuellen familiären Konflikten zu sehen, mit denen die PatientInnen sich konfrontiert sehen können. Einer Seelsorge, die sich als Befreiungshandeln versteht (Fuchs 1990), geht es bei der Begleitung der PatientInnen auch darum, existenzielle Sackgassen zu verlassen und dabei zu helfen, existenzielle Ängste zu

überwinden oder mit ihnen umgehen zu lernen. Seelsorgende können dabei auf ihre kommunikativen und pastoralen sowie pastoralpsychologischen Kompetenzen zurückgreifen, die es ihnen ermöglichen, die Zwischentöne, Metaphern, Sprachbilder und Assoziationen, aber auch die Tonalität, die Gestik und Mimik im Gespräch mit PatientInnen wahrzunehmen und aufzunehmen. Dies kann ihnen dabei helfen, mit dem/der PatientIn darüber ins Gespräch zu kommen, was sie umtreibt, was sie verwirrt und beunruhigt, aber auch, woraus Motivation und Anpassungsfähigkeit zu gewinnen sind. Aus seelsorglicher Sicht ist es in schwierigen Therapieentscheidungssituationen nicht vordringlich, eine Entscheidung herbeizuführen oder gar dazu zu drängen. Vielmehr geht es Seelsorge um die unterstützende Begleitung bei der umfassenden Verarbeitung herausfordernder medizinischer Informationen und den Aussichten auf begrenzte oder einschränkende Lebensmöglichkeiten, was über den Fokus auf eine Therapieentscheidung hinausgeht. Seelsorgende können zudem vermitteln und übersetzen, wenn es zu kommunikativen Blockaden oder Konflikten kommt, etwa wenn PatientInnen religiöse Vorstellungen äußern, die dem Klinikpersonal „irrational" und schwer nachvollziehbar erscheinen. Es kann schließlich nicht übersehen werden, dass auch die partizipative Entscheidungsfindung nach dem PEF-Ansatz Konflikte nicht ausschließt. Sie sind zu einem gewissen Grade in jenen Konstellationen unvermeidbar, wenn etwa nach den Standards evidenzbasierter Medizin eine hohe Gewissheit über den Nutzen einer bestimmten Therapie besteht, auf welche der/die PatientIn sich aufgrund persönlicher Wertvorstellungen jedoch nicht einlassen möchte. In solchen Situationen, in denen ÄrztIn und PatientIn den Eindruck haben, dass es „nichts zu verhandeln" gibt, können beiderseits Frustrationen entstehen. Klinikseelsorge kann hier unter Umständen als „unbeteiligte, aber empathische dritte Instanz" vermittelnd tätig werden – ohne den Anspruch haben zu müssen, dass es für jede Situation eine allseits befriedigende Lösung gibt. Doch kann bereits eine sensible Konfliktthermeneutik, die bei beiden Seiten auf Ungesagtes und Angedeutetes eingeht, entschärfend wirken. Es ist geradezu eine Stärke der narrativen Ethik, dass sie nicht primär auf eine normative Bewertung und die Begründung einer ethischen Entscheidung aus ist, sondern zunächst am Aufsuchen und Auffinden von Werthaltungen, Hoffnungen und Wünschen interessiert ist, die existenziell relevant sind. Damit kommt sie der Klinikseelsorge entgegen, für die auch die Lebensgeschichte und die Lebensgeschichten der PatientInnen zentral sind. Was wird erzählt und wie wird erzählt? Wie stellt sich die Persönlichkeit des/der PatientIn im Erzählen dar, wie bildet sie sich darin auch erst heraus? Welche Brüche, welche Niederlagen, aber auch welche Ressourcen werden in einer Lebensgeschichte erzählt? Die narrative Herangehensweise in der Ethik kann darauf aufbauen und hermeneutisch dabei unterstützen, ein mögliches Erzählen des weiteren Lebensweges zu finden. Indem sie wahrnimmt, dass in den Patientenerzählungen auch stets die anderen miterzählt werden, die zur Lebensgeschichte der PatientIn – im Guten wie im weniger Guten – gehören, kann sie dazu verhelfen, ein besseres situatives Verständnis der eigenen, eingebetteten Autonomie zu gewinnen, und so möglicherweise den Weg zu einer tragbaren, wenn auch nicht immer leichten Entscheidung ebnen.

Literatur

Becker, Pia (2019): *Patientenautonomie und informierte Einwilligung. Schlüssel und Barriere medizinischer Behandlungen*, Stuttgart.

Bieber, Christiane/Gschwendtner, Kathrin/Müller, Nicole/Eich, Wolfgang (2016): Partizipative Entscheidungsfindung (PEF) – Patient und Arzt als Team, in: *Psychotherapie - Psychosomatik - medizinische Psychologie* 66, 5, 195–207, DOI: 10.1055/s-0042-105277.

Bundesministerium für Gesundheit (2023): Gesundheitskompetenz, https://www.bundesgesundheitsministerium.de/gesundheitskompetenz.html (Zugriff: 16.03.2023).

Braun, Bernard/Marstedt, Gerd (2014): Partizipative Entscheidungsfindung beim Arzt: Anspruch und Wirklichkeit, in: Bertelsmann-Stiftung/Barmer GEK (Hrsg.), *Gesundheitsmonitor 2014*, Gütersloh, 107–131, https://www.bertelsmann-stiftung.de/fileadmin/files/BSt/Publikationen/GrauePublikationen/VV-PmW-PEF.pdf (Zugriff: 16.03.2023).

Deutscher Ethikrat (2016): *Patientenwohl als ethischer Maßstab für das Krankenhaus. Stellungnahme*, Berlin.

Fuchs, Ottmar (1990): *Heilen und befreien. Der Dienst am Nächsten als Ernstfall von Kirche und Pastoral*, Düsseldorf.

Grotlüschen, Anke/Buddeberg, Klaus (2019): Geringe Literalität unter Erwachsenen in Deutschland, in: Quenzel, Gudrun/Hurrelmann, Klaus (Hrsg.), *Handbuch Bildungsarmut*, Wiesbaden, 341–361.

Patientenrechtegesetz (2013): Gesetz zur Verbesserung der Rechte von Patientinnen und Patienten, 20.02.2013, in: *Bundesgesetzblatt* 2013 I, 277–282.

Schaefer, Corinna/Bitzer, Eva-Maria/Dierks, Marie-Luise (2019): *Mehr Organisationale Gesundheitskompetenz in die Gesundheitsversorgung bringen! Ein Positionspapier des DNGK*, 15.11.2019, https://dngk.de/gesundheitskompetenz/organisationale-gesundheitskompetenz-positionspapier-2019/ (Zugriff: 16.03.2023).

Schaeffer, Doris/Berens, Eva-Maria/Vogt, Dominique (2017): Gesundheitskompetenz der Bevölkerung in Deutschland. Ergebnisse einer repräsentativen Befragung, in: *Deutsches Ärzteblatt* 114, 4, 53–60, DOI: 10.3238/arztebl.2017.0053.

Wiesemann, Claudia/Simon, Alfred (Hrsg.) (2013): *Patientenautonomie. Theoretische Grundlagen, praktische Anwendungen*, Münster.

Fallerzählung: Behandlungsentscheidung im Lichte der Lebenssituation

Die Informationen dieser Fallerzählung entstammen einer Reihe von seelsorglichen und informellen Gesprächen zwischen mir und dem Patienten, seinen Töchtern, den Pflegenden, dem behandelnden Facharzt, der zuständigen Anästhesistin und der Psychoonkologin in unterschiedlichen Zusammensetzungen.

Zum Patienten selbst
Bei dem Patienten K. handelt es sich um einen 79-jährigen Mann aus einem einfachen, städtisch geprägten Milieu. Vor einigen Jahren ist seine Frau verstorben. Seitdem lebt er alleine und weitgehend selbstständig in seinem kleinen Haus. Der Lebensstil von Herrn K. ist einfach: Er macht um seine Person nicht viel Aufhebens und gönnt sich neben seiner Arbeit kaum etwas. Sein Bildungsstand ist niedrig; insbesondere ist er des Lesens und Schreibens nicht mächtig. Demgegenüber besitzt er jedoch gewisse handwerkliche Fähigkeiten, die er sowohl beruflich als auch (über die Lebensarbeitszeit hinaus) im privaten Bereich eingesetzt hat und die für ihn etwas mit Erfüllung und Erfolg zu tun haben. Hierin liegt bis heute sein besonderer Ehrgeiz, der sich allerdings nie z.B. auf eine berufliche Karriere gerichtet hat, sondern immer die Ausgestaltung des privaten Lebensbereiches im Blick hatte. Die Kombination aus niedrigem Bildungsstand, gewissen handwerklichen Fähigkeiten und einer Art Schläue, die auch unkonventionelle Wege geht, mit der er sich aber gleichzeitig manches auch schön geredet hat, hat dazu geführt, dass es ihm zwar gelungen ist, sich zuhause etwas aufzubauen, dass sich dabei aber ein gehöriges Maß an finanziellen Schulden angesammelt hat, die ihn auch noch in seinem hohen Alter begleiten und drücken und wohl seine größte Sorge darstellen – offenbar mehr als sein gesundheitlicher Zustand.

Die Art der Lebensführung von Herrn K. kann sicher nicht als übermäßig gesund bezeichnet werden. Er hat zeitlebens schwer körperlich gearbeitet, sowohl beruflich als auch privat (sein eigenes Haus sowie die Häuser seiner Töchter hat er großenteils selbst gebaut), und dabei seinem Körper manche Belastung zugemutet, ohne darüber zu klagen oder sich zu schonen. Spätestens seitdem er verwitwet ist, achtet er bei seiner Ernährung nicht auf die Gesundheit. Er ist ein starker Zigarettenraucher und hat auch hier zeitlebens seinem Körper nichts Gutes getan, was ihm bewusst ist und was er mit einem entschuldigenden Lächeln selbst als Ursache für die gegenwärtige Erkrankung anführt.

Herr K. zeigt sich im Gespräch redselig, freundlich und zugewandt. Gerne holt er auf seine einfache Art weit aus und schildert sein Lebensumfeld, insbesondere das, was er sich aufgebaut hat, und wie viel Arbeit und Zeit er dafür aufgewandt hat. Er blickt auf seine Lebensleistung durchaus mit einem gewissen Stolz.

Schwerer fällt es ihm, auch die Probleme zu benennen (z.B. die Schulden) oder gar einen konstruktiven Umgang damit zu beschreiben. Offenbar belastet ihn hier eine gewisse Hilflosigkeit, da er um die Schulden weiß, aber aufgrund seines Alters und seines Gesundheitszustandes keine wirkliche Perspektive benennen kann. Vielleicht spielt hier Scham eine gewisse Rolle sowie das Gefühl, es letztlich doch nicht gut gemacht zu haben, jetzt aber nichts mehr daran ändern zu können. Sich oder anderen das wirklich einzugestehen, scheint ihm jedoch kaum möglich zu sein.

Herr K. hat zwei Töchter, die nicht weit von ihm im selben Ort jeweils mit ihren Familien wohnen. Die Töchter sorgen sich sehr um ihren Vater, fühlen sich spätestens seit dem Versterben der Mutter aber auch unter starkem Druck, da sie mit ihren Möglichkeiten nicht in der Lage sind, die Versorgung ihres Vaters und eine eventuelle Pflege zusätzlich zu ihren Familienaufgaben zu bewältigen. Ähnlich wie der Vater sind die beiden Töchter einfache Menschen mit einer gewissen Unbeholfenheit, sobald sich etwas einstellt, was über ihre normalen Lebensgewohnheiten hinausgeht oder diese in Frage stellt. Sie sehen sich mit einer Herausforderung, wie sie die gegenwärtige Erkrankung des Vaters darstellt, überfordert und sind sehr dankbar für jede Form der Unterstützung und Hilfestellung, die sie erhalten. Gleichzeitig ist sichtbar, dass sie sich mit Entscheidungen schwertun, gerade wenn es um Entscheidungen von existentieller Tragweite geht. Zwar hat eine der Töchter eine Vorsorgevollmacht vom Vater; dies führt aber offenbar eher zu einer gesteigerten Unsicherheit und vermehrtem Druck. Ob je in der Familie über die Wünsche des Vaters für die letzte Lebensphase oder über den Umgang mit schwerer oder bedrohlicher Krankheit gesprochen wurde, ist sehr fraglich.

Bemerkenswert ist, dass Herr K. im Gespräch immer wieder durchblicken lässt, dass er von einer vollständigen Genesung ausgeht. Er möchte wieder nach Hause und an seine Arbeit. Einen anderen Gedanken lässt er – zumindest nach außen – nicht zu. Es entsteht der Eindruck, dass er sich der existentiellen Bedeutsamkeit seiner Erkrankung nicht wirklich bewusst ist bzw. sie nicht in ihrer Tragweite einschätzen kann. Dies führt dazu, dass es in diesem Punkt einen Bruch in der Kommunikation auch mit den Töchtern gibt. Diese sehen die ganze Sache eher pessimistisch und fürchten sich vor den Konsequenzen, die dies mit sich bringt. Aber mit ihrem Vater darüber sprechen können sie nicht. In den Gesprächen wird deutlich, dass im Hintergrund zahlreiche Gedanken, Befürchtungen und unausgesprochene Dinge mitspielen. Gerade der Prozess der Entscheidungsfindung wird dadurch schwieriger.

Problembeschreibung
Herr K. liegt als Patient auf der HNO-Abteilung. Am Beginn seines derzeitigen Krankenhausaufenthaltes stand eine notfallmäßige Einlieferung mit Atemnot.

Es wurde ein Larynxkarzinom festgestellt. Noch in der Notfallsituation wurde in einer OP ein Tumordebulking durchgeführt, um die Atmung zu sichern. Nach dieser OP hat der Patient auffällig lange gebraucht, um sich wieder einigermaßen zu erholen. Gegenwärtig ist er wieder fitter, braucht jedoch für die alltäglichen Dinge wie auch z.B. bei der Fortbewegung Unterstützung.

Es zeigt sich, dass sein angeschlagener Allgemeinzustand bei den weiteren medizinischen Maßnahmen eine große Rolle spielt. Neben den bereits geschilderten, der Gesundheit wenig zuträglichen Faktoren der persönlichen Lebensführung sind die Vorerkrankungen zu beachten. Herr K. hat insbesondere koronare Vorerkrankungen, die noch nicht abschließend behandelt wurden. Eine Bypass-Operation wäre notwendig, wurde jedoch von den dafür zuständigen ÄrztInnen schon zu einem früheren Zeitpunkt abgelehnt, da der Allgemeinzustand und ein erhöhtes Narkoserisiko sie aus ihrer Sicht unmöglich machten.

Das Tumordebulking hat die Atmung für Herrn K. kurzfristig wiederhergestellt. Dies war jedoch keine nachhaltige Verbesserung. Über kurz oder lang wird das Wachstum des Larynxkarzinoms erneut zu Atemnot und Erstickungsgefahr führen. Medizinisch ist daher eine Laryngektomie indiziert. Hierbei wird in einer großen OP der Kehlkopf mit dem Tumor komplett entfernt. Der zuständige Oberarzt hält dies für den angesagten Weg: Er hält die OP auch bei dem gegenwärtigen Zustand von Herrn K. für durchführbar und erfolgversprechend.

Bei diesem Eingriff handelt es um eine sehr massive Maßnahme. Selbst wenn das erhöhte Operationsrisiko aufgrund der Vorerkrankungen außer Acht gelassen würde und selbst wenn die OP ohne Komplikationen gelänge, stünde Herrn K. nach der Operation ein mehrmonatiger und strapazenreicher Genesungsweg bevor, vermutlich wesentlich länger, als er bei einem jüngeren Patienten mit besserem Allgemeinzustand wäre. Neben den Schmerzen und der körperlichen Belastung müsste Herr K. eine lange Zeit zurechtkommen, ohne sprechen zu können. Für ihn als Analphabeten hieße das, dass ihm über lange Zeit bei vollem Bewusstsein jegliche Kommunikation und das Mitteilen schon seiner einfachsten Bedürfnisse nicht möglich wären, geschweige denn die volle Teilhabe an den für sein Leben grundlegenden Entscheidungen. Für ihn als Menschen, der auf Sprache angewiesen ist und der gerne kommuniziert, würde das die Belastung enorm verstärken. Der lange Genesungsweg würde es notwendig machen, dass er außerhalb des Krankenhauses kompetente Pflege bekommt. Es wäre z.B. unmöglich, dass Herr K. sich selbst absaugt. Selbst im Idealfall ist jedoch sicher, dass es nicht zu einer Wiederherstellung des vorherigen Zustandes von Herrn K. kommen kann. Es ist zu vermuten, dass er auch nach seinem Genesungsweg für die ihm verbleibenden Lebensjahre auf starke Unterstützung in allen Lebensdingen angewiesen sein wird. Hier muss man sich bewusstmachen, dass es sich nicht um eine hohe Zahl an Jahren handeln dürfte.

Der zuständige Facharzt bringt als Alternative zur Laryngektomie eine Tracheotomie ins Spiel. In diesem Fall wird der Tumor vor Ort belassen. Stattdessen wird die Luftröhre mit einem Schnitt geöffnet. In die Luftröhre wird ein stabiles Röhrchen eingebracht, das verhindert, dass der Tumor den Atemweg verengen oder schließen kann. Dieser Eingriff ist mit einem wesentlich geringeren Aufwand, mit geringeren Operationsrisiken und mit einem wesentlich kürzeren Genesungsweg im Anschluss durchzuführen. Der lange Leidensweg und vor allem die Zeit der Sprachlosigkeit würden wegfallen. Zwar wäre auch diese Maßnahme mit einem Pflegeaufwand verbunden. Und es ist auch hierbei nicht absehbar, dass Herr K. wieder ohne Einschränkungen oder Unterstützung in sein vorheriges Lebensumfeld zurückkehren könnte. Aber gleichzeitig muss man sich bewusstmachen, dass die verbleibende Lebenszeit auch in diesem Fall nur kurz ausfallen und – sobald der Tumor weiterwächst – mit großen Strapazen verbunden sein wird. Diese Maßnahme ist eine Symptombehandlung, da der Tumor selbst in keiner Weise beseitigt wird. Der Benefit bestünde darin, dass Herrn K. manche Strapaze im direkten Anschluss an die OP erspart würde und er halbwegs selbstbestimmt die kommende Zeit leben könnte.

Die Töchter sehen sich bei beiden Varianten nicht in der Lage, die Pflege oder Unterstützung kurz- wie langfristig zu übernehmen; der Gedanke daran ruft in ihnen Angst hervor. Eine Unterbringung von Herrn K. in einer Pflegeeinrichtung wäre die Alternative. Auch hier kommen jedoch bei ihm selbst wie auch bei seinen Töchtern massive Ängste zum Vorschein, die sich vor allem auf die finanzielle Situation beziehen. Es steht die Befürchtung im Raum, dass alles verloren geht, was Herr K. für sich und seine Töchter aufgebaut hat, und dass sie am Ende mit den trotzdem noch verbleibenden Schulden zurechtkommen müssen.

Im Raum steht nun die Notwendigkeit der Entscheidung darüber, welche Maßnahme ergriffen wird. Unter der Ärzteschaft gibt es diesbezüglich eine fachliche Konfliktsituation, bei der der zuständige Oberarzt (und Entscheider) sowie der vorgesetzte Chefarzt sich für die Laryngektomie aussprechen, der Facharzt und die Anästhesistin jedoch aufgrund der Lebensumstände für eine Tracheotomie plädieren. Die Entscheidung muss zeitnah gefällt werden und steht auf der Tagesordnung einer Tumorkonferenz, die unmittelbar bevorsteht.

Aufgrund der Tatsache, dass Herr K. bei vollem Bewusstsein und entscheidungsfähig ist, ist die Entscheidung zur Behandlung von seiner Zustimmung bzw. Aussage abhängig. Hier ergibt sich jedoch eine weitere Schwierigkeit. In den verschiedenen Gesprächen mit verschiedenen Beteiligten hat er unterschiedliche Tendenzen gezeigt, je nachdem, wer mit ihm gesprochen hat und wie plausibel dieser ihm die jeweilige Option dargestellt hat. Herr K. hat sich bislang nicht klar und nachhaltig zur einen oder anderen Variante geäußert und ist in seiner Meinung immer wieder schwankend.

In einem letzten Gespräch vor der Tumorkonferenz im Beisein der Töchter, der Psychoonkologin, des Facharztes, der Anästhesistin und des Seelsorgers werden ihm die beiden Varianten nochmals möglichst plastisch, frei von Fachbegriffen und mit den möglichen Konsequenzen vor Augen geführt. Während des Gespräches wird wiederum das Schwanken erkennbar. Am Ende des Gespräches steht jedoch eine deutliche Aussage von Herrn K., dass er den Luftröhrenschnitt haben möchte. Die Töchter können da gut mitgehen und lassen ein gewisses Aufatmen erkennen.

Nach dem Gespräch sagt die Psychoonkologin, dass das zwar eine klare Aussage gewesen sei, dass diese jedoch möglicherweise eine sehr kurze Haltbarkeit habe. Würde morgen jemand anderes für die OP plädieren, wäre es gut möglich, dass er seine Meinung wieder ändert. Immerhin saßen die Vertreter der Laryngektomie beim Gespräch nicht mit am Tisch.

Kommentar: Entscheidungsfindung unterstützen – eine Aufgabe für die klinische Ethik(-beratung)

Gerald Neitzke

In der Fallerzählung wird von einem 79-jährigen Mann berichtet, der sich mit einer neu diagnostizierten Krebserkrankung auseinandersetzen muss und der vor einer Reihe von weitreichenden Entscheidungen steht. Es ist aus mehreren Gründen unklar, wie die weitere Behandlung aussehen kann und soll. Zum einen gibt es unterschiedliche Einschätzungen, welche medizinischen Maßnahmen (noch) indiziert sind. Das bedeutet, dass schon im Behandlungsteam umstritten ist, welche Therapie die medizinisch beste, sinnvolle und gerechtfertigte Option darstellt – angesichts der fortgeschrittenen Erkrankung des Patienten und seiner schweren Begleiterkrankungen. Diese Option wiederum stellt aber lediglich ein Behandlungsangebot an den Patienten dar. Hier wird die zweite Unklarheit erkennbar: Der Patient ist angesichts seiner speziellen Lebensumstände unsicher, welche der gebotenen Optionen die für ihn und aus seiner Sicht beste darstellt. Diese Unsicherheit drückt sich als Ambivalenz aus. Je nachdem, wer mit ihm spricht, erscheint ihm ein anderer der Behandlungspfade sinnvoll zu sein.

Beim Nachdenken über den Fall und beim Nachspüren der darin erkennbaren Probleme werden mindestens zwei Ebenen deutlich: Wie kann in diesem Fall mit Herrn K. gerechtfertigterweise weiter vorgegangen werden? Und zweitens, welche allgemeineren medizinethischen Fragestellungen und Herausforderungen werden anhand des Fallberichts deutlich? Ich werde die Analyse daher aus einer doppelten Perspektive heraus vornehmen: Wie könnte eine Unterstützung der Entscheidungsfindung, z.B. durch eine Ethik-Fallberatung, gelingen? Und welche systematischen medizinethischen Aspekte müssten geklärt werden, um die in diesem Fall sichtbar werdende Ambivalenz und Entscheidungsnot aufzulösen oder zumindest abzumildern?

Indikation
Unter der Indikation ist die fachliche Bewertung zu verstehen, dass eine geplante (diagnostische oder therapeutische) Maßnahme als sinnvoll eingeschätzt wird.[1] ÄrztInnen, aber auch Pflegende oder TherapeutInnen dürfen keine Maßnahmen anbieten, die nicht fachlich gerechtfertigt sind. In der Fallgeschichte ist im ärztlichen Team umstritten, ob eine Laryngektomie (noch) indiziert ist. Diese

---

[1] Vgl. im Folgenden Neitzke 2014.

Fragestellung wird in die Tumorkonferenz hineingetragen. Was hätte eine Ethikberatung leisten können, wenn diese Frage an das Ethikkomitee gerichtet worden wäre? Dazu ist es erforderlich, die Bedeutung der Indikation näher zu beleuchten.

Die Indikation stellt wie gesagt die Bewertung dar, dass eine Maßnahme fachlich gesehen sinnvoll ist. Das bedeutet, dass durch die Durchführung der Behandlung ein bestimmtes Therapieziel erreicht werden kann. Da es selten sicher ist, dass das Behandlungsziel auch tatsächlich erreicht wird, muss es zumindest mit einer ausreichend großen Wahrscheinlichkeit erreichbar erscheinen. Außerdem sollte genügend Evidenz vorhanden sein, dass der gewünschte Ausgang auch faktisch erreicht werden kann. Durch diese Analyse des Indikationsbegriffs wird deutlich, welche Werturteile in der Indikation verborgen sind. Anders ausgedrückt: Wann wird eine Behandlung als „sinnvoll" bewertet, wann ist eine Chance „groß genug" und wann ist ein fachlicher Zusammenhang „ausreichend" durch Studien (hoher Evidenzgrad) oder bloßes Erfahrungswissen (niedriger Evidenzgrad) gestützt? Alle Werturteile können aber in einer Ethikberatung systematisch diskutiert und – möglichst im Konsens – geklärt werden.

Welches Therapieziel wäre durch die Laryngektomie zu erreichen? Sie stellt die einzig denkbare Möglichkeit einer vollständigen Tumorentfernung dar. Das Therapieziel „Heilung" ist nur auf diese Weise zu erreichen. Bei der Indikationsstellung ist es durchaus sinnvoll, nach der optimistischsten Einschätzung zu fragen. Das weitestgehend erreichbare Therapieziel hat Vorrang! Für die Beratung von PatientInnen ist es nämlich ratsam, ein für sie günstiges Therapieziel auch dann zu benennen, wenn es unwahrscheinlich ist, dass der Erfolg eintreten wird. Im Fall von Herrn K. erscheint eine Heilung von der Krebserkrankung zumindest vorstellbar. In einer Ethikberatung könnte z.B. im Konsens der Beratenden festgestellt werden, dass eine Heilung grundsätzlich möglich, aber unwahrscheinlich ist. Ein Teil des ärztlichen Teams schlägt daher die Laryngektomie als radikale Operation vor.

Eine Indikation darf aber nicht nur von der abstrakten Diagnose (Kehlkopfkrebs) und den dafür relevanten Behandlungsleitlinien ausgehen, sondern muss auch in Bezug auf den Einzelfall gestellt werden. Kann auch der individuelle Patient, also in diesem Fall Herr K., den grundsätzlich möglichen Erfolg erfahren? Diese Einschätzung ist im Behandlungsteam offenbar erheblich umstritten: Aufgrund einer vorbestehenden Herzerkrankung war bereits eine Bypass-Operation von den Kardiochirurgen als nicht mehr durchführbar eingeschätzt worden. Ist es realistisch, dass die Laryngektomie dennoch gelingen kann, ohne dass das Risiko zu versterben untragbar wird? Die OP ist technisch gesehen möglich („Operabilität"), aber ist sie auch erfolgversprechend für Herrn K.? Dazu sollte das HNO-Team eine einvernehmliche Lösung anstreben – sonst bleibt es bei der in der Fallvignette angedeuteten problematischen Beratung: Je nachdem, ob die Anhänger der Laryngektomie beraten oder nicht, stimmt er dieser OP zu oder wählt eine Behandlungsalternative.

Im Team ist zu klären, welche Behandlungsalternativen („Plan B") angeboten werden sollen. Dies ist erforderlich, wenn die Indikation zur Laryngektomie letztlich negiert wird, aber auch, wenn der Patient sie ablehnt und nach Alternativen fragt. Von einem Teil des ärztlichen Teams wird daher eine (bloße) Tracheotomie vorgeschlagen. Das Therapieziel ist damit palliativ, da das Tumorwachstum nicht begrenzt wird. Eine Heilung wäre dann sicher ausgeschlossen, aber das Behandlungsziel bestünde in einer möglichst langen Erhaltung von Lebensqualität.

Aus der Falldarstellung lässt sich herauslesen, dass die Indikation zur Laryngektomie allenfalls zweifelhaft oder grenzwertig ist.[2] Mit einer solchen Bezeichnung wird explizit und transparent gemacht, dass zwar nicht genügend Argumente vorhanden sind, um die Indikation bereits zu diesem Zeitpunkt zu negieren. Andererseits ist der Behandlungserfolg (Heilung in diesem fortgeschrittenen Tumorstadium) sehr unwahrscheinlich und wird um den Preis von erheblichen Einschränkungen erkauft. Eine gemeinsame Entscheidung *für* die grenzwertig indizierte Behandlung bedarf also einer kritischeren Diskussion als üblich. Bei Herrn K. sollte das typische Missverständnis vermieden werden, dass das ärztlich indizierte Vorgehen auch das von ÄrztInnen gewünschte oder (mit ärztlicher Autorität) empfohlene Therapiekonzept sei. Im Gegenteil: Bei (nur) grenzwertigen Indikationen ist es umso wichtiger, ehrlich und offen die Vor- und Nachteile zu besprechen.

Hier wird ein generelles Problem der modernen Medizin sichtbar: Die Konsequenzen sind erheblich, wenn eine Indikation *nicht* gestellt wird. Eine Behandlung ohne Indikation stellt nach deutschem Recht automatisch eine (möglicherweise strafbare) Körperverletzung dar, und die Kosten würden von der Krankenversicherung nicht übernommen. Deshalb ist es einfacher, die Indikation zunächst zu stellen – der Patient kann das Angebot ja ablehnen. Dies ist einer der Gründe, warum in den letzten Jahren in vielen Bereichen der Medizin eine Ausweitung von Indikationsstellungen beobachtet werden kann: Auch in grenzwertigen Fällen ist es schwer, sich im Team darauf zu einigen, dass die Behandlungsausweitung eben *nicht mehr* indiziert ist. Also werden Indikationen gestellt, solange eine gesundheitliche Besserung oder Stabilisierung zumindest für möglich (wenngleich nicht wahrscheinlich) gehalten wird. Wie bei dem Kinderspiel wird dadurch aber der „Schwarze Peter" weitergereicht – an den Patienten oder seine juristischen StellvertreterInnen. Die Entscheidungsnot geht auf den Patienten über.

---

[2] Der Begriff der fraglichen oder zweifelhaften Indikation wurde erstmals geprägt in: Janssens/Burchardi/Duttge u.a. 2013.

Patientenwille
Die Informationen aus der Falldarstellung deuten darauf hin, dass Herr K. einwilligungsfähig ist. Er versteht, was geplant ist, und er ist in der Lage, durch einen Abwägungsprozess von Vor- und Nachteilen zu einer Entscheidung zu kommen. Dennoch bleibt er ambivalent und erscheint – zumindest in der seelsorgerlichen Wahrnehmung – beeinflussbar. Hier wird ein ganz anderes Problem sichtbar: Wie kann Herr K. bei seiner Entscheidungsfindung angemessen unterstützt werden? Auch dies ist eine typische Fragestellung für die klinische Ethikberatung. Idealerweise könnte also nach der Tumorkonferenz, in der das medizinisch Machbare geklärt und ein alternativer „Plan B" festgelegt wurde, eine Ethikberatung mit ÄrztInnen, Pflegenden, einer Logopädin und Herrn K. mit seinen Töchtern erfolgen.

Alle Behandlungsvorschläge liegen auf dem Tisch. Herr K. ist vermutlich nicht gewohnt, im Gesundheitswesen nach seiner Meinung gefragt zu werden. Ein erster Schritt besteht also darin zu betonen, dass es für die weitere Therapie unerlässlich ist, dass er für eine der Behandlungsoptionen seine informierte Zustimmung („informed consent") erteilt. Aus der Biographie von Herrn K. lässt sich ableiten, dass er vermutlich eine sehr eigene Vorstellung von Lebenszielen und Lebensqualität hat. Es wird deutlich, dass er aufgrund seiner Schreibschwäche einerseits und seiner Mitteilungsfreudigkeit andererseits ganz anders mit der Option des Sprachverlusts umgehen könnte als andere Menschen in seiner Situation. Es ist ein Ausdruck des persönlichen Respekts, ihm klarzumachen, dass es deshalb auf seine Gewichtung, seine Abwägung, seine Präferenzen ankommt.

So, wie Herr K. geschildert wird und wie er sonst in seinem Leben wichtige Entscheidungen getroffen (oder vermieden) hat, könnte ein kommunikativer Umweg erforderlich werden. Er wird – mit der Pistole des Entscheidungsdrucks auf der Brust – kaum eine schnelle und sichere Wahl treffen können. In der Beratung werden also Fragen eine Bedeutung haben, die sich an die eigentliche Therapieentscheidung vorsichtig herantasten: Was bedeutet die Krebserkrankung für ihn? Ist ihm bewusst, dass er an der Erkrankung versterben kann? Welche Lebensziele sind für ihn besonders wichtig? Welche Vorstellungen hat er bezüglich seiner Lebensqualität, und welche Bedeutung hat dabei die Fähigkeit, sprechen zu können? Ist es für ihn vorstellbar und akzeptabel, dass seine Kommunikation nach einer Laryngektomie auf Mimik und Gestik beschränkt ist?

Eine Entscheidung setzt das Vorhandensein einer Wahl zwischen verschiedenen Optionen voraus. Dies wird im Krankenhaus nicht immer deutlich kommuniziert. Die Fragen „Stimmen Sie der OP zu?" oder „Wollen Sie die PEG-Sonde?" stellen eine Verkürzung der eigentlich erforderlichen Aufklärung dar. Eine freiverantwortliche Entscheidung des Patienten setzt ja voraus, dass er *zwischen verschiedenen Optionen wählen* kann. Also ist es ein zwingender Schritt in jeder Therapieplanung, die Alternativen zu benennen. Hier bietet sich das Konzept einer „Differentialindiaktion"[3] an: „Wenn Sie das Therapieziel A verfolgen, sind folgende Maßnahmen X indiziert. Wenn Sie hingegen Therapieziel B wünschen, empfehlen wir das Maßnahmenpaket Y." Für beide Wege gibt es Indikationen; das Missverständnis kann also nicht entstehen, dass die ÄrztInnen Druck im Sinne einer indizierten Maßnahme aufbauen möchten.

Bei der Beratung von Herrn K. sollte also die Laryngektomie (einzige Chance auf Heilung, aber zumindest längerfristige Zurückdrängung der Krebserkrankung) genauso angesprochen werden wie die Tracheotomie (kurze Zeit im Krankenhaus, Sprechen mit Sprechkanüle schnell erlernbar). Es fällt auf, dass eine dritte Option, nämlich die ausschließlich symptomorientierte Therapie und eine schnelle Verlegung in ein Hospiz, nicht angeführt wird. Da in der Familie K. insbesondere die weitere Versorgung des Patienten große Sorgen auslöst, ist dies möglicherweise eine aus Sicht von Herrn K. erstrebenswerte Option. Er würde vermutlich schneller versterben als mit Tracheotomie, dafür wäre er für seine letzte Lebensphase gut versorgt.

Auch eine gute Unterstützung bei der Entscheidungsfindung kann nicht sicherstellen, dass der Patient eine für sich stabile Entscheidung treffen wird. Die Wahl bleibt eine tragische, denn im Grunde kann er nur zwischen verschiedenen schlechten Varianten die für ihn am wenigsten schlechte identifizieren und wählen. Die Krebsdiagnose ist noch sehr frisch und er scheint in Bezug auf das Krankheitsverständnis und die Krankheitsverarbeitung noch einige Zeit und Unterstützung zu benötigen, bevor er sich seinem Schicksal und den erforderlichen Entscheidungen stellen kann. Aber wenn er während der Beratung eine klare Tendenz äußert, kann dies dem Behandlungsteam helfen, die weitere Versorgung zu planen. Auch die Töchter profitieren von einer solchen klaren Tendenz. Falls Herr K. im Verlauf der Behandlung einwilligungsunfähig wird, ist eine der Töchter als seine Bevollmächtigte sein Sprachrohr in Gesundheitsangelegenheiten. Je ehrlicher und offener die Optionen im Vorfeld diskutiert wurden, desto besser wird sie dann seinen geäußerten oder mutmaßlichen Willen zur Geltung bringen können.[4]

Auch in Bezug auf diese zweite ethische Herausforderung des Falles gibt es ein überindividuelles Problem, das die Medizinethik insgesamt betrifft: Die westliche Medizinethik hat in den letzten Jahren den Wert der Autonomie gestärkt und als Fundament jeder Behandlungsentscheidung etabliert (vgl. dazu den Sammelband von Wiesemann/Simon 2013). Dies ist im Einklang mit den individuellen Freiheitsrechten und der Menschenwürde. In der Praxis zeigt sich jedoch häufig – und Herr K. ist dafür ein Beispiel –, dass das Selbstbestimmungsrecht eben nicht immer auch eine Selbstbestimmungsfähigkeit mit sich bringt. Autonomie ist in Deutschland (grund-)rechtlich garantiert, aber die Ausübung

---

[3] Näher erläutert in Neitzke 2014, 9.
[4] Zur Ermittlung des Patientenwillens vgl. Neitzke 2019.

der Selbstbestimmung muss in jedem Fall individuell ermöglicht und unterstützt werden.

So wie es den/die selbstbewusste(n), informierte(n) PatientIn gibt, der/die sofort eine Wahl aufgrund seiner/ihrer Gesundheitspräferenzen treffen kann, gibt es eben auch Menschen wie Herrn K., die mit einer solchen Festlegung überfordert sind. Damit auch bei diesen Menschen die Autonomie gewahrt bleibt, sollte also eine Information auf Augenhöhe (über alle verfügbaren Alternativen) und eine Unterstützung bei der Wahl zwischen den Optionen angeboten werden. Hinzu kommt, dass gerade ältere Menschen im Gesundheitswesen ihr Leben lang eine (meist wohlmeinende) Bevormundung erlebt haben und erst lernen müssen, dass es auf ihr eigenes Werturteil ankommt. Die hier angedeuteten Beratungsschritte helfen möglicherweise bei dem Prozess, damit Autonomie letztlich nicht ein leeres Versprechen oder ein abstraktes Gut bleibt.

Literatur

Janssens, Uwe/Burchardi, Hilmar/Duttge, Gunnar u.a. (2013): Therapiezieländerung und Therapiebegrenzung in der Intensivmedizin, in: *Anaesthesist* 62, 1, 47–52.

Neitzke, Gerald (2014): Indikation: fachliche und ethische Basis ärztlichen Handelns, in: *Medizinische Klinik - Intensivmedizin und Notfallmedizin* 109, 1, 8–12.

Neitzke, Gerald (2019): Ermittlung des Patientenwillens, in: *Anästhesiologie - Intensivmedizin - Notfallmedizin - Schmerztherapie* 54, 7/8, 474–483.

Wiesemann, Claudia/Simon, Alfred (Hrsg.) (2013): *Patientenautonomie. Theoretische Grundlagen - praktische Anwendungen*, Münster.

Fallerzählung: Herr B. und die bunten Luftballons

Ich begegne Herrn B. das erste Mal Mitte Januar auf der Intensivstation. Bei meinen Besuchen dort frage ich in der Regel nur nach, ob ich alle Patientinnen und Patienten besuchen kann. Herr B. liegt isoliert, darauf werde ich hingewiesen. Ich ziehe die Isolierkleidung an und betrete das Zimmer. Herr B. sitzt aufrecht in einem aufwendigen Pflegestuhl, er wird mithilfe einer Luftröhrenkanüle beatmet. Das Radio ist angeschaltet, es läuft eine Kultursendung. Er reagiert auf meine Begrüßung und Vorstellung mit einem kurzen Augenkontakt. Ich habe den Eindruck, dass er der Radiosendung folgen möchte, frage dies nach und erhalte ein knappes, mit den Augen angedeutetes „Ja". Daraufhin verabschiede ich mich mit dem Hinweis, dass ich auch morgen wieder im Haus bin und dann vielleicht ein Besuch besser passt.

Am nächsten Tag hat Herr B. eine Sprechkanüle, doch auch mit dieser fällt ihm das Sprechen und mir das Verstehen schwer. Nach der Begrüßung fragt er mich: „Haben die mich aufgegeben?" Ich bin überrascht und auch ein wenig sprachlos ob dieser Mitteilung und frage nach einer kurzen Weile zurück: „Haben Sie sich denn aufgegeben?" – Daraufhin Herr B.: „Noch nicht." Im nun folgenden Gespräch geht es um das, was Leben ausmacht, und mir wird dabei deutlich: Herr B. sieht seine Situation sehr realistisch, er nimmt, so gut es geht, am Leben teil, macht sich viele Gedanken, auch um seine Kinder, die mit seiner Situation nicht klarkommen. Sinngemäß fällt während des Gesprächs auch der Satz: „Nicht jeder ist ein Steven Hawking – und das muss er auch nicht!" Die Eingangsfrage von Herrn B. lässt mir keine Ruhe, und ich kontaktiere die Stationsleitung Frau H. deswegen. Frau H. ist ebenso wie ich schockiert von dieser Aussage, sie gibt mir weitere Auskünfte zu Herrn B. und verspricht, mit dem Intensivpflegeteam zu sprechen.

Zur Vorgeschichte, soweit ich sie erfahren habe: Herr B. ist Jahrgang 1959, verheiratet und hat zwei Kinder, 19 und 21 Jahre alt. Die Familie lebt ca. 70 km entfernt. Herr B. war ein sehr aktiver und sozial gut vernetzter Geschäftsmann, er hatte vor einigen Jahren eine Entzündung in der Halswirbelsäule und (als Folge davon?) einen Schlaganfall, damals musste er reanimiert werden. Seitdem ist er vom Hals an gelähmt, er muss durch einen Luftröhrenschnitt beatmet werden. Mithilfe einer Sprechkanüle kann er, wenn auch mühsam, sprechen. Zahlreiche Krankenhausaufenthalte begleiten sein Leben seitdem, er lebt von seiner Familie getrennt und seit über einem Jahr in einer Beatmungs-WG. Zur Familie gibt es nur wenig Kontakt, via Laptop (Skype) kann er mit seinen Kindern kommunizieren. Regelmäßig wird er von einer jungen Frau namens Lisa besucht [die junge Frau wurde in den Gesprächen mit dem Pflegepersonal immer mit dem Vornamen genannt], die eine Teilvollmacht für Gesundheitsfragen hat. Lisa ist

Anfang 20 und die Tochter seines wohl besten Freundes. Sein Aufenthalt in unserer Klinik ist aktuell bedingt durch eine Lungenentzündung (Pneumonie links mit SIRS), aufgefallen sind darüber hinaus mehrere Dekubiti (Druckgeschwüre) an Schulter, Oberschenkel und Kreuzbein, die teilweise operativ zu behandeln sind.

Bei meinen folgenden Besuchen auf der Intensivstation nehme ich wahr, dass das Schicksal von Herrn B. die Pflegekräfte sehr beschäftigt. An die „Dichte" des Gesprächs über das, was Leben ausmacht, kommen wir bei den weiteren Besuchen nicht mehr heran, was auch daran liegt, dass wir an den folgenden Tagen ohne Sprechkanüle kommunizieren müssen. Herr B. wird dann in eine andere Klinik zur Beatmungsoptimierung verlegt.

Ab Mitte Februar ist er wieder auf unserer Intensivstation zur weiteren Behandlung der Dekubiti. Noch bevor ich ihn besuchen kann, werde ich von Intensivschwester A. darüber informiert, dass Herr B. mehrfach geäußert hat, nicht mehr leben zu wollen, er hat um Hilfe gebeten, sterben zu können. Bei Schwester A. und ihren Kollegen und Kolleginnen nehme ich großes Verständnis dafür wahr. Die diensthabende Anästhesistin Oberärztin Dr. L., die gerade auf Station ist, wird von Sr. A. zum Gespräch dazu gerufen. Auch sie bekräftigt, dass „so doch keiner leben will"! Sr. A. äußert noch Sätze wie: „Wenn es wenigstens eine Familie gäbe, die sich um ihn kümmert, die mit ihm etwas unternehmen würde, er kann ja „raus", wenn er da wenigstens mehr Rückhalt hätte. Aber immer nur im Zimmer und eine Wand anschauen...". Ich habe den Eindruck: Das Verständnis dafür, dass Herr B. nicht mehr leben möchte, ist sehr groß. Aktuell hat Herr B. erhöhte Temperatur – es geht darum, ob ihm eine Antibiose verabreicht wird oder nicht –, ich halte diese Fragestellung schon für grenzwertig! [Nach weiteren Untersuchungen stellt sich dann aber heraus, dass er keine erhöhten Entzündungswerte hat, daher wäre eine Antibiotika-Behandlung ohnehin nicht nötig.]

In dem Gespräch, das ich dann mit Herrn B. führe, kann ich ihn nur sehr schwer verstehen, da er keine Sprechkanüle trägt. Ich beginne das Gespräch mit der Aussage: „Hier machen sich viele Menschen sehr viele Gedanken um Sie!" – er „nickt" dazu. „Wir haben ja schon mal darüber gesprochen, dass man keine Messlatte dafür hat, was Leben ist." Er hört aufmerksam zu, sagt aber nichts. „Keiner von uns kann sagen, was Ihnen das Leben bedeutet." Nun äußert sich Herr B., ich habe große Schwierigkeiten, ihn zu verstehen, nach vielen Nachfragen und Wiederholungen verstehe ich: „1.000 bunte Luftballons" – er „nickt" dazu. Ich lasse das Bild so stehen und hinterfrage es nicht weiter.

Am selben Tag wird die „Ziehtochter" Lisa zu einem therapieausrichtenden Gespräch mit dem dann diensthabenden Anästhesisten Oberarzt Dr. M. einbestellt, das Gespräch soll am Patientenbett stattfinden, damit sie von ihm selbst hört, dass Herr B. keine weitere Behandlung mehr möchte – und ich werde gefragt, ob ich dabei sein kann. Dieses „Setting" wird vom Intensivpflegeteam her-

Herr B. und die bunten Luftballons 161

beigeführt, damit Herr B. die Möglichkeit hat, seinen Willen in diesem „geschützten" Rahmen vor Zeugen zu äußern. Auch wird erwähnt, dass man schon einmal versucht hat, mit Lisa im Arztzimmer zu sprechen, dass dieses Gespräch aber von ihr abgebrochen wurde.

Vor diesem anberaumten Termin kann ich kurz mit Dr. M. alleine sprechen. Ich frage ihn, worum es in dem Gespräch eigentlich gehen soll – Fakt ist ja: Der Patient wird beatmet, er bekommt Schmerzmittel, er bekommt Beruhigungsmittel, all das kann meiner Meinung nach wohl kaum zur Debatte stehen. Mit Blick auf die Medikation meint Dr. M., das einzige, was abgesetzt werden könnte, sei eventuell das Thrombosemittel. Auf meine Nachfrage, wie hoch das Thrombose-Risiko bei Herrn M. aufgrund seiner Lähmung sei, gibt er zu, dass es schon erheblich erhöht sei – daher komme ein Absetzen des Mittels eigentlich nicht in Frage. Ich erzähle ihm von meinem Gespräch am Vormittag und von dem Bild der „1.000 bunten Luftballons" – spontan sagt Dr. M.: „... die ihm entflogen sind!" Seiner Meinung nach dient das folgende Gespräch dazu, dass Herr B. deutlich artikuliert, bei einer Verschlechterung seines Zustandes keine weiteren Maßnahmen mehr zu wünschen.

Das Gespräch findet am Krankenbett statt, als Erstes wird Herr B. mit der Sprechkanüle versehen. Herr B. verlangt zu Beginn des Gesprächs und auch währenddessen mehrfach, dass ihm das Beruhigungsmittel Tavor gegeben wird. Dr. M. entgegnet ihm, dass er dies nach dem Gespräch erhält, aber vorher wolle er mit ihm einige wichtige Fragen klären. Ich bin mir meiner Rolle während des nun folgenden Gesprächs nicht sicher – klar ist, dass Dr. M. die Gesprächsführung hat. Er leitet das Gespräch, und da Herr B. nur sehr einsilbig antwortet, muss Dr. M. oft nachfragen, auch Lisa fragt nach und beteiligt sich am Gespräch, manchmal wird sie von Dr. M. direkt angesprochen. Dieser eröffnet das Gespräch: „Wir möchten mit Ihnen darüber reden, wie Sie sich ihre weitere Behandlung wünschen." Dr. M. erwähnt nun, dass Herr B. mehrfach geäußert habe, dass er nicht mehr leben möchte. Dies bestätigt Herr B. und sagt dann auch: „Die Luft ist zu gut!" Daraufhin erklärt Dr. M. ihm, dass man ihn nicht ersticken lassen darf. Auch weist er ihn klar darauf hin, dass in Deutschland aktive Sterbehilfe nicht erlaubt sei – dies war zum damaligen Zeitpunkt die geltende Gesetzeslage. Was es zu klären gilt, ist, wie bei einer Verschlechterung seines Zustandes zu handeln sei. Ob es richtig sei, dass er in diesem Fall keine weiteren medizinischen Eingriffe mehr wolle. Dies bejaht er. Nun sage ich, dass Herr B. dies jederzeit widerrufen und weitere Behandlungen wünschen kann. Auch ist es mir wichtig zu betonen, dass er auch weiterhin beatmet wird, weiterhin Schmerz- und Beruhigungsmittel erhält. Dr. M. fragt konkret nach, ob er wiederbelebt werden möchte, was Herr B. verneint.

Nun wird noch von Lisa die Vollmachtsfrage eingebracht. Es war wohl schon vor seinem Aufenthalt in der Klinik geplant, die komplette Vorsorgevollmacht auf Lisa zu übertragen. Dies wird von Herrn B. ausdrücklich bestätigt. Im weiteren Gespräch geht es nun darum, welche Schritte dazu eingeleitet werden. Man verständigt sich mit Lisa darauf, dass ein schon mit dem Fall bekannter Betreuungsrichter von Dr. M. informiert wird, damit dieser mit Herrn B. Kontakt aufnehmen und Herr B. ihm gegenüber seine Wünsche deutlich machen kann. Nachdem dies geklärt ist, wirkt Herr B. zunehmend abwesender und bittet immer eindringlicher um Tavor. Dr. M. hält noch einmal die Ergebnisse des Gesprächs fest, gibt ihm dann das Beruhigungsmittel und wechselt wieder die Beatmungsschläuche.

Wir verlassen den Patienten und reden im Arztzimmer mit Lisa weiter. Es geht noch organisatorisch um die Betreuungsvollmacht. Dann erzählt Lisa von dem schwierigen Verhältnis zu Herrn B.s Familie, an der sie kein gutes Haar lässt. Lisa hofft, dass es ihm besser geht, wenn er wieder in seiner Beatmungs-WG ist, und deutet die derzeitige Depression als Folge der langen Krankenhausaufenthalte. Sie berichtet von Unternehmungen, die sie im letzten Jahr mit Herrn B. gemacht hat, Ausflüge, Kontakt zu seinem Musikverein, davon, dass sie ihn, wann immer es möglich ist, an die frische Luft bringt. Es wird deutlich, dass Herr B. mit Lisa jemanden hat, die sich um ihn kümmert und versucht, ihm Unternehmungen zu ermöglichen. Mir kommt das Bild von den Luftballons wieder in den Sinn – vielleicht hat er nicht mehr 1.000, vielleicht sind es 50 oder 10, aber es gibt sie noch.

Kommentar: Die Frage nach dem „guten Leben" im Bild der 1.000 Luftballons

Hille Haker

Problematische Kommunikation

Dass dieser Fall nicht loslässt, versteht man sofort, denn er betrifft eine Kommunikation, die auf vielen verschiedenen Ebenen defizitär ist.

Patient B., der seit einigen Jahren querschnittsgelähmt ist und wegen einer Lungenentzündung und Dekubiti intensivmedizinisch behandelt werden muss, gibt dem Pflegepersonal deutlich zu verstehen, dass er sein Leben beenden möchte, was er aus eigener Kraft nicht kann. Medizinisch und medizinethisch handelt der „Fall" daher vom Wunsch nach Sterbehilfe bzw. Behandlungsabbruch im Fall einer solchen Handlungsoption (Wiederbelebung etc.).

Erzählt wird aber ein ganz anderer „Fall", nämlich der einer Gesellschaft, in der ein einzelner Mensch – womöglich – aufgegeben wird: von der Familie, von den ÄrztInnen, Schwestern – und, so die nagende Gewissensfrage, auch von der Person, die den Patienten als SeelsorgerIn begleitet.

Im (katholischen) Krankenhaus gibt es offenbar keine institutionalisierte klinische Ethikberatung. Die Vorgehensweise der AkteurInnen wirkt improvisiert und eher intuitiv als ethisch geschult. Es gibt keinen „Konflikt", weil etwaige Fragen in einen informellen Rahmen gedrängt werden, sondern nur die Abklärung des Patientenwillens in einem Gespräch unter ZeugInnen, offenkundig auch, um rechtlich abgesichert zu sein, falls es zu einer Behandlungsveränderung kommen sollte.

Die Fallerzählung beschreibt den Verlauf über ca. einen Monat, in dem der Patient zwischenzeitlich zur Beatmungsoptimierung in eine andere Klinik überwiesen wird und zur Behandlung der Dekubiti wieder in die erste Klinik zurückkommt. Dass es eine Kommunikation zwischen den Kliniken gibt, ist unwahrscheinlich. Insgesamt ist die Kommunikation nicht gut: So wird ein Gespräch mit der jungen Vorsorgebevollmächtigten von ihr abgebrochen; der/die SeelsorgerIn muss selbst aktiv werden, um den Zweck des Patientengesprächs mit dem ganzen Team zu erfragen; offenkundig fließen subjektive (soziale) Wertungen in die Gesamtbewertung des Patientenwunsches ein, die aber nirgendwo reflektiert werden können.

Narrative Analyse: Ebene des Erzählten
Nachdem der Patient seinen Wunsch, nicht mehr leben zu wollen, zum Ausdruck gebracht hat, beruft einer der behandelnden AnästhesistInnen, Dr. M., ein Gespräch am Bett des Patienten ein, zu dem auch die Vorsorgebevollmächtigte hinzugezogen wird. In diesem Gespräch geht es nicht um derzeitige Handlungsoptionen, sondern um die Feststellung des Patientenwillens und die Bestätigung der Vorsorgevollmacht. Der Patient ist in diesem Gespräch offenkundig aufgewühlt oder innerlich „unruhig", da er wiederholt um ein Beruhigungsmittel bittet, das ihm der Anästhesist aber erst nach der Beendigung des Gesprächs gibt, mit der Begründung, die Abklärung seines Willens nicht zu gefährden. Das Gespräch hat keine akuten Auswirkungen auf die Therapie.

Wenn die Autonomie bzw. der Wille des Patienten als oberstes ethisches Prinzip und Richtschnur für das medizinische Handeln gesehen werden, ist die Vorgehensweise einer vorausschauenden Klärung des Patientenwillens angemessen und gerechtfertigt. Dass die Art und Weise, wie mit dem Patienten, der intensivmedizinisch behandelt wird, umgegangen wird, dennoch Unbehagen auslöst, liegt zum einen an der beschriebenen, geradezu technischen, an rechtlichen Bedingungen orientierten Vorgehensweise, zum anderen aber an der impliziten und zum Teil expliziten Verstörung, die die Beschreibung des Falls prägt. Der reflektierende Kommentar stellt daher eine Übung darin dar, zwischen der erzählten und erzählenden Ebene zu unterscheiden und so die unterschiedlichen Bewertungen explizit zu machen.

Auf der Sachebene bzw. der Ebene des *erzählten „Falls"* gibt es einen medizinischen und einen rechtlichen Handlungsspielraum. Die medizinische Option, ein Thrombosemittel abzusetzen, ist nicht indiziert, so dass es zum Zeitpunkt der Falldiskussion aus medizinischer Sicht keinen Grund gibt, die Dekubiti nicht weiter zu behandeln. Alles andere würde das Leben aktiv gefährden. Es handelt sich um eine präventive Vorabklärung im Fall lebensverlängernder Maßnahmen bzw. der Frage nach Wiederbelebung.

Auf der rechtlichen Ebene geht es darum abzuklären, ob bei einer etwaigen Verschlechterung des Gesundheitszustands eine Behandlungsveränderung vorgenommen werden kann. Dies kann nur – so insinuiert es die Fallerzählung – auf der Grundlage des erklärten Patientenwillens mit Absicherung durch einen Betreuungsrichter oder eine Betreuungsrichterin geschehen. Falls die Entscheidung von der Betreuerin gefällt werden müsste, soll vorab ebenfalls der/die mit dem Fall befasste RichterIn einbezogen werden. Rechtlich ist eine richterliche Erlaubnis für eine Vorsorgeerklärung nicht notwendig. Kommentiert man den Fall ethisch mit Blick auf diese erzählte Ebene, wird deutlich, dass im Rahmen der rechtlichen Bedingungen der Patientenwille das entscheidende Kriterium für eine etwaige Therapiezieländerung ist, andere Aspekte keine Relevanz erhalten. Die Beratungssituation dient einer Vorabklärung, die das Handeln des Behandlungsteams bzw. der Betreuerin rechtlich absichert. Die ethische Ausrichtung bleibt bei der individuellen Autonomie stehen, ohne je darauf zu reflektieren, dass Wünsche und Interessen nicht unabhängig von Beziehungen und vom objektivierenden Blick der Umwelt auf die eigene Person sind.[1]

Narrative Analyse: Ebene des Erzählens
Auf der Ebene der Fallerzählung, der Ebene des *Erzählens* des „Falls", wird deutlich, dass die Verstörung der Seelsorgerin/des Seelsorgers durch einen anderen ethischen Ausgangspunkt entstanden ist: Hier wird die Autonomie des Patienten zwar ebenfalls respektiert, aber sie wird gerade nicht als statisch angesehen, sondern als ein Ringen des Patienten selbst um die Beurteilung seiner Lebenssituation. Diese Bewertung – dass der Patient nicht einfach nur einen Willen äußert, den er „hat" – steht in Beziehung zur Bewertung durch andere. Die Gespräche der Seelsorgerin mit Herrn B. müssen, den Sprachschwierigkeiten geschuldet, fragmentarisch bleiben. Dennoch wird das Beziehungsnetz deutlich, innerhalb dessen der Patient agiert: Es gibt Kontakt zu den Kindern via Skype; Herr B. sorgt sich um sie, weil sie mit seiner Krankheit Probleme haben, und über den Kontakt zu „Lisa" hat er bisher die Möglichkeit zur Teilnahme am gesellschaftlichen Leben (Musikverein, Ausflüge).

Im zentralen Satz der *Fallerzählung* wird deutlich, dass der Wunsch des Patienten nicht unabhängig von seinem Umfeld besteht: „Haben die mich aufgegeben?" Wer mit dem „die" gemeint ist, wird nicht gesagt; es liegt nahe, dass Herr B. sehr konkret damit das Personal meint, das sich im (informellen) Gespräch mit dem/der SeelsorgerIn verständnisvoll gegenüber seinem Sterbewunsch zeigt, der nun aber gerade in den Seelsorgegesprächen nicht thematisiert (oder jedenfalls nicht erzählt) wird. Die technische „Abwicklung" des Teamgesprächs mit Herrn B. mag dies sogar noch bestärken – jedenfalls ist der/die SeelsorgerIn anscheinend die einzige beruflich involvierte Person, die seinen Sterbewunsch als ambivalenter wahrnimmt als die anderen.

So wie die Frage nach der Auffassung der umstehenden Menschen auf ihn, den Patienten, verschiedene Deutungsmöglichkeiten erlaubt, so ist die gesamte Kommunikation dadurch erschwert, dass Herr B. Atem- und Sprechprobleme hat. Ein ausführliches Gespräch ist nicht möglich, der/die SeelsorgerIn muss oft nachfragen, Lücken füllen, selbst weiterdenken.

Das Bild der „1.000 Luftballons" als Antwort auf die Frage, was für ihn ein gutes, lebenswertes Leben ausmacht, erhält daher besonderes Gewicht. Es ist ein Bild der Lebensfülle, das aus Sicht des Patienten sowie *auch* der Umstehenden negiert zu sein scheint: Nicht nur fehlt dem Patienten die „Farbe" in seinem Leben, wie eine Schwester sagt, wenn er immer nur „eine Wand anschauen" muss. Zum anderen fehlt ihm aber medizinisch die „Luft" zum Atmen, die das Leben „leicht" machen würde. Die Zahl in der verwendeten Metapher nimmt das Bild

---

[1] Dies wird nicht nur in der Anerkennungstheorie behandelt, die seit Hegel der Kantischen Autonomie zur Seite gestellt wird, sondern auch von der jüngeren feministischen Ethik.

der Messlatte auf, das der/die SeelsorgerIn verwendete, um ex negativo zu zeigen, dass Lebensqualität gerade nicht quantifiziert werden kann. Dies ist mit der Zahl „1.000" landläufig ebenso: Sie bezeichnet paradoxerweise gerade keine präzise Zahl, sondern unendliche Möglichkeiten.

Während sich die ÄrztInnen und Pflegenden dieser Auseinandersetzung entziehen, ringt der/die SeelsorgerIn mit dem Patienten, seinen Zustand zu bewerten. Damit wird sein Wille nicht missachtet, sondern vielmehr entlarvt, dass die umstehenden Personen eine unter Umständen entscheidende Rolle in der Bewertung der Lebensqualität spielen: Geben sie einen Patienten auf, ist es umso schwerer, den Willen zum Leben unter schwierigen Bedingungen aufrechtzuerhalten. Eine reine Autonomieethik ignoriert daher die soziale Dimension menschlicher Personalität und moralischer Identität, was in der Verengung auf eine Vorsorgeentscheidung kaum abgebildet werden kann.

Zusammenfassung

Eine Möglichkeit, mit ethischen Fragestellungen unter den gegebenen Bedingungen besser umzugehen, wäre ein Gespräch über die jeweilige Bewertung des Falls, unter Umständen eine Übung in der Fallerzählung selbst. Womöglich erzählen die anderen Beteiligten den „Fall" sehr anders als der/die SeelsorgerIn. Aber genau damit wäre die Möglichkeit eröffnet, über eine bessere Verankerung, Fort- und Weiterbildung in der Ethik und eine Diskussion des Verhältnisses von Medizin, Recht und Ethik anzustoßen.

Fallerzählung: Bluttransfusion bei einer Zeugin Jehovas?

Patientin P., Anfang 70, ist mit einem Oberschenkelhalsbruch ins Krankenhaus eingeliefert worden. Aktuell wohnt sie in einem Seniorenheim. Frau P. ist seit vielen Jahren verwitwet. Das einzige Kind lebt verheiratet im europäischen Ausland. Weitere Angehörige werden nicht genannt.

Frau P. ist teilweise örtlich nicht orientiert, auch wiederholt sie Aussagen mehrfach im Gespräch. Ein erster Test diagnostiziert eine beginnende Demenz. Das Heim bringt eine Patientenverfügung ins Krankenhaus. Sie ist, wie die Vorsorgevollmacht von Frau P., von einem Zeugen Jehovas ausgefüllt und unterschrieben.

Im Gespräch mit den Ärzten wird deutlich, dass eine Operation notwendig ist. Diese kann durchgeführt werden, wenn Frau P. mit der eventuell nötigen Gabe von Blutkonserven einverstanden ist. Alternativ könnte über eine geraume Zeit von ihr Blut entnommen werden, das dann zur Verfügung stehen würde. Allerdings bedeutete dies für die Patientin P., dass sie mit Schmerzen mehrere Wochen liegen müsste, bevor sie operiert würde, auch weil sie beim Sturz viel Blut verloren hat. Daraufhin betont Frau P., dass sie ja eigentlich katholisch sei.

Der katholische Seelsorger wird hinzugezogen. Auf Wunsch der Station und im Einverständnis mit Frau P. setzt er einen schriftlichen Widerruf der Patientenverfügung auf, den Frau P. auch unterschreibt. Der Widerruf wird der Patientenakte beigefügt. Der Seelsorger regt an, dass ein psychiatrisches Konsil einberufen wird. Ein daraufhin hinzugezogener Psychiater erklärt, dass Frau P. durchaus die Tragweite der Situation erkennt und entscheidungsfähig sei.

Ich komme hinzu, als der Seelsorger Urlaub hat. Auf der Station erlebe ich eine große Unruhe und auch Unsicherheit, wie mit der Patientin zu verfahren sei. Sie erkennt Pflegende nicht wieder, vergisst, mit welchem Anliegen sie geklingelt hat, und beteuert oft ohne erkennbaren äußeren Zusammenhang, dass sie leben will. Mir erzählt Patientin P. von ihrem Sturz und dass sie sich nicht erinnern kann, wie es dazu kam. Sie fragt mich als Pfarrerin immer wieder nach dem „richtigen Namen" Gottes, ob er „Jehova" heiße oder „Gott". Sie zeigt ihre Unruhe wegen der Unsicherheit, ob sie der Operation zustimmen soll oder ob „Jehova" dagegen sei. Aufgrund ihrer Erzählungen gewinne ich den Eindruck, dass sie die Lehren der Zeugen verinnerlicht hat. Auf der anderen Seite sagt sie, dass sie zu den Zeugen nur gegangen sei, weil sich die katholische Kirche nicht um sie gekümmert habe. Nachdem sie beigetreten sei, hätten die Zeugen sie aber auch allein gelassen. Sie erzählt von ihrer Einsamkeit und betont gleichzeitig, dass sie mit den Menschen zuhause (sie meint damit anscheinend nicht das Heim, sondern ihren vorherigen Wohnort) auch keinen Kontakt wolle. Die seien ihr zu dumm. Dann berichtet sie von ihrem Kind, das leider so weit weg wohne, mit dem sie sich aber gut verstehen würde. Auf mich wirkt sie aufgelöst. Die vielen Wiederholungen lassen sie verwirrt wirken. Ihr eigentliches Thema könnte ihre Einsamkeit sein, was sich durch häufiges Klingeln nach den Pflegenden zu bestätigen scheint. Ich gehe mehrfach am Tag bei ihr vorbei, auch um die Pflegenden zu entlasten.

Bei einem Besuch treffe ich das erwachsene Kind an, das wegen des Krankhausaufenthaltes seiner Mutter angereist ist. Dem Angehörigen fällt es schwer auszuhalten, dass die Mutter verletzt ist und dringend Hilfe benötigt, die sich verzögert oder nicht möglich erscheint. Er befürwortet eine Operation. In seinem Beisein haben die Ärzte wegen des Zeitverlustes von der Eigenblutspende abgeraten. Von einer Zugehörigkeit seiner Mutter zu den Zeugen Jehovas wusste der Angehörige bisher nichts.

Bei einem weiteren Besuch von mir kommt der Operateur in Frau P.s Zimmer. Er möchte sie erneut über Operationsrisiken aufklären und will sich von ihr das Aufklärungsgespräch dokumentieren lassen. Frau P. beteuert, dass sie leben will, und zwar so wie früher, als sie noch gehen konnte. In diesem Gespräch klammert sie sich an meiner Hand fest und fragt unter Tränen den Arzt und mich, was denn „Jehova" dazu sagen würde. Oder ob sie katholisch sei. Was denn der „katholische Gott" zur Operation sagen würde. Nach einiger Zeit wird sie ruhiger. Schließlich unterschreibt sie die Aufklärung und gibt ihre Einwilligung zur Operation. Allerdings hat die Entscheidung ihr keine Ruhe geschenkt. Die Pflegenden erzählen mir am nächsten Tag mit genervtem Augenrollen, dass Frau P. erneut mit dem „Jehova-Mist" angefangen habe.

Kommentar: Uneindeutige Willensartikulation oder unsichere religiöse Identität?

Christof Mandry

Die Seelsorgerin berichtet eine nicht untypische Situation: Sie übernimmt die Betreuung einer älteren Patientin von einem Seelsorgekollegen, als dieser in den Urlaub geht. Daher gibt sie zunächst wieder, was ihr an Informationen übergeben wurde, ehe sie nach dem ersten Drittel der Erzählung zur Ich-Perspektive wechselt. So, wie die Erzählung endet, ist sie sich unsicher, ob sie überhaupt mit einer ethischen Problematik konfrontiert ist – eine seelsorgliche Problematik liegt in jedem Fall vor. Denn die Patientin gehört den Zeugen Jehovas an, aber zeigt gleichzeitig Unsicherheiten in ihrer religiösen Selbstidentifikation – ist sie nun Zeugin Jehovas oder doch „eigentlich" katholisch? Offenbar fällt es ihr schwer, ihre existenzielle Situation und die von ihr verlangte Entscheidung zwischen zwei Behandlungsalternativen für sich religiös einzuordnen. Um eine solche Einordnung kommt sie jedoch subjektiv nicht herum, denn es geht um die Zustimmung zu einer Bluttransfusion, die von der Glaubensgemeinschaft der Zeugen Jehovas aus religiösen Gründen strikt abgelehnt wird. Da die Haltung der Zeugen Jehovas zu Bluttransfusionen eine bekannte Thematik ist, die bei vielen Behandlungen als Komplikation zu beachten ist, verfügen viele Krankenhäuser über Handreichungen, wie in diesen Fällen vorzugehen ist, um einerseits der Gewissensfreiheit und Selbstbestimmung der PatientInnen gerecht zu werden und andererseits eine medizinisch gute Behandlung zu gewährleisten. Das kann zu schwierigen Entscheidungssituationen führen, insbesondere natürlich, wenn es um einen lebensrettenden Eingriff geht, der ohne Bluttransfusion nicht durchführbar ist, oder wenn es gar um stellvertretende Entscheidungen von Eltern für Kinder geht. Dies ist hier nicht der Fall, denn die Patientin hat einen Oberschenkelhalsbruch, der einer Operation bedarf, aber nicht lebensbedrohlich ist, und sie ist – trotz einer Demenz im Anfangsstadium – der Expertise des beigezogenen Psychiaters zufolge einwilligungsfähig.

Dennoch ist die Situation nicht frei von Komplikationen. Das beginnt damit, dass die Patientin sowohl eine Patientenverfügung als auch eine Vorsorgevollmacht mitbringt. Beide sind offenbar von einem „ranghohen" Mitglied der Zeugen Jehovas ausgefüllt, und man darf annehmen, dass sie entsprechend eindeutige Bestimmungen zu Bluttransfusionen beinhalten. Die Zeugen Jehovas lehnen mehrheitlich jegliche Bluttransfusionen ab, einschließlich der Eigenbluttransfusion, da es ihnen um das Vermeiden einer Zufuhr von Blut geht, das den Körper verlassen hat – sei es nun fremdes Blut (oder Blutbestandteile) oder eigenes. Die aufgezeigte Alternative, vor die die Patientin gestellt wird – sofortige Operation mit Fremdbluttransfusion oder spätere Operation mit Eigenbluttransfusion – passt also nicht so recht zu den Lehren der Zeugen Jehovas. Andererseits sind auch strikte Glaubensgemeinschaften nicht völlig frei von innerem Pluralismus, und es gibt auch bei den Zeugen Jehovas kleinere Gruppierungen, die in manchen Punkten alternative Auffassungen zur Bluttransfusion vertreten. Leider erfahren wir nicht, was exakt in der Patientenverfügung steht, so dass nicht völlig klar wird, warum die Patientin vor genau diese Alternative gestellt wird. Aus medizinischer Sicht dürfte jedenfalls klar sein, dass die sofortige Operation vorzuziehen ist – nicht nur wegen der Schmerzen, die die Patientin während der Wochen der Eigenblutkollektion zu ertragen hätte, sondern vermutlich auch, weil das längere Liegen zu stärkerem Muskelabbau und Mobilitätsverlust führen würde. Was der gänzliche Verzicht auf eine Operation bedeuten würde, wird Frau P. nicht geschildert – diese Alternative scheint dem Behandlungsteam unvorstellbar zu sein.

Als weitere Komplikation ist die Demenz im Anfangsstadium von Frau P. zu nennen. Zwar wird ihr Einwilligungsfähigkeit bescheinigt, doch lässt die erzählerische Schilderung ihres Verhaltens erkennen, dass die Seelsorgerin und vielleicht auch Teile des Krankenhausteams hier nicht ganz sicher sind. Die Patientin zeigt Anzeichen von Desorientierung, wiederholt sich häufig, scheint nicht alle Informationen aufzunehmen und erkennt nicht alle Personen wieder. Es ist hier schwierig zu unterscheiden, was auf Stressreaktionen, die gerade ältere PatientInnen im Krankenhaus zeigen können, auf Demenzphänomene oder auf Kommunikationsprobleme zurückzuführen ist. Jedenfalls wird hier einmal mehr deutlich, dass Selbstbestimmung sowie die daraus abgeleitete Einwilligungsfähigkeit kein klares Ja/Nein kennt, sondern als eine graduelle und situative Fähigkeit zu sehen ist, die vom Klinikpersonal ein geduldiges und differenziertes Vorgehen erfordert. Wie die Erzählung zwischen den Zeilen erkennen lässt, ist das Klinikpersonal hier auch deshalb geneigt, das Verhalten von Frau P. eher zugunsten ihrer Einwilligungsfähigkeit zu deuten, weil im Falle ihrer Einwilligungsunfähigkeit die Vorsorgevollmacht aktuell werden würde. Zwar erfahren wir auch hier nicht genau, was in ihr steht, und insbesondere nicht, wer als Betreuungsperson eingesetzt wurde. Aber da berichtet wird, auch die Vorsorgevollmacht sei von einem führenden Mitglied der Zeugen Jehovas unterzeichnet worden, ist anzunehmen, dass dieser als Bevollmächtigter bestimmt wurde. Dies ist umso mehr anzunehmen, da das Kind der Patientin weit entfernt lebt und offenbar nicht in so engem Kontakt mit seiner Mutter steht, dass es deren Übertritt zu den Zeugen überhaupt mitbekommen hätte.

Schließlich kommt hinzu, dass Frau P. in ihrer religiösen Identifikation verunsichert ist. Das äußert sich zum einen darin, dass sie sich von den Zeugen distanziert, indem sie sich als „eigentlich katholisch" bezeichnet, als ihr die Rigorosität der Ablehnung der Bluttransfusion deutlich wird und was dies für sie bedeuten würde. Zum anderen bleibt sie insgesamt schwankend und gibt zu erkennen, dass sie sich in keiner Religionsgemeinschaft – aber auch nicht in ihrer früheren Wohnnachbarschaft – wirklich zuhause fühlt. Hier liegt die eigentlich seelsorgerliche Thematik vor, die die Seelsorgerin auch erkennt, als „Einsamkeit" benennt und mit der familiären Situation der seit langem alleinlebenden Frau P. in Verbindung setzt. Die Seelsorgerin reagiert darauf mit Zuwendung, Gesprächsangeboten und dem Handschmeichlerkreuz, einer symbolischen, Zuwendung und Vertrauen ausdrückenden Gabe, die nonverbal und taktil kommuniziert. Die Seelsorgerin macht nicht den Versuch, Frau P. zu einer religiösen Positionierung zu bewegen – ist sie nun katholische Christin oder Zeugin Jehovas? Sie ist damit völlig im Einklang mit dem Selbstverständnis der Klinikseelsorge, dass es nicht um religiöse Missionierung oder um Bekehrung in der einen oder anderen Weise geht, sondern um den einfühlsamen, solidarischen Beistand für Menschen, die sich in existenziellen Krisen befinden. Die Seelsorge will Menschen beim Durchleben und Bestehen dieser Krisen begleiten und unterstützen und dazu verhelfen, sich einem authentischen individuellen Selbstverhältnis anzunähern – gerade auch im Hinblick auf die Sinnfragen, die in Krankheitssituationen aufkommen. An diesem Punkt berührt sich die Seelsorge in dieser Erzählung auch direkt mit der ethischen Frage nach der Selbstbestimmung. Denn auch aus ethischer Sicht geht es um eine individuell stimmige, mit der eigenen Persönlichkeit konsistente Willensbildung, bei der religiöse Zugehörigkeiten und religiöse Überzeugungen mitwirken, aber nicht extern bestimmend sein können. Anders gesagt: Genauso wenig wie die Seelsorge zu einer Vereindeutigung in der religiösen Identifikation von Frau P. entweder mit den Zeugen oder mit der katholischen Kirche (oder sonst einer Glaubensgemeinschaft) führen soll, kann die medizinethische Beratung bei Frau P. unterstellen, sie würde als Zeugin Jehovas eine ganz bestimmte Haltung zur Bluttransfusion haben müssen. Wir sehen in diesem Fall an der Eigenblutfrage, dass dies offenbar nicht so einfach von außen zu bestimmen ist. Aus medizinethischer Sicht darf jeder Patient und jede Patientin selbst festlegen, wie weit religiöse Lehren in der eigenen Entscheidung Berücksichtigung finden. Insofern geht das Behandlungsteam hier korrekt vor, indem es die Einwilligungsfähigkeit von Frau P. prüft, sie über die Behandlungsalternativen aufklärt und mit ihr erörtert, welche Alternative die für Frau P. vorzuziehende ist. Dass dies schriftlich dokumentiert wird (Widerruf der Patientenverfügung), ist in einem solch potenziell konfliktträchtigen Fall nachvollziehbar. Freilich muss die Grenze zur Manipulation der Willensbildung von vulnerablen Personen eingehalten werden; das ist die eigentlich medizinethische Herausforderung. Die seelsorgliche Herausforderung besteht in der fortdauernden Begleitung der Patientin, deren religiöse und existenzielle Situation sich ja nicht auf die Behandlungsentscheidung reduzieren lässt und mit ihr auch nicht geklärt ist.

Zusammenfassend ist festzuhalten, dass sich in dieser Erzählung zwei Problematiken – durchaus nicht untypisch – in der Klinikrealität begegnen: die existenzielle Thematik und die im engeren Sinne medizinethische. Letztere ist im Kern das bekannte, aber damit natürlich nicht triviale Problem, dass PatientInnen sich mitunter schwer tun mit der Entscheidungsfindung und sich weniger konsistent verhalten, als das Behandlungsteam sich das wünschen mag. Dass hier religiöse Lehren eine Rolle spielen, die vom Behandlungsteam als irrational und enervierend empfunden werden („Jehova-Mist"), macht die Situation nicht einfacher, ist aber sachlich nicht entscheidend. Entscheidend ist vielmehr, dass eine von der Patientin getragene Behandlungsentscheidung gefunden wird. Dass dies kein einmaliger Entscheidungsakt, sondern ein mitunter längerer und windungsreicher Prozess ist, bei dem Seelsorge und medizinethische Beratung mit ihrer je eigenen Zielsetzung zusammenwirken können, macht diese Erzählung deutlich.

6. Entscheidungen am Ende des Lebens

Thematische Einleitung

Gwendolin Wanderer

Angesichts der intensivmedizinischen Möglichkeiten zur Lebensverlängerung, etwa durch Wiederbelebungsmaßnahmen, die Substitution von Organfunktionen (z. B. über künstliche Beatmung und Ernährung, Herzschrittmacher, Dialyse) und anderes, wird das Zulassen des Sterbeprozesses oftmals zur Entscheidung. Weitere Krankheitsbehandlung, Leidensverminderung und Lebensverlängerung können zur Belastung werden, „[...] wenn unter Ausschöpfung aller Möglichkeiten hochtechnisierter Intensivmedizin lebensverlängernde Maßnahmen auch um den Preis sinnloser Sterbensverlängerung und Leidenszumutung vorgenommen werden" (Nationaler Ethikrat 2006, 9). Inwiefern für bereits begonnene oder neu anzusetzende ärztliche Maßnahmen noch eine medizinische Indikation gegeben ist, kann im Einzelfall innerhalb des Behandlungsteams unterschiedlich gesehen werden. Es sind hierfür nicht allein die Analysen von Körperparametern und Laborwerten einzubeziehen, sondern auch Einschätzungen zur Prognose und zur momentanen wie zur erreichbaren Lebensqualität. Diese Einschätzungen enthalten evaluative Aspekte beziehungsweise Wertaussagen (Wiesing 2020), die je nach Erfahrungshintergrund und Werthaltung des jeweiligen Arztes/der Ärztin unterschiedlich ausfallen können, so dass sich ein ethisches Konfliktfeld ergeben kann. Ist für eine medizinische Maßnahme keine Indikation gegeben oder steht der Patientenwille ihr entgegen, darf sie nicht durchgeführt werden (vgl. z.B. Jox 2015, 139). Der Beginn wie auch die Fortsetzung einer medizinischen Maßnahme sind gleichermaßen begründungsbedürftig. Dies gilt für alle Kontexte medizinischen Handelns und somit auch für jene am Ende des Lebens.

In den Fallerzählungen in diesem Kapitel wird deutlich, dass es gerade am Ende des Lebens zu Unsicherheiten kommt, wer ab wann die Verantwortung für eine Therapiezieländerung und gegebenenfalls auch die Entlassung in das häusliche Umfeld übernehmen kann beziehungsweise sollte. Auf die Frage, warum es hier zu Unsicherheiten kommt, lassen sich verschiedene Antworten finden:

etwa die Irreversibilität der Entscheidung, unklare Zuständigkeiten und hierarchiegeprägte Entscheidungswege, Zeitknappheit, aber auch mögliche Unsicherheiten rechtlicher und definitorischer Art.

Sterbebegleitung, Therapie am Lebensende und des Sterbenlassens sind jeweils etwas anderes als der assistierte Suizid oder die Tötung auf Verlangen. Während nach dem Urteil des Bundesverfassungsgerichts bei Freiverantwortlichkeit des Willens die Assistenz beim Suizid durch Dritte zuzulassen ist (BVG 26.02.2020), ist das Töten auf Verlangen in Deutschland strafbar. Wenn Sondenernährung im Zuge von Palliative Care eingestellt wird, weil die Nahrung aufgrund des körperlichen Gesamtzustandes nicht mehr verstoffwechselt werden kann, ist dies als *Sterbenlassen*, das heißt als Zulassen des natürlichen Sterbeprozesses zu bewerten, nicht jedoch als assistierter Suizid oder Tötung auf Verlangen. Es sind die unterschiedlichen Handlungsintentionen und das Maß der Handlungskontrolle (auf der Seite des Patienten/der Patientin oder auf jener einer anderen Person), die hier einen moralischen Unterschied machen, auch wenn die Handlungen selbst gleichermaßen das Versterben des Patienten/der Patientin zur Folge haben. Aufklärung bezüglich dieser Unterscheidungen ist für ÄrztInnen, Pflegekräfte, PatientInnen, Angehörige und ggf. andere rechtliche VertreterInnen hilfreich, um die Fähigkeit der Rechtfertigung des eigenen Entscheidens und Handelns und damit auch die Fähigkeit zur Verantwortungsübernahme zu stärken.

Wird seitens der PatientInnen in Patientenverfügungen eine Ablehnung lebensverlängernder Maßnahmen verfügt und werden lebensbeendende Handlungen angefragt, geschieht dies auch aus der Vorstellung heraus, darüber ein *Sterben in Würde* zu ermöglichen. Was dies genau bedeutet, hängt mit dem jeweilig zugrunde gelegten Verständnis von Würde zusammen.

Häufig wird ein selbstbestimmtes Sterben mit einem Sterben in Würde gleichgesetzt. Das Recht auf ein Sterben in Würde wird dann gegen ein medizinisches Handeln in Anschlag gebracht, welches übergeht, dass eine Maximaltherapie am Ende des Lebens gewaltsam und leidbringend sein kann. Eingewendet werden kann hier, dass auch unwürdig stirbt, wer „in Zuständen gelassen wird, die dem Menschen als einem in sich wertvollen Wesen nicht gerecht werden" (Maio 2017, 460). Menschenunwürdig ist es demnach beispielsweise, einem Sterbenden den Sterbebeistand vorzuenthalten, ihn mit Schmerzen und Todesangst allein zu lassen (vgl. ebd.). Das Recht auf ein Sterben in Würde wäre demzufolge von PatientInnen wie auch von Mitarbeitenden im Gesundheitswesen auch angesichts einer möglichen Untertherapie am Ende des Lebens einzufordern. Um den Menschen die Sorge vor Über- oder Untertherapie zu nehmen, ihnen die Zuversicht zurückzugeben, dass die Medizin das Sterben nicht technisiert und verhindert, dass PatientInnen sich in jedem Fall der Begleitung, Zuwendung und des Trostes sicher sein können, schlägt Maio eine „begleitende Beziehungsmedizin" vor (vgl. Maio 2017, 467). Das Misstrauen der PatientInnen gegenüber der Medizin ist allerdings nur eine mögliche Ursache für eine ablehnende Haltung gegenüber lebensverlängernden Maßnahmen am Lebensende, für den Wunsch nach assistiertem Suizid oder nach einer Tötung auf Verlangen. Auch die Sorge vor Würdelosigkeit im Zustand dauerhafter Angewiesenheit auf andere kann zum Wunsch nach einem selbstbestimmten, vorzeitigen Sterben führen. Es liegt dem oftmals ein Verständnis von Würde als individueller Leistung zugrunde. „[D]ie Erwartung sukzessiver Kontrollverluste in der letzten Lebensphase kann sich steigern zur Angst vor dem allmählichen Niedergang der persönlichen Menschenwürde" (Bielefeldt 2017, 46). Diese Vorstellung steht im Widerspruch zu einem universalistischen Würdeverständnis, demzufolge jedem Menschen in jeder Phase seines Lebens, auch den von Abhängigkeit gekennzeichneten, Würde zukommt. Mit einem solchen Verständnis der eigenen unbedingten Würde ist es unter Umständen leichter, mit mehr Gelassenheit dem Lebensende entgegenzusehen (vgl. Maio 2017). Die Vorstellungen vom guten Leben und vom Sterben in Würde unterliegen also auch kulturellen Prägungen, die wiederum einer ethischen Betrachtung unterzogen werden können.

Wir halten fest, dass die Entscheidungen am Ende des Lebens im Kontext der Erweiterung medizinischer Möglichkeiten, aber auch in einem kulturellen Kontext – in jedem Fall also in einem größeren Kontext als dem klinischen – stehen.

Therapieentscheidungen am Ende des Lebens
In der letzten Lebensphase von PatientInnen Entscheidungen zur Durchführung von Therapien oder zur Therapiezieländerung zu treffen, ist Teil des Klinikalltags.[1] Die Häufung dieser bewussten Entscheidungen hängt in den westlichen Ländern damit zusammen, dass die meisten Todesfälle im Laufe von chronischen, oft progredienten Erkrankungen auftreten (vgl. Jox 2015, 133). Sie sind sowohl für die im Gesundheitswesen Tätigen wie auch für die betroffenen PatientInnen und Angehörigen belastend. Gründe dafür sind unter anderem der Fundamentalcharakter der Werte Leben und Tod und die Unumkehrbarkeit der Todesentscheidung (vgl. ebd.).

Beim Behandlungsabbruch (auch „Sterbenlassen") geht es darum, lebensverlängernde oder -erhaltende Maßnahmen bewusst nicht mehr durch- oder fortzuführen, nicht aber darum, Therapien im Rahmen einer palliativen Versorgung zu beenden (vgl. Jox 2015, 135). Zu den lebensverlängernden oder -erhaltenden Maßnahmen zählen beispielsweise die Reanimation, die künstliche Ernährung oder Beatmung, die Dialyse, eine Antibiotikagabe oder eine lebensrettende Operation. „Es sind Maßnahmen, die das Potenzial besitzen, das Leben des Patienten im Vergleich zum unbehandelten, natürlichen Verlauf zu verlängern" (ebd.). Ohne diese würde in absehbarer Zeit der Tod eintreten. Bei Beginn oder

---

[1] Entscheidungen über Therapien am Lebensende können auch die ärztliche Ablehnung der Therapiewünsche von PatientInnen betreffen, wenn diese als medizinisch nutzlos betrachtet werden. Auf diese Problematik wird im Text nicht weiter eingegangen. Siehe zum Thema z.B. Mandry 2022.

Weiterführung einer medizinischen Maßnahme ist zu prüfen, ob diese (noch) medizinisch indiziert „und von der informierten Einwilligung des Patienten oder seines Stellvertreters" (ebd., 135f.) getragen ist. Trifft nur eine der beiden Bedingungen nicht zu, ist die Durch- oder Weiterführung der Maßnahme rechtlich nicht zulässig. Rechtlich wird nicht unterschieden, ob eine nicht legitimierbare Maßnahme gar nicht erst angesetzt wird, eine Operation zur Legung einer PEG-Sonde also gar nicht erst erfolgt, oder ob die Nahrungsgabe darüber beendet wird. Intuitiv spielen diese Kriterien für die Mitglieder des Behandlungsteams oder auch für Angehörige aber dennoch eine Rolle. Es scheint offensichtlich eine größere Hürde darzustellen, eine bereits laufende Therapie zu beenden, als eine neue gar nicht erst zu beginnen. Auch sind die Vorbehalte gegenüber der Beendigung der Ernährungs- oder Flüssigkeitsversorgung aufgrund ihrer kulturellen Bedeutungszuschreibung größer als jene gegenüber einem Verzicht auf eine invasive, riskante, aufwändige oder teure Maßnahme (vgl. ebd., 136). Die Münchner Leitlinie zu Entscheidungen am Lebensende bietet mit einem Entscheidungsalgorithmus Orientierung, welches Handeln in Bezug auf Therapieentscheidungen am Lebensende unter den jeweiligen Gegebenheiten (z.B. dem Vorliegen oder dem Fehlen einer Patientenverfügung, einem Konsens oder einem Dissens zwischen den Bevollmächtigten und den ÄrztInnen in Bezug auf deren Auslegung) rechtlich legitimierbar wie auch ethisch geboten ist (vgl. Winkler u.a. 2012, 226). Für die ethische Begründung der Leitlinie werden die von Beauchamp und Childress (2008) vorgestellten Prinzipien des Respekts vor Autonomie, des Nicht-Schadens und des Wohltuns herangezogen.[2] Besonderes Gewicht hat dabei die Patientenautonomie. Kann auf den frei geäußerten aktuellen oder den vorausverfügten Patientenwillen nicht zurückgegriffen werden, ist der mutmaßliche Wille zu eruieren. Erst wenn es auf diesen keine Hinweise gibt, wird das Wohltunsprinzip für die Überlegungen führend (vgl. Winkler u.a. 2012, 226).

Neben der Auseinandersetzung mit den Aspekten der medizinischen Indikation, dem Patientenwillen und Patientenwohl können in einer Ethikberatung auch die Aufarbeitung schwieriger Kommunikation und eine sorgfältige Auseinandersetzung mit den verschiedenen Wertvorstellungen dazu beitragen, das Gewissen der Beteiligten zu entlasten. Einer moralischen Überlastung (*moral distress*) der Pflegekräfte, aber auch der ÄrztInnen, kann damit entgegengewirkt werden (Neitzke 2015a, 31).

---

[2] Das Prinzip der Gerechtigkeit fand keine Berücksichtigung, dafür aber der Aspekt der „Verantwortung der Institution gegenüber Patienten und Angehörigen, Klinikumsmitarbeitern und der Öffentlichkeit" (Winkler u.a. 2012, 229).

Gesundheitliche Versorgungsplanung für die letzte Lebensphase
Die Instrumente der gesundheitlichen Versorgungsplanung (nicht nur) für die letzte Lebensphase (auch Advance Care Planning) zielen darauf ab, dem Patientenwillen in Bezug auf noch nicht unmittelbar bevorstehende Gesundheitsuntersuchungen, Heilbehandlungen oder ärztliche Eingriffe Geltung zu verschaffen, bei denen eine Einwilligungsfähigkeit punktuell oder dauerhaft nicht mehr gegeben ist. Eines davon ist die Patientenverfügung, die auf der Grundlage des im Juni 2009 beschlossenen Patientenverfügungsgesetzes (§ 1827 BGB) Geltung hat. Jede einwilligungsfähige Person kann im Vorhinein – und ohne Reichweitenbeschränkung – in Untersuchungen des Gesundheitszustandes, Heilbehandlungen oder ärztliche Eingriffen einwilligen oder diese für sich ablehnen. Treffen diese Festlegungen auf die aktuelle Lebens- und Behandlungssituation zu, „hat der Betreuer dem Willen des Betreuten Ausdruck und Geltung zu verschaffen" (§ 1827 Abs. 1 BGB). Dies ist auch der Fall, wenn die vorausverfügten Behandlungsentscheidungen dazu führen, dass der oder die Betroffene verstirbt. Liegt keine Patientenverfügung vor oder passt diese nicht zu der aktuellen Lebens- und Behandlungssituation, ist der mutmaßliche Wille des oder der Betroffenen zu eruieren. Dieser ist anhand konkreter Anhaltspunkte wie früherer Äußerungen (mündlich oder schriftlich), moralischer oder religiöser Überzeugungen sowie sonstiger persönlicher Wertvorstellungen des Betreuten zu ermitteln (vgl. ebd. Abs. 2).

Der Autonomie wird mit dem Patientenverfügungsgesetz ein hoher Stellenwert eingeräumt. In der klinischen Praxis zeigen sich im Umgang mit der Patientenverfügung allerdings häufig Schwierigkeiten. Dies liegt meist daran, dass der vorausverfügte Wille nicht zu der konkreten Lebens- und Behandlungssituation passt. Der/die Vorausverfügende müsste, auch um diesem Anspruch möglichst zu genügen, medizinisch informiert sein. Doch egal wie intensiv man sich im Vorhinein in mögliche Szenarien am Lebensende hineinarbeitet, bleibt fraglich, inwieweit es überhaupt möglich ist, Gesundheitskrisen zu antizipieren und die diesbezüglichen Behandlungspräferenzen eindeutig zu benennen (Neitzke 2015b, 156). Prospektive Entscheidungen in Bezug auf das eigene Leben sind generell anspruchsvoll, da eigene Werthaltungen sich situationsbedingt verändern können. Der Mensch ist sich in Teilen auch immer selbst unverfügbar. Wünschenswert wäre eine Begleitung der Entscheidungen in Bezug auf die letzte Lebensphase beispielsweise durch entsprechend geschulte Gesprächsbegleiter oder auch durch Seelsorgende, die eine ganzheitliche Betrachtung der Konstitution der Identität im Blick auf die Kohärenz der eigenen Lebensführung und die Vorstellungen des guten Lebens in den Blick nimmt (Sautermeister 2019, 171–190). Es wird hiermit angeregt, im Zuge der Erstellung der Patientenverfügung gemeinsam mit anderen den Blick darauf zu werfen, welche Erfahrungen prägend waren, Wertvorstellungen geformt haben und mit Blick auf die auf die Zukunft ausgerichteten Vorstellungen vom guten Leben angesichts antizipierter Gesundheitskrisen Bestand haben könnten.

Im Hinblick auf die Stärkung der Autonomie durch Instrumente der gesundheitlichen Versorgungsplanung kann angemerkt werden, dass die individuelle Vorausverfügung für Entscheidungen am Lebensende von einem Verständnis der Autonomie als Selbstbestimmung ausgeht. Diese wird als Abwehrrecht gegenüber den Übergriffen anderer verstanden und steht in der Tradition des Liberalismus. Autonomie kann aber auch im Sinne Kants als Fähigkeit verstanden werden, das eigene Handeln in dem Sinne zu reflektieren, dass es als allgemeine Handlungsmaxime gelten kann. Weiterhin wird Autonomie auch als relational aufgefasst eingedenk der Tatsache, dass ein Mensch von Beginn an in asymmetrischen Beziehungskonstellationen steht. In unseren Entscheidungen sind wir immer schon durch andere geprägt (Haker 2013); eine Vorausverfügung zur Ablehnung lebensverlängernder Maßnahmen hat immer auch Auswirkungen auf andere. Den Aspekt des Sich-selbst-unverfügbar-Seins nennt Sautermeister (2019) dezentrale Autonomie. Auch dieser sei im Kontext des Advance Care Plannings zu beachten. Verbunden ist damit der Aspekt der anspruchsvollen Annäherung an das, was sich als eigenes Wollen angesichts einer Kohärenz der eigenen Werte herausarbeiten lässt.

Seelsorge und narrative Ethik
Geht es im Krankenhaus um die Begleitung von PatientInnen und deren Angehörigen am Lebensende, sind Seelsorgende als „ExpertInnen für Verletzlichkeit" besonders gefragt. Sie besitzen besondere Kompetenzen für die Auseinandersetzung des Menschen mit der Kontingenz, der Konfrontation mit Krankheit und Tod als Widerfahrnissen. Sie können mit den damit verbundenen Gefühlslagen: dem Gefühl von Ohnmacht, Ängsten, auch Verzweiflung, Trostlosigkeit, Schuldgefühlen, dem Hadern mit dem Schicksal, Leiden, Schmerz oder Trauer, umgehen. Sie besitzen eine Rezeptivität für die Erfahrungen der PatientInnen und können diese (experientielle) Dimension „als notwendigen Bestandteil des Umgangs mit Krankheit [...] vergegenwärtigen" (Haker 2015, 220). Seelsorge bietet „Ausdrucks- und Handlungsformen für die Erfahrung des Krankseins" (ebd.) an, eine aktive Anteilnahme. Darüber hinaus setzt sie sich für den Respekt vor der Würde der PatientInnen in der Institution Krankenhaus ein, was impliziert, dass deren Bedürfnisse nicht übergangen werden. Gerade am Ende des Lebens sind PatientInnen für Würdeverletzungen besonders vulnerabel, nicht, weil sie sich selbst Würde durch mangelnde Leistungsfähigkeit absprechen, sondern weil der Medizinbetrieb mit seinen lebensverlängernden Möglichkeiten den Punkt, an dem eine palliative Versorgung, Symptomlinderung und die Reduktion von Belastung geboten sind, verpassen kann. Es ist eine Würdeverletzung, wenn ein Versterben im Kreise der Angehörigen und mit professioneller Begleitung verunmöglicht wird.
Die narrative Ethik trägt, komplementär zu den in den ethischen Entscheidungsprozessen herangezogenen Prinzipien, zum Verstehen bei, was für einen Patienten/eine Patientin (mutmaßlich) Bedeutung hat, seinem/ihrem Willen und

Wohl entspricht oder ihm/ihr zum Schaden gereicht. Sie beleuchtet, in welcher Art für die Gestaltung der letzten Lebensphase in der Institution Krankenhaus von ÄrztInnen, Pflegekräften, Seelsorgenden wie auch auf der Leitungsebene Verantwortung zu übernehmen ist.

Literatur

Beauchamp, Tom/Childress, James F. (2008): *Principles of Biomedical Ethics*, 7. Auflage, New York.

Bielefeldt, Heiner (2017): Menschenwürde und Autonomie am Lebensende. Perspektiven der internationalen Menschenrechte, in: Welsh, Caroline/Ostgathe, Christoph/Frewer, Andreas/Bielefeldt, Heiner (Hrsg.), *Autonomie und Menschenrechte am Lebensende*, Bielefeld, 45–66.

Bundesverfassungsgericht (BVG), Urteil vom 26.02.2020 – Az. 2 BvR 2347/15 u.a., www.bundesverfassungsgericht.de/SharedDocs/Entscheidungen/DE/2020/02/rs20200226_2bvr234715.html (Zugriff: 22.03.2023).

Deutsche Gesellschaft für Psychiatrie und Psychotherapie, Psychosomatik und Nervenheilkunde e.V. [DGPPN] (2014): Achtung der Selbstbestimmung und Anwendung von Zwang bei der Behandlung psychisch erkrankter Menschen. Eine ethische Stellungnahme der DGPPN, in: *Der Nervenarzt* 11, 1–10, DOI: 10.1007/s00115-014-4202-806.03.2023.

Haker, Hille (2013): Patientenautonomie aus katholisch-theologischer Sicht, in: Wiesemann, Claudia/Simon, Alfred (Hrsg.), *Patientenautonomie, Theoretische Grundlagen – Praktische Anwendungen*, Münster, 139–153.

Haker, Hille (2015): Vom Umgang mit der Verletzlichkeit des Menschen, in: Bobbert, Monika (Hrsg.), *Zwischen Parteilichkeit und Gerechtigkeit. Schnittstellen von Klinikseelsorge und Medizin*, Berlin, 195–227.

Jox, Ralf J. (2015): Entscheidungen über lebensverlängernde Maßnahmen, in: Marckmann, Georg (Hrsg.), *Praxisbuch Ethik in der Medizin*, Berlin, 133–140.

Mandry, Christof (2022): When Patients Still Hope But Doctors See No More Therapeutic Options. Ethical Debates on Futility and Potentially Inappropriate Treatment, in: Wasson, Katherine/Kuczewski, Mark (Hrsg.), *Thorny Issues in Clinical Ethics Consultation. North American and European Perspectives*, DOI: 10.1007/978-3-030-91916-0_19.

Maio, Giovanni (2017): *Mittelpunkt Mensch. Lehrbuch der Ethik in der Medizin*, 2. Auflage, Stuttgart, 423–474.

Nationaler Ethikrat (2006): *Selbstbestimmung und Fürsorge am Lebensende*. Stellungnahme, Berlin.

Neitzke, Gerald (2015a): Ethikberatung und Ethikkomitees als Instrumente der Entscheidungsunterstützung, in: Marckmann, Georg (Hrsg.), *Praxisbuch Ethik in der Medizin*, Berlin, 23–34.

Neitzke, Gerald (2015b): Gesellschaftliche und ethische Herausforderungen des Advance Care Plannings, in: Coors, Michael/Jox, Ralf J./in der Schmitten, Jürgen (Hrsg.), *Advance Care Planning. Von der Patientenverfügung zur gesundheitlichen Vorausplanung*, Stuttgart, 152–163.

Sautermeister, Jochen (2019): ACP/BVP als vulnerabilitätssensibler Beitrag zu prospektiver Identitätsarbeit. Bedeutung und Konsequenzen für das Instrument der aufsuchenden Beratung aus theologisch-ethischer Perspektive, in: Höfling, Wolfram/Otten, Thomas/in der Schmitten, Jürgen (Hrsg.), *Advance Care Planning/Behandlung im Voraus planen: Konzept zur Förderung einer patientenzentrierten Gesundheitsversorgung. Juristische, theologische und medizinethische Perspektiven*, Münster, 171–190.

Simon, Alfred (2006): Ethische Probleme am Lebensende, in: Schulz, Stefan/Steigleder, Klaus/Fangerau, Heiner/Paul, Norbert W. (Hrsg.), *Geschichte, Theorie und Ethik der Medizin*, Frankfurt am Main, 446–478.

Wiesing, Urban (2020): Deskriptive und evaluative Elemente der Indikation, in: *Zeitschrift für medizinische Ethik* 66, 3, 363-372.
Winkler, Eva C./Borasio, Gian Domenico/Jacobs, Peter/Eber, Jürgen/Jox. Ralf J. (2012): Münchner Leitlinie zu Entscheidungen am Lebensende, in: *Ethik in der Medizin* 24, 221–234.

Fallerzählung: Odyssee eines Patienten mit Gehirntumor

Der erste Kontakt zur Familie findet auf der internistischen Intensivstation statt. Der Patient G. ist 34 Jahre alt und kommt wie seine beiden anwesenden Eltern aus Australien. Die Eltern kommen aus England (Mutter) und Italien (Vater). Beim Aufenthalt in der Spezialklinik, die selbst keine medizinische Versorgung übernimmt und nur gehfähige, sich selbst versorgende Patienten, geriet G. immer mehr in einen schläfrigen Zustand mit komatösen Anzeichen. Erst durch das heftige Drängen der Mutter, so erzählt sie noch aufgebracht, kam der Sohn G. in ein Allgemeinkrankenhaus.

Aktueller Anlass ist eine Schwellung des Hirns nach deutlicher Verringerung der Kortisondosis, die bisher solches verhindert hat. Bei Ankunft in der Klinik hat der Patient noch mit kleinen Schritten kurze Wege gehen, aber schon nicht mehr sprechen können. Nun ist er bettlägerig, kann sich nicht mehr bewegen. Die Grunderkrankung, so erzählt die Mutter noch auf der Intensivstation, ist ein Gehirntumor. Wegen der Schwellung und des Wassers könne man aber auf den Bildern nicht richtig erkennen, wie groß der Tumor wirklich sei, erklärt mir die Mutter. Sie führt den schlechten Zustand auf die Verringerung des Kortisons zurück und kennt die Symptome ihres Sohnes genau. Dabei ordnet sie alles für sich ein und gewinnt daraus jeweils ein Bild, was medizinisch zu tun sei.

Der Gehirntumor ist vier Jahre zuvor ausgebrochen. Der Sohn war damals gerade mit dem Studium fertig und wohnte etwa ein Jahr alleine, ein paar Straßen von den Eltern entfernt. Er arbeitete als Psychologe für eine staatliche Einrichtung, kochte gern und lud gerne Freunde zu sich nach Hause ein. Eigentlich ein gerade beginnendes eigenständiges Berufsleben. Die Mutter wird kurz traurig, als sie davon erzählt, dass der Sohn vielleicht keine Familie und Kinder haben wird. Ohne dass ich gleich alles voll verstehen kann, scheint sich die Mutter über die Jahre viel medizinisches Wissen angeeignet zu haben und kämpft sehr für ihren Sohn. Sie erzählt viel davon und wirkt optimistisch und voller Energie.

Knapp zwei Wochen vorher ist die Familie aus Perth nach Bad X zu einer Klinik gereist, die international mit Heilungserfolgen wirbt und eine immunbiologische Krebstherapie praktiziert: „Aufbauen statt zerstören: diese Maxime [...] ist das zeitlos gültige Prinzip einer sanften, ganzheitlichen Therapie, mit der wir die körpereigenen Abwehr- und Heilkräfte stärken und damit bereits erstaunliche Erfolge erzielen konnten, wo andere Methoden längst versagten."

Die Familie hat den weiten Weg wegen des Gehirntumors des Sohnes auf sich genommen, da sie eine Hoffnung in alternativen Heilmethoden sah. Das erfahre ich nach und nach, als ich täglich die Familie auf Station besuche. Da die Familie nur Englisch oder Italienisch spricht, entwickelt sich im Verlauf des fast vierwöchigen Aufenthaltes der Familie im Krankenhaus ein enger Kontakt, da wegen der Sprache die Kommunikation sonst kaum möglich ist.

Der junge Mann liegt in der Regel schlafend, manchmal wach, im Bett. Dann schaut er auf den/die Eintretende(n), folgt mit den Augen. Im Gesprächskontakt habe ich den Eindruck, er versteht, was ich sage. Es ist allerdings nur durch Augenkontakt oder durch gelegentliches Weinen eine Rückmeldung möglich, die dazu vage bleibt.

Die Ärzte haben ein „Astrozytäres Oligodendrogliom Grad III" diagnostiziert, das bereits im Frontalhirn die Hirnbereiche für Bewegung und Sprache durchwachsen hat. Die Eltern glauben nicht an ein so schnelles Wachstum und zweifeln die klare Deutbarkeit der Bilder an. Die Frau erzählt mir, dass sie bei sich selbst erlebt habe, wie Ärzte sich bei einem Tumor in der Brust geirrt haben. Beim einzigen Enkel erklärten die Ärzte nach einer schweren Geburt, dass das Kind ein Leben lang geistig behindert sein werde. Nach eineinhalb Lebensjahren entwickelt es sich geistig und körperlich völlig normal.

Im Internet hatte die Familie ein alternatives Präparat entdeckt: Poly MVA. In der Produktwerbung heißt es:

„Poly-MVA is a uniquely formulated combination of minerals, vitamins and amino acids designed to support cellular energy production and promote overall health. It may also replace specific nutrients that may be depleted during certain therapies. Poly-MVA is a breakthrough supplement that may assist in boosting immune response and support healing damaged cells."

Eine „survivor"-Seite listet Erfolge von Betroffenen auf:

„Our only MVA support group consists of patients and family members that have bravely fought against various forms of Cancer and other Degenerative diseases. Many of our members were given little hope of survival by existing conventional treatments."

Aus einem ähnlichen Fall mit einem Patienten gleichen Alters, mit gleichem Tumor und gleichem Beginn der Krankheit schöpft die Familie neue Hoffnung und hofft, nach Abklingen der Entzündung mit der Behandlung zu beginnen.

Die Eltern halten sich ab morgens früh um acht Uhr zwölf bis dreizehn Stunden im Zimmer auf. Meist abwechselnd, phasenweise zusammen. Dazwischen Erledigungen, Einkäufe, Essen, kurzes Ausruhen. Der Ehemann ist sehr zurückhaltend. Erst im Einzelgespräch erzählt er mehr. Der Bruder der Mutter reist für drei Tage aus England an und unterstützt die beiden.

Auf der Station bindet die Familie viele Kräfte, da wenige Pflegekräfte Englisch können. Die Mutter macht viele Vorschläge, fragt viel und wendet sich oft gleich an die nächsthöhere ärztliche Instanz.

Die Lage spitzt sich zu, als ein amerikanischer Arzt, zu dem Mail- und Telefonkontakt in Sachen Poly MVA besteht, vorschlägt, das Mittel wegen der besseren Absorption intravenös zu verabreichen. Nachdem die Hirnschwellung bei

Odyssee eines Patienten mit Gehirntumor

hoher Kortisongabe zurückgegangen ist, kann das Vitaminpräparat verabreicht werden. Die erhältlichen Formen sind aber nur für die orale Eingabe hergestellt und zugelassen.

Der neurologische Oberarzt findet sich schließlich zu einem Gespräch bereit, zu dem mich die Mutter und ihr Bruder bitten. Der Oberarzt erklärt noch einmal die ärztliche Sicht der Krankheit, dass der Hirntumor in ein Stadium schnellen Wachstums eingetreten ist und darum aus medizinischer Sicht nichts mehr zu machen ist.

Die Eltern glauben nicht an ein so schnelles Wachstum, weil es ihren Erfahrungen der letzten Jahre widerspricht. Sie gehen deswegen auf den Vorschlag eines englischen Neurologen aus einem nahen Universitätskrankenhaus ein, der zwischenzeitlich konsultiert wurde, auch wegen der Sprachprobleme. Er hatte eine Temodal-Therapie vorgeschlagen. Diese leichte Chemotherapie ohne große Nebenwirkungen könne eventuell Entlastung bringen. Im Gespräch mit dem Oberarzt wird das von diesem als eine Möglichkeit aufgegriffen, noch einen Aufschub zu bekommen. Gemeinsam wird die Aufnahme der Therapie beschlossen. Die von den Eltern gewünschte intravenöse Verabreichung des alternativen Präparates lehnt der Arzt/die Ärztin ab, da sie dem deutschen Arzneimittelrecht widerspricht und darum nicht möglich ist. Mutter und Onkel sind aufgebracht, akzeptieren aber die Rechtslage.

Nach dem Gespräch bittet mich der Oberarzt, nochmals zu kommen. Dann zeigt er mir die Aufnahmen des Gehirns, erklärt mir die Situation und zeigt Bedenken gegen die Chemotherapie, die eigentlich in diesem Stadium aus seiner Sicht nicht mehr verabreicht wird. Auf die Frage, warum er diese im vorangegangenen Gespräch so positiv dargestellt hat, antwortet er, dass er der Familie nicht alle Hoffnung rauben könne und sie als Eltern verstehe. Die Hoffnung auf das alternative Vitaminpräparat hält er für einen Wahn und unethische Geldmacherei. Ich empfehle das Ethikkomitee, was er aber nicht für nötig hält, da ja alles geklärt sei. Im Verlauf der Gespräche auf Station erzählen die AssistenzärztInnen, dass sie ein großes Problem mit der Entscheidung für die Chemotherapie haben und auch der zuständige Assistenzarzt bei der Entscheidung nicht gehört wurde. Nach einem Gespräch empfehle ich das Ethikkomitee.

Das Ethikkomitee tritt schließlich zusammen, nachdem sich die mittlerweile eingeschaltete Palliativärztin ebenfalls dafür ausgesprochen hat. Es sind dann anwesend: der Oberarzt, der Chefarzt, zwei StationsärztInnen, zwei AssistenzärztInnen und ein PJ-Student sowie der Hausobere, der Leiter des Ethikkomitees und der Seelsorger. Zunächst erregt eine Mail des Onkels die ÄrztInnen, da er auf seiner Fahrt zurück nach England nachgedacht habe, wie er schreibt, und nun den ÄrztInnen vorwirft, sie verhinderten eine lebensrettende Behandlung, wenn sie die intravenöse Abgabe des Alternativpräparates ablehnen.

Dann wird diskutiert, ob man der Mutter die gerichtlich zu beantragende Vollmacht übertragen soll. Manche haben den Eindruck, sie handle nicht der Situation angemessen, mute dem Sohn zu viel zu und vermeide den Gedanken ans

Sterben. Der Seelsorger plädiert für die Mutter, da sie ihren Sohn kennt und im Gespräch auch zeigt, dass sie um den Abschied weiß. Wenn es gelingt, von den medizinischen Themen auf das eigene Ergehen zu kommen, werden Traurigkeit und Niedergeschlagenheit erfahrbar, aber auch das Gefühl der Verpflichtung, als Eltern alles zu tun, was möglich scheint.

Von medizinischer Seite wird einstimmig die intravenöse Verabreichung des „Multivitaminpräparates" abgelehnt.

Die Therapie mit Temodal wird noch einmal diskutiert. Auch die AssistenzärztInnen, besonders der zuständige (etwa im gleichen Alter wie G.), äußern ihre Bedenken, dass es für den Patienten eine zu große Zumutung sei. Die Diskussion entscheidet die Palliativärztin, die sagt, dass es definitiv wenig Nebenwirkungen gebe, da es eine sehr leichte Chemotherapie sei.

Weiter wird die Anlage einer PEG-Sonde befürwortet, da die Ernährung oral nicht mehr möglich ist. Dies auch im Hinblick auf eine mögliche Verlegung. Auch diese wird empfohlen, in eine palliative Einrichtung, möglichst in einem englischsprachigen Land.

Die nun zuständige Palliativmedizinerin informiert die Eltern über die Ergebnisse und macht sie darauf aufmerksam, dass auch sie das Ethikkomitee anrufen können. Die Eltern nehmen die Entscheidungen zur Kenntnis und wollen zunächst keine weitere Sitzung. Die Palliativärztin drängt auf eine Verlegung auf die Palliativstation, was die Mutter ablehnt. Den Ausführungen der Palliativmedizinerin folgend wird die Verlegung auch von den anderen behandelnden ÄrztInnen favorisiert. Die Eltern haben mittlerweile mit Unterstützung der Tochter und des Onkels einen amerikanischen Arzt gefunden, der eine alternativmedizinische Klinik in Mexiko betreibt und zudem mit Spitälern in der Schweiz und den USA kooperiert.

Die erste Klinik in Genf lehnt nach Übermittlung des ärztlichen Berichtes den Patienten ab. Die Eltern sind empört und beschuldigen die Ärztin der Manipulation. Sie hat gesagt, dass sie vom eingeschlagenen Weg nichts hält. Die Ärztin schreibt dann noch aktuellere Details, dann findet der amerikanische Arzt eine Klinik in Lausanne. Er wird für sechs Wochen dorthin kommen und sich um G. kümmern. Die Therapie soll klassisch und alternativ erfolgen. Der Arzt wird 48.000 Dollar kosten. Die Behandlung im Regionalkrankenhaus belief sich auf 10.000 Euro, was die Krankenversicherung aber ersetzen wird. Der Aufenthalt in der alternativen Klinik vorher belief sich auf ca. 600 Euro pro Tag plus Übernachtungskosten für die Begleitpersonen. Die Familie will zur Deckung der Kosten ein Haus verkaufen.

Nach 28 Tagen verlässt G. mit seinen Eltern mit einem Rot-Kreuz-Transport die Klinik. Die Mutter erzählt verschiedenen Beteiligten, dass sie hofft, eines Tages mit dem laufenden G. hierherzukommen, damit alle sehen, wie gut auch alternative Heilungsmöglichkeiten seien.

In einem Gespräch einige Tage vorher sagte sie, wie schwer der Gedanke sei, einen Sohn zu verlieren, der sein erwachsenes Leben gerade erst begonnen habe und so vieles nie erleben werde. Sie ist traurig und erschöpft, weint kurz. Als Mutter versuche sie alles. Wenn sich in Lausanne keine Besserung einstellen werde, werde sie akzeptieren, dass es keine Hilfe mehr gibt. Schnell treten diese Gefühle wieder in den Hintergrund und es geht um die Deutung und Planung der medizinischen Behandlung.

Auf Station und im ÄrztInnenteam herrscht Erleichterung, dass der Patient mit der schwierigen Mutter nun weg ist. Es wird noch einmal die durchgängig negative Bewertung der alternativen Medizin deutlich. ÄrztInnen wie Pflegende bewerten mehrheitlich den Weitertransport und die Behandlungspläne negativ. Der Patient solle Ruhe für seine letzte Lebenszeit in einer bekannten Umgebung haben.

Kommentar I: Eine Tragödie in drei Akten

Christof Mandry

Die Erzählung des Klinikseelsorgers handelt von seiner Begegnung mit einem 34-jährigen australischen Tumorpatienten, den die Suche nach alternativen Therapien nach Deutschland führt. Nach manchen Konflikten über die angemessene medizinische Behandlung wird er schließlich in die Schweiz verlegt, womit er auch aus dem Blick des/der Lesenden verschwindet. Die Erzählung enthält viele medizinethische Fragwürdigkeiten. Zugleich eignet sie sich in besonderer Weise für eine narrativ-ethische Analyse, denn sowohl die berichteten Informationen als auch die Art der sprachlichen Erzählgestaltung geben zu denken. Das beginnt mit dem Titel, der an die Abenteuer des Homerischen Helden Odysseus denken lässt, der nach vielen Gefahren und Entbehrungen in der ersehnten Heimat ankommt. Die Gattung der Erzählung besteht aber weder in einem Reise-Bericht noch schildert sie die innere Entwicklung einer Figur. Vielmehr haben wir es mit einer Art Tragödie zu tun, die dem klassischen Drei-Akt-Schema folgt: Exposition – dramatische Zuspitzung (Krise) – Auflösung (Katastrophe).

In der Exposition erfahren wir, worum es geht: Der Patient hat seit vier Jahren einen Hirntumor. Offenbar machen ihm die Ärzte in Australien keine Hoffnung mehr auf Heilung, denn er kommt mit seinen Eltern ausdrücklich wegen alternativmedizinischer Behandlungen in eine Privatklinik nach Deutschland. Als die Erzählung einsetzt, befindet er sich aber auf der Intensivstation eines Allgemeinkrankenhauses, in das er nach einer medizinischen Krise überwiesen wurde. Sein mittlerweile schnell wachsender Tumor (Grad III) drückt auf Hirnteile, sodass er sich nicht mehr bewegen und nicht mehr sprechen kann. Statt seiner redet seine Mutter, die offenbar seit längerem seine Sachwalterin ist und sich tief in die medizinischen Details eingearbeitet hat, aber auch eine treibende Kraft hinter der Suche nach alternativmedizinischen Therapien zu sein scheint. Der Vater ist auffällig ruhig und zurückhaltend, während der zeitweise anwesende Onkel (der Bruder der Mutter) ebenfalls recht energisch auftritt. Die Lage stellt sich also wie folgt dar: Der Patient hat einen Hirntumor in einem Stadium, in dem die ÄrztInnen keine weiteren kurativen, sondern nur noch palliative Behandlungen als sinnvoll ansehen. Seine Angehörigen, vor allem die Mutter, kämpfen um weitere Behandlungen und setzen insbesondere auf alternative Medizin. Der Patient selbst ist entscheidungsunfähig, weil er nicht mehr kommunizieren kann.

Zur dramatischen „Krise" kommt es, als der ohnehin vorhandene Konflikt zwischen den Positionen der Angehörigen und denen der ÄrztInnen dadurch verschärft wird, dass der Oberarzt die von einem externen Arzt angeratene intravenöse Verabreichung des alternativmedizinischen Vitamin-Präparats ablehnt. Es ist nur für die orale Gabe zugelassen. Auf die Eltern wirkt dies wie die Verweigerung einer möglicherweise lebensrettenden Behandlung; die ÄrztInnen sehen dieses Verlangen als medizinisch ungerechtfertigt und ärztlich unverantwortlich an. Es werden Beschuldigungen erhoben, das Verhältnis zwischen den „schwierigen Eltern" und den „hilfeverweigernden ÄrztInnen" ist zerrüttet. Daran ändert auch nichts, dass das Ethikkomitee schließlich als eine Art Kompromiss eine „leichte Chemotherapie" vorschlägt.

Die „Lösung" des Konflikts besteht schließlich darin, dass die Eltern den Patienten in eine Schweizer Klinik verlegen lassen, die sie über ihre alternativmedizinischen Kontakte gefunden haben und die zur Behandlung des Patienten mit weiteren Alternativmethoden bereit ist. Der Konflikt wird also nicht zwischen den Konfliktparteien gelöst, etwa indem eine Seite die andere überzeugt oder durch einen Kompromiss, sondern durch Auflösung der Konfliktsituation: Die Eltern finden medizinische Dienstleister, die zur Fortsetzung ihrer Therapiewünsche bereit sind. Im deutschen Krankenhaus atmet man auf. Offen bleibt am Ende die Frage, ob diese „Lösung" nicht eher eine „Katastrophe" für den Patienten bedeutet, der in seinen vermutlich letzten Tagen und Wochen noch fragwürdige Therapieversuche über sich ergehen lassen muss.

Medizinethisch gesehen liegt hier eine so genannte *futility*-Situation vor. Es bestehen keine sinnvollen kurativen Möglichkeiten mehr, so dass es medizinisch und ethisch angezeigt erscheint, eine Therapiezieländerung vorzunehmen und zur Palliativbehandlung überzugehen. Hier kommt es zu dem nicht untypischen Konflikt über die Einschätzung der Nutzlosigkeit oder der Aussichtslosigkeit der kurativen Weiterbehandlung. Die Angehörigen wollen „die Hoffnung nicht aufgeben" und jede noch so geringe Chance für eine Heilung, Linderung oder Lebenszeitverlängerung nutzen (was die Eltern genau erhoffen, bleibt ungeklärt). Sie können sich auf das Selbstbestimmungsrecht des Patienten berufen, dessen Interessen zu vertreten sie überzeugt sind. Die ärztliche Perspektive stellt dem die ärztlichen Berufsstandards und das ärztliche Ethos entgenen, das nicht auf die Erfüllung von Patientenwünschen reduziert werden kann. Vielmehr sind die ÄrztInnen gehalten, jede Indikationsstellung im Lichte des Patientenwohls zu treffen, also sein Wohl zu fördern und Schaden von ihm abzuwenden. Hier sind die Ärzte überzeugt, dass weitere Kurativbehandlungen in keinem vertretbaren Nutzen-Schaden-Verhältnis für den Patienten stehen würden. Die Situation wird dadurch erschwert, dass der Patient offenbar keine Patientenverfügung verfasst hat, obwohl er bereits seit vier Jahren in Tumorbehandlung ist. Zusätzlich bestehen beim Behandlungsteam Zweifel darüber, ob die Eltern tatsächlich den mutmaßlichen Willen ihres Sohnes vorbringen oder ob sie ihre eigenen

Wünsche und Hoffnungen mit seiner Perspektive konfundieren. Aus der Erzählung wird leider nicht deutlich, ob die behandelnden ÄrztInnen sich darum bemühen, im Gespräch mit den Eltern Anhaltspunkte dafür zu gewinnen, wie ihr Sohn sich äußern würde, wenn er es noch könnte, und welche früheren Äußerungen, welche Werte und Überzeugen dazu beitragen könnten, seine mutmaßliche Sicht der Dinge zu erfahren. In dieser schwierigen Situation befasst sich sinnvollerweise das Ethikkomitee mit dem Fall. Da Konflikte dieser Art, wenn Angehörige eine Weiterbehandlung wünschen, wo sie nach ärztlicher Einschätzung nicht indiziert ist, kommunikativ herausfordernd und zusätzlich emotional sehr belastend sein können, haben eine Reihe von medizinischen Fachgesellschaften ein Sieben-Schritt-Verfahren entwickelt, um idealerweise eine konsensuelle Entscheidung zu erzielen (vgl. Bosslet u.a. 2015). Es ist dem Krankenhaus anzuraten, bei einer retrospektiven Fallbesprechung auch auf dieses Modell einzugehen und zu überlegen, was bei der Orientierung daran anders verlaufen wäre und ob die Implementierung dieses Verfahrens für künftige Fälle ähnlicher Art nicht sinnvoll wäre. Hier wird schließlich die ethisch sehr fragwürdige Entscheidung für die „leichte Chemotherapie" getroffen, mit der sich der Gesundheitszustand des Patienten kaum verbessern wird und die in jedem Fall mit – vielleicht nur „leichten", aber dennoch nicht gerechtfertigten – Belastungen für ihn verbunden sein wird. Das Ethikkomitee spricht sich für diese Behandlung offenbar vor allem aus, um die elterlichen Gefühle zu schonen (oder um ihrem Druck nachzugeben), anstatt konsistent vom Standpunkt der Orientierung am Patientenwohl zu argumentieren.

Blicken wir nun auf den Seelsorger, von dem bislang recht wenig die Rede war, obwohl er ja der Erzähler dieser „Tragödie" ist. Bei der narrativen Analyse fällt auf, dass im Laufe der Erzählung ein Wechsel vom Ich-Erzähler zu einer neutralen Erzählweise vorgenommen wird, die nunmehr vom „Seelsorger" in der dritten Person spricht. Nach dem Bericht über die Diskussionen im Ethikkomitee ist vom Seelsorger in der restlichen Erzählung gar nicht mehr die Rede. Man kann dies als eine sprachliche Form der Distanzierung deuten: Der erzählende Seelsorger ist zunächst als Ich-Subjekt präsent, dann in der neutralen Erzählperspektive noch als eine Figur unter anderen und schließlich verschwindet er gänzlich aus dem Figurentableau der Erzählung. Hat der Seelsorger sich aus der Geschichte „herausgeschrieben", weil ihn im Rückblick das Unbehagen auch in Bezug auf seine eigene Rolle in den erzählten Vorgängen beschleicht?

Welche Rolle nimmt der Seelsorger ein? Er schildert, wie er sich um die Familie kümmert, die er täglich bei ihren Klinikaufenthalten besucht. Nach und nach erfährt er die familiären Zusammenhänge und wie es zum Aufenthalt in Deutschland kam. Er wird – vielleicht wegen seiner Sprachkenntnisse oder seiner zeitlichen Verfügbarkeit – zu einem der Hauptgesprächspartner der Eltern, die viele Stunden täglich im Krankenhaus verbringen. Aber woraufhin seine Begleitung zielt, bleibt nebulös. Die Erzählung gibt die Vorstellungen, die Gefühle und die Absichten der Mutter wieder, wie diese sie äußert, es ist jedoch nicht erkennbar, wie und woran die seelsorgliche Begleitung mit den Eltern arbeitet. Es wird auch nicht erzählt, ob sie überhaupt religiös sind oder ob sie emotionale oder spirituelle Bedürfnisse äußern; die Fragen zur Krankheitsbehandlung des Sohnes scheinen auch hier im Vordergrund zu stehen. Hätte der Seelsorger stärker klären müssen, worin seine Beziehung zum Patienten einerseits und zu dessen Eltern andererseits besteht? Schließlich ist erkennbar, dass der kommunikativ eingeschränkte Patient abhängig ist von der elterlichen Bestimmung für ihn – aber eben auch über ihn – und dass zumindest unsicher ist, ob die Wünsche und Hoffnungen der Mutter auch die seinen sind. In der Erzählung wird die ungeklärte Rollenbestimmung des Seelsorgers deutlich anlässlich der im Ethikkomitee diskutierten Frage, ob die Mutter dem Betreuungsgericht als gesetzliche Betreuerin vorgeschlagen werden soll. Im Ethikkomitee werden Zweifel an ihrer Eignung geäußert. Der Seelsorger spricht sich jedoch für sie aus, da sie „im Gespräch [mit dem Seelsorger] um den Abschied" wisse. Mit einer aufschlussreichen Formulierung fährt er fort: „Wenn es gelingt, von den medizinischen Themen auf das eigene Ergehen zu kommen, werden Traurigkeit und Niedergeschlagenheit erfahrbar, aber auch das Gefühl der Verpflichtung, als Eltern alles zu tun, was möglich erscheint." Aufschlussreich ist hier, wie unpersönlich die Frage angegangen wird, ob es der Mutter gelingt, ihre eigene Perspektive von der ihres Sohnes zu unterscheiden, und ob es ihr gelingt, auch jene Einschätzungen zur gesundheitlichen Situation ihres Sohnes an sich heranzulassen, die sie fürchtet. In der gerade zitierten Passage bleibt ebenfalls undeutlich, ob der Seelsorger für den inneren Prozess, vor dem die Eltern gesehen werden, eine begleitende Rolle einnehmen wird. Ein seelsorgliches Commitment wird hier in auffälliger Weise vermieden. Müsste der Seelsorger, der Sohn *und* Eltern begleitet, nicht mit den Eltern die Widersprüchlichkeit ihrer Gefühle und Hoffnungen und ihr Bild von Elternpflichten besprechen? Könnte er nicht mit ihnen der Frage nachgehen, ob eine Sicht von Elternpflichten, „alles zu tun, was möglich erscheint", vielleicht gar nicht die existenziell und ethisch angebrachte Sichtweise ist, sondern vielmehr die Frage, *wozu* etwas getan werden soll? Der Seelsorger könnte die Eltern bei der Klärung begleiten, welche Sinnperspektiven sie für den Sohn erstreben und in welchem Verhältnis diese Sinnperspektiven zu ihren eigenen stehen, so dass sie dem Sohn einen Raum lassen können für seinen eigenen Weg. Eine solche Seelsorge, die es den Eltern ermöglicht, sich und ihren Sohn in einer Beziehung zu sehen, die Differenz zulässt, würde dann auch Wege eröffnen für die spirituelle Begleitung von Trauer und Abschied.

Wir haben es hier nicht deshalb mit einer Tragödie zu tun, weil eine Hauptfigur „schuldlos schuldig" wird. Tragisch ist vielmehr, wie Hegel es ausdrückt, die Kollision von einseitigen Standpunkten im Zentrum der Erzählung. Der Konflikt besteht „nicht zwischen Gut und Böse, sondern zwischen einseitigen Positionen, von denen jede etwas Gutes enthält" (Hegel 2004, 522). Es ist die Einseitigkeit der Standpunkte und die Verweigerung des Perspektivenwechsels, die zur Katastrophe, hier zu einem vermeidbaren Leiden des Patienten führt. Dabei verfügt die Medizinethik über fundamental anti-tragische Verfahren, denn Ethikkomitees und Konsensprozeduren versuchen gerade, unterschiedliche Positionen über einem gemeinsamen Ideal, dem Patientenwohl, zusammenzubringen. Die Seelsorge kann ihren eigenen Beitrag leisten, um die Einseitigkeit der Positionen *und* das in ihnen liegende Gute, aber auch dessen Begrenztheit zu bearbeiten, um den Beteiligten – hier dem sterbenden Patienten und seinen Eltern – zur Linderung ihrer existenziellen Notlagen zu verhelfen.

Literatur

Bosslet, Gabriel T. u.a. (2015): An Official ATS/AACN/ACCP/ESICM/SCCM Policy Statement: Responding to Requests for Potentially Inappropriate Treatments in Intensive Care Units, in: *American journal of respiratory and critical care medicine* 191, 11, 1318–1330, DOI: 10.1164/rccm.201505-0924ST.

Hegel, Georg W. F. (2004 [1835]): *Vorlesungen über die Ästhetik*, G.W.F. Hegel, Werke, Band 15, Potsdam (Paginierung der Suhrkamp-Werkausgabe).

Kommentar II: Die ethische Pflicht zur Klarheit

Harald Braun, Gwendolin Wanderer

Die vorliegende Fallschilderung zeigt fast exemplarisch zwei häufig zu findende Problematiken im Kontext des Krankheitsverlaufs von schweren Krebserkrankungen ohne Heilungsaussicht. Zum einen zeigt sich eine Verleugnung der Realität durch die Betroffenen – weniger durch die PatientInnen selbst als durch die Zugehörigen – und zum anderen ein zumindest unklares Verhalten der behandelnden Ärzte. Der junge Mann hat einen diffusen Hirntumor, für den es keine Heilung gibt. Darin sind sich die involvierten SchulmedizinerInnen einig; gleichzeitig verhalten sie sich aber nicht entsprechend eindeutig. Darauf wird an späterer Stelle des Kommentars eingegangen werden.

Zur Verleugnung der Realität durch die Betroffenen
Die Anerkennung der medizinischen Realität ist ein wichtiger Aspekt, wenn es darum gehen soll, einen „informed consent", also eine informierte Einwilligung in eine indizierte kurativ- oder palliativmedizinische Maßnahme zu erreichen. Im Zuge der Achtung des medizinethischen Prinzips der Wahrung der Autonomie eines Patienten oder einer Patientin ist das Bemühen um medizinische Aufklärung und das gemeinsame Ringen um eine verantwortbare und für die/den Betroffene(n) akzeptable ärztliche Maßnahme unumgänglich. So gilt es also, mit dem betroffenen Patienten oder der Patientin zu sprechen und möglichst einen gemeinsamen Behandlungsweg zu finden. Der Patient in der gegebenen Fallerzählung hat diese Fähigkeit zur Autonomie nun leider weitgehend verloren, da er kognitiv stark eingeschränkt ist und nicht kommunizieren kann. So übernehmen die Eltern nun die Kommunikation für ihren Sohn in raumgreifender Weise. Wenn man sich die Argumentationslinien und die Aktivitäten der Eltern des Patienten ansieht, so merkt man schnell, wie angegriffen und ratlos diese sind. Die Mutter sucht Hilfe um jeden Preis, greift nach Strohhalmen und hat fast mystische Heilserwartungen. Wer sich dem mit Realitäten entgegenstellt, ist in ihren Augen böse und wird entsprechend von ihr abgewertet. Die Familie ist angesichts dieser sowohl realitätsverkennenden als auch verzweifelten Situation in einer permanenten Gefahr, von Quacksalbern und falschen Propheten in finanzielle Fallen gelockt zu werden. Leider ist diese Problematik im täglichen Betrieb der Palliativmedizin häufig. Es kann nicht sein, was nicht sein darf, und deshalb muss es eine Therapie geben. Aussagen wie jene, dass sie nicht an ein so schnel-

les Wachstum glaubten, sie die Deutbarkeit der Bilder (etwa jenen aus den Röntgen- und MRT-Untersuchungen) anzweifelten, oder auch der vom Onkel des Patienten geäußerte Vorwurf, die Ärzte würden eine lebensrettende Behandlung verhindern, sind dafür nur einige Beispiele. Die Betroffenheit der Eltern wird jeder mitfühlende Mensch verstehen, und doch ist im Rahmen des *Copings* (hier: Umgehen mit schwerwiegenden Erkrankungen) einiges falsch gelaufen. Die Familie ist fernab der Realität, was der Leser an den vielfältigen paramedizinischen Bemühungen, dem *Doctor-Hopping* und dem „selbstgestrickten" Krankheitsverständnis ablesen kann. Es besteht ein großes Kausalitätsbedürfnis, um sich das „Unerklärliche" zu erklären. In einer induktiven Weltsicht werden Einzelschicksale zur vermeintlichen Allgemeingültigkeit aufgewertet. Dies ist leider auch in unseren Medien inzwischen üblich. Man nehme nur die diversen Berichte über WachkomapatientInnen, die nach Jahren wieder erwachen. Beim genauen Hinsehen zeigte sich beständig, dass die Erzählungen nie stimmten. Sicher gibt es immer wieder Heilungen, die wir uns nicht erklären können. Wenn man will, kann man dann von „Wundern" reden. Aber diese „Wunder" sind extrem selten und eben nicht erklärlich mit Wundermitteln. Diese Gefangenheit in Wunschdenken ist durchaus nachzuvollziehen, sollte aber im Verlauf einer Krankheit einer Realitätssicht Platz machen. Nur so besteht die Möglichkeit, ein medizinisches, pflegerisches und begleitendes Handeln umzusetzen, das dem Willen und Wohl des Patienten oder der Patientin größtmöglich entspricht.

Oftmals besteht eine Diskrepanz zwischen der Sichtweise des Patienten/der Patientin und jener der Zugehörigen auf die Krankheitssituation. Wird diese nicht ausgesprochen, führt dies zu unterschwelligen emotionalen Spannungen. Jeder verschweigt dem anderen sein Wissen um die Unausweichlichkeit und man spielt sich somit etwas vor. Dies ist häufig auch zwischen den betreuenden Angehörigen so. Palliativmediziner erleben mitunter, dass Angehörige beim Hausbesuch vor der Tür stehen und mitteilen, die Mutter/der Vater wisse nicht, wie schlimm es um sie stehe, und dürfe es auch nicht wissen. Die PatientInnen sagen dann später im Arztgespräch, sie wüssten, wie es um sie stehe, wollten die Angehörigen aber nicht mit diesem Wissen belasten. Ob eine solche unterschwellige Spannung auch in der gegebenen Fallsituation gegeben ist, ist nicht bekannt. Wüsste man darum, wäre hier ein Ansatzpunkt für eine Auseinandersetzung mit dieser Diskrepanz gegeben. Das Ziel wäre dann gegebenenfalls, den Patienten von dieser Spannung zu entlasten.

Zum unklaren Verhalten der involvierten ÄrztInnen
Der Umgang mit Menschen am Lebensende fällt vielen ÄrztInnen schwer. Die Gründe können dabei vielfältig sein. Versagensgefühle, Angst vor der Nähe, die beim Gespräch über das nahe Lebensende entsteht, oder Angst vor dem eigenen Tod sind nur einige Gefühle, die auftreten können. ÄrztInnen sind schlecht auf solche Begegnungen vorbereitet. Nur wenige Universitäten bieten Kurse zur Überbringung schlechter Nachrichten oder zu einfühlsamer Kommunikation an.

Veranstaltungen im Bereich der Medizinethik sind im Medizinstudium in der Regel von eher randständiger Bedeutung, so dass die Fähigkeit zur ethischen Begründung medizinischen Handelns oftmals nicht sehr ausgeprägt ist. Der Oberarzt wird mit den Worten zitiert, dass „medizinisch nichts mehr zu machen" sei. Dies ist eine klare Aussage, die auch den medizinischen Leitlinien entspricht. Eigentlich gälte es nun nach den Regeln der ärztlichen Kunst, dies klar allen Beteiligten zu kommunizieren. Jedes ärztliche Handeln bedingt eine Indikation. Mit einfachen Worten: Es muss einen Grund für ein ärztliches Tätigwerden geben. Gibt es diesen Grund nicht, ist eine ärztliche Maßnahme unethisch und zu unterlassen. Der Oberarzt sieht keine Indikation, und gleichzeitig wird den Angehörigen eine „leichte Chemotherapie" mit Temodal angeboten. Der Begriff „leichte Chemotherapie" soll ausdrücken, dass die Behandlung mit wenig Nebenwirkungen einhergeht, und ist eigentlich irreführend. Sie wird nicht helfen und ist eine Placebotherapie für die Eltern. Medizinethisch wie auch rechtlich ist dies überaus problematisch, da die medizinische Indikation nicht gegeben ist. Leider sieht man dies auch im ambulanten Setting. Es werden Chemotherapien verabreicht zu Zeitpunkten, an denen alle beteiligten Fachpersonen wissen, dass eine Indikation nicht mehr besteht. Die Gründe sind hier insbesondere: 1.) die Unfähigkeit zuzugeben, dass eine Chemotherapie nicht mehr indiziert ist (was dann dummerweise gleichgesetzt wird mit „man kann nichts mehr tun" und die Möglichkeiten der Palliativmedizin völlig außer Acht lässt), und 2.) die Angst, dass der Kollege/die Kollegin in der Nachbarklinik oder -praxis doch noch etwas anbietet und dass sich dies herumspricht. Medizin ist ein Geschäft, und wer will schon über sich erzählt bekommen, er werfe die Flinte zu früh ins Korn. Es gibt leider an dieser Stelle oft eine unausgesprochene Übereinkunft zwischen ÄrztInnen und PatientInnen, alles auszuprobieren, was der Markt hergibt. Erst ganz nah am Lebensende wächst bei den PatientInnen und Angehörigen zuweilen die Einsicht, man hätte besser auf die letzte Chemo verzichtet und nicht die oft gravierenden Nebenwirkungen in Kauf genommen.

Zu der Rolle der sonstigen AkteurInnen in Bezug auf die Entscheidungsfindung und dem Verlauf der Ethikberatung
Die Angehörigen des Patienten und die behandelnden und beratenden ÄrztInnen sind nicht die einzigen AkteurInnen in der Fallsituation. Von den Pflegekräften erfahren wir in der Fallerzählung, dass diese insbesondere durch die bestehenden Verständigungsschwierigkeiten – der Patient und dessen Angehörige sprechen und verstehen lediglich Englisch und Italienisch – und durch das fordernde Verhalten der Mutter des Patienten, die immer wieder auf dem direkten Kontakt mit den leitenden Ärzten besteht, strapaziert sind.

Der Seelsorger ist nah an der Familie dran, auch da er sowohl des Englischen als auch des Italienischen mächtig ist. Er versteht die Beweggründe der Eltern, alle therapeutischen Möglichkeiten ausschöpfen zu wollen, auch jene, die medizinisch nicht sinnvoll sind. Im Rahmen der ethischen Fallbesprechung, die zur

Klärung des therapeutischen Vorgehens einberufen wird, befürwortet der Seelsorger, die gesetzliche Betreuung auf die Mutter zu übertragen, mit dem Argument, dass sich diese durchaus auch mit dem möglichen Versterben des Sohnes auseinandersetze, somit dessen gesundheitliche Situation also nicht völlig verkenne. Die Ethikberatung (an der offensichtlich keine Pflegekräfte teilgenommen haben) ergibt ein Votum für die Durchführung der nebenwirkungsarmen (nicht belastungsfreien), aber letztendlich nutzlosen Chemotherapie. Ausschlaggebend war dabei das engagierte Plädoyer der Palliativmedizinerin. Es scheint, als wäre damit von allen Professionen vor allem dem Druck der Eltern nachgegeben worden. Eigentlich hatten sowohl die Pflegekräfte wie auch die ÄrztInnen dafür plädiert, dem Patienten eine möglichst ruhige letzte Lebenszeit in einer ihm vertrauten Umgebung zu ermöglichen.

Wurde die in der Klinik durchgeführte Ethikberatung dem eigentlichen Ziel von Ethikberatung gerecht, „Lösungswege bei Konflikten zwischen unterschiedlichen individuellen und/oder institutionell gefassten Werten und Moralvorstellungen [...] [zu finden und] durch gemeinsame Reflexion zu tragfähigen Entscheidungen zu gelangen und diese umzusetzen"? (Vorstand der Akademie für Ethik in der Medizin e.V. 2010, 149). Ist es gelungen, die „Entscheidungsprozesse hinsichtlich ihrer ethischen Anteile transparent zu gestalten und an moralisch akzeptablen Kriterien auszurichten"? Trug die Ethikberatung zur „Stärkung der ethischen Kompetenz vor Ort" und „zur Qualitätssicherung in der Versorgung von Patienten/Bewohnern" (ebd.) bei? Der Verdacht liegt nahe, dass das unklare Verhalten der involvierten ÄrztInnen in der Ethikberatung eine interprofessionelle Absegnung erhielt. Eine klarere Positionierung im Hinblick auf das Patientenwohl hätte vermutlich auf einem festeren Fundament palliativmedizinischer Fachlichkeit und ethischer Argumentation gestanden. Gleichwohl wird in dem Fall deutlich, wie herausfordernd dies mitunter sein kann.

Die Mutter wird als kritische, schwierige und Hierarchien nicht respektierende Person dargestellt. Solche Menschen sind im Klinikalltag nicht beliebt. Sie stören den gewohnten Ablauf und die eingefahrenen Strukturen. Leider hat man manchmal auch den Eindruck, die PatientInnen selbst würden stören. Dies hat sicher mit dem Mangel an Pflegepersonal zu tun, aber auch mit der Art der Klinikorganisation. Für solche Probleme müsste es verpflichtende Supervisionen geben, gerade auch, um zu lernen, mit dem/der nächsten PatientIn mit sogenannten *schwierigen Angehörigen* umzugehen.

Literatur

Vorstand der Akademie für Ethik in der Medizin e.V. (2010): Standards für Ethikberatung in Einrichtungen des Gesundheitswesens, in: *Ethik in der Medizin* 22, 149–153.

Fallerzählung: Ablehnung einer Gehirnoperation bei Aneurysma

Ich erinnere mich an einen Fall, mit dem ich im vergangenen Jahr zu tun hatte. Im anschließenden Gespräch und im Rückblick auf den Fall ist mir aufgegangen, dass es dort um verschiedene ethische Fragen gegangen sein könnte.

Über die Rufbereitschaft werde ich in den Abendstunden von den Pflegenden einer neurochirurgischen Station zu einem Patienten gerufen. Da der Mann mehrfach von einem Abraham-Bund erzählt hat, vermuten die Schwestern, dass er vielleicht Jude ist. Medizinisch hätten die Ärzte ein zerebrales Aneurysma mit drohender Ruptur (Gefahr von ungehinderter Hirnblutung) diagnostiziert, das sie operieren wollten. Der Patient wolle sich aber auf gar keinen Fall operieren lassen. Er sei sehr aufgebracht und wolle gerne mit einer neutralen Person sprechen. Sie selbst wüssten jetzt auch nicht, wie sie mit dem Patienten umgehen sollten, wenn der Notfall eintreten und das Aneurysma im Gehirn in der Nacht wirklich platzen würde. Sollten sie ihn dann sterben lassen oder Erste Hilfe leisten? Darum hätten sie mich jetzt angerufen. Vielleicht könne ich ja auch herausfinden, warum er sich nicht operieren lassen wolle, vielleicht hinge das ja auch mit seinem Glauben zusammen. Ich sage, dass ich gerne mit dem Patienten sprechen, ihn aber nicht zu einer Operation überreden könne und wolle. Ich könne mithelfen, seine Beweggründe für diese Entscheidung genauer herauszufinden und vielleicht besser zu verstehen. Ich frage, ob es denn Absprachen mit den Ärzten gebe. Das wurde verneint.

Ich mache mich auf den Weg in die Klinik und treffe dort einen sehr abgemagerten, etwa 50-jährigen Patienten an. Er hat mich schon erwartet. Zunächst können wir alleine sprechen. Ich stelle mich als evangelische Klinikpfarrerin vor. Der Patient ist kein Jude, wie die Schwestern vermutet haben, sondern sagt von sich, er sei ein sehr überzeugter Christ, allerdings aus der katholischen Kirche ausgetreten und auch kein Mitglied einer anderen Kirche; für ihn hätten die Worte der Bibel aber eine sehr große Bedeutung.

Ich frage nach seinem Anliegen und dann erzählt er, die Ärzte wollten ihn operieren, damit das Platzen eines Aneurysmas im Gehirn verhindert werde. Das wäre aber eine lebensgefährliche Operation am Gehirn und es bestände ein großes Risiko, dass er mit Hirnschädigungen aus der Operation hervorgehen würde. Wenn es Gottes Wille sei, dass er daran sterben solle, dann sei das eben so; er habe keine Angst vor dem Tod. Das habe er auch den Ärzten so gesagt, die daraufhin meinten, dann solle er die Klinik verlassen, sie könnten dann nichts mehr für ihn tun. Das habe er als sehr abweisend erlebt.

Ich sage, mir gehe durch den Kopf, dass die Ärzte gekränkt sein könnten, dass der Patient ihre ärztliche Kunst und ihr Hilfsangebot ablehnt. In der Regel sind sie es gewohnt, dass PatientInnen ihnen vertrauen und ihre Therapieangebote annehmen, weil sie die Hoffnung haben, wieder gesund zu werden. Ein Patient, der den Tod in Kauf nimmt und ihn vielleicht sogar noch als Willen Gottes deutet, passe nicht so gut in die Welt einer Universitätsklinik. Und vielleicht hätten sie ihn darum so schroff aufgefordert zu gehen.

Der Patient sagt, er wolle aber nicht gehen, weil er sich sehr schlapp und müde fühle und die Hoffnung habe, dass er sich im Krankenhaus etwas erholen könne. Vielleicht könne man ihm ja hier auch eine Kur vermitteln, damit er wieder zu Kräften käme. Ich ermutige ihn, das bei den Ärzten noch mal anzusprechen oder gegebenenfalls mit einer Sozialarbeiterin zu sprechen.

Dann frage ich noch mal genauer nach, was genau der Patient unter dem Willen Gottes verstehe. Es könne ja durchaus auch der Wille Gottes sein, dass er sich operieren lässt. Der Patient erzählt darauf, dass er den Willen Gottes so verstehe, dass die Menschen nicht in die natürlichen Vorgänge des Lebens eingreifen sollten. Gott sei Herr über Leben und Tod und nicht etwa die Ärzte.

Er habe einen guten Freund, dem hätten die Ärzte vor sieben Jahren gesagt, er würde nicht mehr lange leben, wenn er die Chemotherapie verweigere, und jetzt lebe der Freund immer noch. Der Krebs habe sich verkapselt und sein Freund könne gut damit leben. Man wisse ja nicht, ob das auch der Fall wäre, wenn er in die Chemotherapie eingewilligt hätte. Auch seine beiden Kinder seien ganz natürlich ohne ärztliche Hilfe auf die Welt gekommen. Seine Frau und er hätten da ganz und gar großes Vertrauen in Gott und in das Gebet gehabt. Sie lebten in einem Wohnwagen am Rande der Stadt mit den Beiden. Dort seien die beiden Kinder auch auf ganz natürlichem Wege zur Welt gekommen. Es könne ja auch sein, dass dieses Gefäß in seinem Gehirn gar nicht oder nicht so bald platzen würde. Wer könne das schon wissen. Dann sagt er noch einmal, dass er keine Angst vor dem Tod hat, und mit so einem Aneurysma sei man ohnehin ganz schnell tot.

Ich frage ihn, wie denn seine Frau über seine Einstellung und seine Entscheidung denkt. Teilt sie seine Entscheidung? Oder denkt sie anders darüber? Ich könne mir vorstellen, dass es für seine Frau und die beiden Kinder ein schwerer Schlag wäre, ohne ihn weiterleben zu müssen. Er sagt, am allerschlimmsten wäre es bestimmt für sie, mit einem Mann weiterzuleben, der von einer OP Hirnschädigungen davongetragen hat. Dann wäre es vielleicht sogar leichter für sie, wenn er tot wäre. Ich frage, ob auch für ihn die Vorstellung leichter sei, tot zu sein, als mit Hirnschädigungen leben zu müssen.

In dem Augenblick betritt eine junge Frau mit zwei kleinen Kindern das Zimmer. Sie gibt dem Patienten einen Kuss; so vermute ich, dass es seine Ehefrau mit den beiden Kindern ist. Der Altersunterschied zwischen den beiden scheint groß zu sein. Die beiden Kinder quengeln. Sie sind müde und können sich kaum noch auf den Beinen halten. Ich spreche das an. Der Patient betont, dass die Kinder keine festen Zeiten hätten, um ins Bett zu gehen. Sie schliefen überall, sie

Ablehnung einer Gehirnoperation bei Aneurysma

sollten selbst bestimmen, wann sie schlafen wollten. Die Kinder sind sehr laut und unruhig. Das Gespräch wird häufig gestört und unterbrochen.

„Wir haben gerade von dir gesprochen!", sagt der Patient zu seiner Frau. „Du willst doch auch keine Operation. Wir vertrauen Gott, er wird uns den Weg schon zeigen, nicht wahr." Seine Frau nickt, wirkt aber gleichzeitig auch ängstlich und unsicher auf mich, so als stehe sie in einer Abhängigkeit zu ihrem Mann und traue sich nicht, ihre eigene Meinung zu sagen. Und sie sagt, den Blick etwas unsicher auf mich gerichtet: „Wir werden auch ohne ihn klarkommen, wenn es Gottes Wille ist."

Und dann frage ich die beiden, angenommen, der Notfall des Hirn-Aneurysmas träte heute Nacht ein, was denn dann die Schwestern und Ärzte tun sollen: Sollen sie ihn dann seinem Schicksal überlassen oder Erste Hilfe leisten und vielleicht doch noch eine Not-OP durchführen? Ob er seinen Patientenwillen schriftlich hinterlegt habe? Sonst könnte in der Klinik die Gefahr bestehen, dass man seinen Wunsch nicht berücksichtigt. Die Ehefrau scheint erschrocken; der Patient wirkt das erste Mal in dem Gespräch verunsichert.

Noch mal geht die Tür auf und ein Mann in schwarzer Motorradkleidung betritt das Krankenzimmer. „Das ist mein Freund!", sagt der Patient zu mir, „von dem ich Ihnen eben erzählt habe." Die Kinder drehen noch mehr auf. Ich versuche noch mal den Gesprächsfaden aufzugreifen, doch ein sinnvolles Gespräch scheint mir nicht mehr möglich zu sein. Ich rege an, dass sie sich die eben gestellten Fragen noch mal durch den Kopf gehen lassen – mit allen Konsequenzen. Ich biete an, am nächsten Tag noch einmal vorbeizukommen, wenn der Patient oder auch seine Ehefrau es wünscht. Ich lege meine Visitenkarte auf den Tisch. „Ich rufe Sie an, wenn ich Sie noch mal brauche", sagt der Patient. Ich verabschiede mich.

Dann gehe ich noch mal ins Schwesternzimmer. Die drei Schwestern dort blicken mich erwartungsvoll an. Ein bisschen komme ich mir vor wie eine Detektivin, die ihren Auftraggeberinnen die ermittelten Ergebnisse auf den Tisch legen soll. Und ich frage mich: Hätten die Pflegenden und die Ärzte nicht auch selbst mit dem Patienten sprechen können? Ist dafür wirklich immer zu wenig Zeit? Was sage ich jetzt? Ich entschließe mich dann doch, meinen Eindruck wiederzugeben: Der Patient habe in seiner ablehnenden Haltung der Operation gegenüber sehr klar auf mich gewirkt hat und sei auch bereit, mit den möglichen Folgen zu leben. Er werde sich aber noch mal durch den Kopf gehen lassen, ob er Erste Hilfe wünscht oder nicht.

Eine Schwester äußert jetzt Verständnis für den Patienten: Man wisse ja tatsächlich nicht, in welcher Verfassung man sich nach einer solchen Aneurysma-OP befinde. Sie wüsste auch nicht, ob sie sich in einer solchen Situation operieren lassen würde. Eine andere Schwester erinnert an die Mutter mit den beiden Kindern, für die er doch auch Verantwortung trage. Es beginnt eine lebhafte Diskussion unter den drei Schwestern im Spätdienst. Noch einmal erzählen sie, dass sie sich von den Ärzten im Stich gelassen fühlen; sie bräuchten doch einen Hinweis, was im Notfall zu tun sei.

Ich frage, ob es für sie eine Hilfe wäre, wenn es in einer solchen Situation eine gemeinsame Runde bzw. Fallbesprechung mit ÄrztInnen und den Betroffenen gäbe. Es gebe ja ein neu gegründetes Ethik-Komitee in der Klinik, das auch vorhabe, ethische Fallbesprechungen in der Klinik einzuführen. Die Schwestern sind skeptisch. Grundsätzlich fänden sie das wichtig, wissen aber nicht, ob sich das praktisch durchführen ließe; zeitlich und mit dem ganzen Stress auf der Station wäre das sicherlich schwierig. Ich werbe dafür und erkläre, dass eine bessere Kommunikation und gemeinsam getroffene Entscheidungen auch sehr zur Entlastung auf der Station beitragen könnten. Das Gespräch geht noch ein wenig hin und her. Dann verabschiede ich mich.

Der Patient ruft mich am nächsten Tag nicht mehr an. Als ich versuche, ihn von mir aus aufzusuchen, ist er gerade bei einer Untersuchung. Zwei Tage später treffe ich ihn mit gepackter Tasche und seinem Freund draußen vor dem Klinikeingang. Er ist auf eigenen Wunsch entlassen worden: Er hat es für sich nochmal geklärt – er lässt sich auf den Willen Gottes ein, das heißt, er lässt der Natur ihren Lauf.

In der darauffolgenden Sitzung des Ethik-Komitees versuche ich anhand dieses Falles dafür zu werben, doch zeitnah ethische Fallbesprechungen einzuführen. Dies ad hoc zu tun, trifft auf erheblichen Widerstand.

Kommentar: Das ärztliche Aufklärungsgespräch und der Umgang mit Non-Compliance

Monika Bobbert

1. Eine Relektüre der Fallschilderung
Eine Klinikseelsorgerin wird von den Pflegekräften auf die Station gerufen. Die Pflegenden der Neurochirurgie befürchten bei einem 50-jährigen Patienten, der sich nicht operieren lassen möchte, eine Notfallsituation in der Nacht, in der sie nicht wüssten, wie sie verfahren sollen: Das Aneurysma im Gehirn, d.h. die Aussackung einer Hirnarterie, könnte zu einem Riss führen, was eine unkontrollierte Hirnblutung zur Folge hätte.

Eine Operationsverweigerung auf einer chirurgischen Station ist ungewöhnlich, denn üblicherweise kommt man zur Operation entschlossen in solch eine Abteilung und hat bereits im Vorfeld Vor- und Nachteile des Eingriffs erwogen. Da es sich nicht um einen Notfall handelt, muss die Indikation zur Operation des Aneurysmas am offenen Gehirn in der ambulanten Versorgung oder bei einem vorausgegangenen Abklärungstermin in der Klinik gestellt worden sein. Nun reagiert der Patient auf das Aufklärungsgespräch direkt vor der Operation. Indem er sich einem vorgespurten Ablauf entgegenstellt, ist er entweder mutig, nachdem er erst jetzt etwas verstanden hat, was für ihn persönlich sehr wichtig ist, oder aber ihn hat am Vorabend die generelle Angst vor einem Eingriff ins Gehirn erfasst. Da er für seine Weigerung jedoch durchaus konkrete Gründe anführt, scheint Ersteres näherzuliegen.

Dass die Pflegekräfte auf der Station den schlechtestmöglichen Fall eines Aneurysmas in der kommenden Nacht antizipieren, dürfte der Tatsache geschuldet sein, dass es sich um eine chirurgische Station handelt. Doch warum kam der Patient überhaupt zur Operation auf diese Station? Es fragt sich, welche Arzt-Patient-Gespräche in dieser Sache geführt bzw. nicht ausreichend verständlich geführt worden sind. Wurden mit dem Patienten Behandlungsalternativen und die damit jeweils verbundenen Nutzen und Risiken besprochen, so dass er sie verstehen und auf sich bezogen bewerten konnte? Oder wurde lediglich informiert und vielleicht eine gewisse Dringlichkeit der Operation signalisiert, ohne auf Seiten des Patienten ein Verstehen der Diagnose und der Vorteile einer Operation zu gewährleisten?

2. Medizinische Hintergrundinformationen

Wie dem Patienten fehlen auch dem/der LeserIn der Fallschilderung Hintergrundinformationen. Folgende allgemeine Informationen werden im Fallbeispiel nicht angeführt, können jedoch den Hintergrund etwas ausleuchten (vgl. Etminan u.a. 2020; Kretschmer u.a. 2017; Deutsche Gesellschaft für Neurologie 2012), ohne allerdings dem individuellen Fall mit seinen diagnostischen Details gerecht werden zu können:

Der Riss eines Aneurysmas tritt in Abhängigkeit u.a. von seiner Größe und Lage, seinem Wachstum, dem Alter der betroffenen Person und Risikofaktoren wie z.B. Bluthochdruck auf. Rupturierte Aneurysmen müssen sofort behandelt werden, um die Hirnblutung zu stoppen. Die Sterblichkeit bei einem rupturierten Aneurysma beträgt etwa 50 %, die Überlebenden tragen in etwa 50 % der Fälle bleibende (Hirn-)Schäden davon. Bei einem unrupturierten Aneurysma gibt es neben einer neurochirurgischen Therapie, bei der am offenen Gehirn der Aneurysmasack abgeklemmt wird, noch eine weitere invasive Therapiemöglichkeit: einen endovaskulären Eingriff, bei dem keine offene Operation am Gehirn durchgeführt werden muss, sondern mittels eines Katheters über die Leistenarterie Spiralen in den Aneurysmasack eingebracht werden. Bei diesen beiden Behandlungsmethoden besteht das Risiko, dass abgesehen vom zu beseitigenden Aneurysma eine Hirnblutung auftritt. Bei einer dritten Möglichkeit, der so genannten konservativen Therapie, wird kein Eingriff vorgenommen, sondern das Aneurysma durch regelmäßige Kontrolle mittels Angiografien beobachtet. Diese Alternative liegt bei kleinen, nicht symptomatischen Aneurysmen mit einem geringen Rupturrisiko nahe.

Alles in allem scheint die Abwägung zwischen den beiden invasiven Therapieformen und der konventionellen Therapie darauf hinauszulaufen, dass Vorteile und Risiken gegeneinander abgewogen werden. Ein Blick in die Fachliteratur zeigt allerdings, dass die Einschätzung der drei Therapieoptionen zum einen von der Art des Aneurysmas abhängt, dass zum anderen aber auch fachliche Unsicherheiten in Bezug auf die Risiken der drei Behandlungsformen bestehen. Wenn der Patient also Zweifel am Nutzen der neurochirurgischen Therapie hat, kann dies durchaus dem Fachdiskurs entsprechen. Außerdem könnte er angesichts unterschiedlicher Informationen von ÄrztInnen zu dem Schluss gekommen sein, dass man „nichts Genaues weiß" und er sich schon allein deswegen lieber abwartend verhält.

3. Information und Verstehen des Patienten als zentrale Bestandteile der informierten Zustimmung

Die Aufklärung vor einer Operation ist keine Formsache, sondern soll die informierte Zustimmung des Patienten sicherstellen. Es ist auch legitim, sich trotz vorheriger Entschiedenheit für einen Eingriff doch noch anders zu entscheiden. Wichtig ist allein, dass Information und Verstehen des Patienten in Bezug auf

Diagnose, Therapie sowie mögliche Therapiealternativen mit den entsprechenden Prognosen ebenso wie die Option der Nicht-Behandlung gegeben sind. Dazu müssen ÄrztInnen über die wesentlichen Aspekte informieren, und zwar so, dass die PatientInnen die Vor- und Nachteile eines Vorgehens verstehen und auf ihren Lebensalltag und ihre persönlichen Präferenzen beziehen können (vgl. ausführlicher zur informierten Zustimmung und zur Selbstbestimmung über Physis und Psyche Wiesing 2020; Bobbert 2015; Schöne-Seifert 2006; Faden/Beauchamp 1986).

Entweder hat der Patient bis dato nicht alles für ihn Wesentliche verstanden oder im Aufklärungsgespräch mit dem/der überweisenden Arzt/Ärztin waren wesentliche Aspekte nicht vertreten, die erst in der Klinik zur Sprache kamen. Vielleicht wurde erstmals das Risiko, eine Hirnblutung als Nebenwirkung der als kurativ gedachten Operation bekommen zu können, genannt. Mit diesem Risiko begründet der Patient jedenfalls der Klinikseelsorgerin gegenüber, warum er der Operation nicht zustimmen wolle. Allerdings ist er der falschen Auffassung, dass er im Fall einer Ruptur des Aneurysmas rasch sterben werde. Vielmehr kann er auch im Fall eines „natürlichen Verlaufs" eine mit einer Behinderung verbundene Hirnschädigung erleiden. Warum konnte ihm die Ärztin/der Arzt im Rahmen der Aufklärung über die Operation dies nicht verständlich machen? Vielleicht deswegen, weil die Operationsrisiken noch nie so deutlich geschildert worden waren?

Der Blick auf die oben skizzierten Hintergrundinformationen macht deutlich, dass der Patient nun jedoch ausblendet, dass ebenso ein bloßes Zuwarten oder ein konventioneller Weg mit regelmäßigen Untersuchungsterminen das Risiko einer Hirnblutung mit der Folge von Hirnschäden birgt. Wirklich hilfreich wäre in seinem Fall die Auseinandersetzung mit auf seiner Diagnose basierenden konkreten Prozentangaben gewesen, sofern dafür passende Studien vorliegen. Eine gute Beziehung zu einem Arzt/einer Ärztin, innerhalb derer eine angemessene Aufklärung zu einer wohlüberlegten Entscheidung des Patienten hätte führen können, hat der Patient offenbar nicht erfahren. Daran, dass der Patient leben will (dies spiegelt sich in seiner Frage nach einer Kur wider) und dass er möglichst keine Hirnschädigung erleiden will, besteht allerdings kein Zweifel.

Abgesehen von den vermuteten Mängeln der ärztlichen Aufklärung gibt es auch eine Seite des Patienten, die eine gute Versorgung erschwert haben könnte: Die Erziehung der beiden Kinder scheint sehr stark davon geprägt zu sein, dass sie selbstbestimmt entscheiden sollen (z.B. wann sie schlafen gehen) und die Eltern wenig eingreifen. Darin spiegelt sich vermutlich die Einstellung des Patienten zu Autoritäten wider. Auch er wird sich nicht von Dritten bevormunden lassen wollen und deshalb auf eher paternalistisch agierende ÄrztInnen unter Umständen rasch ablehnend oder sogar mit Sturheit reagieren. Mit Verweisen auf „Gottes Willen" schützt er sich in schwierigen Situationen, insbesondere, wenn sie ihm Angst einflößen, gegen Nachfragen und Kritik. In diesem Zusammenhang ist es jedoch interessant, dass der Patient den Wunsch nach einer

„neutralen Person" äußert. Er scheint sich selbst zu kennen, artikuliert dadurch aber zugleich, dass er zu der ärztlichen Person, mit der er in der Klinik zu tun hatte, kein Vertrauen hatte. Die Pflegekräfte haben daraufhin die Idee, die Klinikseelsorgerin als „neutrale Person" zu rufen.

4. Aufgaben und Grenzen der Klinikseelsorge
Die Pflegekräfte haben die Klinikseelsorgerin – analysiert man die Fallschilderung – aus drei Gründen aus der Rufbereitschaft in den Abendstunden auf die Station gebeten:

Sollen wir im Notfall tätig werden, wenn heute Nacht etwas passiert? Eine rechtlich und moralisch motivierte Unsicherheit, da der Patient ja trotz seiner Weigerung noch auf der Station übernachten wird. Seine Weigerung muss hohe Wellen geschlagen haben, denn dass sich gerade in der kommenden Nacht eine Ruptur ereignen wird, ist unwahrscheinlich. Außerdem wäre dann ein Notfall gegeben. Und niemand hat genau hingehört: Der Patient fürchtet sich vor den Folgen einer Hirnblutung und nicht vor der Operation als solcher.

Der zweite Grund, die Klinikseelsorgerin zu rufen, ist berechtigt: Wenn der Patient der Auffassung ist, dass Medizin und Gottes Wille in Opposition stehen bzw. dass er Gottes Willen nur ohne den Weg der Operation befolgen kann, könnte ein theologisches Gespräch mit der Seelsorgerin hilfreich sein. Die Klinikseelsorgerin zeichnet in der Fallschilderung den Gesprächsverlauf nach: ÄrztInnen werden als diejenigen gesehen, die in die Natur eingreifen. Ein gewisses Selbstvertrauen in den eigenen Körper und die Fähigkeit, ohne Medizin auskommen zu können, zeigt sich, ebenso ein gewisses Misstrauen gegenüber der Medizin. Von einer generellen Ablehnung medizinischer Versorgung oder einer Opposition von Medizin und göttlichem Willen kann jedoch nicht die Rede sein. Wohl aber wird das Vertrauen auf Gott angeführt, um die Verneinung der Operation zu rechtfertigen.

Die Klinikseelsorgerin versucht, den verengten Blick des Patienten auf seine Frau und seine zwei kleinen Kinder zu weiten. Insgesamt entsteht der Eindruck, dass der Patient aus religiösen Gründen und aus einem gewissen Misstrauen gegen die Medizin dazu neigt, „passiv" auf das diagnostizierte Aneurysma zu reagieren. Es zieht sich jedoch durch das gesamte Gespräch immer wieder die Aussage, dass der Patient in der Hauptsache Angst vor einer Hirnschädigung hat. Lieber wolle er tot sein. Implizit artikuliert er die Angst, ein Pflegefall zu werden, was zu Lasten des eigenen Selbstbildes ginge und seine Frau zu stark belasten würde. Er meint, es sei besser für sie, wenn er tot sei, als mit einem Mann weiterzuleben, der von der Operation eine Hirnschädigung davongetragen habe.

Der dritte Grund dafür, dass die Pflegekräfte sich von der Klinikseelsorgerin Auskünfte über die Gründe der Weigerung des Patienten erhoffen, ist nicht legitim. Die Seelsorgerin muss ihrer Schweigepflicht gerecht werden, kann also nicht eingesetzt werden, um für das Behandlungsteam die inneren Beweggründe des Patienten „auszukundschaften". Außerdem ist sie nicht dazu da,

Das ärztliche Aufklärungsgespräch und der Umgang mit Non-Compliance   203

misslungene Aufklärungsgespräche zu kompensieren. Das Einholen einer informierten Zustimmung, die neben individuumsbezogener Information das Verstehen und die Einwilligung beinhaltet, ist allein Aufgabe der behandelnden ÄrztInnen. Eine potentiell klärende Auseinandersetzung über den Willen Gottes in Bezug auf medizinische Behandlungen kann die Klinikseelsorgerin allerdings sehr wohl führen, wenn der Patient damit einverstanden ist, dass sie gerufen wird. Doch der Inhalt des betreffenden Gesprächs hätte wiederum vertraulich behandelt werden müssen. Einzig die Tatsache, dass sie mit dem Patienten ein Gespräch geführt hat, hätte sie den Pflegekräften zurückmelden dürfen. Wenn die Klinikseelsorgerin das Problem, dass der Patient eine verzerrte Risikowahrnehmung hatte, dem Behandlungsteam bzw. besser den behandelnden ÄrztInnen hätte kommunizieren wollen, hätte sie sich vom Patienten einen entsprechenden „Auftrag" geben lassen müssen.

Schließlich fällt auf, dass die Klinikseelsorgerin offenbar vor allem in Anspruch genommen wurde, weil sich das medizinische und pflegerische Personal im Moment überfordert fühlte. Dass das Werben für das gerade neu gegründete klinische Ethikkomitee noch nicht auf großes Interesse stößt, sondern die Pflegekräfte vermuten lässt, der zeitliche Stress auf der Station erhöhe sich dadurch noch mehr, ist nachvollziehbar, zeigt aber auch, dass die Klinikseelsorgerin noch viel Geduld und eine hohe Frustrationstoleranz mitbringen muss, um gemeinsam mit anderen Mitgliedern der klinischen Ethikberatung Veränderungen im Klinikablauf zu bewirken.

5. Kommunikation und Konfliktbearbeitung als klinische Aufgabe
Ein neuer Tag bringt die Chance, nochmals neu in der Kommunikation anzusetzen. Der Patient bleibt noch zwei Tage in der Klinik und wird weiter untersucht. Danach wird er auf eigenen Wunsch entlassen. Welche Gespräche zwischen Patient und ÄrztInnen noch stattgefunden haben, ist der Fallschilderung nicht zu entnehmen. Der akute Konflikt zu Beginn hat aber offenbar nicht zu einer Überreaktion des Behandlungsteams oder des Patienten geführt, da er weitere Untersuchungen hat durchführen lassen. Dies spricht für beide Seiten. Vermutlich haben die ÄrztInnen die Gelegenheit wahrgenommen, dem Patienten die Risiko-Nutzen-Abwägung des neurochirurgischen Eingriffs nochmals im Vergleich zu anderen Behandlungswegen oder einer Nicht-Behandlung zu verdeutlichen. Der Patient entscheidet sich gegen die unmittelbaren Risiken einer Operation und für die abstrakten Risiken seines Aneurysmas, das ihm derzeit keine Beschwerden verursacht. Welche inneren Belastungen sich durch das neue Wissen um die Bedrohtheit ergeben – etwa die Frage, ob er noch Auto fahren sollte, wenn er seine Frau, die Kinder und andere VerkehrsteilnehmerInnen nicht gefährden möchte, oder welche unausgesprochenen Sorgen seine Frau bewegen –, wird sich im Laufe der Zeit zeigen. Ob er engmaschig zu Untersuchungen seines Aneurysmas gehen wird, bleibt offen. Diese Notwendigkeit zu vermitteln wäre eine wichtige Aufgabe der ÄrztInnen in der Klinik gewesen.

Der Patient wurde vermutlich als schwierig wahrgenommen, weil er den Stationsablauf gestört hat. Da jedoch das Artikulieren von Irritation und Nicht-Verstehen häufig Bestandteil von Aufklärung und Einwilligung in Diagnostik und Therapie ist, sollte dieses im Klinikalltag nicht nur als Störung antizipiert werden. Vielmehr sollten PatientInnen das Nachfragen und der „Widerstand" leichtgemacht werden, damit sie wohlüberlegte und für sie selbst angemessene Entscheidungen in Gesundheitsfragen treffen können (vgl. ausführlich Bobbert 2015). Fürsorge in der Krankenversorgung bedeutet auch, nicht nur eine formalisierte informierte Einwilligung zu erwirken, sondern das selbstbestimmte Entscheiden von PatientInnen zu fördern, d.h. unter anderem, für Um-Entscheidungen oder Weigerungen offen zu sein und diese konstruktiv zu diskutieren. Die Klinikseelsorgerin hat bei einer Krankenschwester Verständnis für das Verhalten des Patienten erwirken können. Wichtig ist eine solche Haltung der Offenheit auch für die behandelnden ÄrztInnen. Eine Klinik, die mit aus Patientenperspektive wichtigen „Unterbrechungen" umzugehen weiß, stellt das Patientenwohl, wie es oft so schön in Leitbildern heißt, in den Mittelpunkt.

Literatur

Bobbert, Monika (2015): Keine Autonomie ohne Kompetenz und Fürsorge. Plädoyer für die Reflexion innerer und äußerer Voraussetzungen, in: Mathwig, Frank/Meireis, Torsten/Porz, Rouven/Zimmermann, Markus (Hrsg.), *Macht der Fürsorge? Moral und Macht im Kontext von Medizin und Pflege*, Zürich, 69–92.
Deutsche Gesellschaft für Neurologie (2012): *Unrupturierte intrakranielle Aneurysmen. Leitlinie für Diagnostik und Therapie in der Neurologie*, gültig bis 2015, verlängert bis 2017, derzeit in Überarbeitung, https://www.awmf.org/uploads/tx_szleitlinien/030-030l_S1_Unrupturierte_intrakranielle_Aneurysmen_2012_abgelaufen.pdf (Zugriff: 06.06.2022).
Etminan, Nima/Dörfler, Arnd/Steinmetz, Helmuth (2020): Unrupturierte intrakranielle Aneurysmen – Pathogenese und individualisierte Behandlung (Übersichtsarbeit), in: *Deutsches Ärzteblatt* 117, 14, 235–243.
Faden, Ruth/Beauchamp, Tom (1968): *A History and Theory of Informed Consent*, Oxford.
Kretschmer, Thomas/Schmidt, Thomas (2017), Grundlagen der Therapie von Aneurysmen, in: Kretschmer, Thomas (Hrsg.), *Zerebrale Aneurysmen und Gefäßmalformationen*, Berlin, 61–80.
Schöne-Seifert, Bettina (2007): *Grundlagen der Medizinethik*, Stuttgart.
Wiesing, Urban (Hrsg.) (2020): *Ethik in der Medizin. Ein Studienbuch*, 5. Auflage, Stuttgart.

Fallerzählung: Sterben auf Station

Die Patientin Frau O. (eine Russlanddeutsche, Jahrgang 1939) leidet seit mehreren Jahren an Blasenkrebs, relativ spät diagnostiziert. Nachdem eine erste Behandlung erfolgreich zu sein schien, brach die Krankheit im Jahr 2010 erneut aus, Metastasen wurden entdeckt. Ende 2011 verschlechterte sich der Zustand trotz Chemotherapie und Bestrahlung. Die Therapie wurde auch Anfang 2012 mit Unterbrechungen weitergeführt; im März 2012 kommt es in Absprache mit dem behandelnden Oberarzt Dr. N. und der Patientin sowie deren Söhnen zu einem (vorläufigen?) Behandlungsabbruch bzw. einer Pause. Auf Station wird sie sehr umsichtig und liebevoll gepflegt. Aufgrund ihres Zustandes und durch die Morphiumgabe ist sie bald nicht mehr durchgehend ansprechbar; sie braucht Sauerstoff. Von ihren drei Söhnen ist tagsüber meist mindestens einer da.

Als Seelsorgerin lerne ich Frau O. zu einem Zeitpunkt kennen, an dem sie noch gut orientiert und ansprechbar ist, aber die Prognose bereits von ihr als „aussichtslos" beschrieben wird. Sie spricht über ihre Angst vor dem Sterben, aber weiß auch, dass ihre Söhne sie nicht im Stich lassen werden. Sie hat Heimweh, fühlt sich aber auf der Station von allen sehr gut aufgenommen und behandelt. Die Schmerzen sind manchmal kaum erträglich. Sie wirkt gefasst und offen, ist, wie sie selber sagt, „gläubig" („Der Herrgott wird mich holen, wenn's Zeit ist"), wir beten und ich besuche sie in der Folgezeit regelmäßig. Die Situation verändert sich allmählich. Es geht ihr schlechter, sie ist selten ansprechbar, die Söhne sind nun oft da und wirken oft sehr angespannt und nervös. Sie wollen, dass sie nicht so leiden muss. Eine Patientenverfügung gibt es nach ihrer Aussage nicht.

Es ist die Woche vor Ostern. Der behandelnde Oberarzt Dr. N. ist mittlerweile in Urlaub. Wegen geringer Personaldichte und einer geringeren Anzahl an Operationen wird die Station, wie auch an anderen Feiertagen, über Ostern geschlossen. Eine Verlegung aller verbleibenden PatientInnen auf eine benachbarte Station steht an. Die diensthabende Assistenzärztin ist nun im Gespräch mit den Angehörigen. Die Söhne sind sich einig, dass sie mit Unterstützung des ambulanten Hospizes ihre Mutter nach Hause holen könnten und sie dort versterben soll. Dies sei auf jeden Fall im Sinne ihrer Mutter. Es werden die nötigen Anträge ausgefüllt; von Seiten der Pflege und der Ärztin ist das bei entsprechender ambulanter Unterstützung und guter Schmerzmitteleinstellung auch möglich. Das ambulante Hospiz ist eingeschaltet und hält eine Betreuung zuhause für möglich. Die Alternativen, Palliativstation und stationäres Hospiz, werden auch zur Sprache gebracht; die Söhne halten aber an ihrem und ihrer Mutter Wunsch fest, nach Hause zu kommen. Ich bin im Gespräch mit ihnen und kann auch seitens der Seelsorge den Eindruck der Ärztin unterstützen, dass die Söhne sehr reflektiert und besonnen sind, dass sie zu wissen scheinen, wie und wann sie Hilfe holen können. Sie haben einen guten Weg eingeschlagen, die Pflege und Versorgung zu Hause sicherzustellen, und stützen sich gegenseitig in ihrem Abschiednehmen.

Es wird vereinbart, dass Frau O. nach Hause darf. Wegen der Feiertage kommt es zu einer Verzögerung (Lieferung des Pflegebettes). Die Patientin wird nun doch auf die andere Station verlegt, in ein Doppelzimmer, in dem das andere Bett frei bleibt. Die Söhne wechseln sich ab, so dass immer jemand bei ihr ist. Da ich selber für ein paar Tage wegfahre, verabschiede ich mich von der Patientin und dem anwesenden Sohn. Wir beten, der abschließende Segen und das Gebet beziehen ein, dass der anstehende Wechsel nach Hause wahrscheinlich die letzte Lebensstation sein wird.

Als ich etwas über eine Woche später wieder auf Station bin, erfahre ich, wie es weiterging. Einen Tag nach meinem letzten Besuch kam der behandelnde Oberarzt Dr. N. aus dem Urlaub zurück. Was die AssistenzärztInnen während seiner Abwesenheit mit der Familie vereinbart hatten, war nicht in seinem Sinne, wie sich herausstellte. Nach Darstellung der Pflegenden suchte Dr. N. die Patientin und ihre Angehörigen auf und riet dringend von einer Verlegung ab. Es sei von einem zu großen Risiko gesprochen worden und die Worte seien gefallen: „Vielleicht kann man ja doch noch etwas machen."

Die Söhne geben ihren anfänglichen Widerstand auf. Drei Tage später verstirbt die Patientin in der Klinik, nachdem sie wieder auf ihre ursprüngliche Station verlegt werden musste.

Kommentar: Wenn Abwägungsprozesse misslingen

Timo Sauer

Die aus der Perspektive der Seelsorge geschilderte Fallgeschichte beschreibt eine ausgesprochen unglückliche, aber nicht seltene Konstellation: Eine Patientin litt an einer weit fortgeschrittenen Tumorerkrankung mit Metastasierung und hohem Leidensdruck. In Abwesenheit des eigentlich zuständigen Oberarztes, der zuvor bereits eine infauste Prognose gestellt hatte, wurde eine umfassende Therapiezieländerung beschlossen. Nach Möglichkeit sollte die Patientin, ihrem mutmaßlichen Willen folgend, zum begleiteten Sterben in die häusliche Versorgung entlassen werden. Optional wurde auch die Verlegung in ein Hospiz erwogen. Die getroffene Entscheidung wurde dann jedoch – nach der Rückkehr des Oberarztes – zum Befremden des Teams und gegen den anfänglichen Widerstand der Angehörigen revidiert. Die Patientin verstarb einige Tage später auf der Station. Basierend auf den vorliegenden Informationen ist die Entscheidung des leitenden Oberarztes als Fehlentscheidung einzuschätzen. Sie widerspricht mindestens einem, möglicherweise jedoch drei von vier Prinzipien des Ansatzes nach Beauchamp/Childress.

In erster Linie ist es das Autonomieprinzip, dem zuwidergehandelt wurde. Auch wenn eine gewisse Belastbarkeit der in der knappen Fallschilderung enthaltenen Hinweise nur unterstellt werden kann, legen diese nahe, dass es dem Willen der Patientin entsprochen hätte, sie zum Sterben zurück ins häusliche Umfeld zu verlegen. Dies gilt auch insofern, als es sich nicht unmittelbar um einen erklärten, sondern „nur" um einen mutmaßlichen Willen handelte.

Da bei einer Behandlung, die ohne medizinische Indikation durchgeführt wird, i.d.R. der Schaden den Nutzen überwiegt, wurde hier u.U. dem Prinzip des Nichtschadens zuwidergehandelt. Tatsächlich ist jedoch unklar, inwieweit überhaupt Maßnahmen durchgeführt wurden, die einem friedlichen Versterben im Wege standen.

In jedem Fall wurden aber stationäre Kapazitäten in Anspruch genommen, wofür es eigentlich keine zwingende fachliche Grundlage gab, was dem Gerechtigkeitsprinzip zuwiderliefe. Aber auch in dieser Hinsicht ist nicht klar, ob dies in relevantem Ausmaß geschehen ist.

Gründe für die Fehlentscheidung
Aufgrund der begrenzten Informationen ein wenig spekulativ, aber möglicherweise interessanter als die normative Einschätzung ist die Frage nach den möglichen Hintergründen der Fehlentscheidung.

Einseitige Orientierung am Prinzip Benefience: Das „Fürsorge"-Prinzip wird häufig intuitiv als das konstitutive Prinzip von Medizin und Pflege verstanden. Dies ist zwar emotional nachvollziehbar, letztlich aber doch als problematische Verkürzung der normativen Grundlage des Gesundheitswesens zu bewerten. Wie oben angedeutet, ist das Fürsorgeprinzip – selbst dann, wenn man sich nicht explizit auf Beauchamp/Childress bezieht – nur eines von mehreren Prinzipien, die in einer kritischen Entscheidungssituation auf sinnvolle Weise miteinander in Beziehung gesetzt werden müssen. Gerade dies fällt vor dem Hintergrund der „gefühlten" Hauptorientierung am Fürsorgeprinzip häufig schwer.

Omission bias oder Unterlassungseffekt: Der *omission bias* beschreibt eine Tendenz, in einer Entscheidungssituation die Risiken eines Unterlassens als gewichtiger einzuschätzen als diejenigen eines Handelns. Dieser „Bias" wurde im Zusammenhang mit Fragen der angewandten Ethik des Gesundheitswesens gut rezipiert (vgl. beispielsweise Albisser Schleger/Pargger/Reiter-Theil 2008) und ist auch im vorliegenden Fallbeispiel eine mögliche Erklärung für die getroffene Fehlentscheidung. Natürlich ist es nicht unproblematisch, eine präfinale Patientin mit Leidensdruck nach Hause zu verlegen – auch wenn dies eigentlich dem Willen der Patientin entspricht. Da die mit der Verlegung verbundenen Probleme jedoch im Vorfeld thematisiert und von den beteiligten „ExpertInnen" als beherrschbar eingeschätzt wurden, steht der Verlegung eigentlich nichts im Wege. Da die Verlegung der Patientin aus ärztlicher Sicht jedoch als Unterlassung wahrgenommen wird und die Weiterbehandlung als Tun, scheint vor dem Hintergrund des *omission bias* die Schwelle für die Verlegung höher zu sein als für den Verbleib auf der Station. Unterstützt wird dies möglicherweise – wie weiter oben dargelegt wurde – durch eine einseitige Orientierung am Fürsorgeprinzip.

Juristisches Fehlwissen: Grundlage jeder medizinischen Maßnahme sind eine medizinische Indikation und ein entsprechender Patientenwille. Liegt das eine oder das andere nicht (mehr) vor, kann (und in sehr klaren Fällen muss) auf eine ggf. auch lebenserhaltende Maßnahme verzichtet werden. Es handelt sich dabei weder um eine unterlassene Hilfeleistung (§ 323c StGB) noch um eine aktive Sterbehilfe (§ 216 StGB). Da in der klinischen Praxis nicht alle mit solchen Entscheidungen betrauten Personen diesbezüglich über hinreichende Kenntnisse verfügen, kann die eigentlich unbegründete Angst vor juristischen Konsequenzen unangemessenen Einfluss auf Entscheidungen haben.

Unkenntnis der ambulanten Versorgungsformen: Möglicherweise ist schlicht die Unkenntnis über die Möglichkeiten der palliativen Versorgung im nichtklinischen Bereich Grundlage der Fehlentscheidung. Das Risiko sei zu hoch für eine Verlegung ins häusliche Umfeld, so lautete die Begründung des Oberarztes für das Verwerfen der bereits getroffenen Entscheidung. Doch welches Risiko meint Dr. N.? Das Risiko des Versterbens oder das Risiko einer im ambulanten Setting nicht beherrschbaren, leidvollen Komplikation? Beide Befürchtungen sind unbegründet. Zum einen sollte die Patientin ja gerade zum Versterben in die häusliche Versorgung entlassen werden und zum anderen sollte für den Fall, dass es in der Sterbephase zu einer schwer beherrschbaren Symptomlast kommen würde, ein ambulantes Hospiz hinzugezogen werden. Ferner wurde die Verlegung in ein stationäres Hospiz mindestens als Option erwogen. Zudem erscheinen die Angehörigen der Patientin als sehr „reflektiert und besonnen" und damit durchaus in der Lage, die Konsequenzen einer Verlegung ins häusliche Umfeld abschätzen zu können.

Was hätte man besser machen können?
Vermutlich hätte eine bessere und vor allem zielführendere Kommunikation mit der Patientin hinsichtlich ihrer Behandlungspräferenzen vor dem Eintreten der Nichteinwilligungsfähigkeit (mit entsprechender Dokumentation) eine spätere Entscheidung erleichtert. Da dies nicht erfolgt ist, war eine Kontroverse durchaus erwartbar. Ähnliches gilt auch für die Seite des Behandlungsteams: Nicht selten bleiben die Gründe für eine Therapiebegrenzung vage und sie werden nicht immer eindeutig kommuniziert. Dies wäre insbesondere im Fall eines abwesenden leitenden Oberarztes sinnvoll gewesen. Unmittelbar nach der (strittigen) Revision der Entscheidung durch den behandelnden Oberarzt hätte eine Ethik-Fallberatung ggf. noch einen positiven Einfluss auf den weiteren Verlauf haben können.

Literatur

Albisser Schleger, Heidi/Pargger, Hans/Reiter-Theil, Stella (2008): „Futility" – Übertherapie am Lebensende? Gründe für ausbleibende Therapiebegrenzung in Geriatrie und Intensivmedizin, in: *Zeitschrift für Palliativmedizin* 9, 2, 67–75, DOI: 10.1055/s-2008-1067426.
Beauchamp, Tom/Childress, James (2012): *Principles of Biomedical Ethics*, 7. Auflage, Oxford.

Fallerzählung: Weiterbehandlung oder Therapiebegrenzung?

Herr Franco Resta (Name geändert), 63 Jahre alt, wird wegen akuter Atemnot als Notfall auf die Intensivstation des Krankenhauses eingewiesen. Es kommt bereits bei der Notfallbehandlung zu einer Reanimation; in den folgenden Tagen muss Herr Resta noch zwei weitere Male reanimiert werden. Nach den erfolgten Reanimationen, bei denen das Gehirn längere Zeit nicht ausreichend mit Sauerstoff versorgt war, ist er nicht mehr ansprechbar – es ist unklar, inwieweit das Gehirn geschädigt wurde. Auch emotional reagiert Herr R. nicht mehr.

Aus der Patientenakte geht hervor, dass Herr R. über Jahre bereits mehrfach und in immer kürzeren Abständen Patient des Krankenhauses war. Seine Krankengeschichte ist den behandelnden ÄrztInnen bekannt: Herr R. leidet an einer chronischen Lungenerkrankung (COPD Gold IV). Ursache für die Verschlechterung seines aktuellen Zustandes ist eine Pneumonie und kardiale Dekompensation, so dass er auf der Intensivstation künstlich beatmet und schließlich intubiert wird. Eine Nahrungssonde wird gelegt. Sein Zustand wird vom behandelnden Chefarzt der Anästhesie und Leiter der Intensivstation als sehr bedenklich eingestuft.

Herr R. ist seit über zehn Jahren frühpensioniert. Seine schwere Lungenerkrankung ist auf starkes Rauchen und auf ungünstige Arbeitsbedingungen in seinem Beruf zurückzuführen. Herr R. hatte viele Jahre in der chemischen Industrie gearbeitet und war dabei chemischen Dämpfen ausgesetzt. Überhöhter Tabakkonsum und die ungünstigen Luftbedingungen führten dazu, dass Herr R. mit 51 Jahren als berufsunfähig eingestuft wurde. Seitdem lebt er mit seiner Frau sehr zurückgezogen in einer Wohnung, nachdem die beiden erwachsenen Kinder das Haus verlassen haben.

Ehepaar R. stammt aus einem kleinen Dorf auf Sizilien. Seit den siebziger Jahren leben sie in Deutschland, wo auch beide Kinder zur Welt gekommen sind. Es bestehen enge Familienbindungen an die Heimat – die Tochter lebt wieder im Heimatdorf der Eltern mit ihrem sizilianischen Ehemann. Familie Resta ist aber auch in der neuen deutschen Heimat und besonders in der katholischen Pfarrgemeinde integriert. Dennoch ist der Lebensraum von Herrn Resta in den Jahren seiner Krankheit immer eingeschränkter und begrenzter geworden – Herr R. hat sich von Freunden und Bekannten zurückgezogen und im Laufe der Jahre immer weiter abgekapselt. Durch seine Erkrankung, vor allem die häufig auftretende Atemnot und die nötigen Hilfsmittel, ist er immer weniger beweglich und ermüdet schnell. Auch „innerlich" verändert er sich (so die Angehörigen). Von seinem früher sehr temperamentvollen Wesen „ist nicht mehr viel übriggeblieben". Er will sich „anderen Menschen nicht zumuten", alles strengt ihn zu sehr an und er wird immer „stiller". Auf den Sohn wirkt das Verhalten des Vaters phasenweise fast „depressiv".

Auf der Intensivstation gelingt es nicht, den Zustand des Patienten zu verbessern; im Gegenteil, es kommt zu weiteren Komplikationen. Bei erneutem Fieberanstieg wird ein resistenter Keim (ESBL) festgestellt und einige Tage lang medikamentös und schließlich erfolgreich bekämpft – der Gesamtzustand des Patienten verschlechtert sich jedoch durch die belastende zusätzliche Behandlung. So bereitet der Chefarzt die Angehörigen darauf vor, dass davon auszugehen ist, dass Herr R. aufgrund seines schlechten Gesamtzustandes versterben wird. Von den Angehörigen wird an dieser Stelle der Wunsch nach einer seelsorglichen Begleitung geäußert, und die Intensivstation verständigt mich.

Bei einem ersten seelsorglichen Gespräch sind die Ehefrau und beide Kinder des Patienten anwesend. Es wird deutlich, dass die Familie religiös sozialisiert ist, und besonders den Sohn beschäftigen Fragen des christlichen Glaubens, die ungewöhnlich direkt von beiden Kindern angesprochen werden. Frau R., die Ehefrau des Patienten, die wenig Deutsch spricht, hat etwas Mühe, dem gemeinsamen Gespräch zu folgen, aber Sohn und Tochter gehen immer wieder auf sie ein und übersetzen große Teile des Gesprächsinhaltes. Herr Resta wird von der Familie als gläubig beschrieben. Im Verlauf seiner langen Erkrankung habe Herr R. wiederholt den Wunsch geäußert, doch „erlöst" zu werden. Der Familie ist klar, dass eine Verbesserung des Zustandes oder gar eine Heilung von der Krankheit nicht zu erwarten ist. Da auch die Abstände zwischen den Krankenhausaufenthalten immer kürzer werden, ist die Familie von Herrn R. auf die Mitteilung des Chefarztes „vorbereitet", und es wird deutlich angesprochen, dass weitere lebensverlängernde Maßnahmen und Therapien nicht im Sinne von Herrn R. sind, wie er mehrfach gegenüber seiner Familie geäußert hat, und auch von der Familie nicht gewünscht sind, um das Leiden nicht noch zu verlängern. Zur Sprache kommt auch das ungeklärte Ausmaß der Gehirnschädigung durch den Sauerstoffmangel bei den Reanimationen.

Im Gespräch stellt die Familie u.a. Überlegungen an, wo Herr R. beerdigt werden soll – auf Sizilien oder in Deutschland. Wir vereinbaren einen Termin für die Feier der Krankensalbung, die zwei Tage später erfolgt und an der alle drei Familienmitglieder teilnehmen können. Sie berichten, dass sie in der Zwischenzeit bereits mit einem bekannten Bestatter Kontakt aufgenommen haben, der mit ihnen zwei Möglichkeiten für den Bestattungsort erarbeitet hat, und dass die Entscheidung noch offen sei.

In diesen Tagen bemerke ich beim Chefarzt der Intensivstation und dem Pflegepersonal eine steigende Nervosität und Unzufriedenheit. Für die direkte medizinische Behandlung des Patienten ist das Team der Inneren Medizin zuständig. Innerhalb des Krankenhauses gab es in der Zeit des Krankenhausaufenthaltes von Herrn Resta personelle Umbesetzungen. Der langjährige Chefarzt der Inneren Abteilung hatte vor wenigen Wochen gekündigt und dann seinen Resturlaub angetreten. Der Nachfolger ist noch nicht im Dienst. Ein weiterer Oberarzt ist in diesem Zeitraum in die geriatrische Fachabteilung gewechselt. Der verbliebene behandelnde Oberarzt agiert in Verantwortung für den Patienten R., ohne das Gespräch mit den Mitarbeitenden zu suchen, was beim Pflegepersonal wie auch der medizinischen Leitung der Intensivstation Unmut auslöst, der mir gegenüber mehrfach geäußert wird. Der Chefarzt der Anästhesie wird vom „neuen" Team der Inneren Medizin als nicht weisungsbefugt abgelehnt. Auf die Frage, ob lebensverlängernde Maßnahmen oder Therapien noch aufrechterhalten werden sollen, geht der behandelnde Oberarzt nicht ein.

In den folgenden Tagen verschlechtert sich der Zustand des Patienten weiter. Die Ehefrau besucht ihren Mann regelmäßig; die Tochter muss wieder nach Italien zurückkehren und der Sohn geht seiner Arbeit in einer mehrere hundert Kilometer entfernten Stadt nach. Mittlerweile zeigt sich bei Herrn R. ein dauerhaft erhöhter CO_2-Wert. Die Ärzte auf der Intensivstation wirken angespannt, wollen sich aber nicht in den Bereich des Kollegen „einmischen". Sie haben mit ihm „darüber gesprochen". Ich selbst bekomme den Oberarzt gar nicht zu Gesicht und erklärte mir das mit seiner Arbeitsüberlastung.

Als ich an einem der darauffolgenden Abende auf der Intensivstation bin, haben sich bei Herrn R. Herzrhythmusstörungen durch Vorhofflimmern eingestellt. Die Werte sind lebensbedrohlich. Einer der Pfleger sagt dazu: „Das kann er nicht mehr lange durchhalten." Die Assistenzärztin der Inneren Medizin verabreicht in kurzen Abständen Medikamente und behandelt mit Elektroschocks. Das Pflegepersonal scheint auf die Aufforderung des Oberarztes zu warten, dass die Behandlung eingestellt wird, die nicht kommt. Die Information am Tag darauf lautet, dass das Vorhofflimmern nur ein Nebenbefund sei und dass „die Versuche der medikamentösen und elektrischen Behandlung nicht dauerhaft erfolgreich waren". In diesem Zustand wird der Patient in eine Lungenfachklinik verlegt, wozu der Oberarzt die Zustimmung der Ehefrau telefonisch eingeholt hat. Er überlebt entgegen den Befürchtungen des Personals den Transport. Neun Tage später verstirbt Franco Resta in dieser Klinik.

Kommentar: Wenn Behandlungsprozesse angebracht sind, aber nicht erfolgen

Monika Bobbert

1. Relektüre der Fallschilderung

Still und ergeben scheint sich Herr Resta, der vor 50 Jahren aus Sizilien nach Deutschland gekommen ist, immer mehr aus dem Leben zurückzuziehen. Früher hatte er offenbar ein temperamentvolles Wesen. Vielleicht hat seine Arbeitsstelle in der chemischen Industrie, vielleicht das Rauchen seine Lunge so stark geschädigt, dass er früh, mit 63 Jahren, versterben wird. Seine Ehefrau, die vermutlich zu Hause die Familie versorgt hat, braucht bis heute die Übersetzungshilfe der mittlerweile erwachsenen Kinder. Sie ist da, doch fordert sie nichts, sondern folgt dem Geschehen. Die Tochter hat es zurück nach Sizilien gezogen, der Sohn ist in Deutschland geblieben. Der Glaube, der durch die Zugehörigkeit zu einer katholischen Gemeinde, Gespräche über den Glauben und die im Krankenhaus gespendete Krankensalbung sichtbar wird, stellt eine Verbindung zwischen den beiden Ländern dar. Dass Ehefrau, Tochter und Sohn länger überlegen, wo Herr Resta beerdigt werden soll, deutet darauf hin, dass sie in Deutschland und Italien verwurzelt sind.

Abgesehen von einigen wenigen Hinweisen zum biografischen Kontext ist der Fallbericht stark medizinisch geprägt: zahlreiche Krankenhausaufenthalte wegen einer chronisch-obstruktiven Lungenerkrankung (COPD), dann Folgeschäden am Herz, ein resistenter Keim und Fieber. Die Behandlung geht von künstlicher Beatmung und Nasensonde weiter bis hin zu Medikamenten und Elektroschocks wegen akuter Herzereignisse. Insgesamt wurden bei Herrn Resta drei Reanimationen durchgeführt. Er ist inzwischen nicht mehr ansprechbar. Es ist unklar, inwieweit das Gehirn geschädigt ist.

Die Fallschilderung der Krankenseelsorgeperson legt zwei Deutungen nahe: Herr Resta wird weiterbehandelt, obwohl er in den Augen der Angehörigen und Pflegekräfte durch medizinische Maßnahmen nur noch am Sterben gehindert wird. Zudem kommen die beteiligten ÄrztInnen der Aufgabe, die kurativ ausgerichtete Behandlung einzustellen, nicht nach – vermutlich aufgrund von Personal- und Kommunikationsmangel.

2. Behandlungsbegrenzung und der mutmaßliche Wille: einige generelle medizinethische Fragen

Obwohl diese Deutungen plausibel erscheinen, sollen aus medizinethischer Sicht einige Aspekte näher beleuchtet werden, um die in der Fallschilderung angedeuteten Problematiken noch etwas auszuleuchten. Die folgenden Ausführungen sind in diesem speziellen Fall jedoch nicht als grundlegende Kritik zu verstehen, sondern lediglich als rückblickende Fragen: Wurde an irgendeiner Stelle etwas versäumt, das man angesichts der o.g. Hauptprobleme übersehen hat?

Zunächst zu Diagnose und Prognose: Im Fallbericht bleibt offen, ob die Vermutung einer starken Hirnschädigung neurologisch abgeklärt wurde, und wenn ja, in welcher Form: durch einschlägige Untersuchungen und/oder ein neurologisches Konsil, um Diagnose und Prognose zu klären bzw. abzusichern? Das „ungeklärte Ausmaß der Gehirnschädigung durch den Sauerstoffmangel" wird von den Angehörigen und anderen, die ein Beenden weiterer kurativer Maßnahmen befürworten, auf der Grundlage von Vermutungen, die zwar naheliegen, aber nicht diagnostisch abgesichert sind, als neurologisch eindeutig terminaler Befund interpretiert.

Die Seelsorgeperson und die Angehörigen gehen davon aus, dass das Ende gekommen ist, weil der Chefarzt der Intensivstation, der jedoch laut Fallschilderung seltsamerweise im Unterschied zu dem Oberarzt der Inneren Medizin nicht für die Herrn Resta betreffenden Behandlungsentscheidungen „zuständig" sein soll, den Zustand von Herrn Resta als „sehr bedenklich" bezeichnet hat. Ähnlich äußern sich später die Pflegekräfte der Intensivstation.

Es wäre also auf jeden Fall abzuklären gewesen, ob Herr Resta wieder zu Bewusstsein hätte kommen können. Die Prognose und vor allem die Sicherheit bzw. Unsicherheit in Bezug auf die Prognose ist zentral für die Frage, ob eine Behandlungsbegrenzung oder -beendigung kurativer bzw. lebensrettender Maßnahmen in Frage kommt (vgl. dazu ausführlich Bobbert 2012). Die Beurteilung der subjektiven Lebensqualität des Patienten, wenn er durch den Sauerstoffmangel Hirnschädigungen erlitten oder mit anderen Worten eine bleibende Behinderung erworben haben sollte, darf keine Rolle spielen bei der Frage, ob ein Patient noch weiter behandelt wird (Bobbert 2012, bes. Kap. 7 zu Lebensqualitätsurteilen).

Hat der „nicht kommunizierende" Oberarzt der Inneren Medizin die Möglichkeit, dass sich der Patient – wenn auch eingeschränkt durch Hirnschäden – von der lebensbedrohlichen Situation wieder, zumindest vorübergehend, erholen könnte, vielleicht anders eingeschätzt als sein Kollege von der Intensivstation, oder mangelte es an einer Koordination der Untersuchung zur Abklärung von Diagnose und Prognose und damit an Fürsorge des Oberarztes der Inneren Medizin für seinen Patienten? Im vorliegenden Fall bleibt offen, ob es sich um Hierarchieprobleme unter ÄrztInnen und ihren Abteilungen oder aber um unterschiedliche Einschätzungen von Diagnose und Prognose gehandelt hat.

Für die Frage der Behandlungsbegrenzung, oder besser gesagt: eines Wechsels des Therapieziels – statt kurativer nun palliative Behandlung – ist neben der Analyse des Stands der Grunderkrankung (COPD) und der zusätzlichen Komplikationen und Schädigungen außerdem relevant, ob alle medizinischen Maßnahmen bereits „ausgeschöpft" worden sind und auch deshalb die Aussicht auf Besserung sehr gering geworden ist. Im vorliegenden Fall wurde offenbar nicht darüber gesprochen, ob der Patient auf eine Palliativstation verlegt werden sollte. Sah der Oberarzt noch eine Chance darin, den Patienten in die Lungenklinik zu überweisen, oder handelte es sich, wie der Fallbericht nahelegt, um ein „Abschieben"? Nicht abschließend geklärt ist also die Frage, ob die Seelsorgeperson und die Angehörigen „auf der richtigen Spur" waren oder aber der zuständige Oberarzt es „lediglich" versäumt hat, seine unter Umständen berechtigten Beweggründe offenzulegen. Nun zum mutmaßlichen Willen:

Im Fallbericht wird der mutmaßliche Wille des Patienten als relativ eindeutig dargestellt: Herr Resta habe mehrfach gegenüber seiner Familie geäußert, dass „weitere lebensverlängernde Maßnahmen und Therapien" nicht in seinem Sinne seien – und auch von der Familie seien diese nicht gewünscht, um das Leiden nicht noch zu verlängern.

Aus medizinethischer Sicht ist der mutmaßliche Wille als bloßes Surrogat für den tatsächlichen Willen jedoch oft keine starke Argumentationsfigur (Bobbert 2022). Deshalb wären auch in diesem Fall Nachfragen angebracht gewesen: Wie konkret waren Herrn Restas Äußerungen? Wem gegenüber hat er sie in welchem Kontext geäußert? Hat er sich allgemein geäußert oder in Bezug auf bestimmte Krankheits- und Behandlungssituationen? Warum wurde keine schriftliche Vorausverfügung abgefasst? Zudem kann nicht maßgeblich sein, was die Angehörigen für sinnvoll erachten. Der mutmaßliche Wille bezieht sich einzig auf den Willen des Betroffenen. Das Befinden und die Interessen anderer dürfen keine Rolle spielen. Bei der Exploration des mutmaßlichen Willens muss insbesondere auf die Vermischung von Perspektiven und die Übertragung eigener Wünsche auf den Betroffenen geachtet werden. Im vorliegenden Fall orientierte man sich unter Umständen nicht ausschließlich am (mutmaßlichen) Willen des Patienten.

Die Tatsache, dass häufig die unterschiedlichen Formulare oder Versionen von Patientenverfügungen nicht für eine vorliegende Krankheitssituation passen und daher nicht befolgt werden können, zeigt, dass mündliche Äußerungen genau und detailliert berichtet und diskutiert werden müssen. Entscheidend ist hier, wie auch bei der Anwendung von Patientenverfügungen, die Frage, auf welche potentiellen Diagnosen und Prognosen sich die mündlichen Äußerungen bezogen haben, oder ob sie nur relativ unkonkret in den Raum gestellt wurden (vgl. zu den Chancen und Schwierigkeiten von Patientenverfügungen Bobbert 2016).

Die Tatsache, dass sich Herr Resta durch seine chronische Lungenerkrankung verändert und zurückgezogen gelebt hat, kann nicht für eine Extrapolation seines Willens in Bezug auf die vorliegende Behandlungssituation dienen. Auch der Verweis auf seine gute Integration in eine katholische Pfarrgemeinde beinhaltet nicht per se den Wunsch, nicht mehr behandelt zu werden. Aus christlicher Sicht obliegt es aufgrund unseres Rechts auf informierte Zustimmung (Selbstbestimmungsrecht) uns selbst, solange wir für uns sprechen und entscheiden können, in medizinische Möglichkeiten der Lebensrettung und Lebensverlängerung einzuwilligen oder diese abzulehnen. Gottes Wille lässt sich in einer solchen Situation nicht unmittelbar erkennen, er schließt insbesondere nicht per se aus, auch in einer solchen Situation noch medizinische Behandlungsmöglichkeiten zu befürworten. Aus christlicher Sicht sind wir jedoch aufgefordert, andere im Fall von Pflegebedürftigkeit oder Behinderung anzunehmen, weil wir von Gott bedingungslos angenommen sind.

3. Rechtliche Rahmenbedingungen
Im Hinblick darauf, dass Herr Resta nicht (mehr) urteilsfähig war und keine schriftliche Vorausverfügung in Gesundheitsangelegenheiten vorlag, hätte eigentlich rasch eine gesetzliche Betreuung für alle weiteren Behandlungsfragen eingerichtet werden müssen. Normalerweise wendet sich der behandelnde Arzt/die Ärztin bzw. das Behandlungsteam an das Betreuungsgericht. Ebenso hätten jedoch auch die Familienangehörigen oder andere Beteiligte wie z.B. die Seelsorgeperson beim zuständigen Gericht bzw. Notariat die Betreuung anregen können. Ohne eine solche rechtlich eingesetzte Vertretungsperson können ÄrztInnen nicht über längere Zeit hinweg behandeln, da in solchen Fällen auch ein Ehepartner nicht ohne Weiteres – Ehepartner können nachträglich als gesetzlicher Betreuer eingesetzt werden – entscheidungsberechtigt ist.

Wenn es sich wie im vorliegenden Fall zunächst jedoch um eine Notfallsituation handelt, müssen die ÄrztInnen einen lebensbedrohlich erkrankten Menschen aufgrund ihrer Pflicht zur Hilfeleistung und zum Lebensschutz behandeln, sofern noch eine realistische Aussicht auf Lebensrettung oder -besserung besteht. Wenn sich angesichts einer irreversibel fortschreitenden und in absehbarer Zeit zum Tode führenden Erkrankung und einer zunehmend schlechteren Prognose die Frage nach der Fortsetzung oder gar Intensivierung der medizinischen Behandlung stellt, es aber noch Behandlungsmöglichkeiten gibt, ist allein der Wille des betroffenen Kranken entscheidend (aufgrund seines Rechts auf Selbstbestimmung über Physis und Psyche und seines Rechts auf Schutz des Lebens und Versorgung im Krankheitsfall). Andere, selbst wenn sie dem Betroffenen nahestehen, dürfen weder für ihn Urteile über Lebensqualität oder Lebenssinn fällen noch entsprechende Behandlungsentscheidungen treffen.

Entweder liegt für den Fall der Urteilsunfähigkeit ein konkreter, belastbarer „mutmaßlicher Wille" tatsächlich vor, der einer schriftlichen Vorausverfügung gleichkommt, oder aber es muss angesichts des Lebensschutzes nach dem Vorsichtsprinzip verfahren werden: Nur dann, wenn ein Patient angesichts von Diagnose und Prognose „austherapiert" in dem Sinne ist, dass weitere medizinische Maßnahmen keine Besserung – hier in dem Sinne, dass der Patient wieder zu Bewusstsein kommt – mehr herbeiführen können, dürfen lebensrettende Maßnahmen eingestellt werden. Dessen ungeachtet müssen palliative Maßnahmen durchgeführt werden.

Letztlich unklar bleibt aus rechtlicher Sicht die Rolle des Chefarztes der Intensivstation, da er für die PatientInnen auf seiner Station „zuständig" ist, auch wenn diese durch den Arzt einer anderen Abteilung mitbetreut werden. Gleichermaßen zuständig und damit verantwortlich ist neben dem Chefarzt der Intensivstation der Oberarzt der Inneren Medizin als behandelnder Arzt. Situationen, die „Unmut" zwischen der medizinischen Leitung, dem behandelnden Arzt und dem Pflegepersonal auslösen, sind zu klären und dürfen nicht zu Lasten der Patientenversorgung gehen. Die Weigerung des Oberarztes, sich mit der medizinischen Frage der Behandlungsbeendigung, die der Anästhesist und Chef der Intensivstation aufgeworfen hat, auseinanderzusetzen, ist rechtlich nicht in Ordnung.

4. Seelsorge als Begleitung und/oder als moralisch motivierte Anwaltschaft
Vermutlich wurde das Ziel einer guten Sterbebegleitung und Palliativmedizin, die den Patienten nicht nur möglichst schmerz- und symptomfrei hält, sondern ihn auch vor zusätzlichem Stress bewahrt, verfehlt. Die Seelsorgeperson hat mit Ehefrau und Kindern die Verabschiedung in Form der Krankensalbung vollzogen und das spätere Agieren, oder besser gesagt: „Nicht-Regeln" des zuständigen Oberarztes der Inneren Medizin als gegenläufig und nicht fürsorglich empfunden. Der Fallbericht lässt vermuten, dass die beteiligten ÄrztInnen es versäumt haben, gezielte medizinische Abklärungen, geplante Übergaben und verbindliche Absprachen zu treffen, und damit den Bedürfnissen des Patienten in seiner letzten Lebensphase nicht gerecht geworden sind. Aus ethischer Sicht tragen hierfür nicht nur der zuständige Oberarzt der Inneren Medizin, sondern auch die anderen beteiligten ÄrztInnen die Verantwortung.

Allerdings lässt der Fallbericht an zahlreichen Stellen offen, ob und, wenn ja, auf welche Weise andere versucht haben, für den Patienten einzutreten. (Verständlicherweise konnte die Seelsorgeperson, die den Fall erzählt, nicht um alle Vorgänge und Konfliktkonstellationen zwischen den Abteilungen wissen.)

So wie sich der Fallbericht darstellt, wurde Herrn Resta und seiner Familie ein „gutes Sterben" verwehrt, weil der behandelnde Oberarzt weder mit den Angehörigen noch mit dem Pflegeteam besprochen hat, wie die Behandlung Herrn Restas sinnvollerweise weitergehen sollte. Die Kinder reisten nach der Krankensalbung und den Gesprächen mit der Seelsorgeperson – anscheinend durch externe Zwänge bedingt – wieder ab. Vielleicht wurden jedoch auch ihre Erwartungen an das Abschiednehmen insofern enttäuscht, als der Zustand des Vaters noch Offenheiten enthielt, die abzuwarten waren, oder – und dies ist kein Einzelfall – sich das Sterben des Vaters länger hingezogen hat, als es unsere eng getakteten Arbeits- und Familienabläufe oftmals gestatten.

Ob die letzte Lebensphase Herrn Restas „künstlich" verlängert wurde oder ob aufgrund des Gebots des Lebensschutzes und des Diskriminierungsverbots noch eine Möglichkeit der Besserung abgewartet werden sollte, muss angesichts nicht ausreichender medizinischer Informationen offenbleiben. Der behandelnde Oberarzt hatte rechtlich gesehen die Verantwortung für die Behandlungsentscheidungen. Doch er hatte auch die Pflicht, ein fachlich angemessenes und angesichts moralischer und rechtlicher Normen ausreichend reflektiertes Urteil zu fällen. Arbeitsüberlastung ist hier keine anzuerkennende Entschuldigung, denn er hätte die Entscheidungen im Team besprechen und anschließend delegieren können.

Von der Perspektive der Ehefrau wird wenig erzählt. Nimmt sie wie ihr Mann still und ergeben alles hin, weil sie den Lauf der Dinge annehmen kann? Oder fehlten ihr die Kompetenz und das Selbstbewusstsein, sich im Krankenhaus nicht nur zu Wort zu melden, sondern deutlich zu beschweren? Leidet sie darunter, dass ihr Mann nicht in Ruhe sterben darf, und weiß sie um die Möglichkeiten einer palliativen Versorgung? Die Seelsorgeperson erzählt nichts über Gespräche mit der Ehefrau – vielleicht, weil die Sprachschwierigkeiten einen Austausch verhinderten?

Niemand im Umfeld des Patienten will sich einmischen: weder die Angehörigen noch die ärztlichen KollegInnen oder das Pflegeteam der Intensivstation. Auch die Seelsorgeperson beobachtet und begleitet das Geschehen; lediglich an einer Stelle klingt an, dass sie vielleicht etwas sagen würde, „bekommt aber den Oberarzt gar nicht zu Gesicht".

Warum berichtet die Seelsorgeperson von Herrn Resta? Weil sie den Eindruck hat, dass ihr Begleiten und Trösten des Patienten und seiner Angehörigen zu kurz gegriffen hat? Die Seelsorgeperson hat intensiv beobachtet und die Problemlage aus „organisationspsychologischer Sicht" analysiert, aber offenbar den Weg großen Aufsehens gescheut. Denn wie hätte nach doch mehreren vergeblichen Nachfragen auf Station eine angemessene und wirksame Intervention aussehen können – und wäre eine solche im Sinne der Betroffenen gewesen? Recht massiv hätte eine solche „Anwaltschaft" ausfallen müssen, entweder durch die Anrufung des Ethikkomitees (PatientInnen, Angehörige oder Mitglieder des Behandlungsteams können eine ethische Ad-hoc-Beratung anregen – vgl. Bundesärztekammer 2006, A1706) oder durch die Ankündigung rechtlicher Schritte. Letztlich hat sich nicht nur Herr Resta in sein Schicksal ergeben, sondern mit ihm seine Frau und auch die Seelsorgeperson – vielleicht mangels Wissens um die Notwendigkeit, eine gesetzliche Betreuung einzurichten, und um die prozedurale Möglichkeit des „Widerstands" mithilfe einer klinischen Ethikberatung in der stark arbeitsteilig und hierarchisch organisierten Institution Krankenhaus. Aus ethischer Sicht kann die christliche Option für vulnerable

Menschen vor allem bedeuten, sich stellvertretend für sie zu Wort zu melden. Doch dies sollte mit dem Einverständnis der Betroffenen und durch Schritte einer konstruktiven Konfliktbewältigung erfolgen – im Gefüge eines Krankenhauses keine leichte Aufgabe.

Literatur

Bundesärztekammer (2006): Klinische Ethikberatung, in: *Deutsches Ärzteblatt* 103, 24, A1703–1707.

Bobbert, Monika (2012): *Ärztliches Urteilen bei entscheidungsunfähigen Schwerkranken. Geschichte – Theorie – Ethik*, Münster.

Bobbert, Monika (2016): Patientenverfügungen zwischen Antizipation, Selbstbestimmung und Selbstdiskriminierung, in: *Jusletter* vom 25.01.2016, 1–18.

Bobbert, Monika (2023), Der mutmaßliche Wille als problematische Argumentationsfigur bei Behandlungsurteilen für nicht mehr entscheidungsfähige Patient*innen, in: Fuchs, Marko/Haenel, Martin/Simmermacher, Danae (Hrsg.), *Der Patientenwille und seine (Re-)Konstruktion*, Berlin.

7. Organisationsethik

Thematische Einleitung

Christof Mandry

Wenn es im Klinikalltag zu ethischen Problemen kommt, liegt es nicht immer daran, dass schwer aufzulösende ethische Dilemmata vorliegen oder dass die Vorstellungen über das, was ethisch richtig wäre, zwischen PatientInnen und ÄrztInnen weit auseinanderliegen. Häufig ist es vielmehr eine Reihe einzelner Unstimmigkeiten, Missverständnisse, Fehlinformationen, enttäuschender oder gar nicht zustande gekommener Kommunikation, die in der Summe in medizinischen oder pflegerischen Fehlentscheidungen oder in kommunikativen Verletzungen bei PatientInnen, bei Angehörigen oder auch bei Mitgliedern des Klinikteams münden. Bei PatientInnen äußert sich dies beispielsweise in der Erfahrung, gar nicht wirklich gehört und wahrgenommen, sondern als ein letztlich beliebiger „Fall" behandelt zu werden, oder im Gefühl, selbst nicht zu verstehen, was eigentlich gerade vor sich geht. Mitunter wird von diesem Gefühl des Fremdseins im Klinikgeschehen auch darauf geschlossen, dass man als PatientIn selbst ein Störfaktor ist, dessen Unverständnis, dessen Überforderung – etwa angesichts der Erwartung des Personals, nun endlich eine „informierte Entscheidung" zu treffen – den Betriebsablauf aufhält. Ethisch gesehen können solche Empfindungen als Alarmzeichen gewertet werden, denn wenn Menschen etwas nicht verstehen, wo es doch um sie gehen sollte, ihre Gesundheit und ihr Wohlbefinden, besteht die Gefahr, dass sie tatsächlich übergangen und zum bloßen Objekt des Handelns anderer werden. Es steht dann in Frage, ob sie wirklich hinreichend in ihrer Autonomie respektiert werden. Auf Seiten des Behandlungsteams können andauernde Überforderung, das Leiden daran, hinter den eigenen professionellen und ethischen Standards zurückzubleiben („moral distress"), oder andauernde kollegiale Konflikte als Problemanzeiger dienen. Wichtig ist nun zu sehen, dass dies häufig nicht auf das absichtliche oder versehentliche Fehlverhalten Einzelner im Klinikteam zurückzuführen ist, sondern auf „Fehler im Betriebsablauf". Darauf richtet sich der Fokus von Organisationsethik. Sie untersucht nicht die einzelnen Handlungen, sondern die Strukturen des Krankenhauses als Unternehmung, damit eine gute, an der Würde aller Beteiligten orientierte Krankenversorgung und Krankenbehandlung geleistet werden kann. „Wie können diese Strukturen gestaltet sein, um die Orientierung an grundlegenden Werten der medizinischen und pflegerischen Ethik zu gewährleisten? Welche Interaktions- und Kommunikationswege ermöglichen ein respektvolles Miteinander, welche behindern es? Wo eröffnen sich Räume der Reflexion auf herausfordernde und belastende Situationen des beruflichen Alltags?" (Burmeister u.a. 2021, 154).

Organisationsethik nimmt also in den Blick, dass medizinische Versorgung das Ergebnis eines interprofessionellen Teamworks ist, das dabei selbst unter Bedingungen organisiert wird, die ihm vorgegeben sind, vor allem etwa über die rechtlichen und ökonomischen Regelungen des Gesundheitssystems. Die organisationsethische Frage richtet sich auf die „Güte" der Organisation, die daran gemessen wird, in welchem Ausmaß sie es ermöglicht (oder verhindert), dass eine medizinische Versorgung geleistet wird, die den fachlichen und ethischen Standards entspricht, und dass dabei die Würde aller Beteiligten, vor allem die der PatientInnen, respektiert wird. Auch wenn Zielkonflikte zwischen Medizin und Ökonomie eine zentrale Spannungslinie für die Organisationsethik darstellen, kann sie nicht darauf reduziert werden. Weil medizinische Versorgung in sehr hohem Ausmaß eine Leistung des Krankenhauses insgesamt ist – viel mehr als die einzelne Leistung dieser oder jener Ärztin oder Pflegekraft –, ist es für die Ethik wichtig, auch auf die ethische Qualität der Organisation zu blicken. Das ist gar nicht so einfach, denn es gilt den Blick über den Einzelfall hinaus auf die organisationalen Bedingungen zu lenken, die diesen als seine äußeren Umstände prägen.

Narrative Ethik und Organisationsethik
Um organisationsethische Problemstellungen zu identifizieren, ist es also notwendig, von den unmittelbaren Handlungen zu abstrahieren und nach dem „System" zu fragen, das sie hervorbringt. Für den narrativen Zugang stellt die organisationsethische Fragerichtung also zunächst eine Herausforderung dar, denn die Erzählungen stellen ja die Handlungen, Motive, Wünsche und Gefühle der involvierten Personen in den Vordergrund. Es gilt folglich, die Narrative auf die miterzählten, aber eher im Randbereich der Aufmerksamkeit stehenden Umstände zu befragen, unter denen das Erzählte offenbar zustande kommt. Wie wird etwa erzählt, was die Handlungsspielräume der Akteure einschränkt? Was setzt Handelnde frei, verwirrt sie oder prägt ihre Reaktions- und Handlungsräume vor? Lebensweltlich erleben wir uns ja als Handelnde unter Bedingungen, die nicht von uns selbst gemacht wurden und die großteils von uns nicht direkt beeinflusst werden können. Das gilt umso mehr für PatientInnen im Krankenhaus, die aus ihrem vertrauten Umfeld in eine Institution versetzt werden, die sie in oftmals einschüchternder Weise umschließt und in der sie sich viel eher

als Reagierende denn als Agierende erfahren. Das gilt aber auch für die Pflegenden und die ÄrztInnen, die unter dem Druck knapper Ressourcen arbeiten, die Kennzahlen erfüllen müssen, die sich überfordert fühlen können oder die Unsicherheit über ihre eigene Position im oftmals hierarchischen Krankenhausgefüge verspüren. In den Erzählungen lassen sich bei aufmerksamem Lesen und Zuhören bestimmte Markierungen finden, die die organisationalen Aspekte ansprechen und als Einsatzzeichen für organisationsethische Fragen dienen.

Zu narrativen Motiven und Mustern, die auf die organisationsethische Ebene hinweisen, zählt etwa das Erleben von Anonymität im Krankenhaus – obwohl eine Menge Personen anwesend und offenbar beschäftigt sind, scheint doch niemand ansprechbar zu sein. Der/die PatientIn kann keine Person ausmachen, die verantwortlich ist oder – noch wichtiger – die sich für den/die PatientIn als verantwortlich zu erkennen gibt. Mit manchmal kafkaesken Zügen kann das Ausgeliefertsein in einem erratischen System beschrieben werden, in dem sich Fremdheit und Unverstehen sowie das Gefühl einstellen, fehl am Platz zu sein – obwohl sich doch alle „Patientenorientierung" auf die Fahne geschrieben haben. Wenn für Fragen und für Probleme weder Zeit noch Raum vorhanden zu sein scheinen, wenn auch sachliche Fehler passieren, etwa, dass nicht angefragt wird, ob eine Patientenverfügung vorhanden ist, oder deren Inhalt nicht beachtet wird, kann dies auf Defizite auf der Organisationsebene hinweisen.

Überhaupt ist Kommunikation gewissermaßen an organisationsethischen Sollbruchstellen von eminenter Bedeutung. Dies ist vor allem dort der Fall, wo Kommunikation die Übergabe von Information in Prozessschwellen absichern muss, etwa bei der Übergabe zwischen Schichten oder bei der Verlegung zwischen Abteilungen oder Kliniken oder bei Entlassungen, wenn sicherzustellen ist, dass im häuslichen oder einem weiteren institutionellen Kontext die medizinische und pflegerische Nachsorge oder Weiterbehandlung funktioniert. Aber nicht nur für die PatientInnen, sondern auch für die Organisation selbst erfüllt Kommunikation eine entscheidende Funktion, nämlich gewissermaßen „zweiten Grades": Ist es möglich und regelmäßig vorgesehen, dass über Probleme gesprochen wird? Sind Zeit und Räume dafür vorhanden, besteht tatsächlich auch die Offenheit zu sprechen und die Bereitschaft zu hören, wenn als belastend empfundene Vorgänge thematisiert werden sollen? Allzu oft geht aus den Erzählungen hervor, dass Sprachlosigkeit und das ansatzlose Übergehen zum Tagesgeschäft die Regel sind. Aus diesen Beobachtungen wird schon deutlich, dass organisationsethisch in zwei Richtungen gedacht werden muss: Sind Kommunikation, Reflexion und das Lernen aus guten oder weniger guten Erfahrungen in den Organisationsabläufen vorgesehen? Und besteht eine Kultur der Offenheit, des Vertrauens und der kommunikativen Fähigkeiten, diese Gelegenheiten auch tatsächlich zu nutzen?

Organisation – System – Kultur
Die organisationsethische Perspektive setzt am Verständnis von Soziologie und Organisationsentwicklung des Krankenhauses (und jeder Organisation) als „System" an (vgl. Wallner 2022). Damit ist zunächst gemeint, dass das Krankenhaus keine Maschine darstellt, die nach rational eingerichteten Prozessen ihr Betriebsziel – also die Krankenbehandlung – produziert, wobei sie permanent hinsichtlich der Effizienz und Effektivität ihres Zweck-Mittel-Einsatzes optimiert wird. Das Krankenhaus funktioniert auch nicht top-down nach dem Modell einer linearen Befehlskette, die vom Management ausgeht, sondern als komplexes System durch die wechselseitige Beeinflussung der Beteiligten („Stakeholder"), die durchaus auch eigene Ziele verfolgen, sowie mittels Abgrenzung von seiner Außenseite („Umwelt"). Organisation wird als

> „*soziales* System [verstanden], das sich (anders als Interaktionen) nicht allein auf die Kommunikation unter Anwesenden stützt, sondern seine Funktion und seine Leistungen (Koordination von Prozessen und Projekten zur Entwicklung, Evaluation und Verbesserung von Produkten bzw. Dienstleistungen) durch die Kommunikation von *Entscheidungen* unter (abwesenden) Mitgliedern erfüllt. Entschieden werden Regeln der Mitgliedschaft ('Stellen', 'Arbeitsverträge'), der Programmgestaltung (strategische 'Ziel-Fokussierung', 'Zweck-Mittel-Relationen', 'Angebote') und für Kommunikationswege ('Hierarchie', 'Organigramm'). So entstehen Routinen, die Zielerreichung, Ressourcenschonung und Motivation der MitarbeiterInnen erwarten lassen und zugleich immer wieder auch verfehlen" (Schuchter u.a. 2021, 247).

Wichtig ist hier festzuhalten, dass das Ausprägen von Routinen einerseits die gewissermaßen „abstrakte" Kooperation von „Stakeholdern" – also vor allem den unterschiedlichen Klinikprofessionen, den PatientInnen, aber auch LieferantInnen – koordiniert, die sich nicht persönlich kennen müssen, um das Organisationsziel zu erfüllen. Andererseits können diese Routinen nie „wasserdicht" sein, weil die Zusammenarbeit zu komplex ist, um sie durch und durch nach Regeln zu organisieren. Und da beim Krankenhaus zur „Zielerfüllung" wesentlich die Achtung der Würde und der Selbstbestimmung der PatientInnen gehört sowie die Ausrichtung an deren Wohl, also eine ethische Zielsetzung, müssen sowohl die Routinen der ethischen Dimension Rechnung tragen als auch jene Strukturen, mit denen auf das ständig mögliche Verfehlen dieser Ziele reflektiert und reagiert wird. Organisationsethik geht es also darum, dass ethische Reflexion in der Organisation der Klinik vorgesehen ist und dass die Kultur der Organisation diese Reflexions- und Reaktionsgelegenheiten („lernende Organisation") trägt. Unter Kultur werden somit – als Gegenüber zur „Struktur" – die geteilten Werthaltungen der MitarbeiterInnen verstanden, die als internalisierte Vorstellungen des Guten und des Richtigen das individuelle Handeln orientieren und somit das professionelle und das individuelle Ethos umfassen und die zugleich als geteilte Einstellungen der Identifikation mit der Organisation und der Zusammenarbeit unterliegen (vgl. Silverman 2000).

Ethik der Organisation – Organisation der Ethik
„Eine Organisation kann Interessenkonflikte nicht beseitigen, aber ihre Bearbeitung in entlastenden Routinen kanalisieren" (Schuchter u.a. 2021, 247). Zu diesen Interessenkonflikten gehören sicherlich jene Spannungen zwischen Ökonomie und Medizin, die vom Gesundheitssystem insgesamt in das einzelne Krankenhaus hineingetragen werden und die zu Personalmangel, Überlastung und belastenden Arbeitsbedingungen führen. Aber auch krankenhausinterne Konflikte zählen dazu. Da Systeme über Entscheidungen funktionieren, kommt es darauf an, zu organisieren, wie Entscheidungen getroffen werden und wie sich die unterschiedlichen Entscheidungen zu den einzelnen Fragestellungen – etwa klinischen, betriebswirtschaftlichen und sozialen – verhalten. Dies geschieht, indem „Meta-Entscheidungen" getroffen werden, die Entscheidungsgrundlagen und Entscheidungswege vorentscheiden (vgl. Wallner 2022, 62f.) und die Programme, Prozesse und Strukturen, Personen sowie die Kultur umfassen. Mit „Programmen" sind Grundentscheidungen über die Werte des Krankenhauses gemeint, die sich etwa in einem Leitbild oder Mission Statement niederschlagen. Damit orientiert sich das Krankenhaus nach innen wie nach außen über sein Verständnis des Guten; und seine Integrität als Organisation hängt daran, wie tatsächliche Entscheidungen mit den Programmen in Übereinstimmung gebracht werden können (vgl. Silverman 2000). Zu den Strukturen und Prozessen (vgl. Wallner 2022, 63) gehören die Grundsätze, nach denen in der Organisation Entscheidungen getroffen werden. Etwa: Wann und von wem wird eine Ethikberatung einberufen? Wer nimmt teil und wie läuft sie ab? Sind in bestimmten Situationen Stationsrunden routinehaft vorgesehen oder kommen sie nur ad hoc zusammen? „Die Effektivität der Ethikberatung hängt aber wiederum nicht bloß vom Vorhandensein entsprechender Strukturen ab, sondern wird maßgeblich von den drei anderen Entscheidungsprämissen beeinflusst" – also etwa davon, ob eine Ethikberatung zum Programm des Krankenhauses gehört und ob sie durch entsprechend ausgebildete Personen umgesetzt wird (ebd.).

Die Ethik der Organisation und die Organisation der Ethik bedingen sich also wechselseitig. Mit Ersterer ist gemeint, dass die Vorstellungen des Guten (Werte und Leitbild) und die Orientierung am Richtigen (Respekt vor der Menschenwürde und der Selbstbestimmung) organisational abgesichert werden, indem sie in die Entscheidungsprämissen der Organisation integriert werden. Das Zweite, die Organisation der Ethik, betrifft die organisationale Integration der unterschiedlichen Orte und Institutionen der ethischen Reflexion, über die die reflexive Rückkoppelung, also der konstruktive Umgang mit Konflikten und Problemen, ermöglicht wird. Dazu gehören vor allem, aber nicht nur, Ethikkomitee und Formen der klinischen Ethikberatung. Sie müssen strukturell in die

Klinikabläufe integriert werden, um nicht als Fremdkörper ungenutzt oder wirkungslos zu bleiben. Dafür benötigen sie den Rückhalt auf der Leitungsebene und im Selbstverständnis der Institution, aber auch die Verankerung in den Kompetenzen der verantwortlichen Personen. Schließlich müssen auch die Verantwortlichkeiten strukturell verankert werden, damit z.B. die Ethikarbeit nicht wieder einschläft, sobald dafür engagierte und kompetente Personen den Arbeitsplatz wechseln (vgl. Mandry/Sperneac-Wolfer/Wanderer 2019, 13f.).

Ein weiteres Beispiel für die Verschränkung von Ethik der Organisation und Organisation von Ethik ist der Umgang mit Behandlungsfehlern und das Etablieren einer „Fehlerkultur" im Krankenhaus (vgl. Schmidt 2022, v.a. 264–268). Da Fehler niemals völlig auszuschließen sind, gehört das Etablieren einer Struktur für den Umgang mit Behandlungsfehlern zur organisationsethischen Aufgabe im Krankenhaus. Rechtlich wie ethisch müssen dabei die jeweiligen PatientInnen als Erste vor weiterer Schädigung geschützt werden. Sie haben außerdem einen Anspruch auf Aufklärung über den Fehler und auf Information über die damit zusammenhängenden Sachverhalte. Außerdem müssen die betroffenen MitarbeiterInnen geschützt und begleitet werden, die von der Situation belastet sein können. Die MitarbeiterInnen, die den Fehler verursacht haben, sollten die Verantwortung übernehmen, über die möglichen rechtlichen Konsequenzen sowie ihre eigenen Rechte informiert sein. Organisational sollten Handlungsrichtlinien einen strukturierten Umgang mit Behandlungsfehlern vorgeben und dieser sollte geübt werden. Schließlich ist für eine Fehlerkultur neben den drei gerade genannten primären Aspekten wichtig, dass ein Organisationslernen aus Fehlern ermöglicht wird. Dazu bedarf es der strukturierten Aufarbeitung der Fehler, etwa in einer nachlaufenden Ethikberatung, die zum Ziel hat, Strukturen und Prozesse zu reflektieren und eventuelle Anpassungen vorzuschlagen. Eine „Fehlerkultur" bedarf der Transparenz, Offenheit und einer grundsätzlichen Vertrauenshaltung als Grundlage auf der Ebene der Organisationskultur. Es versteht sich außerdem, dass ihre Etablierung mit erheblichen Schwierigkeiten verbunden sein wird und als permanente Aufgabe verstanden werden muss. Dabei ist zu sehen, dass die Hürden hoch sind, da Scham, Schuldgefühle und Selbstzweifel, aber auch Angst vor rechtlichen und finanziellen Folgen sowie vor Reputationsverlust dem offenen und konstruktiven Umgang mit Fehlern entgegenstehen. Auf der anderen Seite sind jedoch auch Intransparenz und eine Praxis des Verschweigens und Vertuschens nicht nur mit hohen Risiken, sondern auch mit erheblichen Nachteilen sowohl für die betroffenen MitarbeiterInnen als auch für die Organisationskultur selbst verbunden. Sie beraubt sich nicht nur wesentlicher Chancen des Organisationslernens, sondern unterhöhlt auch das Ethos des Klinikpersonals sowie langfristig die Reputation des Krankenhauses. Organisationsethisch ist es daher vorzuziehen, diese herausfordernde und sicherlich Zeit und professionelle Kompetenzen benötigende Aufgabe anzugehen.

Klinikseelsorge und Organisationsethik
Ob Klinikseelsorgende eine organisationsethische Rolle einnehmen sollen und, wenn ja, welche, ist nur im Zusammenhang mit der Klärung der eigenen organisationalen Positionierung zu beantworten (vgl. Janik 2022, 367–376). Die seelsorgliche Begleitung von PatientInnen sowie von MitarbeiterInnen findet zwangsläufig unter den organisationalen Bedingungen statt, die in einem Krankenhaus herrschen – es wäre also naiv zu übersehen, dass Klinikseelsorgende unumgänglich eine Position im Klinikgefüge und in den Klinikabläufen einnehmen. Oftmals haben sie selbst den Eindruck, von klinisch Tätigen in problematischen Situationen als „Feuerwehr" oder „Lückenbüßer" herangezogen zu werden. Oder sie übernehmen von sich aus Aufgaben, um PatientInnen zu unterstützen, wenn diese es offensichtlich schwer haben, sich zurechtzufinden und sich und ihren Anliegen Gehör zu verschaffen. Die Klinikseelsorge kommt folglich nicht umhin, die Position zu klären, die sie faktisch im Kliniksystem einnimmt, und für sich zu reflektieren, wieweit sie mit ihrem professionellen Selbstbild übereinstimmt. Es muss klar sein, dass organisationale Mängel nicht durch individuellen Mehreinsatz kompensiert werden können, jedenfalls nicht auf Dauer, ohne Abstriche in anderen Tätigkeitsbereichen hinzunehmen oder persönliche Überforderung in Kauf zu nehmen. Die organisationsethische Reflexion gehört daher unumgänglich zum Professionsprofil der Seelsorge. Angesichts des hohen Arbeitsdrucks und der Belastungen durch vielfältigen Ressourcenmangel stellt Janik sogar die Frage, inwiefern Klinikseelsorge nicht nur zur Mitarbeit an Organisationskultur und Organisationsethik aufgefordert ist, sondern sich auch als Betriebsseelsorge verstehen kann oder soll (vgl. ebd., 375).

Mit Klessmann (2017, 212–215) kann die Position der Klinikseelsorge im „Zwischenraum" des Systems Krankenhaus begriffen werden: Seelsorge findet nicht beziehungslos neben dem Klinikbetrieb, auch nicht gegen ihn statt, sondern versucht im „Zwischenraum" die relative Unabhängigkeit von der betrieblichen Einbindung und von den Klinikprozessen dafür zu nutzen, einen von Alltagsstress und Betriebsblindheit unverstellten Blick auf die PatientInnen und ihre Bedürfnisse zur Geltung zu bringen. Gleichzeitig ist dieser geringere Einbindungsgrad herausfordernd, weil Informationen zur gesundheitlichen und sozialen Lage der PatientInnen häufig nicht bekannt sind und erst in Erfahrung gebracht werden müssen. Klinikseelsorge kann sich als störende „Unterbrechung" einbringen und gerade dadurch die Routinen der Organisation, die vielen bereits zur – wenn vielleicht auch ungeliebten – Selbstverständlichkeit geworden sind, erkennbar machen und so Weichen stellen für die organisationsethische Arbeit an den Prozessen und an Defiziten der Kultur im Umgang miteinander. Klinikseelsorgende können hier wichtige Impulse setzen und Beiträge leisten, müssen jedoch auch darauf dringen, dass – wie oben ausgeführt – organisationsethische Arbeit selbst organisational abgestützt wird, wenn die Impulse nicht wirkungslos versanden und das Frustrationspotenzial verstärken sollen.

Klinikseelsorgende laufen gerade wegen ihrer kommunikativen Kompetenzen und ihrer habituellen Empathieoffenheit Gefahr, die Mängel in der Organisation durch viel persönlichen Einsatz auszugleichen. Das ist oftmals für die betroffenen PatientInnen und auch für deren Angehörige und das Klinikpersonal hilfreich, entlastend und kann verfahrene Konfliktlagen lösen helfen. Gleichzeitig ist der „Feuerwehrdienst" ein Alarmsignal, für das Klinikseelsorgende eine eigenständige „Antenne" und eine grundlegende organisationsethische Kompetenz entwickeln sollten: Hier liegen Dinge auf einer Ebene im Argen, die vom Einzelnen nur symptomatisch angegangen werden können und die das Risiko der Selbstüberforderung bergen (vgl. Mandry/Sperneac-Wolfer/Wanderer 2019, 22–25). Die Klinikseelsorge tut daher gut daran, solche Signale als das wahrzunehmen, was sie sind: Anzeichen für die Notwendigkeit, an den Organisationsstrukturen und an der Kultur zu arbeiten. Die Entscheidung darüber, wer dies übernimmt und in welcher Weise dies geschieht, sollte in den Händen des Ethikkomitees, der Abteilungs- oder Klinikrunden und anderer Kommunikationszirkel liegen. Wo es sie nicht gibt oder sie nur auf dem Papier existieren oder wo sie nicht gut arbeiten, weil in ihnen etwa kein offenes Reden möglich ist, sind die Probleme umso drängender.

Literatur

Burmeister, Christiane/Ranisch, Robert/Brand, Cordula/Müller, Uta (2021): Organisationsethik in Einrichtungen des Gesundheitswesens, in: *Ethik in der Medizin* 33, 153–158.

Janik, Jürgen (2022): *Im Dienst der Kranken. Grundlagen einer Ethik und eines Ethos der Klinikseelsorge*, Würzburg.

Klessmann, Michael (2017): Die Rolle der Seelsorge im System Krankenhaus, in: ders., *Pastoralpsychologische Perspektiven in der Seelsorge. Grenzgänge zwischen Theologie und Psychologie*, Göttingen, 207–226.

Mandry, Christof/Sperneac-Wolfer, Christian/Wanderer, Gwendolin (2019): *Klinikseelsorgerinnen und Klinikseelsorger als medizinethische Akteure. Profil und Kompetenzen. Ergebnisse einer partizipativen Studie*, Frankfurt am Main.

Schmidt, Kurt W. (2022): Zum Umgang mit Behandlungsfehlern, schweren Komplikationen und belastenden Verläufen, in: Marckmann, Georg (Hrsg.), *Praxisbuch Ethik in der Medizin*, 2., aktualisierte und erweiterte Auflage, Berlin, 263–276.

Schuchter, Patrick/Krobath, Thomas/Heller, Andreas/Schmidt, Thomas (2021): Organisationsethik. Impulse für die Weiterentwicklung der Ethik im Gesundheitssystem, in: *Ethik in der Medizin* 33, 243–256.

Silverman, Henry J. (2000): Organizational ethics in healthcare organizations. Proactively managing the ethical climate to ensure organizational integrity, in: *HEC Forum* 12, 3, 202–215.

Wallner, Jürgen (2022): Organisationsethik. Methodische Grundlagen für Einrichtungen im Gesundheitswesen, in: Marckmann, Georg (Hrsg.), *Praxisbuch Ethik in der Medizin*, 2., aktualisierte und erweiterte Auflage, Berlin, 59–69.

Fallerzählung: Zwischen chirurgischer Station und Psychiatrie

Ich habe Herrn B. auf der chirurgischen Station kennengelernt. Er liegt in einem Einzelzimmer, da er MRSA hat. Er wirkt auf mich anfangs sehr apathisch und abwesend. Erst im Laufe der weiteren Gespräche (ich besuche ihn zwei- bis dreimal die Woche) entstand langsam eine Beziehung, in der er sein Leben und sein Leiden mit mir teilen konnte. Wegen eines onkologischen Befundes hat Herr B. bereits einen Teil des Dickdarms, des Dünndarms und die Blase entfernt bekommen, ein Stoma und ein Blasenkatheder wurden gelegt. Wegen verschiedener Komplikationen zieht sich sein Gesamtaufenthalt über drei Monate hin.

In dieser Zeit erfahre ich von ihm, dass er schwer depressiv ist, seit vielen Jahren Antidepressiva einnimmt und keine Gefühle mehr hat. Seit 20 Jahren ist er geschieden, hat keine Kinder. Nach der Scheidung hat er seine gut bezahlte Arbeit verloren und lebt seitdem alleine, zurückgezogen in einer kleinen Wohnung. Von einigen Einkäufen abgesehen verlässt er nie das Haus und verbringt den ganzen Tag im Bett. Zweimal im Jahr jedoch besucht er seinen Bruder in Polen, was ihn viel Kraft kostet. Er war schon mehrfach in der Psychiatrie und ist medikamentös eingestellt. Eine Therapie hat er nach eigenen Angaben nie gemacht. Eine gesetzliche Betreuerin kommt einmal die Woche und sieht nach ihm.

Im Laufe der Zeit eröffnet er mir, dass er schon seit vielen Jahren keinen Lebenswillen mehr hat und nur nicht weiß, wie er sich umbringen kann. Sein größtes Problem dabei ist, dass er niemandem schaden möchte durch seinen Suizid. Zudem wurde er sehr streng katholisch erzogen in seiner polnischen Heimat und hat deshalb auch Angst um sein Seelenheil. Er wirkt verzweifelt.

Für mich war es die erste Situation in meiner Tätigkeit in der Klinikseelsorge, in der ein Patient mich in seine suizidalen Überlegungen einbezogen hat. Ich habe mich jeglicher Bewertung enthalten, seiner Situation Mitgefühl entgegengebracht und so den inneren Kontakt zu ihm gehalten.

Herr B. hat sich im Laufe der Zeit in der Klinik immer wohler gefühlt. Trotz Einzelzimmer und Einschränkungen durch die Isolation (MRSA) hatte er gegenüber seinem Leben zuhause viele Kontakte und Austausch. Umso überraschter, ja geradezu entsetzt war er, als ihm eines Morgens in der Visite mitgeteilt wurde, dass er im Laufe des Tages entlassen werde. Er war vollkommen aufgelöst und panisch, als ich ihn am Vormittag besuchte. Nicht nur, weil er noch einen Blasenkatheder hatte, mit dem er nicht umgehen konnte; vor allem war er nach dem mehrmonatigen Aufenthalt in der Klinik vollkommen unvorbereitet hinsichtlich seiner Entlassung. Die Pflege konnte dieses Vorgehen auch nicht verstehen. Ich wandte mich an den Stationsarzt, der sich die Akte noch einmal anschauen wollte. Letztlich wurde Herr B. erst drei Tage später entlassen, nachdem auch der Blasenkatheder gezogen worden war.

Zehn Wochen später wurde Herr B. nach einem versuchten Suizid in die geschlossene Psychiatrie meines Klinikums eingewiesen. Die Information über seinen Aufenthalt erhielt ich zufällig erst eine Woche später, als er bereits wieder in der offenen Abteilung war. Er hatte versucht zu verhungern, seine Betreuerin veranlasste die Einweisung. Seine Situation in der Psychiatrie nimmt er stoisch. Er freute sich über die Fortsetzung unserer Gespräche.

Nach zwei weiteren Wochen wurde er wieder wegen der Rückverlegung des Stomas und einiger Nachuntersuchungen in die Chirurgie verlegt. Eine weitere psychiatrische Begleitung fand in dieser Zeit nicht statt. Der Aufenthalt in der Chirurgie zog sich dann in die Länge. Immer wieder stand Herr B. auf dem OP-Plan, startete nüchtern in den Tag, um dann am späten Nachmittag zu erfahren, dass es an diesem Tag doch nicht mehr klappen würde. Herr B. war sehr deprimiert und depressiv. Er meinte, dass er sowieso in der Klinik nur allen zur Last fiele und ja auch nicht so wichtig sei. Die Pflege konnte mir keine Erklärung geben. Da ein Arzt auf dieser Station auch sonst nur schwer zu erreichen ist, vereinbarte ich einen Termin mit dem zuständigen Oberarzt. Vor dem Gespräch mit dem Oberarzt führte ich ein Telefonat mit der leitenden Oberärztin der Psychiatrie und schilderte ihr den Fall. Sie klärte mich darüber auf, dass Herr B. medikamentös eingestellt, aus der Psychiatrie entlassen und in der chirurgischen Klinik aufgenommen worden sei. Nach der Entlassung aus der Chirurgie sei eine Wiederaufnahme des Patienten zur weiteren psychiatrischen Behandlung geplant. Sollte die psychiatrische Behandlung schon vorher wiederaufgenommen oder vorbereitet werden, müsse seitens der Chirurgie ein Konsil gestellt werden. Das Gespräch mit dem Oberarzt fand zwei Tage später statt. Dieser erklärte mir, dass Herr B. wegen seiner MRSA-Erkrankung stets am Ende des OP-Plans stünde wegen der anschließend notwendigen Gesamtdesinfizierung des OPs, die ja am Ende des Tages sowieso stattfindet. Leider kamen an den bisher geplanten Tagen immer noch Notfälle dazwischen. Im OP-Plan sei jetzt aber Luft und Herr B. werde am nächsten Tag sicher operiert. Als ich dem Patienten bei meinem Besuch am selben Tag die Hintergründe der vielen Verschiebungen erläuterte, konnte er die Situation akzeptieren und seine Selbstzweifel aufgeben. Er konnte bis dahin dieses Vorgehen nur auf sich beziehen und sich selbst in Frage stellen.

Ich hatte dem Oberarzt weiterhin erzählt, dass die Psychiatrie gerne schon mit der Weiterbehandlung beginnen würde, wenn dies gewünscht sei und ein Konsil gestellt würde. Er nahm das Anliegen mit. Es dauerte dann noch weitere zwei Wochen, bis das Konsil gestellt wurde, wenige Tage vor der Entlassung von Herr B. aus der Chirurgie und seiner Verlegung in die Psychiatrie.

Dort besuchte ich Herrn B. weiter. Er erzählte mir, dass seine Betreuerin zum Gespräch geladen wurde mit Blick auf ein zukünftiges betreutes Wohnen für ihn. Wir hatten schon mehrfach über die Chancen dieses Modells gesprochen, gerade mit Blick auf seine Einsamkeit. Er hatte aber große Bedenken, weil er eine Entscheidung treffen müsse und es dann kein Zurück mehr in seine alte, günstige Wohnung geben könne. Das Risiko sei ihm zu hoch. Ich hatte die zuständige Stationsärztin mit Blick auf das Gespräch mit der Betreuerin per Mail um ein Gespräch gebeten, habe jedoch nie eine Antwort erhalten.

Als ich Herrn B. zu einem Spaziergang über das Klinikgelände einlud, sagte er mir, dass das nicht gehe, da er einen Bauchwandbruch habe und das Gehen schmerze. Auf die Frage, was denn dagegen unternommen würde, konnte er mir keine Antwort geben. Zufällig traf ich am nächsten Tag den zuständigen Oberarzt der Chirurgie auf dem Flur und fragte nach. Er konnte sich gut erinnern und war für meinen Hinweis dankbar; die Sache sei aus dem Blick geraten. Am nächsten Tag wurde Herr B. operiert. Einige Zeit später wurde Herr B. zunächst aus der Chirurgie und etwas später aus der Psychiatrie entlassen. Er lebt bis heute in seiner alten Wohnung in gewohnter Weise und kommt gelegentlich ambulant in die Psychiatrie zur Regelbehandlung.

Kommentar I: Defizite auf vielen Ebenen – (ein) sozialethischer Kommentar

Markus Zimmermann

Die Erfahrungen von Einsamkeit, Krankheit und Suizidalität von Herrn B. – hier geschildert aus der Sicht einer stark involvierten Seelsorge-Person – deuten auf eine Reihe sozialethisch relevanter Herausforderungen und Spannungen auf unterschiedlichen Gesellschaftsebenen hin: auf der *Mikroebene* zwischen dem Bett in der Wohnung von Herrn B. und diversen Betten in Onkologie, Chirurgie und Psychiatrie; auf der *Mesoebene* in Organisationen der somatischen Medizin und der Psychiatrie; auf der *Makroebene* hinsichtlich Maßnahmen der Sozial- und Gesundheitspolitik; und nicht zuletzt auf der *Ebene gesellschaftlicher Werthaltungen* bezüglich der Wertschätzung individueller Freiheit versus gemeinschaftliche Sorge umeinander. Auf alle genannten Ebenen gehe ich kurz ein und nenne dann einige Handlungsvorschläge.

Zunächst zur *zwischenmenschlichen Akteursebene*: Hier stehen mit der Einsamkeit und der Erkrankung von Herrn B. zwei Themen im Zentrum. Herr B. ist seit 20 Jahren geschieden, alleinstehend, hat seine Erwerbsarbeit verloren oder aufgegeben, könnte etwa 50 Jahre alt sein und gehört damit zu einer gesellschaftlichen Gruppe mit einem exponierten Armutsrisiko. Seine Antriebslosigkeit, Depressionen und darüber hinaus die Tatsache, dass mit seinem Bruder der nächste Verwandte in Polen lebt, verstärken seine Isolation. Typisch ist der komplette soziale Rückzug: Die meiste Zeit verbringt Herr B. offenbar zuhause im Bett, so dass auch die Nachbarschaft kaum etwas von seinem Schicksal mitbekommen dürfte. Seine Erkrankung – Depressionen, der Darmkrebs, später die MRSA-Infektion, das Stoma und der Bauchwandbruch – führen dazu, dass für Herrn B. nun ein Hin und Her zwischen Zuhause, dem Krankenhaus und der Psychiatrie beginnt. An keinem Ort scheint jemand für ihn als Person zuständig zu sein, was sich erst ändert, als sich die Seelsorge-Person um die Beziehung zu Herrn B. bemüht. Dass er schließlich nach Wochen stationärer Behandlung ohne jede Vorbereitung entlassen werden soll, zeigt, dass sich im Anschluss an die Behandlungen niemand für ihn verantwortlich fühlt. Aufgrund eines dann folgenden Suizidversuchs durch Verzicht auf Nahrungsaufnahme kommt es zu einer durch die Betreuerin eingeleiteten Einweisung in eine geschlossene Psychiatrie. Als er dann zur Entfernung des Stomas wieder auf eine chirurgische Station verlegt wird, ist damit ein offensichtlich kontraindizierter psychiatrischer Behandlungsabbruch verbunden, der sich aufgrund der Organisationsregeln – psychiatrische Behandlung wird nur auf Basis eines Konsils durch den Chirurgen fortgesetzt – und eines unachtsamen Chirurgen ergeben hat. Einen Überblick über das Geschehen zwischen Ärztinnen und Ärzten, Pflegefachkräften, seinem Beistand und der Seelsorge-Person hat Herr B. offensichtlich nie erlangt.

Zur Mesoebene, den *involvierten Organisationen*: Aus Sicht der Seelsorge-Person ergibt sich deutlich, dass unter den involvierten Personen und Organisationen kaum Absprachen getroffen wurden, dass die Versorgung von Herrn B. zwischen Akutklinik, Psychiatrie und Zuhause völlig fragmentiert verlief, dass also keinerlei Koordination, Zusammenarbeit oder Vernetzung zwischen den unterschiedlichen involvierten Organisationen oder Stationen bestand. Hinweise der Seelsorge-Person belegen vielmehr, dass wichtige Informationen betreffend Herrn B. und seine Behandlung nur zufällig geklärt werden konnten, dass ärztliche Entscheidungen über das weitere therapeutische Vorgehen (Bauchwand-OP) zunächst vergessen und schließlich aufgrund zufälliger Begegnungen umgesetzt wurden. Die Seelsorge-Person sprach mit ÄrztInnen, stellte Verbindungen her zwischen verschiedenen Kliniken, sorgte sich um die Kommunikation zwischen Pflegepersonal und Ärzteschaft und bezog auch die Betreuerin von Herrn B. mit ein. Schließlich bemühte sie sich offenbar vergebens um ein Gespräch mit einer für Herrn B. zuständigen Psychiatrie-Ärztin mit dem Ziel, zwischen Herrn B., seiner Betreuerin und dem zuständigen Fachpersonal in der Psychiatrie hinsichtlich der Wohnsituation nach der Entlassung von Herrn B. zu vermitteln. Damit übernahm die Seelsorge-Person im Fall der Begleitung von Herrn B. Aufgaben, die weit über ihre professionellen Zuständigkeiten hinausgehen. Der Verlauf weist vielmehr auf organisationelle Defizite hin, die in vielen anderen Fällen, in welchen die Seelsorge nicht interveniert, niemandem auffallen dürften und dazu führen könnten, dass die betroffenen Personen in ihrem Eindruck bestärkt werden, *sie* seien das eigentliche Problem, das „verschwinden" müsse, *sie* stünden den normalen Abläufen in den Organisationen im Weg. Das Missverständnis, das sich aufgrund der wiederholten Verschiebung des OP-Termins von Herrn B. ergab, kann hier *pars pro toto* stehen: Es hätte nur sehr wenig gebraucht, um Herrn B. die Entscheidungen verständlich zu machen, aber von den vielen Angestellten fühlte sich oder war de facto niemand dafür zuständig, mit ihm darüber zu sprechen. Hier handelt es sich offenbar um ein typisches strukturelles Problem mit unter Umständen verheerenden Folgen für einzelne Personen.

Auch auf *politischer Makroebene* lässt der Fallbericht ungelöste Aufgaben erahnen: Alleinstehende, geschiedene, aus der normalen Erwerbsarbeit ausgeschiedene Männer, die aufgrund ihrer Isolation krank und suizidal werden, sind besonders armutsgefährdet. Somatische Krankenhäuser und Psychiatrien, die neben den Betreuungspersonen mit den Folgen dieser sozialen Vereinsamung konfrontiert werden, betreiben eine kurzfristige Symptomkontrolle, gehen aber nicht auf die Kausalursachen für die soziale Not ein. So entsteht ein großer Verschiebebahnhof mit hohen Kosten, ohne dass sich die Situation der betroffenen Männer nachhaltig verändert. Die Seelsorge-Person nimmt sich außerordentlich viel Zeit, um einen Kontakt aufzubauen, kümmert sich anschließend um eine Reihe von Aufgaben, die nicht zu ihrem Berufsbild gehören und die sie nur in einzelnen Ausnahmefällen übernehmen kann. Gefragt wären dagegen sozialpolitische Maßnahmen im Bereich der Gemeinwesenarbeit.

Auf der *Ebene gesellschaftlich verankerter Werthaltungen* schließlich macht die Geschichte von Herrn B. auf eine Einseitigkeit aufmerksam, die aufgrund der Erfahrungen während der Corona-Pandemie noch einmal einen wesentlichen Aufmerksamkeitsschub erhalten hat: Die einseitige Wertschätzung individueller Freiheit und Autonomie kann dazu führen, dass die Dimension der gemeinschaftlichen Sorge der Menschen umeinander ins Hintertreffen gerät bzw. einseitig abgewertet wird. Die „Gesellschaft der Singularitäten" oder die Betonung der individuellen Lebensformen offenbart hier eine Einseitigkeit, die bei einzelnen Personen in eine biographische Isolation und Aussichtslosigkeit führen kann.

Um Erfahrungen wie bei Herrn B. zu verhindern, liegen aus sozialethischer Sicht beispielsweise folgende Vorschläge auf der Hand: Auf der Mikroebene wäre es unabdingbar, dass eine Fachperson für die ganzheitliche Begleitung von Herrn B. zuständig wäre, wie es beispielsweise im pflegerischen Konzept des Case-Managements vorgesehen ist. Auf der Mesoebene ist offensichtlich, dass Kooperations-, Vernetzungs- und Kommunikationsstrukturen fehlen, wie sie beispielsweise im Bereich der Palliative Care und auch im Konzept des System-Managements angestrebt werden. Auf politischer Ebene wäre der Aufbau von Caring Communities angezeigt, wie es z.B. die Stadt Bern seit einiger Zeit versucht. Auf der Ebene der gesellschaftlich verankerten Werthaltungen steht eine größere Wertschätzung von Care-Arbeit auf der Agenda.

Kommentar II: Multiperspektivische advokatorische Seelsorge

Heike Knögel

Die Fallgeschichte der Begegnungen des Seelsorgers mit dem Patienten Herrn B. beschreibt in vielerlei Hinsichten Momente des (Da-)Zwischen-Seins: Örtlich finden die Begegnungen mal auf der chirurgischen, mal auf der psychiatrischen Station statt. Die wahrzunehmende Verletzlichkeit des Patienten berührt seine leibliche wie psychische Befindlichkeit. Der/die SeelsorgerIn bewegt sich mehrmals zwischen den Beteiligten des Geschehens wie zwischen den Professionen der Klinik. Auch positioniert er/sie sein/ihr zugewandtes Verstehen sowohl im Bezug zur Befindlichkeit des Patienten wie auch zu den Handlungsumständen seitens der Behandler. Letztlich verläuft selbst das Leben von Herrn B. in einem „Dazwischen": Zwischen Momenten des Leben-Wollens und des Nicht-mehr-leben-Könnens.

Der/die SeelsorgerIn lässt sich auf das „Momentum des Dazwischen" ein und seine/ihre Handlungsschritte korrespondieren mit diesem Sowohl-als-Auch: Seine Sorge bezieht sich empathisch und fürsorglich auf die Befindlichkeiten und Belange des Patienten; seine/ihre Handlungsschritte sind geleitet von Sorge um eine gerechte und umfassende Behandlung für Herrn B.

Die ersten patientenorientierten Begleitungssequenzen sind (noch) geprägt von einer gewissen Haltung der Neutralität zum System: Diese Neutralität versucht in einem Beziehungsgefüge einen beweglichen Kontakt als Gegenüber zu mehreren und unterschiedlichen Personen aufrechtzuerhalten, um neue Handlungsräume zu ermöglichen (Knögel 2006). Als teilhabende Profession im Kliniksystem verantworten Seelsorgende teils in Abgrenzung, teils in Ergänzung zu den anderen Professionen einen eigenständigen Begleitungsprozess, in dessen Rahmen persönliche Lebensthemen und Sinnfragen zur Sprache kommen können und nur dort ihren Platz haben (Verschwiegenheit).

Ebenfalls mit einer inneren Neutralität beggegnet der/die SeelsorgerIn den Inhalten der Gespräche: Er/sie lässt sich empathisch und intensiv auf die Lebenswahrnehmungen des Patienten ohne moralische Bewertungen ein. Prekäre Lebensumstände, Sinnkrisen und Lebensmüdigkeit deutet er/sie im Sinne einer „anthropologischen Verletzlichkeit" als conditio humana (vgl. Wanderer 2015; Haker 2015) und bringt dem Patienten sein/ihr Mitgefühl entgegen.

Wie ein Wendepunkt des Geschehens klingt der Moment des Entsetzens, als dem Patienten die überraschende und unvorbereitete Klinikentlassung mitgeteilt wird. Der/die SeelsorgerIn fühlt sich zum Handeln verpflichtet und sucht daraufhin das Gespräch mit der Stationsärztin.

Seine/ihre Haltung und sein/ihr Handeln in der Wahrnehmung von Fürsorge und Gerechtigkeit spiegeln Merkmale einer advokatorischen Ethik wider, die, wie Gwendolin Wanderer ausführt, dem moralisch verletzten Menschen intervenierende Formen der solidarischen Unterstützung gibt (Wanderer 2015, 435).

> „Bei der advokatorischen Ethik geht es in erster Linie um stellvertretendes Entscheiden und Handeln mit dem Handlungsziel, auf dem Wege der Bemündigung die Autonomiefähigkeit zu erreichen und somit die Partizipation an der Diskursgemeinschaft zu ermöglichen, was dem Handlungsziele der Gerechtigkeit dient" (ebd., 440).

Wiederholte Male beschreibt der/die SeelsorgerIn seine/ihre wechselnden Handlungsbezüge: Die Motivation seines/ihres seelsorglichen Handelns versteht er/sie grundlegend zum Wohle einer bedarfsgerechten Behandlung für den Patienten. Anlässlich der mehrmaligen Verlegung des Operationstermins erkundigt er/sie sich bei der Pflege wie bei den ÄrztInnen über die Gründe dafür. Er/sie übermittelt dem Patienten einen Sinnzusammenhang zur Einschätzung und Neubewertung seiner Situation und trägt dazu bei, weitere deprimierte Zweifel zu minimieren. Er/sie setzt sich beim Oberarzt ein, um eine psychiatrische Weiterbehandlung zu erwirken. Und schließlich vermittelt er/sie während des Psychiatrieaufenthaltes des Patienten durch das Gespräch beim Chirurgen eine weitere Bauch-OP für ihn. Bei all den Einmischungen und angesichts des Anspruchs der Anwaltschaft bleibt offen, inwiefern er/sie die Vermittlung von Informationen in direkter Absprache mit dem Patienten übernimmt. Handelt es sich um einen partizipativen Prozess im Sinne einer informierten Stellvertretung und im Einklang mit den geäußerten Patientenwünschen oder folgt der/die SeelsorgerIn seiner eigenen Intuition, um, auf Seiten des Behandlersystems agierend, gemeinsam das Beste für den Patienten zu erwirken? Der gesamte Verlauf konstatiert eine gewisse „zwielichtige" Unschärfe seiner Rolle (Fuchs 2005), die aber ein größeres Maß an Beweglichkeit für die Interessen des Einzelfalls zulässt.

Als sogenannte „Hinzukommende" bringen Klinikseelsorgende prinzipiell neue Sichtweisen und Fremdes in das medizinisch-pflegerische System ein, mit allen Chancen und Hindernissen, die dieses für ein bestehendes System bedeuten kann: Mit ihrer theologisch-anthropologischen Blickrichtung auf den Menschen übernehmen SeelsorgerInnen häufig Bereiche der psychosozialen Krisenintervention mit dem Ziel der Wahrung von Menschenwürde und Autonomie. Sie sind eine kritische Instanz, um den Menschen nicht nur auf seine Krankheit und die damit verbundenen Defizite zu reduzieren, sondern ihn als Person in ihrer Fülle von Lebensvollzügen wahrzunehmen. Sie stellen ihre eigene Reflexions- und Vermittlungskompetenz dort zur Verfügung, wo Menschen in Beziehung zueinander handeln und auf der Suche nach achtsamen und respektvollen Umgangsweisen sind. Mit diesem umfassenden Blick unterscheiden sie sich von den anderen Diensten und Zuständigkeiten des Krankenhauses. Andererseits könnten dieselben Impulse als einmischend oder gar kämpferisch verstanden und abgewehrt werden. Eine der seelsorgerischen Aufgaben ist es deshalb, mit dieser Komplexität angemessen und nach allen Seiten verantwortlich umzugehen und entsprechend umfänglich zu reflektieren (Knögel 2006).

Dass der/die SeelsorgerIn es wohl versteht, im genannten Sinne reflektierend und multiperspektivisch sich in diesen Zwischen-Räumen zu bewegen, zeigen die entsprechenden Reaktionen der Beteiligten: die Dankbarkeit des Arztes, das neu erworbene Verständnis für die Belange des Patienten und nicht zuletzt das Ergebnis der Ermöglichung zur Rückkehr in seine eigene Wohnung.

Das Fallbeispiel verdeutlicht eine multiperspektivische seelsorgliche Position im und für das System:

„Seelsorge in einer Organisation, wie der Klinik muss sich zugleich fürsorglich für den Einzelnen und öffentlich (‚politisch, ethisch') einbringen können, um für ein ‚gerechteres' Umfeld bzw. einen ‚gerechteren' Umgang für den Patienten wirksam zu werden. Eine ethisch vertretbare Position der Klinikseelsorge – gerade in Zeiten der medizinethischen Zuspitzung von Priorisierung – kann sich somit nicht mehr mit einer face-to-face-Seelsorge begnügen, sondern verantwortet auch Bezüge innerhalb des Systems Klinik, um den Belangen der Patienten eine kritische Stimme zu geben (‚die andere Stimme im System'). Als Vertreterin kontingenter Sichtweisen des Lebens bringt sie zudem im Dreieck von Fürsorge – Gerechtigkeit – [...] Einbeziehung kontingenter Lebenserfahrungen neue Aspekte ins Spiel, die Spielräume zu neuen Ermöglichungen eröffnen (Ermöglichungsgerechtigkeit)" (vgl. Knögel 2010).

Literatur

Fuchs, Peter (2005): Zwischen Psychologie und Seelsorge – Anmerkung zu einer Grenzkultur, in: *Denken und Glauben* 135/136, 34–36.

Haker, Hille (2015): Vom Umgang mit der Verletzlichkeit des Menschen, in: Bobbert, Monika (Hrsg.), *Zwischen Parteilichkeit und Gerechtigkeit. Schnittstelle von Klinikseelsorge und Medizinethik* (Medizinethik in der Klinikseelsorge 3), Münster, 195–226.

Knögel, Heike (2006): Zwischen allen Stühlen? Möglichkeiten der Klinikseelsorge aus systemischer Sicht, in: *Familiendynamik* 31, 3, 253–265.

Knögel, Heike (2010): *Die Rolle der Fürsorge und Anwaltschaft in der Klinikseelsorge – Reflexionen anhand eines Fallbeispiels aus dem Klinikalltag*. Hausarbeit im Rahmen des Zertifizierungskurses „Medizinethik in der Klinikseelsorge", Fachbereich Katholische Theologie an der Universität Frankfurt am Main.

Wanderer, Gwendolin (2015): Auf schmalem Grat zwischen Autonomie und Bevormundung in der Psychiatrie, in: Feuerstein, Günther/Schramme, Thomas (Hrsg.), *Ethik der Psyche*, Frankfurt am Main, 431–448.

Fallerzählung: Ethische Fragen zwischen Akutklinik, Rehabilitation und Pflegeeinrichtung

Frau Rosenstock (Name geändert), 68 Jahre alt, muss in einer kleinen Privatklinik zum dritten Mal an der linken Hüfte operiert werden, nachdem ihre bisherige Endoprothese sich gelockert hat, der Schaft eingebrochen und die Hüftpfanne verkippt ist. Sie leidet unter starken Schmerzen. Nach dem operativen Wechsel der Teilendoprothese schreitet die Heilung kaum voran, und auch die Schmerzen verringern sich nicht. Weil die Gefahr einer erneuten Luxation der Hüfte groß ist, darf die Patientin auch 14 Tage nach der Operation das Bein so gut wie nicht belasten und ist deshalb in ihrer Bewegungsfähigkeit stark eingeschränkt. Zudem ist Frau Rosenstock ein ängstlicher und vorsichtiger Mensch. In dieser Situation suggerieren Mitarbeitende der Station Frau Rosenstock mehrfach, es liege nur an ihrer Einstellung, dass sie sich nicht so schnell wie andere Patienten von der Operation erholt. Sie „könnte ja, wenn sie wollte". Und der Chefarzt teilt ihr mit, sie dürfe nun nicht mehr länger in der Klinik bleiben.

Von einem Mitarbeiter des ambulanten Sozialdienstes, mit dem die Klinik zusammenarbeitet, erfährt Frau Rosenstock, sie sei derzeit nicht rehabilitationsfähig, weil sie zu viel Pflege benötigt und ihr linkes Bein nur mit Sohlenkontakt belasten darf. Sie kann deshalb in keine Reha-Klinik aufgenommen werden, sondern nur in eine Kurzzeitpflege. Eine Rückkehr in die häusliche Wohnung kommt derzeit nicht in Frage, weil die Patientin niemanden hat, der die alltägliche Pflege und Hilfestellung übernehmen kann. Außerdem betont der Mitarbeiter des Sozialdienstes, Frau Rosenstock sei „ein ganz schwieriger Fall", der „durch alle Raster fällt". Er übergibt ihr eine Liste mit Pflegeheimen, damit sie sich selbst um einen Kurzzeitpflegeplatz kümmern kann. Zur Kostenübernahme der Kurzzeitpflege trifft er keine für Frau Rosenstock eindeutige und verlässliche Aussage; die Eingruppierung in eine Pflegestufe hält er für unwahrscheinlich.

Das Gespräch mit dem Sozialdienstmitarbeiter stürzt Frau Rosenstock in eine tiefe Krise, woraufhin sie den Seelsorger rufen lässt und mir ihre Situation schildert. Sie befürchtet, künftig gar nicht mehr selbstständig leben zu können, wenn sie in einer Kurzzeitpflege zu wenig Physiotherapie für ihr linkes Bein erhält. Außerdem hat sie große Sorge, zu einer Kurzzeitpflege so viel zuzahlen zu müssen, dass sie ihre eigene Wohnung aufgeben muss. Frau Rosenstock besitzt als Folge ihrer Ehescheidung keine finanziellen Reserven und lebt von einer kleinen Rente. Sie fühlt sich auch überfordert, einen geeigneten Kurzzeitpflegeplatz selbst zu finden. Ihre nächste und einzige Angehörige, ihre Tochter, steht unter großer beruflicher Belastung. Und die Beziehung zwischen Mutter und Tochter ist so schwierig, dass sie sich nicht traut, ihre Tochter um etwas zu bitten. Frau

Rosenstock versteht nicht, warum sie nicht einfach länger in der Klinik bleiben kann, in der sie operiert worden ist. Sie hat den Eindruck, ihre Gesamtsituation wird nicht wahrgenommen und sie einfach „vor die Tür gesetzt". Die ungewisse Zukunft, ihre Existenzängste und die Hüftschmerzen belasten sie sehr.

Im seelsorglichen Gespräch beschränke ich mich nicht darauf, die Not der Patientin zu verstehen, sondern kritisiere die soziale Beratung, die ihr widerfahren ist, als unzureichend. Ich biete ihr an, ihren „Fall" auf informellem Weg mit einer Sozialdienstmitarbeiterin zu besprechen, mit der ich in der Geriatrie einer anderen Klinik zusammenarbeite. Frau Rosenstock stimmt zu. Als ich ihre Situation dort schildere, bietet die Sozialdienstmitarbeiterin sogleich an, die Patientin könne nach Abklärung auf ihrer geriatrischen Station aufgenommen werden. Für die Behandlung in einer Geriatrie ist es nicht notwendig, Hüfte und Bein mindestens zu 20 % belasten zu können, und auch ein Pflegebedarf wird berücksichtigt. Zudem könnte Frau Rosenstock während der geriatrischen Behandlung physiotherapeutisch, ergotherapeutisch und psychologisch weiter mobilisiert, und ihr künftiger Pflegebedarf und ihre Unterbringung könnten geklärt werden. Die Mitarbeitenden der ersten Klinik hätten um die Möglichkeit einer solchen geriatrischen Behandlung wissen und sie in die Wege leiten müssen!

Frau Rosenstock reagiert zunächst sehr zögerlich auf die Perspektive, auf eine geriatrische Station zu wechseln. Erst nachdem ich ihr sehr deutlich gesagt habe, dass ich diese Verlegung für die beste Möglichkeit in ihrer konkreten Situation halte, stimmt sie zu. In der Geriatrie angekommen, reagiert Frau Rosenstock zuerst wieder sehr ängstlich. Das Bett, der Nachttisch, das Telefon, die Gehhilfen, die Lagerungshilfen – alles „stimmt nicht" und löst bei ihr neue Unsicherheit und Misstrauen aus. Sogleich ruft mich die Sozialdienstmitarbeiterin, und wir versuchen gemeinsam, Frau Rosenstock so zu unterstützen, dass sie sich auf die neue Situation einlassen kann. Ich besuche Frau Rosenstock fortan häufig und halte bei Bedarf auch Rücksprache mit den Mitarbeitenden der Station.

Nach vier Wochen Aufenthalt in der Geriatrie hat sich die Belastbarkeit von Frau Rosenstocks Hüfte zwar nur wenig verbessert, aber ihre seelische Stabilität deutlich. Sie hat von den Physio- und Ergotherapeutinnen Hilfestellungen erhalten, wie sie mit ihren Hüftschmerzen besser umgehen kann. Und die Sozialdienstmitarbeiterin hat ihre nahe Zukunft abgeklärt: Frau Rosenstock wird in eine Pflegestufe eingruppiert und erhält einen Kurzzeitpflegeplatz in einer Einrichtung, die in unmittelbarer Nähe ihrer Wohnung und im Gebiet ihrer Kirchengemeinde liegt, wo sie früher Küsterin war und einige Kontakte hat. Im letzten Gespräch, das ich mit ihr führe, zeigt sie Zuversicht, trotz der langsamen Heilung ihrer Hüfte, ihrer finanziellen Notlage und der schwierigen Beziehung zu ihrer Tochter einen Weg für sich finden zu können.

Kommentar I: Überforderte PatientInnen in einem komplexen System

Claudia Bozzaro

Der hier geschilderte Fall erzählt eine Geschichte, die in vielen Aspekten in vergleichbarer Weise wohl tagtäglich im deutschen Gesundheitswesen vorkommt. Ich möchte vor allem drei Aspekte hervorheben.

a) Die dysfunktionale Patientin: Angst, Schmerz und Schuld
Frau Rosenstock hat zum dritten Mal Probleme an der Hüfte. Sie ist also schon seit längerer Zeit mit der Tatsache konfrontiert, dass ihre Hüfte sie nicht ohne Weiteres „trägt". Sie lebt alleine, in einer finanziell prekären Situation, und scheint keine engen Bezugspersonen zu haben, die sie und ihre Situation „mittragen". Sie ist auf sich alleine gestellt. Sie „steht" auf einer Hüfte, die ihr aber bereits schon des Öfteren „weg-gebrochen" ist und sie im Stich gelassen hat. Frau Rosenstock hat Angst, was wohl mehr als verständlich ist. Sie hat vermutlich Angst, mit einer falschen Bewegung, einer zu starken Belastung der Hüfte das fragile körperliche System, aber wohl auch ihre fragile Lebenssituation zu gefährden. Schmerzen verschärfen die Lage und triggern die Angst wohl noch zusätzlich.

Die Sätze, mit denen sie von Seite der Behandelnden konfrontiert wird, verschlimmern ihre Situation noch weiter. Nicht nur wird sie in ihrer Not nicht adäquat unterstützt, sie wird auch für ihr als dysfunktional angesehenes Verhalten verantwortlich gemacht. Zur Angst, zum Schmerz gesellt sich noch die Schuld: Sie sei selbst schuld daran, dass es nicht besser werde! Damit wird der Patientin auch noch der letzte Halt genommen, nämlich die Hoffnung, in der eigenen Not verstanden und unterstützt zu werden.

Unterstützung kommt dann doch, durch den Seelsorger, seine Kontakte und sein Engagement. Aber hätte das nicht schon früher und auch von anderer Seite kommen können bzw. müssen?

b) Das System
Dass in allen Formen zwischenmenschlicher Beziehungen auch mal Dissonanzen auftreten, versteht sich von selbst. Dass Behandelnde auch „Erwartungen" an ihre PatientInnen haben, ist auch verständlich, zumal sie Verantwortung für mehrere PatientInnen tragen und allen gerecht werden müssen. Wenn eine oder

einer nicht mitmacht und das gesamte System „stört", wird man womöglich anderen Hilfsbedürftigen nicht gerecht.

Die ungeduldigen Sätze der Behandelnden, der Hinweis des Klinikleiters, die Patientin dürfe nicht mehr länger in der Klinik bleiben, die „Raster", durch die Frau Rosenstock angeblich fällt, sind vielleicht gar nicht „persönlich" gegen Frau Rosenstock gemeint gewesen. Die Behandelnden, der Klinikleiter, der Sozialdienst-Mitarbeiter, sie alle sind Teil eines Systems, welches tagtäglich Leistungen auf Hochtouren und unter hohem wirtschaftlichen Erfolgsdruck abverlangt. Die „im System Tätigen" sind oftmals selbst nicht zufrieden mit ihren Arbeitsbedingungen. Sie selbst sind oftmals in Not. Die ungeduldigen Sätze gegenüber Frau Rosenstock sind vielleicht Ausdruck eigener Überforderung und Frustration. Dass dies so nicht sein sollte, versteht sich von selbst.

Ob die angedeuteten institutionellen Bedingungen einen Einfluss auf die Interaktion zwischen den Behandelnden und Frau Rosenstock hatten, kann nur gemutmaßt werden. Die Annahme ist naheliegend. Sie soll nicht so verstanden werden, dass damit das teilweise sehr unprofessionelle Verhalten der Behandelnden entschuldigt werden kann. Aber eine Einschätzung einer solchen Fallgeschichte kann die institutionellen Bedingungen, unter denen diese Interaktion stattgefunden hat, nicht außer Acht lassen.

c) Die soziale Lebenswelt
Deutschland, und das gilt für immer mehr Länder weltweit, ist eine alternde Gesellschaft. Sie ist zudem eine vereinsamende Gesellschaft. Die Anzahl der Menschen, die alleine leben – ob gewollt oder ungewollt –, nimmt kontinuierlich zu. Diese Entwicklung wird vor allem dann problematisch, wenn Menschen nicht mehr in der Lage sind, sich selbst zu versorgen. Mit Versorgen ist hier nicht lediglich die konkrete körperliche Pflege gemeint. Wie der Fall zeigt, ist es für viele Menschen bereits eine Herausforderung, sich im deutschen Gesundheitswesen zurechtzufinden. Wer hat Anspruch auf eine Reha? Wer auf Kurzzeitpflege? Wer bezahlt was? Eine kranke, pflegebedürftige Person, die sich nebenher noch alleine in diesen Strukturen zurechtfinden muss, ist verständlicherweise schnell überfordert. Es braucht den Ausbau eines Netzes von unterstützenden Personen jenseits der Familienangehörigen, die oft nicht vorhanden oder auch selbst mit den genannten Strukturen überfordert sind.

In dem dargestellten Fall ist es dank der Unterstützung der Seelsorge und der Sozialdienstmitarbeiterin in der geriatrischen Klinik gelungen, Frau Rosenstock eine Perspektive und Zuversicht zu geben. Entscheidend dafür: Man hat für sie einen Platz zur Kurzzeitpflege in der Nähe ihres Wohnortes und ihrer Kirchengemeinde gefunden. Damit besteht die Chance, dass sie wieder in ein soziales Netz eingebunden werden kann, das sie trägt und ihr Halt gibt.

Kommentar II: Wenn keine Lösung zu passen scheint

Julia Inthorn

Die Falldarstellung aus der Perspektive der Seelsorge macht deutlich: Frau Rosenstock braucht Hilfe, um – buchstäblich – wieder auf die Beine zu- und im Leben anzukommen. In einem hochdifferenzierten, von Spezialisierung geprägten System ist dabei nicht immer klar, wie der beste Weg zu dieser Hilfe aussehen kann. Die Besonderheit der anstehenden Entscheidungen liegt dabei nicht, wie etwa in vielen Fällen der klinischen Ethikberatung, in der Komplexität der Abwägung zwischen verschiedenen Handlungsalternativen oder Therapiezielen. Vielmehr macht der Fall deutlich, welche besonderen ethischen Abwägungen notwendig sind, wenn sich auf Grund institutioneller Spezialisierung individuelle Vorstellungen von Versorgung – Frau Rosenstock würde am liebsten im Krankenhaus bleiben – nicht realisieren lassen.

Frau Rosenstock ist in der geschilderten Situation auf Pflege, Physiotherapie, aber auch Unterstützung für die seelische Stabilität und im Umgang mit Schmerzen angewiesen. Sie selbst kann dabei nur sehr begrenzt auf eigene Ressourcen zurückgreifen. Sie hat keine Möglichkeiten, durch finanzielle Eigenleistung oder familiäre Unterstützung ihre Situation abzufedern. Zudem fällt es ihr schwer, sich selbständig um die anstehenden notwendigen Entscheidungen und die Gestaltung des Übergangs vom Krankenhaus in eine weitere Einrichtung zu kümmern.

Frau Rosenstock möchte gern im Krankenhaus bleiben. Dies scheint getragen von der Vorstellung, dass das Krankenhaus die notwendige Unterstützung in Pflege sowie Physiotherapie leisten kann und – und hier wissen wir nicht, wie schwer das für Frau Rosenstock wiegt – sie nicht in ein unbekanntes Umfeld wechseln muss.

Allerdings ist das Krankenhaus offenkundig nicht mehr zuständig, die Reha-Einrichtung kann sie ebenfalls aus guten Gründen nicht aufnehmen. Die formalen Kriterien, die hierbei angelegt werden, mögen unmenschlich und zu rigoros erscheinen. Aus ethischer Perspektive ist der sinnvolle Einsatz solidarisch finanzierter Möglichkeiten vor dem Hintergrund von Gerechtigkeitserwägungen allerdings ebenso wichtig wie Abwägungen in Grenzfällen. Da Frau Rosenstock aktuell weder von einem weiteren Aufenthalt im Krankenhaus noch von einer Reha wirklich profitieren würde, liegt hier aber kein Grenzfall vor.

Dank der Intervention durch den Seelsorger konnte für Frau Rosenstock eine gute Lösung gefunden werden. Die Weiterversorgung in der Geriatrie erscheint vielleicht manchen Beteiligten außergewöhnlich. Dennoch ist diese Option an vielen anderen Krankenhäusern bereits etabliert, und Übergänge zur Geriatrie sind gut erprobt, so dass es keiner weiteren Intervention, wie hier durch den Seelsorger, bedurft hätte. Insbesondere in der Vernetzung zwischen Einrichtungen sind in den vergangenen Jahren große Fortschritte gemacht worden. Der Fall zeigt, dass komplexe Finanzierungsfragen in Verbindung mit Optionen außerhalb etablierter Vorgehensweisen weiterhin zu Schwierigkeiten bei Übergängen zwischen Versorgungseinrichtungen führen können.

Im Fall von Frau Rosenstock wird deutlich, dass es für einen guten Entscheidungsprozess hilfreich ist, alle, auch zunächst außergewöhnlich erscheinende Handlungsoptionen zu benennen und in die Überlegungen zum weiteren Vorgehen einzubeziehen. Durch diesen in vielen Modellen klinischer Ethikberatung systematisch angelegten Schritt hätte die Idee einer Versorgung in der Geriatrie trotz des vergleichsweise jungen Alters von Frau Rosenstock früher in Betracht gezogen werden können. Die über der ersten Phase der Entscheidung schwebende Angst von Frau Rosenstock, tatsächlich durchs Raster zu fallen oder selbst für die Pflege aufkommen zu müssen, wäre so eventuell gar nicht erst aufgekommen.

Der Seelsorger macht in der Darstellung des Falls deutlich, dass erst auf seine Initiative hin, und indem er seinen eigenen Aufgabenbereich deutlich überschritten hatte, nach alternativen Wegen für Frau Rosenstock gesucht wurde. PatientInnen wie Frau Rosenstock sind auf diese Art der Hilfe angewiesen. Sie brauchen jemanden, der oder die im Miteinander der verschiedenen fachlichen Expertisen eine integrierende Funktion übernimmt und die unterschiedlichen Dimensionen von Wohl in einem Gesamtbild zusammenfügt. Um diese Verbindung der eigenen fachlichen Kompetenz mit den grundlegenden Aspekten eines ganzheitlich verstandenen Patientenwohls herzustellen, müssen die eigenen fachlichen Grenzen verlassen und Kommunikation im Team hergestellt werden, um gemeinsame Angebote gelingender Patientenversorgung zu entwickeln. Hierzu bedarf es Formaten auch außerhalb klinisch-ethischer Fallgespräche.

Darüber hinaus hat der Fall noch eine weitere ethisch relevante Facette. Im gesamten Verlauf wird von Frau Rosenstock berichtet, dass sie vor allem Sorgen und Bedenken äußert, angefangen mit der Sorge hoher Zuzahlungen zur Kurzzeitpflege über die Abwehr gegenüber der Geriatrie, gegenüber den Gegebenheiten vor Ort – alles „stimmt nicht" –, bis hin zum Umgang mit Schmerzen und ihrem Weg in die Eigenständigkeit. Alles scheint ihr nicht recht zu sein – bis auf eine Verlängerung des Krankenhausaufenthalts, von dem sie aber offensichtlich nicht profitiert –, die Belastbarkeit des Beins wird nicht besser.

Sie äußert, dass ihre Gesamtsituation nicht wahrgenommen wird. Hier ist unklar, was damit gemeint ist. Da Frau Rosenstock zunächst auch der schlussendlich gefundenen Lösung einer Weiterversorgung in der Geriatrie wenig abgewinnen kann, kann man spekulieren, dass Frau Rosenstock es selbst nicht genauer fassen kann. Der Seelsorger muss Frau Rosenstock dazu drängen, die auf sie individuell zugeschnittene Lösung anzunehmen. Auch beim Eingewöhnen vor Ort braucht sie sehr viel Unterstützung. Frau Rosenstock scheint von den auf Selbstbestimmung und Eigenständigkeit ausgerichteten Wegen der Entscheidung überfordert zu sein. Die notwendige eigene Beteiligung an einem Wechsel aus dem Krankenhaus in eine andere Versorgungsstruktur kann sie nicht leisten. Der hinzugezogene Seelsorger muss sie darin unterstützen und sie von der gefundenen Lösung überzeugen. Er muss dabei zwischen dem Respekt vor der Selbstbestimmung und dem Wohl der Patientin abwägen. Ähnlich wie bei fehlender Einwilligung in eine medizinisch indizierte Maßnahme ist auch hier die Frage, wie weit ein Überreden gehen kann oder auch muss und welche ethischen Folgefragen, etwa hinsichtlich der Unterstützung bei einer entsprechenden Wahl, sich hieraus ergeben. Der Fall verweist damit auf die Bedeutung von Überlegungen zu gestützter Autonomie und Dimensionen von Selbstbestimmung, die, wie im Fall von Frau Rosenstock, erst durch den Behandlungsverlauf mit einer grundlegenden Besserung der Situation wiedererlangt werden und selbst Ziel der Versorgung sind.

Fallerzählung: Das Posey-Bett auf dem Flur der geriatrischen Abteilung

Im Flur vor der Mitarbeitendenumkleide stand eines Tages ein Posey-Bett (Bett mit einem netzartigen Baldachin, das von allen Seiten von außen mit Reißverschlüssen geschlossen werden kann). Niemand, der durch diesen Flur zu gehen hatte, wusste irgendetwas dazu. Es gab nur Fantasien. Über die Sinnhaftigkeit und die ethischen Bedenken wurde erst gesprochen, als ich zusammen mit dem Betriebsratsvertreter in einer Sitzung des Ethikkomitees die Anschaffung dieses Bettes thematisierte. Vor der Anschaffung des Bettes gab es wohl nur Gespräche bei den ÄrztInnen der Klinik für Innere Medizin mit geriatrischer Abteilung und dem zuständigen Arzt mit dem Geschäftsführer des Krankenhauses. Es war beschlossen worden, dieses Bett zur „Probe" zu bestellen. Der Vorgang lief folgendermaßen ab:

Das Pflegepersonal wurde eines Tages auf das im Flur abgestellte „Posey-Bett" aufmerksam. Woher das Bett kam und wer es angefordert und dort abgestellt hatte, war zuerst nicht zu erfahren. MitarbeiterInnen untersuchten dann die Besonderheiten des Bettes und schnell wurde klar, dass es zu freiheitsentziehenden und ruhigstellenden Maßnahmen genutzt werden kann. Das Bett wurde auch relativ schnell, innerhalb von zwei bis drei Tagen, von den MitarbeiterInnen den Stationen zugeordnet, die mit weglaufgefährdeten und sehr unruhigen PatientInnen zu tun haben.

Den im Ethikkomitee (EK) vertretenen Seelsorgenden wurde ein Foto dieses Bettes von Pflegenden zugeschickt, mit der Bitte um Information. Ich habe mir dieses Bett daraufhin angesehen und mit den Pflegenden Gespräche dazu geführt. Es war auf verschiedenen nichtoffiziellen Wegen die Information durchgedrungen, dass das Bett für unruhige PatientInnen benutzt werden könne, da man dazu auch keinen richterlichen Beschluss bräuchte. Viele Pflegende waren sehr aufgebracht, da die Benutzung dieses Bettes als Freiheitsberaubung eingeordnet wurde. Die meisten waren persönlich betroffen und empört und konnten sich weder für sich selbst noch für ihre Angehörigen vorstellen, in einer entsprechenden Situation in solch einem „Bett" abgestellt, ruhiggestellt und eingekerkert zu werden, mit der Begründung, dem unruhigen Menschen einen geschützten Raum anbieten zu wollen, in dem er sich beruhigen und neu sortieren könne.

Bei einem Gespräch mit der zuständigen Stationsleitung, die mir gegenüber große ethische und pflegerische Bedenken gegen den Einsatz des Bettes äußerte, bekam ich die Information, dass das Bett jetzt benutzt werden sollte, da ein sehr unruhiger und aggressiver Patient dem Pflegepersonal die Arbeit sehr erschweren würde.

Es gab MitarbeiterInnen, die einen Vorteil beim Einsatz dieses Bettes bei einigen besonderen PatientInnen sahen; allen war aber klar, dass es sich um freiheitsentziehende Maßnahmen handeln würde, die richterlich angeordnet werden müssten. Es war auch klar, dass so ein Bett eigentlich eine Sitzwache erforderlich macht, und damit war von einer Arbeitserleichterung nichts mehr zu spüren, da das wenige vorhandene Personal nicht die Ressourcen hat, auch noch Sitzwachen abzustellen.

Im Gespräch mit dem zuständigen Arzt und Mitglied im Ethikkomitee stellte sich heraus, dass das Bett auf dessen Initiative bestellt worden war und im Demenzbereich bei unruhigen PatientInnen eingesetzt werden sollte.

Zwischenzeitlich war auch der Betriebsrat von Pflegenden auf das Bett aufmerksam gemacht worden, denn MitarbeiterInnen hatten nachgefragt, ob man sie zwingen könne, so eine „Ruhigstellung" durchzuführen oder daran teilzunehmen.

Es wurde tatsächlich für wenige Tage ein Patient mit Einwilligung seiner Angehörigen in diesem Bett fixiert. Der Patient habe das angeblich genossen und sei nach dem Aufenthalt viel ruhiger gewesen (nach Aussage des zuständigen Arztes, der gleichzeitig auch Mitglied im Ethikkomitee ist).

Zusammen mit dem Mitarbeiter im Betriebsrat informierte ich als Seelsorgerin in der nächsten Sitzung über die Anschaffung, das Vorgehen und ethische Bedenken des Ethikkomitees. Ich hatte mich im Internet über dieses Bett und die Bewerbung durch die Firma kundig gemacht und auch herausgefunden, dass dieses Bett in Österreich wegen ethischer Bedenken nicht benutzt werden darf.

In der Sitzung des Ethikkomitees beschrieb der Arzt seine Motivation und begründete den Einsatz mit dem großen Vorteil für das belastete Personal und ebenfalls für PatientInnen, die dann das Gefühl von einer schützenden Höhle hätten. Dass Menschen sich auch eingeschlossen, gewaltsam eingegrenzt fühlen und mit Panik reagieren könnten, wurde von ihm nicht richtig gehört. Der Arzt war der Meinung, dass es richtig gewesen war, nicht vor der Anschaffung des Bettes darüber auf breiter Basis zu informieren und diskutieren zu lassen. Er sehe jetzt aber ein, dass das Bett im Hause durch die gelaufene Diskussion und Ablehnung nicht mehr benutzt werden könne, auch wenn er selbst anderer Meinung sei. Er habe dies schon so mit dem Geschäftsführer besprochen.

Die Mitglieder des Ethikkomitees ließen sich informieren und auch da fanden es einige Mitglieder (auch JuristInnen) schade, dass das Bett nun wieder an die Firma zurückgegeben werden sollte.

Über den Einsatz dieses Bettes wurde vor der Benutzung nicht informiert und diskutiert. Die Pflege war nicht gehört worden. Der Einsatz des Bettes war eine Überrumpelung.

Kommentar I: Freiheitsentziehende Maßnahmen in organisationsethischer Perspektive

Johannes Pantel

Das in dieser Fallerzählung zum Ausdruck kommende tiefe Unbehagen lässt sich letztlich in die Frage kleiden: Darf man alte, pflegebedürftige Menschen überhaupt in das dort beschriebene Netzbett oder psychiatrische Intensivbett – so die offizielle Bezeichnung – sperren bzw. ist dies nicht allein aus ethischen Gründen strikt abzulehnen?

Hierzu ist zunächst festzustellen, dass es sich bei der Anwendung eines Netzbettes unzweifelhaft um eine freiheitsentziehende Maßnahme (FEM) i.S. des § 1831 BGB handelt. Rechtlich (und ethisch) ist der Einsatz damit in einer Reihe mit anderen FEM zu sehen, so etwa mit der Unterbringung auf einer geschlossenen Station, mit körpernahen Fixierungen (mittels Fixiergurten oder Gurtsystemen), Tischbrettern bzw. Steckbrettern oder sonstigen mechanischen Vorrichtungen (Leibchen, Bandagen), zu denen auch der häufig als harmlos empfundene Einsatz eines Bettgitters zählt. Ethisch und rechtlich zulässig sind FEM nur, wenn sie ausschließlich dem Wohl der Betroffenen dienen und darüber hinaus andere Möglichkeiten, Schaden von dem Patienten oder der Patientin abzuwenden, ausgeschöpft sind („Ultima Ratio"). Tatsächlich werden FEM in der Pflege zumeist mit der *Schutzpflicht* der Klinik oder des Heims gegenüber der zu pflegenden Person begründet. Insofern stehen bei ihrem Einsatz die medizinethischen Grundprinzipien *Respekt vor der Autonomie des Patienten bzw. der Patientin, Schadensvermeidung* und *Fürsorge* in einem dilemmatischen Konflikt. Da FEM immer Eingriffe in die persönliche Integrität, d.h. die Verletzung eines fundamentalen Menschenrechtes bedeuten, *müssen* sie in Deutschland durch einen Richter oder eine Richterin genehmigt werden, da es sich sonst um Straftatbestände handeln würde.

Festzuhalten ist allerdings, dass es sich bei FEM niemals um *therapeutische Maßnahmen* handelt bzw. dass sie unter keinen Umständen mit diesen verwechselt werden dürfen. Denn letztlich wohnt vielen FEM – abgesehen von dem Element der entwürdigenden und/oder unmenschlichen Behandlung – ein nicht unerhebliches Schädigungspotential inne, das bei ihrem Einsatz stets gegen den potentiellen Nutzen abgewogen werden muss. Zu den gut dokumentierten gesundheitlichen Folgeschäden zählen z.B. die Entstehung von Druckulzera („Durchliegen") und Gelenkversteifungen sowie eine allgemeine Abnahme der Gehfähigkeit mit erhöhter Sturzgefährdung. Aber auch die Psyche leidet: FEM können apathisches Verhalten verstärken, Angstzustände induzieren, gar traumatisierende oder retraumatisierende Wirkungen entfalten. Durch die erzwungene Passivität mit begleitender Unterstimulation können die kognitiven Fähigkeiten der Betroffenen weiter abnehmen, was vor allem für Menschen mit Demenz fatal ist. Erzwungene Bewegungseinschränkungen können eine Steigerung von Unruhe und Abwehr provozieren, die häufig wiederum durch die Gabe von Psychopharmaka „behandelt" werden. Die Alltagskompetenz nimmt ab und damit die Pflegebedürftigkeit zu. So gesehen kann die Einleitung einer FEM bei sturzgefährdeten, unruhigen und verwirrten und pflegebedürftigen Patienten und Patientinnen, die vermeintlich dem Schutz der Betroffenen dient, den Einstieg in einen Teufelskreis bedeuten, der genau denjenigen Zustand aufrechterhält oder sogar verschlimmert, der die FEM ursprünglich begründet hat.

Vor diesem Hintergrund macht es stutzig, dass die bekannten Risiken der FEM von den Befürworterinnen und Befürwortern eines Netzbett-Einsatzes – so auch im vorliegenden Fallbericht – nicht in Rechnung gestellt werden. Vielmehr werden die Netzbetten (auch in den Werbeprospekten der Hersteller- und Vertreiber-Firmen) geradezu als *therapeutische Maßnahme ohne Nebenwirkung* angepriesen: Patientinnen und Patienten würden sich darin unmittelbar beruhigen, so dass sogar Psychopharmaka eingespart werden könnten, sie schliefen besser, seien besser vor Stürzen und Verletzungen geschützt, zeigten eine „verbesserte Ernährungsaufnahme", fühlten sich pudelwohl und würden das Eingesperrt-Sein sogar „genießen" (Originalzitat aus dem Werbeprospekt einer Vertreiberfirma: „Was gibt es sonst Schöneres als einen zufriedenen lächelnden Bewohner"). Fragt man nach den empirischen Belegen für diese Behauptungen, dann wird man auf narrative Anwendungserfahrungen einzelner Institutionen oder wenige kleinere Beobachtungsstudien verwiesen (z.T. im Auftrag der Hersteller durchgeführt), die jedoch bei näherer Betrachtung gängigen wissenschaftlichen Gütekriterien nicht standhalten. Das wirkt wie eine Verharmlosung oder zumindest Vernachlässigung potentieller Risiken, zumal das o.g. allgemeine Schädigungspotential von FEM empirisch gut belegt und daher die skeptische Haltung der Pflegekräfte im o.g. Fallbericht aus professioneller Sicht gut empirisch begründet ist.

Hinzu kommt, dass dem in der Pflege von Menschen mit Demenz und Verwirrtheit häufig auftretenden Dilemma zwischen Autonomie- und Fürsorgegebot heute auf andere Weise professionell begegnet werden kann. Denn wer auf der Suche nach echten therapeutischen Alternativen ist, um dem herausfordernden Verhalten unruhiger Patientinnen und Patienten adäquat und unter Umgehung von Zwang zu begegnen, findet in der Fachliteratur zahlreiche empirisch gut belegte Interventionen, so wie sie z.B. in der evidenzbasierten Leitlinie *Vermeidung von freiheitseinschränkenden Maßnahmen in der beruflichen Altenpflege* oder vom „*Werdenfelser Weg*" seit Jahren propagiert werden.[1] Zwar mag das

---

[1] Köpke, Sascha/Möhler, Ralph/Abraham, Jens/Henkel, Adrienne/Kupfer, Ramona/Meyer, Gabriele, www.leitlinie-fem.de/materialien/leitlinie/; Kirsch, Sebastian/Wassermann, Josef, Der Werdenfelser Weg, www.werdenfelser-weg-original.de/idee/.

Netzbett – wie von den Befürworterinnen und Befürwortern gerne ins Feld geführt wird – im Vergleich zur Gurtfixierung aufgrund der (geringfügig) höheren Bewegungsfreiheit der Betroffenen als „humanere" Alternative erscheinen. Dieses Argument verfängt jedoch nur, wenn man den (niederschwelligen) Einsatz von mechanischem (= Fixierung) und chemischem (= Sedierung) Zwang als alternativlos propagiert und die o.g. gewaltfreien Methoden unterschlägt oder gar nicht erst in Betracht zieht. Der Einsatz von Zwang sollte jedoch in der Geriatrie eine Ausnahme bleiben und nicht durch die niederschwellige Verfügbarkeit von Netzbetten zur augenfälligen Routine werden.

Zu denken geben sollte in diesem Zusammenhang auch, dass das *Europäische Komitee des Europarates für die Prävention von Folter und unmenschlicher oder entwürdigender Behandlung und Strafe* ihren Mitgliedsstaaten das Verbot von Netzbetten unter allen Umständen empfiehlt.² Eine klare Ansage – auch wenn nicht ganz klar wird, warum das Komitee den Einsatz von Fixiergurten oder Zwangsmedikationen unter bestimmten Umständen für menschenrechtskonform erachtet, Netzbetten hingegen nicht. Dabei mag sicher auch ein emotionales Moment eine Rolle spielen: Diese Betten erinnern viele Betrachter an *Käfighaltung*. Menschen, eingesperrt wie Tiere im Zoo, das ist schon rein intuitiv ein erschreckender Anblick. Daher verwundert es nicht, dass die Netzbetten im Zuge der deutschen Psychiatriereform der 1970er Jahre relativ rasch aus den psychiatrischen Kliniken verbannt wurden. Ähnlich wie Zwangsjacken waren sie zum Symbol einer disziplinierenden, strafenden, unmenschlichen Psychiatrie geworden, die lange Zeit keine andere – humanere bzw. therapeutische – Antwort auf die Bedürfnisse der ihr anvertrauten Patientinnen und Patienten fand. In Österreich dagegen wurden Netzbetten noch jahrzehntelang eingesetzt, bis sie 2015 auch dort u.a. aufgrund von Zwischenfällen und nicht zuletzt aber auf Druck der Volksanwaltschaft³ und ihres Menschenrechtsbeirates durch das Gesundheitsministerium verboten wurden.⁴ Warum sie in Deutschland – wie auch das o.g. Fallbeispiel illustriert – in den letzten Jahren im geriatrischen Versorgungskontext wieder eine Renaissance erleben, wäre durchaus eine vertiefende Reflexion wert. Ist dies womöglich auch Ausdruck des allenthalben beklagten Fachkräftemangels in der Pflege, dessen strukturelle Ursachen u.a. in dem ökonomischen Druck, der auf Kliniken und Pflegeeinrichtungen lastet, zu suchen sind?

Dies führt unmittelbar zur zweiten zentralen Frage, die durch den geschilderten Fall aufgeworfen wird und die letztlich *organisationsethischer* Natur ist: Wäre es nicht in hohem Maße opportun gewesen, vor der (ärztlichen) Entscheidung zur

---

2   European Committee for the Prevention of Torture and Inhuman or Degrading Treatment of Punishment (CPT), www.coe.int/en/web/cpt/means-of-restraint-psychiatry („The use of net [or cage] beds should be prohibited under all circumstances").
3   Österreichischer parlamentarischer Ombudsrat zur Kontrolle der öffentlichen Verwaltung und zum Schutz und zur Förderung der Menschenrechte.
4   Der Standard, www.derstandard.at/story/2000005004735/gesundheitsministerium-verbietet-netzbetten.

Beschaffung des Netzbettes das kollegiale Gespräch mit allen Beteiligten zu suchen? Hätten nicht Pflegedienstleitung, die Pflegekräfte vor Ort und ggf. auch die potentiell Betroffenen bzw. deren Vertreterinnen und Vertreter (z.B. in Form des regionalen Betreuungsvereins und/oder der regionalen Alzheimergesellschaft) bei dieser Entscheidung engmaschig mit einbezogen werden müssen? Wäre nicht ein Einbezug des Ethikkomitees bereits *im Vorfeld* dieser Entscheidung klug und angemessen gewesen? Schließlich war es in erster Linie die Pflege, die diese „Innovation" anwenden bzw. mit ihrem professionellen Selbstverständnis und ihrer professionellen Ethik vereinbaren sollte. Unter Berücksichtigung der vermutlich nicht beabsichtigten, aber gleichwohl offensichtlichen „Überrumpelung" war der Konflikt zwischen Pflege und Ärzteschaft geradezu vorprogrammiert. Ein professionelles und unter organisationsethischen Aspekten wünschenswertes Vorgehen hätte eine kritische Abwägung möglicher Vor- und Nachteile des Netzbettes unter Berücksichtigung der verfügbaren empirischen Evidenz erfordert, statt den Marketing-Versprechen der Hersteller unhinterfragt Glauben zu schenken. Falls im Rahmen dieses Prozesses ein „Probelauf" des Bettes beschlossen worden wäre, wäre die Erarbeitung eines differenzierten und pflegefachlich fundierten Anwendungs-, Dokumentations- und Evaluationskonzeptes unverzichtbar gewesen, um vor dem ersten Einsatz zahlreiche offene Fragen zu adressieren, u.a.: Was sind Ein- und Ausschlusskriterien für die Anwendung des Bettes? Wie kann eine adäquate Überwachung gewährleistet werden und welcher personelle Aufwand ist damit verbunden? Wie kann eine ausreichende Mobilisierung der im Bett eingeschlossenen Patientinnen und Patienten garantiert werden? Wie kann verhindert werden, dass der Patient bzw. die Patientin letztlich noch weniger pflegerische Zuwendung bekommt, weil man ihn/sie in Sicherheit glaubt?, etc. Wäre dieser Weg von Anfang an gegangen worden, hätten auch die ethischen Bedenken der Pflege angemessen reflektiert werden können, einschließlich einer kritischen Reflexion der eigenen Praxis im Umgang mit „unruhigen" Patientinnen und Patienten. Statt eine „neue" potentielle Zwangsmaßnahme einzuführen, hätte dies vielleicht einen Prozess der Hinterfragung struktureller Rahmenbedingungen in Gang gesetzt, die FEM begünstigen (z.B. in den Bereichen Personal, Betreuungskonzept und räumliche Ausstattung), bis hin zu einer konsequenten und flächendeckenden Implementierung gewaltfreier Alternativen im Umgang mit „schwierigen" Patientinnen und Patienten. So regt dieser Fall auch zum Nachdenken darüber an, wie in einer Organisation, die nicht nur effizient und wirtschaftlich, sondern auch moralisch handeln will, Entscheidungsprozesse organisiert und gute Entscheidungen getroffen werden können, um keinen dieser Aspekte zu vernachlässigen.[5]

---

[5] Vgl. Winterstein, Thomas, www.uni-bamberg.de/fileadmin/uni/fakultaeten/ktheo_lehrstuehle/christliche_soziallehre/Winterstein_Von_der_Ethik_des_Helfens_zur_Organisationsethik.pdf.

Literatur

Der Standard (2014): *Gesundheitsministerium verbietet Netzbetten,* www.derstandard.at/story/2000005004735/gesundheitsministerium-verbietet-netzbetten (Zugriff: 26.03.2023).

European Committee for the Prevention of Torture and Inhuman or Degrading Treatment of Punishment (CPT): *Means of restraint in psychiatric establishments for adults,* https://www.coe.int/en/web/cpt/means-of-restraint-psychiatry (Zugriff: 26.03.2023).

Kirsch, Sebastian/Wassermann, Josef: *Der Werdenfelser Weg – Das Original – Idee,* www.werdenfelser-weg-original.de/idee/ (Zugriff: 26.03.2023).

Köpke, Sascha/Möhler, Ralph/Abraham, Jens/Henkel, Adrienne/Kupfer, Ramona/Meyer, Gabriele (2015): *Leitlinie FEM – Evidenzbasierte Praxisleitlinie Vermeidung von freiheitseinschränkenden Maßnahmen in der beruflichen Altenpflege,* 2. Auflage, www.leitlinie-fem.de/materialien/leitlinie/ (Zugriff: 16.03.2023).

Winterstein, Thomas (2016): *Von der Ethik des Helfens zur Organisationsethik – Ein Paradigmenwechsel im Krankenhaus;* in: www.uni-bamberg.de/fileadmin/uni/fakultaeten/ktheo_lehrstuehle/christliche_soziallehre/Winterstein_Von_der_Ethik_des_Helfens_zur_Organisationsethik.pdf (Zugriff: 26.03.2023).

Kommentar II: Die Klinikseelsorge in der organisationsethischen Rolle

Christof Mandry

Was die Klinikseelsorgerin hier erzählt, ist keine der üblichen Geschichten, in denen um medizinethisch schwierige Fallentscheidungen von konkreten PatientInnen gerungen wird. Vielmehr geht es um einen Vorgang, der den Professionellen im Klinikbetrieb – dem medizinischen und pflegerischen Personal, den Verantwortlichen auf verschiedenen Ebenen und auch der Klinikseelsorge – vor Augen führt, dass Kommunikation, Organisation und Vertrauensverhältnisse in der Klinik bzw. auf der geriatrischen Station nicht optimal sind. Denn plötzlich, so beginnt die Erzählung der Seelsorgerin, steht ein Netzbett („Posey-Bett") im Flur vor der Mitarbeitendenumkleide. Weil buchstäblich niemand daran vorbeikommt, ohne es wahrzunehmen, löst das ungewohnte Objekt eine Flut an Fragen, Vermutungen und Gerüchten aus. Wozu dient es, wer hat es hier abstellen lassen, was sollen wir damit? Auch die Seelsorgerin lässt sich von dem unbekannten Objekt und von der um sich greifenden Verunsicherung, was seine Präsenz für die Arbeit in der geriatrischen Abteilung wohl bedeuten mag, in Bewegung bringen. Sie macht sich die Aufklärung über den Vorgang und seine noch unbekannte Zielsetzung zur Aufgabe und bringt die Sache schließlich gemeinsam mit dem Betriebsrat im Ethikkomitee zur Sprache. Dort werden die verfügbaren Informationen zusammengetragen. Sie betreffen zum einen die Natur des Netzbettes, das zu freiheitsentziehenden Maßnahmen verwendet werden kann. Diese Information löst weitere Spekulationen aus hinsichtlich des Anlasses (um welche PatientInnen bzw. PatientInnengruppen geht es?), der Bedingungen seines Einsatzes (als freiheitsentziehende bzw. einschränkende Maßnahme ist ein richterlicher Beschluss erforderlich) sowie der Auswirkungen auf das Pflegepersonal (wie wird mit ihren professionsethischen Bedenken umgegangen, wie passt die notwendige Sitzwache in den Einsatzplan?). Zum anderen wird im Ethikkomitee referiert, dass die Entscheidung über die Anschaffung des Bettes offenbar nur zwischen den ÄrztInnen und der Geschäftsführung der Klinik besprochen worden ist; die Pflegerische Leitung der Klinik bzw. die Pflegedienstleitung der geriatrischen Abteilung sind nicht einbezogen worden. Bei den Pflegekräften kommt dies als Überrumpelung an – das Bett steht einfach da und spricht gewissermaßen für sich selbst. Seine Verwendung scheint „höheren Orts" geplant zu sein, doch ohne klare Kommunikation bleiben den Nichtwissenden nur Spekulationen.

Das Ethikkomitee bemüht sich um Klärung im Wust der Mutmaßungen. Für Unruhe sorgt vor allem die kolportierte Einschätzung, das Netzbett könne auch therapeutisch eingesetzt werden und sei keine freiheitsentziehende Maßnahme, die einer richterlichen Genehmigung bedürfe. Die Pflegenden sehen dies anders und befürchten, entgegen ihres persönlichen und professionellen Ethos auf die Verwendung des Netzbetts verpflichtet zu werden. Auf die hier zentralen medizinethischen und rechtlichen Standards, die bei freiheitsentziehenden und freiheitseinschränkenden Maßnahmen zu erfüllen sind, geht der Kommentar von Johannes Pantel ausführlich ein. Der tatsächliche Einsatz des Netzbettes – ein Patient wurde „mit Einwilligung seiner Angehörigen" darin fixiert und habe dies „angeblich genossen" – taucht in der Erzählung der Seelsorgerin nur als weitere Kolportage auf, ist aber nicht Gegenstand der Diskussionen im Ethikkomitee. Daher sind hier vor allem die kommunikativen und organisationsethischen Problemstellungen zu betrachten.

Auffällig ist vor allem, dass die ÄrztInnen und auch der für die Station zuständige Arzt, auf den auch die Anschaffungsinitiative zurückgeht, zunächst gar nicht selbst auftreten. Gerade der „zuständige Arzt" ist in der Sitzung des Ethikkomitees nicht anwesend, obwohl er Mitglied ist. Er und seine KollegInnen sind freilich dennoch sehr präsent, nämlich in Gestalt der auf sie – zu Recht oder zu Unrecht – zurückgeführten Pläne mit dem Netzbett, die die Verunsicherung anheizen. In diesem Vakuum an gesicherten Informationen übernimmt die Seelsorgerin eine aktive Rolle: Sie sammelt Hintergrundwissen und sie kommuniziert mit einem großen Kreis an Mitarbeitenden. So ergibt sich ein Kreis an AkteurInnen, der sich aus den Seelsorgenden, den Pflegekräften, der zuständigen Stationsleitung und dem Betriebsrat zusammensetzt. Schließlich ist das Fehlen von PatientInnen oder PatientenvertreterInnen zu bemerken – sie werden nicht einbezogen. Die ÄrztInnen tragen erst zur Klärung der vielen Fragen bei, als die Aufklärungsarbeit in einer Sitzung (oder mehreren?) des Ethikkomitees kulminiert. Hier werden vor allem die Bedenken der Pflegenden, der Seelsorgerin und weiterer Personen artikuliert, und der Arzt kann seine Motive und seine Perspektive erläutern. Hier fällt auf, dass es dem Ethikkomitee nicht gelingt, zu einer gemeinsamen Einschätzung des Vorgangs sowie der Bewertung des Netzbettes zu gelangen. Der Arzt macht schließlich einen Rückzieher, ohne seine positive Haltung zum Netzbett zu revidieren, indem er dessen Einsatz wegen der verfahrenen Kommunikation als nicht mehr opportun ansieht und das Bett zurückschicken lässt. Zurück bleiben Gefühle der Unbefriedigung und der „Überrumpelung".

Was nicht erzählt wird, aber sich den Lesenden am Ende aufdrängt: Wie wird die Klinik bzw. die Station künftig mit Entscheidungen über freiheitsentziehende Maßnahmen umgehen? Wie wird es gelingen, die hier offenbar vorhandene Unsicherheit und z.T. auch Fehleinschätzung zu überwinden und zu einem ethisch validen Umgang mit unruhigen geriatrischen PatientInnen zu gelangen?

Wie kann das gestörte Vertrauensverhältnis zwischen den Beteiligten wiederhergestellt werden und wie kann eine bessere Kommunikation künftig etabliert werden? Es ist sicherlich ein mehrgleisiges Vorgehen anzuraten, sodass alle Beteiligten sich auf gemeinsame organisationale und kommunikative Vorgehensweisen und ethische Standards einigen. Zum einen wäre zu klären, wie solche grundsätzlichen Entscheidungen getroffen und kommuniziert werden, wie sie hier die Anschaffung des Netzbetts repräsentiert. Schließlich geht es nicht allein um den Erwerb eines Gegenstands, sondern eine Option für bestimmte Handlungsweisen, die den medizinischen und pflegerischen Ablauf betreffen. Hier wird vor allem die Pflegedirektion bzw. Pflegedienstleitung darauf bestehen müssen, frühzeitig einbezogen zu werden, da die Standards guter Pflege, das pflegerische Ethos und die Zuteilung von Personalressourcen betroffen sind. Des Weiteren wäre es für das Krankenhaus wichtig, das Wissen und die Kompetenzen im Umgang mit unruhigen geriatrischen und/oder psychiatrischen PatientInnen zu vertiefen und sie zudem zu einem Organisationswissen zu machen. Hilfreich wäre hier etwa ein Prozess, der fachliche Fortbildung des Personals und das Erstellen einer Handreichung oder eines Leitfadens verbindet. Wichtig ist dabei zum einen, dass klare Entscheidungs- und Handlungsabläufe mit definierten Verantwortlichkeiten festgelegt und festgehalten werden. Und dass dies in einem partizipativen Prozess geschieht, der idealerweise auch hier die bislang außen vor gelassenen PatientInnen(-vertretungen) einbezieht. Zum anderen ist darauf zu achten, dass solche Orientierungshilfen nicht nur erstellt, sondern auch implementiert, also in die tägliche Handlungspraxis eingebaut werden müssen. Dies ist als ein eigenständiger Schritt zu planen, durchzuführen und am besten nach einiger Zeit auch zu evaluieren. Das Ethikkomitee könnte sich hierbei als das interprofessionelle Forum etablieren, in dem dieser Prozess inhaltlich und kommunikativ begleitet wird.

Abschließend ist die Klinikseelsorge in den Blick zu nehmen. Die Erzählung zeigt die Seelsorgerin als eine aufmerksame, reflexions- und kommunikationsstarke Fachperson, die hier explizit in ihrer Rolle als Krankenhausseelsorgerin auftritt. Im Mittelpunkt steht hier nicht die im engeren Sinne seelsorgliche Tätigkeit, die in der Begleitung von Menschen in existenziellen Bedrängnissen besteht. Die Seelsorgerin nimmt hier vielmehr das Krankenhaus als ein System wahr, dessen (guter oder weniger guter) Zustand sich auf die Versorgung der PatientInnen, aber auch auf die Arbeitsbelastung, die Motivation und das professionelle Ethos der hier Tätigen auswirkt. Die Organisations- und Kommunikationsmängel, die in der Erzählung erkennbar werden, sind nämlich nicht einfach nur misslich oder in einem betrieblichen Sinne ineffizient, sondern können auch die professionelle Integrität der AkteurInnen verletzen. In der Erzählung wird dies an der Befürchtung der Pflegenden deutlich, sie könnten gegen ihre Überzeugung zum Einsatz des Netzbettes gedrängt werden. Die Klinikseelsorgerin nimmt dies sowohl hinsichtlich der existenziellen Dimension wahr (Verletzungen des professionellen Ethos können persönliche Krisen auslösen und zur Infragestellung von Sinn und Motivation der Berufstätigkeit führen) als auch in der ethischen Dimension (die Rechte von Personen auf Freiheit, Selbstbestimmung und Integrität können verletzt werden). Damit es ihr gelingt, diese Problemwahrnehmung als organisationsethische Thematik anzusprechen, ist ihre enge Verbindung zu ganz vielen AkteurInnen in der Klinik entscheidend, nicht nur zu den einzelnen MitarbeiterInnen, sondern auch zu deren Vertretung (Betriebsrat/Personalrat). Bei dem nun anstehenden, oben skizzenhaft vorgeschlagenen Prozess kann die Seelsorge weiterhin eine aktive und integrierende Rolle wahrnehmen, in die sie auch ihre ethische Kompetenz einbringt. So kann sie hier dafür Sorge mittragen, dass die Menschenwürde im konkreten Berufsalltag beachtet wird, was miteinschließt, sich um die Voraussetzungen auf der Ebene der Organisation zu kümmern, die menschenwürdiges Handeln erleichtern oder erschweren.

Fallerzählung: Im Nebel von Patientenwille und Mitleid

Im November 2020 rief mich meine Kollegin aus der Nachbarklinik an und erzählte, dass eine Patientin, die sie begleitet hatte, zu uns in die Klinik verlegt worden sei. Sie hatte sie regelmäßig besucht, ihr Zeitschriften besorgt und gespürt, dass der enge Kontakt Frau D. gutgetan hatte. Deshalb bat sie uns, nach ihr zu schauen.

Bei meinem ersten Besuch auf der gastroenterologischen[1] Station befand sich Frau D. in einem guten Zustand und äußerte die Hoffnung, bald wieder in die Klinik zurückverlegt zu werden, aus der sie gekommen war, und dann nach Hause gehen zu können.

Bei meinem nächsten Besuch fand ich sie auf der Zwischenintensivstation[2] der Klinik wieder. Sie hatte einen künstlichen Darmausgang bekommen. Sie lag mit Atemmaske im Bett, schlief und stöhnte bei meinem Besuch nur leise. Nach Auskunft der Pflege war das ihr Dauerzustand, und da sie eine Sepsis[3] bekommen hatte, sollte sie auf die Intensivstation verlegt werden. Dort traf ich sie am nächsten Tag auch an, sie war immerhin wach, und eine Verständigung über Kopfnicken war möglich. Nach meinem Urlaub befand sie sich allerdings nicht mehr in unserer Klinik.

Ein Wiedersehen gab es Ende Februar 2021, erneut auf der gastroenterologischen Station. Frau D. war in gutem Zustand und erzählte mir in einem längeren Gespräch von ihrem langen Leiden: Sie hatte drei Operationen gehabt und war jetzt aus ihrer Reha in der Nähe von Olpe wieder hierher verlegt worden, weil bei einer Untersuchung Blutverlust festgestellt worden sei. Das müsse überprüft werden, und danach sollte sie wieder in die Reha zurück, wo sich auch noch ihr Gepäck befand. Sie äußerte ihre Trauer darüber, dass man ihre Patientenverfügung nicht respektiert habe und sie im letzten Jahr wieder „zurückgeholt" habe. Sie wäre lieber gestorben und hätte nicht so lange leiden wollen (seit ihrer Einlieferung in die Klinik im September 2020 war sie nicht mehr zu Hause gewesen).

Anfang März lag sie auf der Zwischenintensivstation. Frau D. fühlte sich nicht wohl, sie war operiert worden, erfolgreich, wie sie sagte (alle Löcher seien gestopft), aber sie hatte Schmerzen, fühlte sich niedergeschlagen und konnte nur klagen. Das änderte sich in den nächsten Tagen nicht. Sie äußerte, nicht mehr leben zu wollen. Weil sie so betrübt war und sie ihre Einsamkeit beklagte, bot ich ihr an, dass sie mit meinem Diensttelefon mit ihrem Sohn telefo-

---

[1] Magen-Darm.
[2] Gemeinhin als Intermediate Care Station (IMC) bezeichnet.
[3] Blutvergiftung.

nieren könne. Am Beginn des Gesprächs, bevor ich das Telefon dann weiterreichte, erzählte mir ihr Sohn, dass die Ärzte meinten, die Schmerzen könnten sie nur mit einer PDA[4] in den Griff bekommen. Dagegen wehrt sich jedoch Frau D. Am nächsten Tag ging es ihr noch schlechter. Sie erzählte, man habe sie zur PDA überredet. Sie sei jedoch misslungen, ihre Beine seien nun taub und gelähmt, und Schmerzen habe sie weiterhin. Sie will immer noch sterben und vorher noch einmal ihren Sohn sehen. Ihr Sohn darf sie wahrscheinlich wegen des ernsten Zustands trotz des strengen Corona-Besuchsverbots einmal besuchen.

In den folgenden Tagen schwankte ihr Zustand: Manchmal ging es ihr besser, so dass sie von früher erzählte, dann ging es ihr wieder schlechter. Sie äußerte die Sorge, dass nicht mit ihr gemacht werde, was nötig sei, weil sie eine Patientenverfügung geschrieben habe. Sie wollte sie deshalb ändern. Bei einem Telefonat mit ihrem Sohn, um herauszufinden, was in der Patientenverfügung eigentlich stand, erklärte er mir, dass sie nur dann einen Behandlungsabbruch wünsche, wenn sie im Koma läge und/oder ein selbstbestimmtes Leben ausgeschlossen werden könnte oder sie im Sterben läge. Bei den zuletzt genannten Fällen möchte sie auch nicht reanimiert werden. Diese Information nahm Frau D. die Sorge, man werde ihr nicht die Behandlung zukommen lassen, die nötig wäre.

Vor diesem Hintergrund verstand ich nun auch, warum mir von der Pflege gerade dann, wenn es Frau D. schlecht ging, erzählt wurde, dass der Sohn darauf dränge, dass seine Mutter die Maximalversorgung bekäme. Sie selbst hielten das für falsch; sie hätten aus Mitleid mit ihr schon länger auf eine palliative Behandlung umgestellt.

Eine Woche später war Frau D. in keinem guten Zustand, sie schien zu fantasieren und Schmerzen zu haben; mein Eindruck war, dass die Schmerzmittel die Ursache des Fantasierens sein könnten. Als ich einen Oberarzt daraufhin ansprach und ihn fragte, ob meine Vermutung zuträfe, bestätigte er das mit dem Hinweis, leider wären diese Medikamente wegen der starken Schmerzen notwendig. Einmal kam während meines Besuchs der große Trupp der Chefarzt-Visite in das kleine Zimmer, blieb aber, wohl wegen meiner Anwesenheit, nur kurz, ohne großen Austausch. Zehn Minuten später indes kam Prof. Dr. med. P. alleine zurück, um mit Frau D. zu bereden, wie es weitergehen sollte. Er sagte ihr, dass sie keine lebensbedrohliche Krankheit habe, aber viele „Baustellen", doch dass sie alles täten, was medizinisch notwendig sei. Eine Heilung sei möglich. Das würde aber eine längere Zeit in Anspruch nehmen. Nur bei den Beinen sei nicht hundertprozentig zu sagen, ob sich das wieder bessern werde. Er wollte wissen, was sie wünschte: die volle Behandlung über längere Zeit oder nicht. Darauf gab sie keine Antwort und äußerte nur, dass sie Angst habe, ohne sagen zu können, wovor. Sie äußerte Sorge vor dem Alleinsein, doch es blieb unklar, ob

---

[4] Periduralanästhesie – eine rückenmarksnahe örtliche Betäubung.

sie damit ihre häusliche Betreuungssituation oder etwas anderes meinte. Als der Professor weg war, meinte sie, dass sie nicht unselbständig und auf andere angewiesen sein wolle – dann stürbe sie lieber. Ihre Idealvorstellung war es, eine Narkose zu bekommen und dabei zu sterben, ohne es zu merken.

In den nächsten Tagen war sie immer noch verwirrt, hatte so etwas wie einen Verfolgungswahn (Mafia, Leute, die es auf ihr Geld abgesehen hätten, sie unterbrach jedes Mal das Gespräch, wenn die Pflege ins Zimmer kam). Die Physiotherapeutin erzählte, dass Frau D. bei den Übungen nicht mitmache und dass ihr selbst deshalb der Professor schon Druck gemacht habe. Auch sie äußerte, dass Frau D. nur gequält werde; eine palliative Behandlung sei besser für sie.

Anderntags kam der Sohn von Frau D. zu Besuch. Er bat sie, bei der Behandlung mitzumachen, denn anders könne sie nicht gesund werden. Das wirkte offenbar, denn bei meinen Besuchen in den nächsten Tagen, in der Woche vor dem Palmsonntag, war sie wie verwandelt: Die Physiotherapeutin war begeistert, weil sie gut mitarbeitete, und sie war auch wieder bei klaren Gedanken. Sie erzählte viel, bat mich, beim Frühstück bei ihr zu bleiben, und erzählte fröhlich von ihren Zukunftsplänen, wie sie nach der Reha ihre Wohnung umgestalten werde, damit sie mit dem Rollstuhl dort gut zurechtkäme.

Dann begann unversehens ihre Passion: Am Palmsonntag war sie wieder sehr leidend, sprach kaum und stöhnte nur leise. Am Kardienstag schlief sie fast den ganzen Tag; erst bei meinem letzten Besuchsversuch öffnete sie kurz die Augen, murmelte nur etwas und schien zu wollen, dass ich bei ihr blieb. Das tat ich, bis sie wieder eingeschlafen war, betete wie meist in diesen Situationen laut für sie und segnete sie. Am Gründonnerstag war sie in demselben Zustand, sie öffnete kurz die Augen, sprach nicht, und bei einer kleinen Visite stöhnte sie bei den notwendigen Bewegungen laut (es sollte, so der Beschluss, wegen einer Komplikation am Rücken noch eine MRT[5] gemacht werden).

Am Osterdienstag traf ich Frau D. wieder auf der Intensivstation an. Sie hatte am Karfreitag eine Krise gehabt und musste reanimiert werden. Seitdem lag sie im Koma. Sie wurde mit einem Schlauch beatmet und ich erlebte sie in den nächsten Tagen nicht mehr wach, setzte meine Besuche aber dennoch fort, um bei ihr zu sein, mit ihr zu sprechen und für sie zu beten.

Am Osterdonnerstag fand ein Angehörigengespräch statt, bei dem ich aber nur anwesend sein konnte, weil ich am frühen Morgen nach meinem Besuch bei Frau D. beim Weggehen „zufällig" von einer Schwester der benachbarten Zwischenintensivstation erfuhr, dass es um 15 Uhr stattfinden sollte, und kurz darauf beim Warten auf die Enkelin einer anderen Patientin am Klinikeingang ebenso „zufällig" den Sohn von Frau D. mit seiner Frau traf,

---

[5] Magnetresonanztomographie – ein Verfahren zur Darstellung von Körpergewebe.

Im Nebel von Patientenwille und Mitleid

mit denen für 11 Uhr dieser Termin vereinbart worden war. Weil dieses Terminchaos erst geklärt werden musste, fand es dann immerhin gegen 13 Uhr statt. In der Zeit bis dahin wartete ich mit dem Sohn und seiner Frau und hatte so die Gelegenheit, durch unsere Unterhaltung ihre Sorgen kennenzulernen und mitzutragen und einiges über das Leben von Frau D. und über ihren Krankheitsweg in den letzten Monaten zu erfahren.

Im Angehörigengespräch entpuppten sich die „mehreren Baustellen", von denen Professor Dr. med. P. gesprochen hatte, als 1. eine Bauchfistel; 2. ein großer Dekubitus[6] am Steiß, den man operieren könnte; aber die Heilung würde sehr lange dauern, Wochen bis Monate, wenn sie denn die Operation überstünde; 3. die Querschnittslähmung nach der misslungenen PDA; und 4. das Koma, in dem Frau D. seit der Reanimation am Karfreitag lag; sie zeige keine erkennbaren medizinischen Fortschritte, so dass eine Gehirnschädigung sehr wahrscheinlich und ein selbstbestimmtes Leben nicht mehr zu erreichen sei. Da Frau D. im Moment außerdem nur durch die Beatmung mit erhöhtem Sauerstoffgehalt und durch sehr hoch dosierte Blutdruckmittel (Katecholamine) am Leben gehalten wurde, sah der behandelnde Oberarzt der Intensivstation keinen Behandlungserfolg mehr, was der ebenfalls anwesende Chirurg bestätigte. Deshalb hatten sie um das Gespräch gebeten, um das weitere Vorgehen zu besprechen. Ihre Empfehlung war, die Behandlung zu beenden. Es folgte ein Gespräch über den Willen der Patientin; der Sohn legte die Patientenverfügung vor, die zwar bei der Einlieferung von Frau D. abgegeben worden war, die aber die Ärzte offenbar nicht kannten. Da der Sohn auch ohne die Patientenverfügung wusste, dass seine Mutter ein längeres Aufrechterhalten ihres jetzigen Zustandes nicht gewollt hätte, stimmte er zu, sie nicht weiter am Leben zu erhalten, allerdings schweren Herzens, denn er kam sich vor wie die Zuschauer im alten Rom im Circus Maximus, die mit dem nach unten gestreckten Daumen anzeigen durften, ob ein Gladiator sterben sollte – er empfand das nicht als ein Entscheiden-Dürfen, sondern als ein Entscheiden-Müssen, auf das er gerne verzichtet hätte. Es sei schwer, über Leben oder Tod seiner Mutter zu entscheiden.

Nach dem Gespräch verabschiedeten sich der Sohn und seine Frau von Frau D. Auf ihren Wunsch hin begleitete ich sie dabei und betete mit ihnen gemeinsam für die Mutter/Schwiegermutter. Während ich sie anschließend auf dem Weg zum Haupteingang der Klinik begleitete, wurden die Blutdruckmittel abgesetzt und der Sauerstoffgehalt auf die übliche Menge in der Luft heruntergedreht. Ich besuchte Frau D. eine halbe Stunde später noch einmal, und ein Pfleger war außerdem ständig bei ihr, damit sie nicht alleine war. Sie starb dann gegen 17 Uhr.

---

[6] Dekubitus – eine Schädigung der Haut und des darunterliegenden Gewebes durch lange Belastung wie z.B. Liegen.

Kommentar I: Behandlungsfehler aus Organisationsmängeln?

Gwendolin Wanderer

Der in der Fallerzählung geschilderte Krankheits- und Behandlungsverlauf der Patientin Frau D. ruft Bestürzung hervor. Es handelt sich um einen fürchterlichen, mit dem Versterben der Patientin endenden Leidensweg, der von mangelnder ärztlicher Aufklärung, Missachtung des Patientenwillens, medizinischen Komplikationen bis hin zu eklatanten Behandlungs- und Pflegefehlern gekennzeichnet ist.

Die Patientin Frau D. kommt aufgrund eines gastroenterologischen Befundes, der in der Falldarstellung leider nicht genauer spezifiziert wird, in eine Klinik und hofft bei der ersten Begegnung mit dem/der SeelsorgerIn, diese nach einem operativen Eingriff bald wieder verlassen zu können. Mit dem tatsächlichen Ausgang der Operation, einem künstlichen Darmausgang, scheint sie zu diesem Zeitpunkt noch nicht gerechnet zu haben; andernfalls hätte sie diesen drohenden Einschnitt in ihrem Leben dem/der SeelsorgerIn gegenüber vermutlich zum Ausdruck gebracht. Möglicherweise hat sich der Befund im Zuge der Operation gravierender gezeigt als gedacht, möglicherweise sind im Zuge der Operation Komplikationen aufgetreten. Wir wissen es nicht, und auch Frau D. scheint darüber im Unklaren geblieben zu sein. Das allein ist schon eine Katastrophe für die Patientin, ist doch ein künstlicher Darmausgang ein gravierender Einschnitt im Leben, dessen Bewältigung für die Betroffenen eine Herausforderung darstellt, insbesondere dann, wenn damit im Vorfeld der Operation nicht zu rechnen war. Es liegt die Frage nahe, ob die behandelnden ÄrztInnen ihrer Aufklärungspflicht adäquat nachgekommen sind. Möglicherweise hätte Frau D. im Nachgang der Operation Unterstützung dabei erhalten, diese neue Situation eines Lebens mit künstlichem Darmausgang in ihr Leben zu integrieren, wäre nicht eine Sepsis aufgetreten – eine weitere Komplikation im Behandlungsprozess –, die dazu führte, dass die Patientin auf der Zwischenintensivstation behandelt und künstlich beatmet werden musste. Eine Kommunikation mit dem/der SeelsorgerIn, der sie dort besuchte, ist über Kopfnicken möglich.

Aufgrund eines Urlaubs der Seelsorge-Person und der zwischenzeitlichen Entlassung der Patientin aus der Klinik findet die nächste Begegnung mit der Patientin fünf Monate später statt. Drei Operationen hat sie sich insgesamt unterziehen müssen, war in Reha, ist von dort aus nun aber aufgrund von Blutverlust wieder in die Klinik überwiesen worden. Die Patientin ist verständlicherweise frustriert, so sehr, dass sie wünschte, sie sei im Zuge ihrer Sepsis fünf Monate zuvor nicht am Leben gehalten worden, und verweist auf ihre Patientenverfügung, der möglicherweise nicht entsprochen worden ist. Sie hatte darin verfügt, dass sie einen Behandlungsabbruch wünscht, wenn sie im Koma liegt und/oder ein selbstbestimmtes Leben ausgeschlossen wird oder sie im Sterben liegt. Dann wolle sie auch nicht mehr reanimiert werden. Inwiefern dies für ihre Situation passgenau war, kann anhand der genannten Informationen rückwirkend nicht festgestellt werden.

Eine erneute Operation soll dazu dienen, die Ursache für die Blutungen zu beheben; die Diagnose einer Fistel ist im Verlauf der Fallerzählung im Gespräch als eine der Diagnosen der Patientin Frau D. Diese mag gelungen sein, es bleiben allerdings Schmerzen, die die Patientin sehr beeinträchtigen und ihren Lebenswillen schwinden lassen. Allein eine PDA könne helfen, so die Ärzte. Diese lehnt die Patientin jedoch zunächst ab, wird dann aber zu dem Eingriff überredet, der jedoch misslingt und zu einer Querschnittslähmung führt bei verbleibendem Schmerzzustand. Dies ist die nächste Katastrophe, die einerseits Bestürzung und andererseits Fragen aufwirft. War das Legen einer Periduralanästhesie (PDA) für Frau D. medizinisch indiziert? Hätte nicht auch ein anderer schmerztherapeutischer Weg eingeschlagen werden können in Anbetracht der Tatsache, dass die Patientin der Legung einer PDA eigentlich ablehnend gegenüberstand? Wurde sie über die Risiken des Eingriffs angemessen aufgeklärt? Vermutlich hätte sie bei der Durchsetzung ihrer Behandlungswünsche oder beim Einfordern einer umfassenden Aufklärung über die Chancen und Risiken der Legung einer PDA Unterstützung benötigt. Der Sohn von Frau D. konnte aufgrund der Corona-Bestimmungen nur eingeschränkt ins Krankenhaus kommen. Die Pandemiesituation scheint die im Krankenhaus grundsätzlich gegebene Asymmetrie zusätzlich auf für die Patientin fatale Weise verstärkt zu haben. Gerade in einer solchen Situation der Asymmetrie wäre es wichtig, fehlende Besuchsmöglichkeiten durch Angehörige über Telefonate und andere mediale Möglichkeiten zu kompensieren. In diesen Gesprächen könnten anstehende Therapieoptionen, Wünsche und Fragen mit damit vertrauten Personen gemeinsam durchdacht werden, um dann tragfähiger zu sein und mit größerer Bestimmtheit durchgesetzt beziehungsweise vorgebracht werden zu können.

Wir erfahren über die Fallerzählung sehr wenig über die Gespräche, die zwischen dem Arzt/der Ärztin und der Patientin stattfinden. Dass bei dieser die Sorge aufkommt, man tue vielleicht nicht alles medizinisch Mögliche zur Verbesserung ihres Gesundheitszustandes, mag auf dieser fehlenden Kommunikation beruhen, manifestiert sich aber bei der Patientin in der Sorge, ihre Patientenverfügung könne missverständlich abgefasst sein. Diese Sorge kann ausgeräumt werden, verdeutlicht aber die tiefe Verunsicherung der Patientin. Es geschehen Dinge, die sie eigentlich nicht wollte – mit üblen Folgen –, und der in ihr aufkeimende Gedanke, es könne vielleicht nicht alles getan werden, um ihr in ihrer fatalen Situation zu helfen, ist durchaus nachvollziehbar. Interessant ist, dass die Patientin den Fehler zunächst bei sich selbst sucht, dass sie denkt, sie selbst habe diese Situation herbeigeführt. Tatsächlich entzieht sich das, was mit ihr im Krankenhaus geschieht, ihrem Einfluss. Die Felle schwimmen ihr nach und nach davon. War sie vorher noch mobil, ist sie dies nun nicht mehr, war sie vorher mitunter schmerzfrei, ist sie dies nun nicht mehr. Der Sohn achtet nach dieser zutage getretenen Unsicherheit verstärkt darauf, dass seine Mutter die Maximaltherapie erhält, was der Intuition der Pflegenden anhand der Gesamtsituation von Frau D. widerspricht – „sie hätten aus Mitleid mit ihr schon länger auf eine palliative Behandlung umgestellt". Das Urteil des behandelnden Arztes, Professor P., steht dieser Einschätzung entgegen. Eine Heilung sei möglich, wenn auch langwierig; nur ob die Beine wieder würden, sei ungewiss. Hier eine informierte Einwilligung in Bezug auf die weitere Heilbehandlung oder gegen diese zu treffen, ist nachvollziehbarerweise eine Überforderung für die Patientin; sie gibt ihrer Angst Ausdruck, vor allem ihrer Angst, allein zu sein. Sie ist diejenige, die mit den Behandlungsfolgen, den Schmerzen und den Schäden zurechtkommen muss; niemand kann ihr diese abnehmen. Das zeigt sich schon daran, dass ihr die Schmerzen in diesem Stadium nur mit Mitteln genommen werden können, die ihre Wahrnehmung trüben, ein Fantasieren befördern. Sie äußert dem Seelsorger gegenüber ihren Sterbewunsch. Dieser ist jedoch nicht beständig; ermuntert durch ihren Sohn, partizipiert sie wieder an der Physiotherapie, macht Pläne für ihr Leben zuhause, also für eine Zeit nach dem Klinikaufenthalt. Kurz darauf tritt eine offensichtlich von starken Schmerzen begleitete Verschlechterung ein; „Komplikationen am Rücken" sollen über eine MRT-Untersuchung abgeklärt werden.

Kurz darauf trifft sie der/die SeelsorgerIn nach einer Krise, im Zuge derer eine Reanimation durchgeführt wurde, auf der Intensivstation im Koma liegend an. Die Tatsache, dass reanimiert wurde, widerspricht klar dem vorausverfügten Willen der Patientin. Es liegt spätestens an dieser Stelle ein klarer Rechtsbruch vor. Patientenverfügungen werden im Klinikkontext immer wieder übergangen, sei es, weil die Patientenverfügung dem Behandlungsteam nicht bekannt ist, weil in Bezug auf die Passgenauigkeit der Patientenverfügung Unsicherheit besteht oder weil der Umsetzung des Patientenwillens nicht genug Bedeutung beigemessen wird.

In einem von Professor P. angesetzten Gespräch mit den Angehörigen wird der Befund, dass Frau D. an einem großen Dekubitus am Steiß litt, möglicherweise erstmals kommuniziert. Ihre Schmerzen im Bereich des Rückens wären auch anhand dieses Befundes erklärbar. Es liegt die Frage nahe, wie es zu der wundgelegenen Stelle am Rücken hat kommen können. Wurde die Patientin möglicherweise nicht pflegefachlich angemessen gelagert? Wurde vermieden, sie über diesen Befund aufzuklären? Durch die Vielzahl der Fehlentscheidungen und Komplikationen – das Legen eines künstlichen Darmausgangs ohne vorherige Aufklärung, die darauffolgende Sepsis, die misslungene PDA, zu der die Pa-

Behandlungsfehler aus Organisationsmängeln?

tientin überredet worden ist mit der Folge der Querschnittslähmung, und zu guter Letzt der große Dekubitus – sind Zweifel an der Qualität der Behandlung und Pflege angebracht. Es ist eine besondere Tragik, wenn es sich um seltene Komplikationen handelt, die alle nacheinander bei ein und derselben Patientin auftreten. Das von den Pflegekräften und der Physiotherapeutin geäußerte Mitleid mit der Patientin betraf allein ihre am Ende bestehende gesundheitliche Situation, nicht aber den Prozess, in dem diese so desolat geworden ist. Angesichts der gesundheitlichen Verschlechterungen von Frau D. infolge von mangelhafter Aufklärung und im Zuge von Behandlungs- und Pflegefehlern würde ohnehin eine andere Reaktion näherliegen: jene der Empörung oder aber, seitens der ÄrztInnen, jene des Bedauerns und der Verantwortungsübernahme.

Der Nebel betrifft meines Erachtens nach weniger die Unklarheit des Patientenwillens, wenn dieser auch nachvollziehbarerweise phasenweise ambivalent sein mag. Es scheint in diesem Fall vielmehr ein Verschleiern der medizinischen Befunde gegeben zu sein, das zu einer Undurchsichtigkeit führt. Dabei zeigt sich, wie bereits angemerkt, die Asymmetrie im Arzt-Patient-Verhältnis in besonders gravierendem Maße. Die Patientin erfuhr kaum Verstärkung – weder in Bezug auf ihr Recht, adäquat aufgeklärt zu werden, noch in Bezug auf die Umsetzung ihres Willens, etwa die Ablehnung der PDA oder am Ende der Reanimation.

Der/die SeelsorgerIn hat durch seine dauerhafte Begleitung der Patientin einen umfassenden Blick auf den Krankheits- und Behandlungsprozess, aber offensichtlich keinen direkten Einblick in die Patientenakte. So erfährt er/sie auch nur über den Sohn aus zweiter Hand von dem in der PV vorausverfügten Patientinnenwillen. Dies schwächt seine Möglichkeit, kritische Anfragen an das Behandlungsteam zu stellen. Bei mehreren Visiten ist der/die SeelsorgerIn anwesend und auch jenseits des Zimmers der Patientin wird es Gesprächsmöglichkeiten mit den ÄrztInnen über die Situation der von ihm/ihr begleiteten Patientin gegeben haben, die ungenutzt blieben. Offensichtlich besteht hier eine gewisse Unsicherheit bezüglich der Rolle der Seelsorge in Prozessen, die ein kritisches Nachfragen nahelegen. Die pastoraltheologische Seelsorgekonzeption legt eine Parteinahme für die Armen und Schwachen, also auch die in der Asymmetrie unten Stehenden nahe. Wann eine solche Parteinahme aber in konkreten klinischen Zusammenhängen angebracht ist, wie sie sich begründen lässt, wenn medizinisches Wissen und Kenntnis der Befunde fehlen, ist eine Frage, die herausfordert. Diese Herausforderung der Rollenklärung ist seitens der Seelsorge unbedingt anzunehmen, will sie in Fallsituationen wie der hier geschilderten als wirksame Akteurin wahrgenommen werden. Der/die SeelsorgerIn hätte im Nachgang zu der misslungenen Darmoperation den Sohn kontaktieren und/oder direkt das Gespräch mit den behandelnden ÄrztInnen suchen können. Im Vorfeld der Entscheidung zur Legung einer PDA hätte er/sie einerseits die Patientin im Sinne des *empowerments* darin bestärken können, ihre Wünsche den ÄrztInnen gegenüber vehementer zu vertreten, und andererseits hätte er/sie eine ethische Fallberatung anregen können, im Rahmen derer eine sorgfältige Güterabwägung in Bezug auf die Maßnahme hätte erfolgen können. Der/die SeelsorgerIn hätte auf das Vorhandensein der Patientenverfügung hinweisen und sich für deren Berücksichtigung stark machen oder aber den Sohn darin bestärken können, auf den Willen der Mutter zu verweisen. Damit würde er/sie mit dem Instrumentarium eines ethischen Akteurs bzw. einer ethischen Akteurin im Krankenhaus wirksam und dem Anspruch kompetenter Anwaltschaft entsprechen.

In der vorliegenden Fallerzählung wird dem Sohn die Verantwortung zuteil, eine Entscheidung bezüglich des Behandlungsabbruchs treffen zu müssen beziehungsweise für die Umsetzung der Patientenverfügung zu sorgen. Er trägt am Ende die Last der Entscheidung, nachdem in der Klinik so vieles versäumt oder unverantwortlich umgesetzt wurde. Dies ist mehr als paradox.

Kommentar II: Was haben Seelsorgende mit dem Nebel von Frau D. zu tun? – Organisationsethische Perspektiven

Thomas Schmidt, Andreas Heller, Hans Bartosch

Interkollegiale Perspektive aus der Seelsorge: Reflexionen auf die Geschichte der Frau D.
Einerseits beeindruckt uns der Kollege als Seelsorger von Frau D. Er bleibt dran. Er begleitet wirklich. Er setzt sich neben die Patientin, beim Frühstück und im Koma. Er wartet geduldig auf Besprechungen. Er lässt sich tief ein auf die alte Dame und das über eine relativ lange Zeit. Im Blick auf Ethik: Der Kollege erhält einen recht klaren Blick auf das, was vermutlich eindeutig als Patientenwille gilt. Es ist ärgerlich, wenn ein Professor P. das über-geht, über-sieht oder mit Behandlungsangeboten über-redet. Es ist schön, dass der Kollege offensichtlich den Pflegenden auf mehreren Stationen den Rücken stärkt, weil er – wie jene – recht eindeutig sehen, spüren und sagen kann, dass der Wille von Patientin D., medizinisch gesehen, vermutlich viel zu anatomisch-studien-kennzahl-relevant operationalisiert wird.

Andererseits hat uns die sehr lange Geschichte des Seelsorgers ermüdet. So viele Begegnungen mit der Patientin, so viele diagnostische Informationen, so viele ungeklärte Settings!

Gewiss ist durch den Seelsorger viel über den Willen von Frau D. zu Tage gefördert worden. Aber ... wer ist Frau D.? Hat das Seelsorgegeheimnis den Rest verschluckt? Oder war der Fokus der Aufmerksamkeit tatsächlich überwiegend zwischen Fistel und Dekubitus? Es glüht immer dann der ethische Funke, wenn das lebensgeschichtlich geprägte Gesicht, das biografische Thema von Frau D. aufscheint, jenes Momentum, das zum ethischen Konflikt geführt hat.

Wo treffen sich im ethischen Konflikt Frau D., ihr Sohn, Professor P. und die Krankenschwester? Genauer: Wo treffen sie sich aus ihren jeweiligen *Geschichten* heraus?

Wir unterstellen, dass Frau D. aus der Generation der Kriegskinder kommt. Dazu wäre sehr viel zu sagen, en gros und vor allem en détail. Wenn aktuell Schmerzen und Einsamkeiten bei Menschen wie Frau D. auftauchen, ähneln sie häufig erschütternd jenen im Berliner Bunker und auf dem eisigen Frischen Haff. Was genau war bei Frau D. los, die doch den Eindruck einer Erzählwilligen macht? Was hat sie – damals, oder: ihre Mutter? – erlebt an erschütternder Fremdbestimmung?

Professor P., der vermutlich besser ist als sein Ruf, gehört – wie der Sohn, wie wir weitgehend – einer anderen Generation als Frau D. an, kann sie daher (wie wir) auch nur begrenzt tiefen-verstehen. Wie aber sind wir innerfamilial verzurrt mit jenen Bunkern, Haffs und durchgeschrienen Nächten, die viel zu viele unserer Familien grund-geprägt haben? Ja, und vielleicht kommen die Krankenschwester oder auch Professor P. aus Ländern des östlichen Europas oder des Orients, wo Frau D.s Kindheitserfahrungen aktuell das Leben prägen?

All dies bedarf keiner aufwändigen Exploration. Nach unserer Erfahrung stellt sich in der Seelsorge sehr schnell jenes „Woher-kommst-du, Was-hast-du-gemacht, Wer-ist-deine-Familie?" her.

Statt des vielen Begleitens durch Frühstücke und Sitzwachen hindurch sollte sich Seelsorge genau auf diese lebensgeschichtliche Exploration konzentrieren. Auch im Namen Jesu dem Antlitz, den Geschichten, ihrer einmaligen Subjekthaftigkeit und dem individuellen Schicksal einen Namen geben. Die Heilungsgeschichten Jesu leben von Überraschungen, Pointen und auch viel vom „Wo-kommst-du-her?", „Was willst du, dass ich dir tun soll?" („Und was nicht?", müsste man ethisch ergänzen). Dem konstitutiven Beitrag der Seelsorge zur Ethik hilft Verortung in Geschichte und Geografie eminent.

Empfehlungen ethischer Fallberatungen sind nüchtern, undramatisch und bleiben häufig zumindest zu Teilen diffus. Wenn allerdings die Prozesse, die erzählten Geschichten (!) rund um die Einberufung einer Fallberatung (vorbereitend auf der Station oder auch am Telefon) oder die in der Regel mit „übrigens ..." eingeleiteten interprofessionellen Schlüsselerzählungen im Türrahmen beim Gehen, wenn all dies konstitutiv als Ethik verstanden und kommuniziert wird, erscheint jene klarer, wachsamer und wirksamer.

Der Seelsorge gebührt keineswegs das klinische Monopol an Begleitung und Begegnung, von Empathie und Menschlichkeit. Allerdings hütet die Seelsorge jene großen Geschichten der Bibel. Und stößt von daher mit atemberaubender Genauigkeit auf Wunden und Brüche in den Geschichten von zahllosen Menschen. Jene neuerdings auch als traumatologisch bezeichnete Kern-Kompetenz einer narrationskundigen Seelsorge wirkt ethik-heuristisch.

Versorgungswissenschaftliche und organisationsethische Perspektive
Die Lebenssituation von Frau D., von der wir relativ wenig biographisch und lebensgeschichtlich wissen, ist ein „Klassiker". So sehen (leider) viele Versorgungssituationen älterer Menschen am Lebensende in unserem Sozial- und Gesundheitssystem aus. Es ist eine Geschichte der Abwärtsentwicklung zwischen rehabilitativer und hospizlich-palliativer Orientierung; eine Erzählung der Multimorbiditäten im Alter (also der Fokussierung auf geriatrisch-gerontologische Aufmerksamkeiten) und der dadurch nicht automatisch mitwachsenden Aufmerksamkeit für die sich zuspitzende Vulnerabilität älterer Menschen im System der Krankenversorgung. Wo ist der Ort in diesem System, an dem die einzelnen Facetten dieses Lebens zusammengetragen, als relevant anerkannt und integrierend aufgenommen werden? Wie werden Geschichte und Geschichten kollektiv gewürdigt?

Unterschiedliche Erkrankungen schichten sich auf eine primäre Grunderkrankung auf (im Medizinjargon als handwerklich bewältigbare „Baustellen" bezeichnet). Die darin steckende „Verobjektivierung" der subjektiv individuellen Situation ist ein weiteres Charakteristikum der Geschichte. Dazu gehört die kommunikative und organisationale Unerreichbarkeit des „Visitenkollektivs" durch den gleichzeitig im Raum präsenten Seelsorger. Dazu gehört auch und zuallererst der Umgang mit der Patientenverfügung in der Ignoranz der behandelnden Berufsgruppe, das Fehlen der „organisationalen Wirksamkeit", des implizit und explizit ausgedrückten Willens im Prozess der monatelangen Behandlungen und Rehabilitation.

Die Brüche in den Versorgungs-dis-kontinuitäten werden im Verlauf der Leidensgeschichte von Frau D. offenkundig. Brücken sind unter diesen Bedingungen schwer möglich. Die Kommunikationen misslingen, solange Lösungsansätze lediglich personalisiert und nicht zugleich auch organisational orchestriert werden. Die Erzählung legt exemplarisch die strukturelle, weitgehend nur zufällig stabilisierte Versorgungslage einer ganzen Bevölkerungsgruppe offen. So werden typischerweise individuelle „Rettungsversuche" beobachtbar:

- Der Arzt holt sich die „Erlaubnis" für eine Behandlungszieländerung beim Sohn. Es bleibt offen, ob und wie er eine „palliative Baustelle" einzurichten gedenkt.
- Der Sohn bleibt allein mit seinem schlechten Gefühl als Zuschauer in der Arena des Sterbens seiner Mutter, alleingelassen damit, sich diffus schuldig und unzulänglich zu fühlen. Es bleibt offen, welche Unterstützung er in dieser Gefühlslage benötigt und ob und von wem er sie erhält.
- Die Pflege hat offensichtlich schon länger auf „palliativ" umgestellt. Es bleibt offen, warum diese Orientierung nicht mit den anderen relevanten Beteiligten kommuniziert und in Entscheidungsoptionen übersetzt worden ist.
- Der Seelsorger sitzt zwischen allen Stühlen und zugleich an der Seite von Frau D., was zwar beides Teil seiner beruflichen Realität ist und auch Teil seines professionellen Rollenverständnisses sein sollte. Es bleibt allerdings offen, wie er künftig mit ähnlichen Situationen umgehen kann – sowohl im Blick auf mögliche Insuffizienz- und Ohnmachtsgefühle als auch in seiner Selbstinterpretation und in der kommunikativen Vermittlung seiner Rolle.
- Frau D. stirbt im Nebel. Die Geschichte endet leider noch im Wachkoma. Eine radikale und nachhaltige Betroffenenorientierung im System Krankenhaus hat vielfach noch einen langen Weg vor sich. Einer Studie des DHPV zufolge wollen nicht mehr als vier Prozent der Bevölkerung Deutschlands im Krankenhaus sterben. Die Geschichte gibt Aufschluss darüber, warum.

Zu viele Baustellen, fehlende Brücken, einsame Arenen und unbefriedigende Umleitungen: Auf der Suche nach guten Entscheidungen in solchen schwierigen Situationen hilft der Organisationsethik eine Heuristik der verwendeten Bilder und Metaphern:

Was symbolisieren „Baustellen"? Vor allem ein Gefälle zwischen Machbarkeit und Duldsamkeit. Die einen müssen bauen, die anderen können nur abwarten. Das ist ein organisational längst überholtes Maschinendenken und vermutlich auch einer sprechenden oder gar resonanzfähigen Medizin nicht mehr angemessen. Vor allem aber sind ExpertInnen-Organisationen wie Krankenhäuser keine trivialen Maschinen, in denen Entscheidungsqualität monoprofessionell zurechtgezimmert werden kann. Da geht es mindestens genauso auch um Machtspiele, um etablierte defensive Routinen zwischen Geschlechtern, Disziplinen und Berufsgruppen.

Wo ist der Ort in diesem System, an dem diese Interessenkonflikte zusammengetragen und gemeinsam Entscheidungen auch in organisationalen Dilemma-Situationen reifen können? Wie kommen alle Involvierten an einen gemeinsamen Tisch, über die Grenzen von Disziplinen, Berufen und Organisationen des Versorgungssystems hinaus? Wie kommt ein ethisches Arrangement der Verständigung zustande, am besten mit einer orientierungsfähigen und auskunftsbereiten Patientin? Wie können ihre Wünsche und Visionen identifiziert werden und zum roten Faden der Behandlung, Begleitung und Betreuung gemacht werden? Wer kann in diesem ethischen Beratungsprozess die Rolle der Moderation übernehmen?

Längst gibt es dafür Instrumente (Regelkommunikationen wie Dienst- und Übergabegespräche, Ethik-Komitees, Ethische „Fall"-Besprechungen). Aber auch Instrumente sind Werkzeuge, die das Missverständnis der Machbarkeit befördern können. Deshalb unterscheidet die Organisationsethik in der Frage nach Bedingungen für wachsende Entscheidungsqualität konsequent zwischen Strukturen und Kulturen innerhalb der Organisation Krankenhaus: Ohne Strukturen zur Bearbeitung von Konflikten und Widersprüchen gibt es keine lernenden Organisationen, keine Entlastung und keine guten Entscheidungen. Der entscheidende Unterschied besteht jedoch nicht im bloßen Vorhandensein dieser Strukturen, sondern in der aufmerksamen Wahrnehmung aller Beteiligten, ob diese Strukturen auch „gelebt" werden, ob Instrumente ernsthaft genutzt, die Beteiligten in ihrer Unterschiedlichkeit respektiert und die Konsequenzen dieser „Verständigungssysteme" (Hans Jonas) weithin begrüßt werden: „Ja, so ist es besser, wie wir jetzt miteinander arbeiten und mit uns und anderen umgehen!"

Die dritte Prüffrage der Organisationsethik lautet: Welche Entscheidungskulturen haben sich dank unserer Instrumente entwickeln können? Und wie gelingt es uns, die Akzeptanz für solche inter- und transdisziplinären Verständigungsprozesse zu steigern?

Solche Entscheidungskulturen werden nicht ohne nachhaltige Feedbackschleifen und auch nicht ohne die Bereitschaft zur gemeinsamen Resonanzverarbeitung gedeihen können. Ethik kann sicherlich weder die geschilderten strukturellen Defizite noch kulturelle Widersprüche kompensieren. Sie kann aber Alarmsignale geben, wenn monoprofessionell „gelöst" werden soll, was nur multiprofessionell und transdisziplinär zu bearbeiten und verkraften sein wird.

Gute Entscheidungen sorgen für Klarheit und Glaubwürdigkeit. Notfalls müssen wir aber auch im Nebel zu guten gemeinsamen Entscheidungen kommen können.

Verzeichnis der AutorInnen der Fallerzählungen

Bakus, Simone, Pfarrerin und Klinikseelsorgerin im Universitätsklinikum Düsseldorf.

Beck, Sabine, Diakonin, Klinikseelsorgerin im Bundeswehrkrankenhaus Berlin.

Bonin, Sr. Ursula († 2021), Klinikseelsorgerin im St. Josefs-Hospital Rheingau, Rüdesheim.

Bürger, Ursula, Pastoralreferentin und Klinikseelsorgerin im Katholischen St. Marienkrankenhaus, Hamburg.

Dörr-Roet, Agnes, Pastoralreferentin und Klinikseelsorgerin im Agaplesion Elisabethenstift, Darmstadt.

Dreher, Thomas, Pfarrer und Klinikseelsorger, Geschäftsführer der Evangelischen Klinikseelsorge Tübingen.

Emmermann, Hildegard, Pastorin und Klinikseelsorgerin, Universitätsklinikum Hamburg-Eppendorf (UKE).

Grimm, Michael, Dr., Pfarrer und Landkreisbeauftragter für Polizei- und Notfallseelsorge im Kreis Fulda.

Iversen-Hellkamp, Birgit, Pfarrerin in einer der Pfarrstellen Krankenhausseelsorge des Evangelischen Gemeindeverbandes Koblenz und Supervisorin M.A., DGSv/DGfP.

Kiworr-Ruppenthal, Renata, Pfarrerin und Klinikseelsorgerin im St. Josefs-Hospital Rheingau, Rüdesheim.

Kmiecik, Ulrich, Dr., Geistlicher Begleiter und Pastoralreferent im Bereich Bibelpastoral im Beratungs- und Bildungszentrum in Berlin, vormals Klinikseelsorger.

Kreutz, Christine, Pastoralreferentin und Klinikseelsorgerin im St. Elisabeth-Krankenhaus Lahnstein.

Meyer, Apollonia, Pastoralreferentin und Klinikseelsorgerin in der Sozialstiftung Bamberg, Klinikum am Bruderwald.

Müller, Thomas, Diplomtheologe und Klinikseelsorger im Katholischen Klinikum Koblenz-Montabaur.

Ross, Martin, Pastoralreferent und Klinikseelsorger am varisano Klinikum Frankfurt-Höchst.

Schermuly, Karl, Pastoralreferent und Klinikseelsorger im Scivias St. Valentinuskrankenhaus Kiedrich und Bad Soden.

Schneider, Sebastian, Dr., Pastoralreferent und Klinikseelsorger in den Helios Dr. Horst Schmidt Kliniken, Wiesbaden, Honorarprofessor für Neutestamentliche Exegese an der Vinzenz Pallotti University, Vallendar.

Stangler, Anna-Katharina, Pfarrerin und Klinikseelsorgerin im Klinikum Ingolstadt und im Elisabeth-Hospiz Ingolstadt.

Verdcheval, Dorothea, Gemeindereferentin und Klinikseelsorgerin in der BDH-Klinik Braunfels.

Verzeichnis der AutorInnen der Kommentare

Bartosch, Hans, Pfarrer und Klinikseelsorger in den Pfeifferschen Stiftungen in Magdeburg.
Bobbert, Monika, Prof.in Dr., Professorin für Moraltheologie an der Katholisch-Theologischen Fakultät der Universität Münster.
Bozzaro, Claudia, Prof.in Dr., Professorin für Medizinethik und Leiterin des Arbeitsbereichs Medizinethik am Institut für experimentelle Medizin an der Christian-Albrechts-Universität zu Kiel.
Braun, Esther, Dr. med., M.A., wissenschaftliche Mitarbeiterin am Institut für Medizinische Ethik und Geschichte der Medizin, Ruhr-Universität Bochum.
Braun, Harald, Dr. med., MBA, M.Sc., Palliativmediziner und Medizinethiker, vormals Leiter eines SAPV-Teams in Südhessen.
Carlet, Jona, Assistenzarzt in Weiterbildung zum Facharzt für Psychiatrie, Psychotherapie und Psychosomatik in der Universitätsklinik Zürich.
Gather, Jakov, Dr. med., M.A., Facharzt für Psychiatrie und Psychotherapie, Klinik für Psychiatrie, Psychotherapie und Präventivmedizin im LWL-Universitätsklinikum der Ruhr-Universität Bochum.
Graumann, Sigrid, Prof.in Dr. Dr., Rektorin der Evangelischen Hochschule Rheinland-Westfalen-Lippe, Bochum.
Haker, Hille, Prof.in Dr., Professorin für Theologische Ethik am Department of Theology der Loyola University Chicago.
Heller, Andreas, Univ.-Prof. Mag. Dr. M.A., Zentrum für Interdisziplinäre Alterns- und Care-Forschung/Center for Interdisciplinary Research on Aging and Care (CIRAC) der Universität Graz.
Inthorn, Julia, Dr., Gesundheitsethikerin und Direktorin des Zentrums für Gesundheitsethik an der Evangelischen Akademie Loccum in Hannover.
Knögel, Heike, Diplomtheologin, Supervisorin (DGfP, SG) und Klinikseelsorgerin in der Universitätsmedizin Mainz.
Kohlen, Helen, Prof.in Dr., Lehrstuhlinhaberin für Care Policy und Ethik an der Pflegewissenschaftlichen Fakultät der Vinzenz Pallotti University, Vallendar und Adjunct Professorin an der Universität Alberta, Edmonton.
Lob-Hüdepohl, Andreas, Prof. Dr., Professor für Theologische Ethik an der Katholischen Hochschule Berlin (KHSB) und Mitglied des Deutschen Ethikrats.
Mandry, Christof, Prof. Dr., Professor für Moraltheologie und Sozialethik am Fachbereich Katholische Theologie der Goethe-Universität Frankfurt am Main und Leiter der Arbeitsstelle Medizinethik in der Klinikseelsorge.
Moos, Thorsten, Prof. Dr., Theologe und Dipl.-Physiker, Professor für Systematische Theologie (Ethik) an der Ruprecht-Karls-Universität Heidelberg.

Neitzke, Gerald, Dr. med., klinischer Ethiker an der Medizinischen Hochschule Hannover (MHH), Institut für Ethik, Geschichte und Philosophie der Medizin und Vorsitzender des Klinischen Ethik-Komitees.

Pantel, Johannes, Prof. Dr. med., Facharzt für Psychiatrie und Psychotherapie, Professor für Altersmedizin mit Schwerpunkt Psychogeriatrie und klinische Gerontologie an der Goethe-Universität Frankfurt am Main.

Peng-Keller, Simon, Prof. Dr., Theologe und Professor für Spiritual Care an der Universität Zürich, vormals Klinikseelsorger im Kompetenzzentraum Palliative Care am Universitätsspital Zürich.

Sauer, Timo, Dr., Philosoph und Medizinethiker, wissenschaftlicher Mitarbeiter am Dr. Senckenbergischen Institut für Geschichte und Ethik der Medizin, Goethe-Universität Frankfurt am Main, Mitglied der Geschäftsführung des Klinischen Ethik-Komitees am Universitätsklinikum Frankfurt am Main.

Schmidt, Thomas, Prof. Dr. habil., Professor für Management und Organisationsethik an der Katholischen Hochschule Freiburg im Breisgau.

Wanderer, Gwendolin, Dr., Theologin und Medizinethikerin, Geschäftsführerin der Arbeitsstelle Medizinethik in der Klinikseelsorge am Fachbereich Katholische Theologie der Goethe-Universität Frankfurt am Main.

Wanner, Martina, Prof.in Dr., Leiterin des Studiengangs Soziale Arbeit im Gesundheitswesen an der Fakultät für Sozialwesen der Dualen Hochschule Baden-Württemberg in Villingen-Schwenningen.

Weiske, Katja, Dr., Diplombiologin und Medizinethikerin, wissenschaftliche Mitarbeiterin am Dr. Senckenbergischen Institut für Geschichte und Ethik der Medizin, Goethe-Universität Frankfurt am Main und Geschäftsführerin des Klinischen Ethik-Komitees am Universitätsklinikum Frankfurt am Main.

Westermair, Anna Lisa, Dr. med., B.Sc., Fachärztin für psychosomatische Medizin, Oberärztin und klinische Ethikerin am Universitätsspital Basel.

Zimmermann, Markus, Prof. Dr., Titularprofessor, Lehr- und Forschungsrat am Departement Moraltheologie und Ethik an der Universität Fribourg und Vizepräsident der Nationalen Ethikkommission (NEK) der Schweiz.